**Theorie und Praxis
der Erwachsenenbildung**

Erika Schuchardt

Krisen-Management und Integration

**Band 2:
Weiterbildung als Krisenverarbeitung**

DVD • mit Jahrhundert-Bibliographien
  von 1900 bis zur Gegenwart kategorisiert nach
  acht Kolumnen-Titeln
   • zu über 2000 Lebensgeschichten
   • zu Krisenverarbeitung • zu Integration
     – alphabetisch, inhaltlich, zeitlich gegliedert
     und annotiert –
   • mit 43 Abbildungen, 23 Graphiken

 • mit AV Best Practice International
   18 Film-Dokumentationen

(DVD liegt Band 1 bei)

8. überarb. erw. Auflage

THEORIE UND PRAXIS DER ERWACHSENENBILDUNG
Reihe 1967 begründet von Hans Tietgens

Herausgeber
Prof. Dr. Sigrid Nolda, Universität Dortmund
Prof. Dr. Ekkehard Nuissl von Rein, Universität Duisburg
Prof. Dr. Rudolf Tippelt, Universität München

Herausgebende Institution
Das Deutsche Institut für Erwachsenenbildung (DIE) ist eine Einrichtung der Leibniz-Gemeinschaft und wird von Bund und Ländern gemeinsam gefördert. Als wissenschaftliches Institut erbringt es Dienstleistungen für Forschung und Praxis der Weiterbildung. Das Institut wird getragen von 18 Einrichtungen und Organisationen aus Wissenschaft und Praxis der Erwachsenenbildung, die Mitglieder im eingetragenen Verein „DIE" sind.

Bibliographische Information Der Deutschen Bibliothek

Schuchardt, Erika: Krisen-Management und Integration. – 8.,
überarb., erw. Aufl. – Bielefeld : Bertelsmann, 2003
Bd. 1. Biographische Erfahrung und wissenschaftliche Theorie. –
ISBN 3-7639-1883-3
Bd. 2. Weiterbildung als Krisenverarbeitung. – ISBN 3-7639-1884-4
DVD. Audiovisuelle Best-Practice-International-Modelle und
Jahrhundert-Bibliographien zu über 2000 Lebensgeschichten
zu Krisen-Management und Integration aus dem In- und Ausland

Verlag:
W. Bertelsmann Verlag GmbH & Co. KG
Postfach 10 06 33 · 33506 Bielefeld
Telefon: (0521) 9 11 01-11 · Telefax: (0521) 9 11 01-19
E-Mail: service@wbv.de · Internet: www.wbv.de

Bestell-Nr.: 14/1086

Bestell-Nr. für Band 1 (mit DVD)
ISBN 3-7639-1883-3 · Best.-Nr. 14/1085

Bestell-Nr. für Doppelband (Band 1 und 2 im Paket mit DVD)
ISBN 3-7639-1888-4 · Best.-Nr. 14/1088

© 2003 W. Bertelsmann Verlag GmbH & Co. KG, Bielefeld
Satz: Grafisches Büro Horst Engels, Bad Vilbel
Kommunikations-Graphik-Design: © Adrean Teske und
   Erika Schuchardt, Hannover
DVD mit Jahrhundert-Bibliographie und
   AV Best Practice International: © Erika Schuchardt
Herstellung: W. Bertelsmann Verlag, Bielefeld
ISBN 3-7639-1884-1

Zur Erinnerung
an meinen Vorfahren
Dr. D. Hermann Schuchard 31.5.1868 - 27.6.1923,
Begründer des heute über 100jährigen Diakoniezentrums
Hephata bei Treysa/Kassel und des ersten Bruderhauses,
zugleich ein früher Verfechter der Erwachsenenbildung

und gewidmet meinen als Vorbilder wirkenden Eltern
Karl 16.6.1894 - 30.1.1972 und
Erna Schuchardt 24.11.1906 - 31.3.1988

Schuchard, Schuchardt

Lieber Leser, liebe Leserin,

Sie erkennen es auf den ersten Blick: **Illustrationen** – Symbole, Piktogramme, Graphiken, *Bilder* - sind ein Faible von mir. Ich möchte alle erdenklichen Voraussetzungen dafür schaffen, auch Ihnen, *liebe Lesende*, den Zusammenklang von Wort, Schrift, Bild, Ton und verborgenem Erleben zu erschließen.

So habe ich lange darüber nachgedacht, wie ich Ihnen gesteigerte Leselust und Neugier vermitteln kann, die ich mir für die Verwirklichung ‚unserer' *gemeinsamen Ziele* erhoffe. Darum die verschiedenen Illustrationen, die nachfolgend erläutert werden:

 Krise – das gemeinsame Zeichen im Chinesischen für ‚*Chance und Gefahr'*

 Spirale – Symbol der Seelenreise in allen Kulturen

 Spiralphasen 1 bis 8 – Lernweg der Krisen-Verarbeitung

 Lernprozess Krisenverarbeitung durch acht Spiralphasen

 Lernprozess Krisenverarbeitung durch acht Spiralphasen **schwarz** steht für die aufgeschichteten **Erfahrungen** aus Auto-/Biographien, also jeweils für die exemplarisch dargestellte Lebensgeschichte aus den 2000 erfassten Auto-/Biographien eines ganzen Jahrhunderts

 Krisen-Management-Interaktionsmodell zum Lernprozess Krisenverarbeitung in acht Spiralphasen <KMIzLPK>: Das *Ying Yan Zeichen* symbolisiert den komplementären 3-Schritte-Prozess von Krisen -schon- und -noch nicht- betroffener Menschen

 Krisen-Management-Interaktionsmodell zum Lernprozess Krisenverarbeitung in acht Spiralphasen <KMIzLPK> (s.o.): **schwarz** steht für (s.o.) exemplarische **Erfahrungen** aus Modellen Best Practice International im In- und Ausland

 DVD • mit **Jahrhundert-Bibliographien** von 1900 bis zur Gegenwart, kategorisiert nach 8 Kolumnen-Titeln und

 DVD • mit AV Modellen **Best Practice International** 18 Film-Dokumentationen

Ihre Erika Schuchardt

Inhalt

KRISEN-MANAGEMENT UND INTEGRATION
BAND 1: Biographische Erfahrung und wissenschaftliche Theorie

Vorbemerkungen zur 8. Auflage – E. Nuissl v. Rein, Direktor des DIE 21

Geleit zur 1. Aufl. 1980 – H. Tietgens, Begründer der Reihe „Theorie und Praxis" 22

EINFÜHRUNG:
    Krisen – auch ein verborgener Reichtum 25

Teil I: Theoretische Grundlagen

Brief der Autorin 51

1. Schlüsselerfahrungen als Theorieanstoß:
Die unsichtbare Mauer auf dem Pausenhof 53

2. Paradigmenwechsel in der Bildungspolitik:
• Separation • Integration • Partizipation 55

3. Interdisziplinäre Begründungen des Integrationsgedankens:
Grenzgänge zwischen Bildung, Medizin und Ethik 65

4. Symbolischer Interaktionismus als Erklärungsansatz des
    Krisen-Management-Interaktionsmodells zum
    Lernprozess Krisenverarbeitung <KMIzLPK> 77

4.1 Sozialisations-Modell / Sozialisations-Forschung 80

4.2 Metakommunikative Kompetenz/Forschung 85

5. Handlungstheoretische Didaktik als Grundlage des
    Krisen-Management-Interaktionsmodells zum
    Lernprozess Krisenverarbeitung <KMIzLPK> 95

5.1 Konstitutive Elemente für das Lernen in der Erwachsenenbildung/
Weiterbildung <EB/WB> 95

5.2 Didaktische Merkmale der Lernsituation im Krisen-Management-
Interaktionsmodell zum Lernprozess Krisenverarbeitung
<KMIzLPK> 102

Teil II: Erschließung des Lernprozesses Krisenverarbeitung <LPK>
Analyse von Lebenswelten und Deutungsmustern in Auto-/Biographien von Krisen -schon- betroffener Menschen und ihrer Bezugspersonen aus einem Jahrhundert von 1900 bis zur Gegenwart

1. Forschungs-Konzeption/-Diagramm:
   Forschungszyklus von 1962 bis zur Gegenwart 121

   1.1 Zur Auto-/Biographie-Forschung: Fragestellung und Ansatz 129

2. Forschungs-Ergebnis: Krisenverarbeitung –
   ein Lernprozess in acht Spiralphasen 137

   2.1 Zum Denk-Modell der Spiralphasen: Spirale – ‚Symbol der Seelenreise' 137

   2.2 Zum idealtypischen Verlauf der acht Spiralphasen im Eingangs-/Durchgangs-/Ziel-Stadium: 143

   2.2.1 Spiralphase 1: Ungewissheit 143

   2.2.2 Spiralphase 2: Gewissheit 145

   2.2.3 Spiralphase 3: Aggression 146

   2.2.4 Spiralphase 4: Verhandlung 147

   2.2.5 Spiralphase 5: Depression 148

   2.2.6 Spiralphase 6: Annahme 149

   2.2.7 Spiralphase 7: Aktivität 149

   2.2.8 Spiralphase 8: Solidarität 150

   2.3 Zum Forschungssample: Graphische Darstellungen zu Daten der Auto-/Biographen und Lebensgeschichten 152

3. Exemplifikation und Evaluation des
   Lernprozesses Krisenverarbeitung <LPK>:
   Exemplarische Auto-/Biographien-Analyse 159

   3.1 Eingangs-Stadium I:
   kognitiv-reaktiv, fremdgesteuerte Dimension
   • Ungewissheit <Spiralphase 1> • Gewissheit <Spiralphase 2> .. 159

   3.1.1 Fehlende Prozessbegleitung – A. Lefranc 160

	3.1.2	Unangemessene Prozessbegleitung – J. Ruppert	164
	3.1.3	Angemessene Prozessbegleitung – H. Green	168
	3.2	Durchgangs-Stadium II: emotional ungesteuerte Dimension • Aggression <Spiralphase 3> • Verhandlung <Spiralphase 4> • Depression <Spiralphase 5>	170
	3.2.1	Aggression <Spiralphase 3>	170
	3.2.1.1	als Schuldgefühl – M. Segal	173
	3.2.1.2	als Suizidversuch – J. Ruppert	174
	3.2.1.3	als Todeswunsch – S. Görres	175
	3.2.1.4	als Lebensabsperrung – M. Wallace	177
	3.2.1.5	als Partneranschuldigung – J. Carette	179
	3.2.1.6	als Wirklichkeitsflucht – H. Greene	180
	3.2.1.7	als Weltverfluchung – A. Lefranc	182
	3.2.1.8	als Gotteshader – D. Wilson	183
	3.2.2	Verhandlung <Spiralphase 4>	184
	3.2.2.1	als Ärzte-Shopping – I. Taitl-Münzert	184
	3.2.2.2	als Wunderglaube – M. Carson	186
	3.2.2.3	als Doppelstrategie – R. Müller-Garnn	186
	3.2.3	Depression <Spiralphase 5>	188
	3.2.3.1	als rezipierende Trauer – E. Carlson	188
	3.2.3.2	als antizipierende Trauer – J. Carette	190
	3.3	Ziel-Stadium III: reflexiv-aktional selbstgesteuerte Dimension • Annahme <Spiralphase 6> • Aktivität <Spiralphase 7> • Solidarität <Spiralphase 8>	192
	3.3.1	Angemessene Krisenverarbeitung – A. Killilea	195
	3.3.2	Unangemessene Krisenverarbeitung – R. Steenbuch	205

	4.	**Krisen-Intervention und Krisen-Prävention im Lernprozess Krisenverarbeitung** • Exemplarische Auto-/Biographien-Längsschnitt-Studien 209
	4.1	**Analoge Prozessverläufe der Krisenverarbeitung bei unterschiedlichen Krisen-Auslösern** 209
	4.1.1	bei Geburt der Tochter – P.S. Buck 209
	4.1.2	bei erworbener Erblindung – H. Keller 220
	4.1.3	bei angeborener körperlicher Beeinträchtigung – C. Brown 232
	4.1.4	bei seelischer Erkrankung der Tochter – C. Park 246
	4.2	**Mangelnde Krisen-Intervention in der Spiralphase 3: Aggression als Katharsis – unausgelöst** 255
	4.2.1	Fehlende Aggression tendiert zur Nichtannahme – M. Shave 256
	4.2.2	Fehlende Aggression tendiert zur Depression – K. Keller 259
	4.2.3	Fehlende Aggression tendiert zur sozialen Isolation – C. Schlett 261
	4.3	**Heilende Krisen-Intervention der Spiralphase 3: Aggression als Katharsis** 272
	4.3.1	Therapeutische Intervention tendiert zur sozialen Integration – R. d'Ambrosio 272
	5.	**Rückblick: Ausblick** 281
	A.	**ANMERKUNGEN** 285
	B.	**LITERATUR***
	C.	**GEGLIEDERTE BIBLIOGRAPHIE DER ÜBER 2000 LEBENSGESCHICHTEN *** zur Krisenverarbeitung von 1900 bis zur Gegenwart <s. Übersicht gegenüberliegende Seite> 303
	D.	**ALPHABETISCHES AUTOREN- UND TITELVERZEICHNIS DER ÜBER 2000 LEBENSGESCHICHTEN *** zur Krisenverarbeitung von 1900 bis zur Gegenwart 339

---

*   Teil B nicht im Buch; Teil C und D exemplarisch. Die vollständigen Dokumente finden Sie unter http://www.die-bonn.de/esprid/dokumente/doc-2003/schuchardt03-01.pdf und auf DVD (Bd. 1).

Übersicht: Gliederung der Jahrhundert-Bibliographie der Lebensgeschichten nach Krisen-Ereignissen K¹- K¹⁷

➤ bis 2001 **Kritische Lebensereignisse**

176 Lebensstörungen · Krisenanlässe K^1
· Abhängige Frauen · Abtreibung · Arbeitslosigkeit · Familienprobleme · Kritische Schwangerschaften · Mobbing
· Sexuelle Orientierung · Diabetes · Epilepsie · Herzinfarkt · Hirntumor · Koma · Locked-in-Syndrom ·
· Migräne · Neurodermitis · Nierenleiden · Parkinson · Schlaganfall · Tourette-Syndrom · Transplantation

48 Sexueller Mißbrauch · Mißhandlung K^2
· Inzest · Vergewaltigung · Sexuelle Ausbeutung

196 Sterben · Tod · Freitod · Trauern K^3

39 Trennung · Verlassenwerden · Einsamsein K^4
· Adoptionsfolgen · Scheidung · Scheidungskinder · Verlassene Kinder · Verlassene Partner

489 Verfolgung · Gefangensein · Gewalt K^5
· Holocaust · Konzentrationslager · Zwangsarbeit · Exil · Krieg · Flucht · Rassismus · Asylsuche
· Frauenfeindliche Traditionen

➤ bis 1980 **Langfristige Krankheiten**

54 Aids K^6

21 Alzheimer Krankheit K^7

199 Krebs K^8

27 Multiple Sklerose K^9

258 Psychische Störungen K^{10}
· Angst · Autismus · Borderline-Syndrom · Bulimie/Eß-Brech-Sucht · Magersucht · Depression
· Schizophrenie/Multiple Persönlichkeiten · Selbstverletzung · Zwangsverhalten

154 Sucht K^{11}
· Abhängigkeit von Alkohol · Drogen · Nikotin · Medikamenten · Glücks-Spielen

➤ bis 1970 **Beeinträchtigungen/Behinderungen**

92 Geistige Behinderung K^{12}

126 Körper-Behinderung K^{13}

9 Lern-Behinderung K^{14}

112 Sinnes-Behinderung K^{15}
· Sehbehinderung · Blindheit · Schwerhörigkeit · Gehörlosigkeit/Taubheit · Taub-Blindheit

17 Sprach-Behinderung K^{16}

17 Verhaltens-Störung K^{17}

 seit 1900 Biographien ∑ 2034 Symbole für die Erzähl-Perspektiven der Biographen ᵢ ᵢᵢ ᵢᵢᵢ ᵢᵥ ᵥ Erika Schuchardt

BAND 2: Weiterbildung als Krisenverarbeitung

Teil III: Erschließung des
Krisen-Management-Interaktionsmodells
zum Lernprozess Krisenverarbeitung (KMIzLPK):

1. Einführung:
Krisen-Management – gesellschaftliche Schlüsselqualifikation und Integral des Bildungssystems 367

1.1 Anstoß:
Menschen, von Krisen -schon- und -noch nicht- betroffen
auf der Suche 367

1.2 Begriffsbestimmung, Personenkreis, Paradigmenwechsel:
Vom Normativen über das Interpretative zum Komplementären .. 368

1.3 Arten der Krise:
Lebens-LAUF-Krise und Lebens-BRUCH Krise an Schaltstellen
und Rissen der Auto-/Biographie 376

1.4 Zukunftschance:
Konstituierung interdisziplinärer
Krisen-Management-Pädagogik/-Andragogik
als Integral des Gesamt-Bildungssystems 382

1.5 Theorieansätze:
Von Behinderungs-Bewältigung über Krisen-Verarbeitung
zum Krisen-Management 386

1.6 Krisen-Management-Interaktionsmodell:
Komplementärer 3-Schritte-Prozess zu Prävention, Intervention
und gesellschaftlicher Schlüsselqualifikation 405

1.7 Krisen-Management-Interaktionsmodell:
im Spiegel von BEST PRACTICE INTERNATIONAL
• 1970 • 1981 • 1987 • 2003 410

1.8 Entwicklungen: National und International 412

1.9 Bilanz und Perspektiven 412

2. Initiierung, Institutionalisierung, Professionalisierung von
Krisen-Management in der Erwachsenen-/Weiterbildung
‹EB/WB›
nach der bildungspolitischen Zäsur • 1970 415

2.1　Erste Legitimation einer Bildungsarbeit mit von Krisen -schon- betroffenen Menschen 415

2.1.1　Aufgabenverständnis der Weiterbildung im Spannungsfeld von realistischer, gesellschaftskritischer, sozialanthropologischer und reflexiver Wende 415

2.1.2　Ursprüngliche Zielgruppenarbeit im Prozesscharakter vom teilnehmerorientierten zum teilnehmerproduzierten Lernen Lernen – gegenwärtig Krisen-Management-Interaktionsmodell ‹KMIzLPK› 417

3.　Erste Konzeptionen von Zielgruppenarbeit ‹ZGA› an Volkshochschulen nach der bildungspolitischen Zäsur • 1970 423

3.1　Sonderpädagogik ‚für' sog. Behinderte – Nürnberg • 1970 423

3.2　Clubarbeit ‚für' sog. Lernbehinderte – Ludwigshafen • 1970 425

3.3　Freizeitangebote ‚für' sog. geistig Behinderte – Bethel/ Bielefeld • 1970 426

3.4　Umweltbewältigung ‚für' sog. Körperbehinderte – Frankfurt • 1970 426

3.5　Interaktion ‚mit' -schon- und -noch nicht- betroffenen Lernenden: Zielgruppen-Interaktionsmodell Hannover 428

3.6　Synopse der fünf Modelle Zielgruppenarbeit ‹ZGA› 434

4.　Empirische Datenerhebung und Analyse von Lehr-, Lern- und Beratungs-Prozessen zur Erschließung des Krisen-Management-Interaktionsmodells zum Lernprozess 様心 Krisenverarbeitung ‹KMIzLPK› in der Weiterbildung mittels methodisch begleiteter Beobachtung

• Exemplarisch Krisen-Management-Interaktionsmodell Hannover • seit 1970 437

4.1　Erster Schritt im 様心 KMIzLPK: Stabilisierung Lernort: Eltern-Familien-Seminar „Warum gerade ich? – Leben mit unserem -schon- betroffenen Kind" 437

4.1.1　Lernsituation 437

4.2 Untersuchung der Bedeutung von Lernen in Problemlagen
Erster Schritt im KMIzLPK: Stabilisierung
Lernort: Öffentliche Bildungs-Beratung
„Ich halte ‚das' nicht länger aus! – Damit kann ich nicht leben!" 444

4.2.1 Beratungssituation 444

4.2.2 Merkmale der Lernsituation: Beratung 449

4.3 Zweiter Schritt im KMIzLPK: Integration
Lernort: Eltern-Kinder-Seminar
„Warum gerade wir? – Sprechen mit Nachbarn – Spielen mit Nachbarskindern" 451

4.3.1 Lernsituation: Integration 451

4.3.2 Maders Interferenzhypothesen zur Lernsituation 454

4.3.3 Konstitutionsanalyse der Lernsituation 460

4.3.4 Rollenspiele: Tonband-Protokoll I und – nach Evaluierung – Protokoll II 471

4.4 Dritter Schritt im KMIzLPK: Partizipation
Lernort: Öffentlichkeit • Messe • Infa • Expo • Kongress
„Messe Hannover – Brücke zum Miteinander Leben Lernen" 480

4.4.1 Integrations-Runde Hannover 483

4.4.2 Messe-Aktionen: Integrationsbrücke 486

4.4.3 Begleituntersuchung und Medienecho 491

4.4.4 DVD Presse, Rundfunk, Fernsehen: Messe-Magnet Integrationsbrücke – Krisen-Management-Interaktionsmodell Hannover 502

5. Repräsentative Erhebung und Analyse der Weiterbildungs-Programmstruktur an Volkshochschulen zur Erschließung des
Krisen-Management-Interaktionsmodells
zum Lernprozess Krisenverarveitung ‹KMIzLPK›
• 1979 • 1981 • 1983 • 1986 511

5.1 Präsentation und Dokumentation beim ersten BMBW-Weiterbildungs-Kongress: *Soziale Integration: Wechselseitiges Lernen* 511

5.2	Einführung in den BMBW-Weiterbildungs-Kongress und in die Projektkonzeption der Bundesrepublik	513
5.3	Ergebnisse der Bestandsaufnahme Bundesrepublik Soziale Integration durch Weiterbildung	520
5.4	Einführung und Ergebnisse der Bestandsaufnahmen England, Frankreich, Italien, Schweden, USA, V. von Blumenthal	537
5.5	Abschluss-Bericht über den ersten Weiterbildungs-Kongress	543
6.	Erhebung, Dokumentation, Analyse von BEST PRACTICE INTERNATIONAL zur Evaluation des 楼🕊🎋 Krisen-Management-Interaktionsmodells zum Lernprozess Krisenverarbeitung ‹KMIzLPK› • 1981 - • 1986 und • 2003	557
6.0	Examensarbeit Alexandra Scharffenoth Krisen-Management und Integration ist lehr- und lernbar	557
6.1	Interview mit Initiatoren der ersten Stunde Min.Dirg. Dr. A. Vulpius BMBW, Dr. H.Tietgens PAS, Dr. E. Nuissl DIE, Dr. Erika Schuchardt Autorin	557
6.2	Interview mit der Autorin Dr. Erika Schuchardt	557
6.3	Ausstellung und BMBW-Kongress STOLPER-STEINE ZUM UMDENKEN Erster Weiterbildungs-Kongress *Soziale Integration: Wechselseitiges Lernen* im Wissenschaftszentrum Bonn: • Ausstellung BEST PRACTICE INTERNATIONAL: An-Stöße • Kongress Soziale Integration: Schritte aufeinander zu • Begleitforschung: Interviews mit Besuchern/Experten	557
6.4	Weltweite Ausstellung DIALOG IM DUNKELN • Unsichtbares komplementär entdecken • Arbeitsplätze schaffen und teilen	573
6.5	An-Stoß und Appell Begegnungszentrum HEPHATA: TUE DICH AUF • 100 Jahre Tag- und Nacht-Adresse • Miteinander leben, einander begegnen und be-greifen lernen	583
6.6	Vom Laienspiel zum CRÜPPEL-CABARET: Theaterarbeit und Projektstudiengang zur Integration	598

	6.7	INTEGRATIVES PROJEKT-STUDIUM Bethel zum Krisen-Management-Interaktionsmodell Hannover im FB Allgemeine Erziehungswissenschaft 607
▣	6.8	Service Learning – ‚HELP' ZEIT-SPENDE junger Leute: Vom Service Learning Center an Hoch-/Berufs-/Schulen zur Krisen-Management-Pädagogik 617
	6.9	30 Jahre FID – FREIWILLIGE SCHULE FÜRS LEBEN Bürger-Engagement für eine menschlichere Stadt 625
▣	6.10	Wo man sich trifft: im CAFÉ LAHR; wo man wohnt, wie jeder andere auch – Integration im Alltag erlernen 633
▣	6.11	Von der Aktion ‚Sorgenkind' zur AKTION ‚MENSCH' Aufklärung durch TV-Spots, Ausstellungen, Aktionen 638
	6.12	Niedersachsen-Initiative: DEMOKRATIE LEBEN, RECHTE NUTZEN LERNEN ‚Nichts über uns ohne uns – wir wählen mit!' 642
▣	6.13	Schuchardts Culture Parade: Integrations-Gipfel Berliner Reichstag – Dialog in der Werkstatt der Demokratie und an den Kulturstätten der Bundeshauptstadt • seit 2000 647
▣	6.14	Strategien zur Ermöglichung von Krisen-Management: Öffnung des Reichstags DEM DEUTSCHEN VOLKE zum Integrations-Gipfel 659
▣	6.15	Olympiade der Hoffnung PARALYMPICS: Mitmachen gemäß der Ursprungsidee: ‚Gleichklang von Körper, Geist und Seele': Sydney • 2000; Salt Lake City • 2002, Athen • 2004 665
▣	6.16	AKTIONSJAHRE – national, europäisch, weltweit – United Nations Decade: MITEINANDER LEBEN LERNEN 671
	6.17	‚USable' – Transatlantischer Ideen-Wettbewerb der Körber-Stiftung • ‚Adopt an Idea' – Bürger-Engagement in der Neuen Welt 2001/02 • ‚Adopt an Idea' – Zusammen leben – Integration in Vielfalt 2003/04 676
	7.	Krisen-Management kollektiv: Exemplarisch im Parlament des Deutschen Bundestages: 679
▣	7.1	Tschernobyl – 10 Jahre danach 679
	7.2	Organ-Transplantations-Gesetz (TPG) 681

	7.3	Frauenbeschneidung – Menschenrechtsverletzung 681
	7.4	Bericht der Enquete-Kommission 'Recht und Ethik der modernen Medizin' 685
	7.5	Kosovo-Flüchtlingslager 686
	8.	Rückblick und Ausblick: Krisen-Prävention, Krisen-Intervention und Krisen-Management: Konzeption zur Aus-, Fort- und Weiterbildung – auch in der Politik 687
	A.	ANMERKUNGEN 693
	B.	LITERATUR* 701
	C.	KRISEN-MANAGEMENT und INTEGRATION kategorisiert nach ACHT KOLUMNEN-TITELN der JAHRHUNDERT-BIBLIOGRAPHIEN ‹KTJB 1 - KTJB 8›* • über 2000 Lebensgeschichten • Krisenverarbeitung • Integration - alphabetisch, inhaltlich, zeitlich gegliedert und annotiert - s. nachfolgende Doppelseite 701

---

*　Teil B und C nicht im Buch. Die vollständigen Dokumente finden Sie unter
http://www.die-bonn.de/esprid/dokumente/doc-2003/schuchardt03-01.pdf und auf DVD (Bd. 1).

KRISEN-MANAGEMENT UND INTEGRATION KATEGORISIERT NACH

8 KOLUMNEN-TITELN der JAHRHUNDERT-BIBLIOGRAPHIEN <KTJB 1 - KTJB 8>
zu · LEBENSGESCHICHTEN · KRISENVERERBEITUNG · INTEGRATION

Gegliederte Bibliographie: 2000 Lebensgeschichten in 3 Kategorien:
- Kritische Lebensereignisse K^1-K^5
- Langfristige Krankheiten K^6-K^{11}
- Beeinträchtigungen/Behinderungen K^{12}-K^{17}

Alphabetische Bibliographie: 2000 Lebensgeschichten
- Autor • Titel • Krisen-Ereignis K^1-K^{17}

Gegliederte Bibliographie: Krisenverarbeitung Lebens-LAUF-Krisen
eher vorhersehbar an Schaltstellen der Lebensgeschichte

Gegliederte Bibliographie: Krisenverarbeitung Lebens-BRUCH-Krisen
eher **un**vorhersehbar an Rissen der Lebensgeschichte **vor** 1970

Gegliederte Bibliographie: Krisenverarbeitung Lebens-BRUCH-Krisen
eher **un**vorhersehbar an Rissen der Lebensgeschichte **nach** 1970

Gegliederte Bibliographie: Krisenverarbeitung Lebens-BRUCH-Krisen
eher **un**vorhersehbar an Rissen der Lebensgeschichte **seit** 1980

Alphabetische Bibliographie: Integration

Auswahl-Bibliographie: Audiovisuelle Medien

Quellen
- Handbibliographierung (bis 1989 zur CD-ROM-Einführung)
  aus ‚Deutsches Bücherverzeichnis' (1911-1965, 44. Band)
  aus ‚Deutscher Bibliographie' (ab 1966, 45. Band)
  aus Zeitschriftenschlüssel ‚Dietrich'
- Datenbanken SOLIS, PSYNDEX, PSYCINFO u.a.
- Bibliothekskataloge im Deutschen Bundestag Bonn, Berlin
- Die Deutsche Bibliothek

  © Erika Schuchardt   KRISEN-MANAGEMENT UND INTEGRATION   8-2003
Band 1: Biographische Erfahrung und wissenschaftliche Theorie
Band 2: Weiterbildung als Krisenverarbeitung
DVD • mit Jahrhundert-Bibliographien • mit AV Best Practice International

KRISEN-MANAGEMENT UND INTEGRATION KATEGORISIERT NACH
8 KOLUMNEN-TITELN der JAHRHUNDERT-BIBLIOGRAPHIEN <KTJB 1 - KTJB 8>
zu · LEBENSGESCHICHTEN · KRISENVERERBEITUNG · INTEGRATION

Lebensgeschichten aus einem Jahrhundert **seit 1900** 3 Kategorien gegliedert nach 17 Krisen-Ereignissen K^1-K^{17}	KTJB 1
Lebensgeschichten aus einem Jahrhundert **seit 1900** alphabetisch K^1-K^{17}	KTJB 2
Ü I: Lebens-LAUF-Krisen **seit 1945** Theorieansätze zur **PRÄVENTION, INTERVENTION, BEGLEITUNG DER BEGLEITER**∗∗	KTJB 3
Ü II: Lebens-BRUCH-Krisen **vor** bildungspolitischer Zäsur **1970** Theorieansätze, primär **BEHINDERUNGS-BEWÄLTIGUNG** • Beeinträchtigungen/Behinderungen siehe auch K^{12}-K^{17}	KTJB 4
Ü III: Lebens-BRUCH-Krisen **nach** bildungspolitischer Zäsur **1970** Theorieansätze, Coping-Modelle zur **KRISEN-VERARBEITUNG** • Langfristige Krankheiten siehe auch K^6-K^{11} • Behinderungen wie zuvor • Kritische Lebensereignisse siehe auch K^1-K^5	KTJB 5
Ü IV: Lebens-BRUCH-Krisen **seit 1980** Erweiterte Theorieansätze zu **KRISEN-MANAGEMENT** • Anschläge, Angriffe, politisch, religiös, kriminell motiviert • Natur-, Umwelt-, technische Katastrophen • Verletzung der Menschen-Rechte, der Ehre, des Berufs-Wissenschafts-Ansehens • Gewalt, sexueller Mißbrauch bei Kindern • Verfolgung, Vertreibung, Gefangensein, Folter, Gewalt • Arbeitslosigkeit und Mobbing • Kinderlosigkeit	KTJB 6
Integrations-Pädagogik und Integrations-Andragogik **seit 1945** alphabetische Auswahl-Bibliographie	KTJB 7
Auswahl-Bibliographie: Audiovisuelle Medien	KTJB 8

Quellen-Erschließung
- Die Deutsche Bibliothek: Z39.50-Gateway: http://z3950gw.dbf.ddb.de
- Online-Katalog für die Deutsche Bücherei Leipzig: http://dbl-opac.ddb.de
- Online-Katalog für die Deutsche Bibliothek Frankfurt a.M.: http://dbf-opac.ddb.de
- Deutsches Institut Erwachsenenbildung: www.die-bonn.de
- Verlag Vandenhoeck & Ruprecht: www.vandenhoeck-ruprecht.de
- Autorin: www.prof-schuchardt.de

© Erika Schuchardt   KRISEN-MANAGEMENT UND INTEGRATION   DIE 8 2003
Band 1: Biographische Erfahrung und wissenschaftliche Theorie
Band 2: Weiterbildung als Krisenverarbeitung
DVD • mit Jahrhundert-Bibliographien • mit AV Best Practice International

VERZEICHNIS DER ABBILDUNGEN UND GRAPHISCHEN DARSTELLUNGEN

- • 1802 Heiligenstädter Testament, L. van Beethoven
- • 1824 la nona Sinfonia è stato composita da un handicapato
- • 1824 • 1945 • 1989 Autograph der 9. Symphonie L. v. B.s
- • 2003 L. v. B.s 9. Symphonie: Aufnahme in das UNESCO-Welterbeverzeichnis
- Krise: Begriff und Komplementär-These – L. v. B.s 9. Symphonie
- Krise: Begriff und Komplementär-These – Archetypus Spiral-Weg
- Krise: Begriff und Komplementär-These – chinesisches Yin Yang Zeichen
- Initiatoren der ersten Stunde
- Lebens-LAUF- und Lebens-BRUCH-Krisen in der Biographie
- Lebens-LAUF-Krisen eher vorhersehbar an Schaltstellen der Lebensgeschichte
- Lebens-BRUCH-Krisen eher unvorhersehbar an Rissen der Lebensgeschichte
- • 1962 Schüler-Auszeichnung: 1. Preis im Regionalwettbewerb
- Von der Assimilation zur Integration/Partizipation
- Integration/Partizipation: Begriff und Modell
- Krisen-Management-Interaktionsmodell zum Lernprozess Krisenverarbeitung <KMIzLPK> A
- Krisen-Management-Interaktionsmodell zum Lernprozess Krisenverarbeitung <KMIzLPK> B
- Krisen-Management-Interaktionsmodell zum Lernprozess Krisenverarbeitung als komplementärer 3-Schritte-Prozess <KMIzLPK> C
- KMIzLPK als komplementärer 3-Schritte-Prozess C I
- KMIzLPK als komplementärer 3-Schritte-Prozess von Krisen -schon- betroffener Menschen C II
- KMIzLPK als komplementärer 3-Schritte-Prozess von Krisen -noch- nicht betroffener Menschen C III
- Krisen-Management – vergrabener Archetypus
- Krisen-Management – Paradigmenwechsel
- Krisen-Management – Integral des Gesamtbildungs-Systems
- Krisen-Management – Gesellschaftliche Schlüsselqualifikation
- Krisen-Management – Konstituierung interdisziplinärer Krisen-Management-Pädagogik/-Andragogik
- Krisen-Management – Konstituierung KMIzLPK - Päd/-Andragogik
- Bundesweite Erhebung zur Programmstruktur an Volkshochschulen
- Entwicklung der VHS-Programmstruktur • 1979 • 1981 • 1983

- Spiral-Weg der Leser und Leserinnen
- Lebenswelt der Auto-/Biographen zur Krisenverarbeitung
- Erscheinungsjahr, Anzahl und Themen der Auto-/Biographien
- Erzähl-Perspektiven I-V und Krisen-Ereignisse in Zahlen
- Themen-Wandel in den Auto-/Biographien zur Krisenverarbeitung
- Spiral-Darstellung Krisenverarbeitung als gesellschaftliche Interaktion
- Symbole für die Erzähl-Perspektiven I-V der Biographen
- Übersicht: Gliederung der Jahrhundert-Bibliographie der Lebensgeschichten nach Krisen-Ereignissen K 1 – K 17
- Spiral-Weg der Auto-/Biographen der Lebensgeschichten
- Doppel-Helix – Komplementär-Spirale des Lebens – Bauplan der Organismen, James Watson 1953
- Läuterungs-Berg und Höllen-Schlund, Botticelli, Florenz 15. Jh.
- Komplementär-Spirale zum Himmel – World trade Center, Entwurf Daniel Libeskind 2003
- Komplementär-Spirale in der gläsernen Reichstagskuppel, Sir Norman Foster, Berlin 1999
- Erlösungs-Spirale aus Faust II, Insz. Stein
- Jesus, 12-jährig auf dem Spiral-Weg zur Erkenntnis, Bertinone, Italien 15. Jh.
- Spiral-Erscheinungen auf dem Erleuchtungspfad Sudamas, Indien 18. Jh.
- Spiral-Aufgang zum Minarett, Irak, 9. Jh.
- Pilgrim´s Progress zum himmlischen Jerusalem, Bunyans, England 19. Jh.
- Bodenlabyrinth in der Kathedrale Chartres, 11. Jh.
- Spiral-Treppe zu den Vatikanischen Museen und Bibliotheken, Rom 1932
- Spiral-Schwelle zum Megalith-Tempel, Malta um 2400 v. Chr.
- Spirale – Atmungsferment, das das Sonnenlicht zum Leben bringt, 21. Jh.
- Komplementär-Spiralen – Botschaft und Appell, in Stein, in Glas, in Molekülen des Lebens
- Spiral-Schlange – drittes Auge der erleuchteten ägyptischen Pharaonen, 3000 v. Chr.
- Illustrationen zu Best Practice International zu 18 Film-Dokumenten

Teil III: Erschließung des Krisen-Management-Interaktionsmodells zum Lernprozess <KMIzLPK>

Spirale – Symbol der Seelenreise
Grundlage der weltumspannenden Biosphäre ist die "Atmung", die das Licht der Sonne "zum Leben bringt". Hier Spirale als eine kristalline Form bei der Darstellung dieses Schlüsselprozesses der Oxydose, Max-Planck-Institut, 21. Jh.

© Erika Schuchardt

1. Einführung: Krisen-Management – gesellschaftliche Schlüsselqualifikation und Integral des Gesamt-Bildungssystems

1.1 Anstoß: Menschen, von Krisen -schon- und -noch nicht- betroffen auf der Suche

Jede Krise ist ein neuer Anfang – offen jedoch bleibt die Richtung, ob ‚Aufstieg' oder ‚Abstieg', ‚Wende' oder ‚Ende', ‚Auf'- oder ‚Abbruch', ‚Solidarität' oder ‚Isolation'; es ist letztlich auch in die Hand jedes einzelnen Menschen gelegt, kraft seines Personseins, ausgestattet als Geschöpf mit Gaben, sein Leben selbst in die ‚Hand' zu nehmen. Offen bleibt, wozu die Hand gebraucht wird: um mit der Hand zielorientiert die Zügel wieder selbst zu ergreifen oder um ‚Hand an sich selbst zu legen'. Allein der fügt über die Gabe zu lernen und kann den vergrabenen Archetypus freilegen, um sich Krisen zu stellen und die Geburt des schöpferischen Sprungs zu erleben – das offenbart sich uns nicht zuletzt in der Kunst.

Dass jede Krise nicht nur ein neuer Anfang, vielmehr auch verborgener Reichtum ist, erschloss ich in meiner Einführung zu Doppel-Band 1, *Biographische Erfahrungen und wissenschaftliche Theorie*, u. a. aus der Biographie Ludwig van Beethovens, dessen völkerverbindende 9. Symphonie, zwischenzeitlich als Memory of the World 2003 in das UNESCO-Welterbeverzeichnis aufgenommen und außerdem als Europahymne eingeführt, zu seinem schöpferischen Sprung aus der Krise 25-jähriger wachsender Ertaubung wurde.

Dass jede Krise neuer Anfang werden kann, proklamieren übereinstimmend Existenzphilosophen, Entwicklungspsychologen, Sozialisationstheoretiker und nicht zuletzt Erwachsenenbildner bzw. Weiterbildner. Demgegenüber entdecken die von Krisen -schon- betroffenen Menschen als Lernende der Weiterbildung (WB) diese Erfahrung nur ganz allmählich auf dem mühseligen, oft verzweifelt ausweglosen Weg scheinbar vergeblichen Suchens.

So stellt sich früher oder später jeder von Krisen -schon- Betroffene angesichts *Kritischer Lebensereignisse, Langfristiger Krankheiten, Beeinträchtigungen/Behinderungen'* irgendwann einmal die Frage: „Warum gerade ich...?".

KRISEN-MANAGEMENT – VERGRABENER ARCHETYPUS

**ARCHETYPUS SPIRALE: – SYMBOL DER SEELENREISE –
LERNPROZESS KRISENVERARBEITUNG IN 8 SPIRALPHASEN**

aus der ‚Unfähigkeit zu trauern', A. Mitscherlich
über die Fähigkeit sich Krisen zu stellen
zur gesellschaftlichen Schlüsselqualifikation Krisen-Management

KRISEN-VERARBEITUNG
ein archetypischer Spiral-Weg

Eingangs-Stadium I

Durchgangs-Stadium II

Ziel-Stadium III

© Erika Schuchardt   KRISEN-MANAGEMENT UND INTEGRATION   DIE 8·2003
Band 1: Biographische Erfahrung und wissenschaftliche Theorie
Band 2: Weiterbildung als Krisenverarbeitung
DVD • mit Jahrhundert-Bibliographien • mit AV Best Practice International

Selten oder nie aber stellt er sich die Umkehrfrage: *„Warum gerade ich nicht ...?"* Alles erscheint so selbstverständlich bis zu jenem blitzartig lebensverändernden Augenblick, dem Einbruch *Kritischer Lebensereignisse*, da der Stein ins Rollen gekommen ist, die Krise erstmalig unmittelbar uns selbst betrifft.

Die Geschichte von dem Stein, den *Sisyphus* immer wieder den Berg hinaufrollte, beschäftigt uns seit mehr als 2 000 Jahren, sie ist das Bild des menschlichen Mühens und ständigen Scheiterns. Wir können den *Sisyphus-Mythos* jedoch auch *positiv* deuten. Es ist auch ein Glück, dass der Stein, der Felsbrocken nicht auf dem Berg liegen bleibt; denn das wäre Stillstand, Stagnation, Ende. Vielmehr verweist der von Hoffnung geleitete Versuch, den Stein unablässig von neuem hinaufzuwälzen, auf unsere menschliche Bestimmung, nicht zu erstarren, sondern auch im Leiden des Lebens lebendig zu bleiben, den schöpferischen Sprung aus der Krise zu wagen. Der Auftrag des *Sisyphus* ist die Suchbewegung, das bedeutet: Der *Weg* selbst wird ihm zum *Ziel* – der Weg durch die Verarbeitung der *Krise* führt ihn zur Entdeckung verborgenen Reichtums.

1.2 Begriffsbestimmung, Personenkreis, Paradigmenwechsel: Vom Normativen über das Interpretative zum Komplementären

Jedes Jahrzehnt setzt seine eigenen Akzente. Dies gilt auch im Bereich einer Pädagogik/Andragogik für von Krisen -schon- und -noch nicht- betroffene Menschen. Überschaut man die vorangegangenen Jahrzehnte, so lassen sich unschwer neue Entwicklungen, klare Tendenzen und drei Zäsuren erkennen:

- die erste Phase *vor* der bildungspolitischen Zäsur 1970
  primär orientiert an Menschen, -schon- betroffen von der Krise ‚Behinderung', fokussiert auf das Symptom, auf Behinderungs-Bewältigung, auf Separation: ‚Normatives Paradigma' (s. Übersicht II, S. 392 f.),
- die zweite Phase *nach* der bildungspolitischen Zäsur 1970
  primär orientiert an Menschen, -schon- und -noch nicht- betroffen von Krisen vielfältiger Art, fokussiert auf den Symptom-Träger und die Bezugspersonen, auf Krisen-Verarbeitung, auf Integration: ‚Interpretatives' Paradigma (s. Übersicht III, S. 394 f.),
- die dritte Phase seit Ende der 1980er Jahre
  primär orientiert an Menschen der pluralen Global-Gesellschaft, -schon- und -noch nicht- betroffen von ansteigenden Krisen – kollektiv und individuell –, fokussiert auf Interdependenz und Komplementarität im Krisen-Management: ‚komplementäres' Paradigma (s. Übersicht IV, S. 399 ff.).

Spirale – Symbol der Seelenreise
Komplementär-Spiralen: Botschaft und Appell
in Stein, in Glas, in Molekülen des Lebens

© Erika Schuchardt

Daraus folgt meine **Komplementär-These kollektiv:**

Krisen – auch ein verborgener Reichtum

Soll Miteinander Leben im Anderssein – „Unity in Diversity"/Integration in Vielfalt – zum Aufbau einer pluralen Gesellschaft gelingen, muss zwischen sozialen Entitäten Individuation in Balance von Innen- und Außenwelt in eigener Kulturalität erlernt, erschlossen, gelebt werden –

komplementär gilt:
Soll zwischen sozialen Entitäten Individuation in Balance von Innen- und Außenwelt in eigener Kulturalität auf Dauer gelingen, muss Miteinander Leben im Anderssein – „Unity in Diversity"/Integration in Vielfalt – erlernt, erschlossen, gelebt werden.

Diese Fokussierung erschließt sich im Spiegel der Biographien der Weltliteratur aus einem Jahrhundert nach Krisen-Ereignissen, die An-Stoß und Motiv für die Auto-/Biographen dazu gaben, über die individuell erlebte wie gesellschaftlich bedingte Krisenverarbeitung ihre spezifische Lebensgeschichte zu schreiben (s. Jahrhundert-Bibliographie auf DVD und Doppel-Band 1, Biographische Erfahrung und wissenschaftliche Theorie).

Neue Entwicklungen beziehen sich sowohl auf den Grundtatbestand, das heißt, den von Krisen -schon- betroffenen wie -noch nicht- betroffenen Personenkreis, als auch auf die wissenschaftliche Entwicklung und nicht zuletzt auch auf die praktischen Konsequenzen auf nationaler und internationaler Ebene.

Bestimmungsmerkmal der *Krise* ist immer das *Chaos,* das vom Betroffenen als Zusammenbruch bzw. Zerstörung seines vorhandenen persönlichen Systems erlebt wird:

- z. B. im *sozialen Umfeld* durch die Geburt eines beeinträchtigten/behinderten Kindes, den Tatbestand lebenslanger Kinderlosigkeit oder neuerdings durch den wachsenden Entscheidungsdruck bezogen auf ‚In-vitro-Fertilisation', ‚Pränatal- und Präimplantations-Diagnostik'
- z. B. in der *materiellen wie gesellschaftlichen finanziellen Lebensplanung* durch Mangel an Ausbildungsangeboten, durch numerus-clausus-Regelungen, durch Arbeitsplatzverlust wie durch Frühverrentung,

KRISEN-MANAGEMENT – PARADIGMENWECHSEL

VOM NORMATIVEN ÜBER DAS INTERPRETATIVE ZUM KOMPLEMENTÄREN

Komplementär-These individuell:

Krisen – auch ein verborgener Reichtum

Der von Krisen –schon– betroffene Mensch
ist eine Herausforderung für die Gesellschaft –

komplementär gilt:

die Gesellschaft der –noch nicht– betroffenen Menschen
ist eine Herausforderung für den –schon– betroffenen Menschen –
analog der Komplementarität im Symbol des chinesischen Yin Yang.
Erika Schuchardt

- Gleichgewicht ➡ Leben in Balance ➡ Shalom
- Un-Gleichgewicht ➡ Krankheit
- Trennung ➡ Tod

Textsammlung Huainanzi (2. Jhd. v. Chr.)

© Erika Schuchardt KRISEN-MANAGEMENT UND INTEGRATION DIE 8-2003
Band 1: Biographische Erfahrung und wissenschaftliche Theorie
Band 2: Weiterbildung als Krisenverarbeitung
DVD • mit Jahrhundert-Bibliographien • mit AV Best Practice International

- z. B. im *öffentlich-politischen Bereich* durch einen Regimewechsel, durch Terroranschläge, kriegerische Auseinandersetzungen, Umwelt- und andere Katastrophen.

Der Betroffene erfährt sich in Ungleichgewichtigkeit, Disharmonie, Desorientierung, Destabilisierung und Desintegration. Es geht also um existentielles Betroffensein des Menschen, der sich im Zustand des Umkreisens seiner *Krise* aus der Bahn geworfen fühlt, unsicher balancierend nach alter Sicherheit tastet und sich nur widerstrebend einer Neuorientierung öffnet.

Etymologisch gesehen geht das Wort ‚**Krise**' auf das Griechische κρινειν („krinein") zurück, was so viel wie ‚scheiden', ‚sichten', ‚auswählen', aber auch ‚urteilen', ‚beurteilen' und ‚entscheiden' bedeutet. Nach *von Gebsattel* lässt sich das Wort auf eine alte Sanskritwurzel zurückführen, die mit unserem Wort ‚reinigen' zusammenhängt im Sinne von ‚Entscheidung mit ungewissem Ausgang'. Am Ende steht entweder der Abbruch, erfahren als resignatives Erstarren bzw. Aufgeben, oder der ‚Aufbruch' zur Wandlung durch Lernen als Annahme einer neuen veränderten Lebenssituation. Die chinesische Schriftsprache hat dieser philosophischen Weisheit buchstäblich Zeichen gesetzt (s. Abbildung S. 374). Wir erkennen, für das Wort ‚Krise' stehen im Deutschen zwei Zeichen gleichbedeutend nebeneinander, nämlich ‚Gefahr' und ‚Chance'. Damit übereinstimmend finden wir Definitionen der Krise schon 1952 bei dem Existenzphilosophen *Bollnow*, der von zwei Momenten spricht: ‚Die Krise bedeutet eine Reinigung, eine Entscheidung', und es war *Bollnow,* der als erster die ‚Krise' zu einer Form der Erziehung erklärte, nämlich als eine ‚un-stete' gegenüber alttradierten ‚steten' Erziehungsformen wie ‚Lob', ‚Strafe' u. a.

Der Klassiker der Krisentheorie-Bildung, *G. Caplan*, präzisiert schon 1962 drei Charakteristika der Krise, die auf Ansätze zur Krisenverarbeitung verweisen: nämlich ‚schwere emotionale Gleichgewichtsstörung', ‚zeitliche Begrenzung', und: durch ‚Gegenregulations-Mittel', die dem Individuum normalerweise verfügbar sind, nicht ‚bewältigbar'. *Ulich* (1987) formuliert es so:

> „Krise ist ein belastender, temporärer, in seinem Verlauf und in seinen Folgen offener Veränderungsprozess der Person, der gekennzeichnet ist durch eine Unterbrechung der Kontinuität des Erlebens und Handelns, durch eine partielle Desintegration der Handlungsorganisation und eine Destabilisierung im emotionalen Bereich".

Ulrich Beck folgert 1995 konsequent: Das eigene Leben ‚ist ein experimentelles Leben' geworden, in dem ‚tradierte Rituale', sog. *rites des passages*, Rollenstereotypen versagen – ich füge hinzu: und auch Vorbildern aus weitgehend vorhandenen Mangelerscheinungen entsagt werden muss – und demzu-

KRISEN-MANAGEMENT – PARADIGMENWECHSEL

VOM NORMATIVEN ÜBER DAS INTERPRETATIVE ZUM KOMPLEMENTÄREN

Komplementär-These kollektiv:

Krisen – auch ein verborgener Reichtum

Soll Miteinander Leben im Anderssein –
‚Unity in Diversity'/Integration in Vielfalt –
zum Aufbau einer pluralen Global-Gesellschaft gelingen, muss zwischen sozialen Entitäten Individuation in Balance von Innen- und Außenwelt in eigener Kulturalität erlernt, erschlossen, gelebt werden –

komplementär gilt:

Soll zwischen sozialen Entitäten Individuation in Balance von Innen- und Außenwelt in eigener Kulturalität auf Dauer gelingen, muss Miteinander Leben im Anderssein –
‚Unity in Diversity'/Integration in Vielfalt –
erlernt, erschlossen, gelebt werden.

Erika Schuchardt

© Erika Schuchardt KRISEN-MANAGEMENT UND INTEGRATION   DIE 8·2003
Band 1: Biographische Erfahrung und wissenschaftliche Theorie
Band 2: Weiterbildung als Krisenverarbeitung
DVD • mit Jahrhundert-Bibliographien • mit AV Best Practice International

folge individuelles und soziales Leben immer wieder neu abzustimmen sind. Man ist zur ‚eigenen Biographie' als einer ‚experimentellen Biographie' verbannt, es gibt sie nicht länger, die ‚Normal-Biographie', sie bleibt eine nur vermeintliche ‚Wahl-Biographie', sie wird vielmehr zu einer ‚Bastel'-, zu einer ‚Bruch'- oder ‚Zusammenbruch'-Biographie – andere sprechen in diesem Zusammenhang von der sog. ‚Patchwork'-Biographie.

Von *C.G. Jung*, der den Archetypus im Spiralweg entdeckte, wird dieser Prozess des nach Beck beschriebenen ‚eigenen' Lebens des Individuums als ‚Individuation' bezeichnet, als zu gewinnende Balance zwischen kollektiv erwarteten Normen und Werten der Welt in der Auseinandersetzung mit individuell aufsteigenden Wünschen, Träumen, Ideen, Visionen aus der Innenwelt der Person.

Es ist bemerkenswert, dass *Verena Kast* die Proklamation *Ulrich Becks* neu aufnimmt: „*Beck* postuliert auch, dass der Umgang mit Angst und Unsicherheit biographisch und politisch eine Schlüsselfunktion hat bzw. das Umgehen damit zu einer ‚zivilisatorischen Schlüsselqualifikation' führt." (*Kast* 1997, S. 15).

Mir scheint wichtig, dass die von *Ulrich Beck* anvisierte zivilisatorische Schlüsselqualifikation ‚Umgang mit Angst' von *Verena Kast* um den ‚Umgang mit Krisen' erweitert wurde, m. E. zukunftsweisender definiert und darum von mir weiterhin festgeschrieben als ‚*Verarbeitung*' anstelle von ‚*Umgang*' mit **Krisen**, zumal dieser Begriff ein ‚Umgehen' in distanzierterer Form leider nicht ausschließen kann, und wähle in Bezug auf Welt- und Gesellschaftsprobleme anstelle des *Beck*-Begriffs ‚*zivilisatorische*', die „*gesellschaftliche Schlüsselqualifikation*", die sowohl individuelle wie kollektive Krisenverarbeitung einschließt. Ich schließe mich *Verena Kast* an, deren Plädoyer der Interdisziplinarität von Krisenverarbeitung gilt.

> „Die Idee von *Beck*, den „Umgang mit der Angst als Schlüsselqualifikation" zu deklarieren, bedeutet aber auch, dass dieser Umgang allen Disziplinen ein Anliegen sein muss, interdisziplinär diskutiert und erarbeitet werden muss: Zum einen geht es wohl darum, die Menschen grundsätzlich krisengewohnter, krisenbewusster und krisenfreundlicher zu machen, andererseits aber auch, Techniken bereit zu stellen, die den Menschen helfen, mit Angst und Krisen umzugehen" (*Kast* 1997, S. 16).

Mit *Verena Kast* bin ich der Meinung, dass wir zwar über Kriseninterventionszentren verfügen, jedoch den Anstoß von *Ulrich Beck* aufnehmen müssen, damit ‚dieses Wissen, das Spezialisten und Spezialistinnen haben, und das Menschen, die in einer Krise stecken, zugute kommt, noch mehr unter die Menschen zu bringen' (1997, S. 17) ist.

Gelingen wie Scheitern hängt davon ab, ob der Mensch bereit ist, sich der Krise, der Herausforderung überhaupt zu stellen. Das aber heißt, die Krise anzunehmen, sich auf den Lernweg durch die Krise zu begeben und im Loslassen zu neuem, bisher verborgenem Reichtum vorzustoßen. Krisenverarbeitung zu erlernen, das bedeutet den archetypischen Sprung zu wagen, nach A. *Mitscherlich*, den Weg aus der ‚Unfähigkeit zu trauern' zu finden, d. h. über die Fähigkeit, sich Krisen zu stellen, zur Schlüsselqualifikation Krisenverarbeitung vorzustoßen. Dieses Lernen in Krisen ist nicht zuletzt eine Domäne der Erwachsenenbildung, aber gleicherweise zukunftsweisend *Integral des Gesamtbildungssystems* vom Elementar- bis Quartärbereich als Prävention, Intervention, Qualifikation in Aus-, Fort- und Weiterbildung.

1.3 Arten der Krise:
Lebens-LAUF-Krise und Lebens-BRUCH-Krise an Schaltstellen und Rissen der Auto-/Biographie

Geprägt von der Komplementarität biographischer Erfahrung im Verlauf des Lebens und in Abhängigkeit vom Krisenauslöser bzw. dem kritischen Lebensereignis lassen sich – wie in der Einführung zu Doppel-Band 1 erläutert – zwei Arten von Krisen unterscheiden:

Zum einen gemäß klassischer psychologischer Ansätze die eher *vorhersehbare* „**Entwicklungs- bzw. Reifungskrise**" (vgl. *Erikson* 1966) an typischen ‚Schaltstellen' des Lebenslaufs (vgl. *Griese* 1979) wie Geburt, Kindergarten, Schuleintritt, Pubertät, Ausbildung, Berufswahl, Partnerschaft, Kind(er), Lebensmitte, Ruhestand, Alter, Sterben und Tod, m. E. am zutreffendsten mit Lebens-LAUF-Krise zu bezeichnen.

Zum anderen die „**Situationskrise**" aufgrund eher *unvorhersehbarer* „**Kritischer Lebensereignisse**" (vgl. *Filipp* 1981) an *Rissen* der Biographie wie Kinderlosigkeit, Schwangerschaftsabbruch, Arbeitslosigkeit, Unfälle, Partnerverlust, Anschläge, Verletzung der Menschenrechte, Verfolgung, Natur- und Umweltkatastrophen. Zu ergänzen wäre dies um die chronischen Krankheiten wie Krebs, Aids, Multiple Sklerose, Sucht und um die Behinderungen wie Körper-, Geistes-, Sinnes-, psychische Behinderungen, hier am zutreffendsten mit Lebens-BRUCH-Krisen bezeichnet.

Dass gerade der Bereich der eher *un*vorhersehbaren Lebens-BRUCH-Krisen in der wissenschaftlichen Diskussion gravierende Bedeutung gewonnen hat, zeigen die Ergebnisse meiner Auto-/Biographienforschung. Gegenwärtig überblicken wir ein ganzes Jahrhundert mit einem ständig wachsenden Strom von Lebensberichten von Krisen -schon- betroffener, leidender und befreiter Menschen. Entwicklungen, Tendenzen, Veränderungen sind nun deutlich sichtbar.

Zum einen ist die Zahl der Veröffentlichungen zu dieser Thematik im letzten Drittel des 20. Jahrhunderts sprunghaft angestiegen – von knapp 100 in der Jahrhundert-Mitte auf über 6.000 zur Jahrtausendwende (s. Abb. S. 378 f.). Zum anderen verlagerte sich der Schwerpunkt der krisenbedingten Schreibanlässe von *Beeinträchtigungen/Behinderungen* über *Langfristige Krankheiten* zu *Kritischen Lebensereignissen* wie z. B. Trennung, Verfolgung, Sterben und Tod. (s. Doppel-Band 1, Teil II, Kap. 2.3: Zum Forschungssample Graphische Darstellungen zu Daten der Auto-/Biographen und Lebensgeschichten).

Vor dem Hintergrund der Propagierung des *Lebenslangen Lernens*, der Institutionalisierung der Erwachsenenbildung mit ihrer Lebensweltorientierung, wuchs in den **1970er Jahren** stark ansteigend die Zahl derer, die sich eine Lebenslast von der Seele schrieben. Nicht zuletzt weitete sich der Personenkreis aus und damit die Erzählperspektive und nicht zuletzt die interkulturelle Vielfalt.

Die Idee der Chancengerechtigkeit lenkte die Aufmerksamkeit auf von einer Krise -schon- betroffene Menschen, zunächst auf solche mit ‚Beeinträchtigung und Behinderung'. Dann meldeten sich in den 1980er Jahren von *langfristiger Krankheit (Krebs, AIDS, Psychische Störungen)* betroffene Menschen zu Wort. In der Mitte der 1980er Jahre begann die bis heute andauernde Aufarbeitung des Holocaust – bisher vorwiegend durch die Opfer, ansteigend durch deren mittelbar betroffene Kinder und Enkel, während in der *Talkshow*- und *Big-Brother-Kultur* der 90er Jahre und Jahrtausendwende-Jahre die enttabuisierten Themen ‚*Coming out*' und *Sexueller Missbrauch* öffentlich gemacht wurden.

Schon jetzt kündigen sich in Bereichen der Biomedizin und Genom-Forschung gravierende Krisen-Ereignisse im Leben der Menschen an (siehe Übersicht: Gliederung der Jahrhundert-Bibliographie der Lebensgeschichten und Krisen-Ereignisse K 1 bis K 17, Doppel-Band 1, Inhaltsverzeichnis C und D).

Es wird spannend sein, diese Entwicklungslinien weiter zu verfolgen. Und im Zeichen des Internet, das im 21. Jahrhundert jedem Nutzer über OPAC (open public access) den sofortigen Zugriff auf jede mediale Neuerscheinung eröffnet, wird dies auch leicht sein – kaum noch vorstellbar, dass bis 1987 jeder Buchtitel noch einzeln *per Hand* aus Bücherverzeichnissen und Kellerarchiven mühselig gesucht und *manuell* zu dokumentieren und zu systematisieren war (siehe Quellen-Erschließung: Krisen-Management und Integration, kategorisiert nach acht Kolumnen-Titeln der Jahrhundert-Bibliographie, Doppel-Band 2, Inhaltsverzeichnis C).

Die Erkenntnis, dass Beeinträchtigungen durch Krisen häufig kein bzw. nicht allein ein individuelles Problem sind, sondern – wie oben dargestellt –

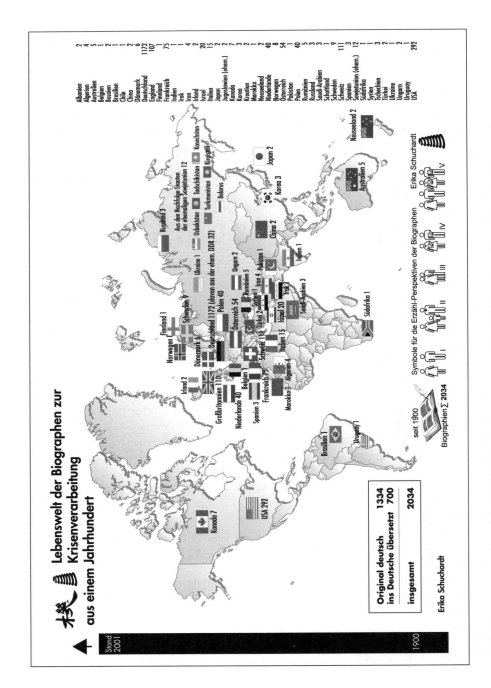

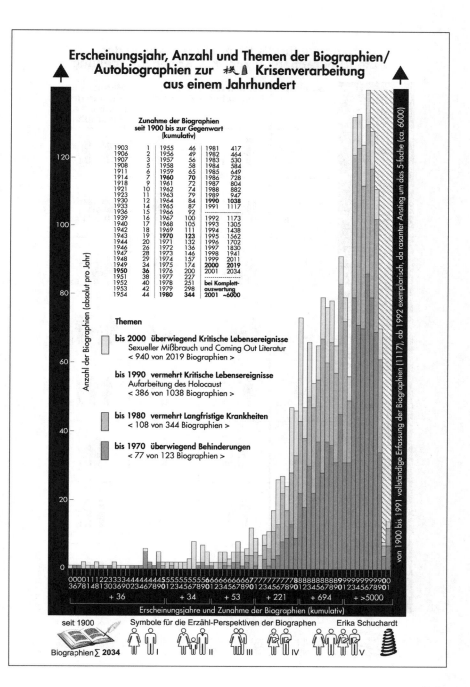

Symbole für die Erzähl-Perspektiven der Auto-/Biographen I-V zur Krisenverarbeitung

Erzähl-Perspektive	Symbol	Frauen als Biographen	Männer als Biographen	Männer und Frauen gemeinsam als Biographen
Auto-/Biographen schon/noch nicht betroffen	I	I	I	I
Eltern	II	II	II	II
Erwachsene Kinder	IIa	IIa	IIa	IIa
Geschwister	IIb	IIb	IIb	IIb
Angehörige	IIc	IIc	IIc	IIc
Partner	III	III	III	III
Fachleute	IV	IV	IV	IV
Auto-/Biographen schon/noch nicht betroffen zusammen mit Fachleuten	V	V	V	V

seit 1900
Biographien ∑ 2034

Symbole für die Erzähl-Perspektiven der Biographen — Erika Schuchardt

I II III IV V

380

Übersicht: Gliederung der Jahrhundert-Bibliographie der Lebensgeschichten nach Krisen-Ereignissen K^1-K^{17}

bis 2001	**Kritische Lebensereignisse**	
176	**Lebensstörungen · Krisenanlässe**	K^1
	· Abhängige Frauen · Abtreibung · Arbeitslosigkeit · Familienprobleme · Kritische Schwangerschaften · Mobbing · Sexuelle Orientierung · Diabetes · Epilepsie · Herzinfarkt · Hirntumor · Koma · Locked-in-Syndrom · Migräne · Neurodermitis · Nierenleiden · Parkinson · Schlaganfall · Tourette-Syndrom · Transplantation	
48	**Sexueller Mißbrauch · Mißhandlung**	K^2
	· Inzest · Vergewaltigung · Sexuelle Ausbeutung	
196	**Sterben · Tod · Freitod · Trauern**	K^3
39	**Trennung · Verlassenwerden · Einsamsein**	K^4
	· Adoptionsfolgen · Scheidung · Scheidungskinder · Verlassene Kinder · Verlassene Partner	
489	**Verfolgung · Gefangensein · Gewalt**	K^5
	· Holocaust · Konzentrationslager · Zwangsarbeit · Exil · Krieg · Flucht · Rassismus · Asylsuche · Frauenfeindliche Traditionen	
bis 1980	**Langfristige Krankheiten**	
54	**Aids**	K^6
21	**Alzheimer Krankheit**	K^7
199	**Krebs**	K^8
27	**Multiple Sklerose**	K^9
258	**Psychische Störungen**	K^{10}
	· Angst · Autismus · Borderline-Syndrom · Bulimie/EB-Brech-Sucht · Magersucht · Depression · Schizophrenie/Multiple Persönlichkeiten · Selbstverletzung · Zwangsverhalten	
154	**Sucht**	K^{11}
	· Abhängigkeit von Alkohol · Drogen · Nikotin · Medikamenten · Glücks-Spielen	
bis 1970	**Beeinträchtigungen/Behinderungen**	
92	**Geistige Behinderung**	K^{12}
126	**Körper-Behinderung**	K^{13}
9	**Lern-Behinderung**	K^{14}
112	**Sinnes-Behinderung**	K^{15}
	· Sehbehinderung · Blindheit · Schwerhörigkeit · Gehörlosigkeit/Taubheit · Taub-Blindheit	
17	**Sprach-Behinderung**	K^{16}
17	**Verhaltens-Störung**	K^{17}

seit 1900   Symbole für die Erzähl-Perspektiven der Biographen   Erika Schuchardt

Biographien ∑ 2034
 I   II   III   IV   V

komplexer gesehen wesentlich auch auf gesellschaftlichen Zuschreibungen basieren, verdanken wir dem *Paradigmenwechsel* (vom Normativen zum Interpretativen) in der Erziehungswissenschaft, der – in Anlehnung an *Kuhn* (1960) – von *Bleidick* (1984) am Beispiel der Verschiedenartigkeit des Begriffs ‚Behinderung' anhand von vier Modellen – unterschiedliche Paradigmen als Erklärungsansatz – aufgedeckt wurde. Ihre Verknüpfung erkennt *Bleidick* allein in der Handlungsperspektive:

1. ‚Behinderung' als medizinische Kategorie – z. B. Krebs – (individualtheoretisches Paradigma),
2. als Zuschreibung von sozialen Erwartungshaltungen, als ‚Etikett', als ‚Stigma' (interaktionstheoretisches Paradigma),
3. als Systemerzeugnis schulischer Leistungsdifferenzierung, D. H. als ‚Systemfolge' (systemtheoretisches Paradigma),
4. als Gesellschaftsprodukt – z. B. ‚Entsorgung' in Sonderinstitutionen (gesellschaftstheoretisches Paradigma). Gegenwärtig erleben wir den Paradigmenwechsel vom Normativen über das Interpretative zum Komplementären, nämlich zur immer selbstverständlicheren Annahme, Anerkennung, Akzeptanz ‚normaler' Komplementarität – m. E. am zutreffendsten dargestellt im chinesischen Yin-Yang-Zeichen – als Grundvoraussetzung kosmischen und damit auch menschlichen Daseins (s. Abb. S. 372).

1.4 Zukunftschance:
Konstituierung interdisziplinärer
𣎴𥁕 Krisen-Management-Pädagogik/-Andragogik als Integral des Gesamt-Bildungssystems

Vor dem Hintergrund dieser Ausführungen erschließt sich die Forderung nach Konstituierung einer Krisen-Management-Pädagogik/-Andragogik; sie steht in Übereinstimmung, ja Gleichklang mit dem UN-Delors-Bericht zur Bildung im 21. Jahrhundert, der programmatisch die sog. *vierte Säule des Bildungssystems* als ‚*Miteinander leben lernen*' aufbaut und fordert. Sodann konfrontierte An-Stoß gebend in den 1970er Jahren der *Club of Rome* mit der ‚*Zukunftschance Umdenken*', und es gilt gegenwärtig, auf dem Weg zum *Zusammenleben in einer Welt*, die dazu erforderliche gesellschaftliche *Schlüsselfunktion Krisenverarbeitung* neu zu lernen und sie als interdisziplinäres Lernangebot zu konstituieren.

Vor diesem Hintergrund erschließen sich des Weiteren unterschiedliche Definitionen von Krisen-Ereignissen in europäischen Ländern und solchen der Zweidrittel-Welt: Exemplarisch *ist* sog. Beeinträchtigung/Behinderung darum nicht länger etwas Absolutes, sondern sie *wird* zu etwas Relativem, erweist sich als komplementär. Dieses neue Erscheinungsbild steht in Übereinstimmung mit der zur Zeit der bildungspolitischen Zäsur 1970 von der Weltgesundheitsorganisation (WHO) definierten Formel, nach der Gesundheit nicht allein das Freisein von körperlichen Gebrechen ist, sondern vielmehr durch das soziale Wohlbefinden bestimmt wird; es steht ferner in Übereinstimmung mit der eingangs entfalteten International Classification der WHO 2002: ‚*Functioning*', ‚*Disability*', ‚*Health*', und last not least mit dem Erleben der Betroffenen, die ihrerseits aussagen: „Man *ist* nicht nur behindert, sondern man *wird* auch dazu gemacht; lebenslang verurteilt zur unfreiwilligen Übernahme der Rolle eines Behinderten-Daseins" (s. Doppel-Band 1, Teil 1, Theoretische Grundlagen).

Das führt zu der **Schlussfolgerung**: Weniger sind von Krisen -schon- Betroffene das Problem, vielmehr werden -noch nicht- betroffene Menschen den -schon- betroffenen Menschen zum Problem: gemäß meiner **Komplementaritäts-These individuell** zur wechselseitig bereichernden, komplementären Herausforderung. Das veranlasste mich zur Darstellung derartiger Lernprozesse als ein komplementärer 3-Schritte-Prozess im Yin-Yang-Zeichen. Konstitutiv schließt dieser Prozess *erstens* von Krisen -schon- betroffene Menschen und -noch nicht- betroffene Lernende ein, des weiteren wird *zweitens* Leiden integrativer Bestandteil von Lernen, und *drittens* erwächst daraus die Anerkenntnis der gesellschaftlichen Schlüsselqualifikation Krisenverarbeitung wie die Forderung nach Konstituierung der **Krisen-Management-Pädagogik/-Andragogik** (s. auch Doppel-Band 1, Teil 1 Theoretische Grundlagen).

KRISEN-MANAGEMENT-INTERAKTIONSMODELL ZUM LERNPROZESS KRISENVERARBEITUNG

INTEGRAL DES GESAMTBILDUNGSSYSTEMS

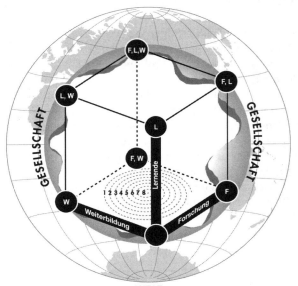

**Krisen-Management als Integral des Gesamtbildungssystems, damit die gesellschaftliche Schlüsselqualifikation Krisenverarbeitung;
– dargestellt durch den am Grund angedeuteten Spiralweg –
zum integralen Lerngegenstand aufsteigt im
interdependenten Zusammenwirken zwischen Forschung, Lernenden und Weiterbildung:**

 Forschung: Interaktions-**Meta**-Ebene
Theoretische Grundlagen (Teil I, im Band 1 des Doppelbandes)

 Lernende: Interaktions-**Mikro**-Ebene
Lernende, von Krisen –schon– betroffen und –noch nicht– betroffen:
• Lebensgeschichte • Lerngeschichte • Gesellschaftsposition

Erschließung des Lernprozesses Krisenverarbeitung aus Lebenswelten und
Deutungsmustern in Biographien (Teil II, im Band 1 des Doppelbandes)

 Weiterbildung/Erwachsenenbildung: Interaktions-**Makro-Mikro**-Ebene

 Erschließung des Krisen-Management-Interaktionsmodells
zum Lernprozess Krisenverarbeitung (Teil III, im Band 2 des Doppelbandes)

© Erika Schuchardt   KRISEN-MANAGEMENT UND INTEGRATION   DIE 8·2003
Band 1: Biographische Erfahrung und wissenschaftliche Theorie
Band 2: Weiterbildung als Krisenverarbeitung
DVD • mit Jahrhundert-Bibliographien • mit AV Best Practice International

KRISEN-MANAGEMENT-INTERAKTIONSMODELL ZUM LERNPROZESS KRISENVERARBEITUNG **B**

GESELLSCHAFTLICHE SCHLÜSSELQUALIFIKATION

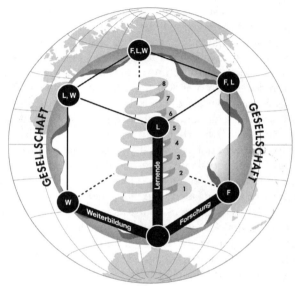

WELT

Ist Krisen-Management Integral des Gesamtbildungssystems,
so wird Krisenverarbeitung zur gesellschaftlichen Schlüsselqualifikation,
entwickelt sich der bei vorhersehbaren Lebens-LAUF-Krisen nur potentiell eingesetzte
Spiral-Lernweg (s. Grafik A liegend angedeutete Spirale)
bei unvorhersehbaren Lebens-BRUCH-Krisen zur existentiell relevanten Größe
zum erschlossenen Lernprozess Krisenverarbeitung (s. Grafik B aufsteigende Spirale)

Lebens-LAUF-Krisen
eher vorhersehbar an Schaltstellen der Lebensgeschichte

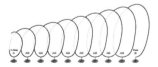

Lebens-BRUCH-Krisen
eher **un**vorhersehbar an Rissen der Lebensgeschichte

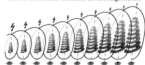

© Erika Schuchardt KRISEN-MANAGEMENT UND INTEGRATION DIE 8·2003
Band 1: Biographische Erfahrung und wissenschaftliche Theorie
Band 2: Weiterbildung als Krisenverarbeitung
DVD • mit Jahrhundert-Bibliographien • mit AV Best Practice International

1.5 Theorieansätze:
Von Behinderungs-Bewältigung über Krisen-Verarbeitung zum Krisen-Management

Zur Vertiefung der Forderung nach Konstituierung interdisziplinärer Krisen-Management-Pädagagoik/-Andragogik werden *überblickartig* die Theorieansätze dargestellt: Krisen-Management – Wie damit umgehen...? ‚How to cope with...?' Das ist der Zustand von Krisen -schon- betroffener Menschen bzw. ihrer Bezugspersonen zwischen den Polen Anpassung und Widerstand (vgl. von *Uexküll* 1986), zwischen ‚giving up und acceptance', häufig unterbrochen von Regressionsrückfällen (*Gauss/Kohle* 1986). Das ist der sisyphusartige Weg auf dem Kontinuum zwischen Ausbruch und Aufbruch zur Wende der Krise. Allzu oft beschreitet ihn der -schon- von Krisen Betroffene mutterseelenallein und bedarf doch lebens-not-wendig des dialogischen Prinzips (*Buber* 1964/1979).

Krisen sind verschiedentlich als Ansatzpunkt für pädagogisch-sozialpsychologische Konzepte behandelt worden, zwischenzeitlich auch bekannt als ‚Coping-Modell/Verhalten' zur Lösung krankheitsbedingter Prozesse (*Poler* 1986). Dabei haben aber die oben dargestellten unterschiedlichen Umschreibungen von Krisen im Bereich der pädagogischen Intervention unterschiedliche Konsequenzen. Werden entwicklungsbedingte, also eher voraussehbare und oft auch bestimmbare Ereignisse – sog. Lebens-LAUF-Krisen (s. Abb. S. 387 und Übersicht I, S. 388 f.) – schon zu den Krisen gezählt, so tritt die *Krisen-Prävention* in den Vordergrund der Überlegungen (‚Kritische Lebensereignisse', *Filipp* 1981). Anders bei unvorhersehbaren Ereignissen, bei denen Prävention kaum in Betracht kommt, umso mehr aber *Intervention* bei eingetretener Krise.

Gegliederte Bibliographie: Krisenverarbeitung Lebens-LAUF-Krisen
eher vorhersehbar an Schaltstellen der Lebensgeschichte

KTJB3

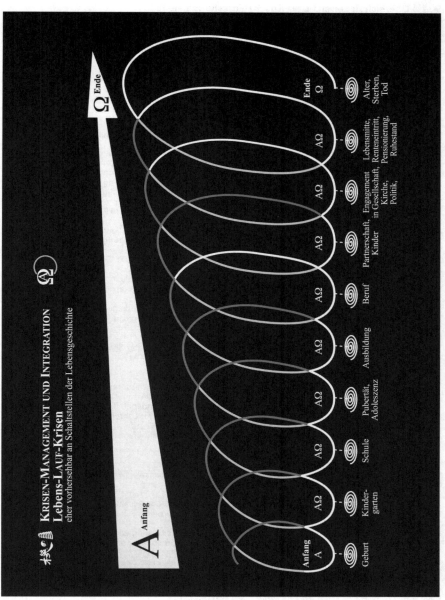

© Erika Schuchardt

 KRISEN-MANAGEMENT UND INTEGRATION DIE 8·2003
Band 1: Biographische Erfahrung und wissenschaftliche Theorie
Band 2: Weiterbildung als Krisenverarbeitung
DVD • mit Jahrhundert-Bibliographien • mit AV Best Practice International

Gegliederte Bibliographie: Krisenverarbeitung Lebens-LAUF-Krisen eher vorhersehbar an Schaltstellen der Lebensgeschichte

ÜI Übersicht I: Lebens-LAUF-Krisen/-Forschung seit 1945

Theorieansätze zur Prävention, Intervention, Begleitung der Begleiter

Im Alltagsleben fallen zuweilen Lebens-LAUF-Krisen und Lebens-BRUCH-Krisen an Schaltstellen der Lebensgeschichte/Biographie zusammen.

- Exemplarische Print Version, vollständig auf DVD -

2003	Bruder, K.J.	Die biographische Wahrheit ist nicht zu haben
2003	Dahlke, R.	Lebenskrisen als Entwicklungschancen
2003	Felden, H.v.	Verknüpfung von Bildungs-, Biographie- u. Genderforschung
2003	Schuchardt, E.	Krisen-Management und Integration –mit Jh.-Bibliogr. + CD
2003	Schuchardt, E.	Kritische Lebensereignisse im Kinder- und Jugendbuch
2003	Zielke, M. (Hg.)	Bedeutung von traumatischen Erfahrungen
2002	Drechsel, W.	Lebensgeschichte und Lebens-Geschichten
2002	Schuchardt, E.	Fazit aus Lebensgeschichten eines Jhs. – Warum gerade ich?
2002	Schuchardt,E.,Schmincke, C.	Neue Chancen – Längsschnittstudie m. Pat. der TCM-AV
2002	Tepperwein, K.	Krise als Chance
2001	Leisering, L. (Hg.)	Institutionelle Regulierungen von Lebensläufen
2001	Kluge, S.	Methodeninnovation in der Lebenslaufforschung
2000	Beer, U.	Lebenskraft aus Lebenskrisen
2000	Kast, V.	Lebenskrisen werden Lebenschancen
2000	Schneider, R.	Krisen als Chancen – Bewältigung ...
1998	Bohnsack, Marotzki	Biographieforschung als Kulturanalyse
1998	Schuchardt, E.	Leben und Sterben lernen im Spiegel von Biogr. d. Weltlit.
1996	Habermas, J.	Die Einbeziehung des Anderen
1995	Ringleben, J.	Die Krankheit zum Tode von S, Kierkegaard
1994	Schuchardt, E.	Erwachsenenbildung und Theologie im Lebenslauf
1991	Schuchardt, E.	Vom Gesundsein der Kranken
1990	Filipp, S.H.	Lebensereignisforschung
1989	Montada, L.	Regulierung negativer emotionaler Befindlichkeiten
1989	Stern, F.	Brennpunkt – Polizeitraining für psych. Extremsituationen
1988	Erikson, E.	Vollständiger Lebenszyklus
1988	Rosch, M.	Kritische Lebensereignisse
1986	Kast,V.	Der schöpferische Sprung – vom therap. Umgang mit Krisen
1987	Meueler, E.	Vom Umgang mit Lebenskrisen
1987	Mitscherlich, A.	Erinnerungsarbeit – Zur Psychoanal. d. Unfähigkeit zu trauern
1987	Tennstädt/Krause	Konstanzer Trainings-Modell für Lehrer
1986	Katschnig, H.	Live events and psychiatric disorder
1986	Matthews-Simonton, S.	Heilung in der Familie - Selbsthilfegruppen
1986	Meichenbaum, D.	Stress inoculation training
1985	Schuchardt, E.	Krise als Lernchance
1985	Tausch, A.M.	Gespräche gegen die Angst
1984	Schmitz, H.D.	Erwachsenenbildung als lebensweltbezogenem Erkenntnisprozess
1984	Schuchardt, E.	Jede Krise ist ein neuer Anfang
1983	Golan, N.	Krisenintervention
1982	Cauce,A.Felner,R.	Social support in high risk adolescents
1982	Koch, Schmeling	Ausbildungskurs für Mitarbeiter Schwerstkranker
1982	Rumpeltes, Ch.	Arbeitslos
1981	Brammer, Abrego	Intervention Strategies for coping with transitions
1981	Braukmann, Filipp	Selbststeuerung durch personale Konflikte
1981	Filipp, S.H.	Kritische Lebensereignisse
1981	Knoll, J.H.	Lebenslauf, Lebenszyklen, Erwachsenenbildung
1981	Richter, H.E.	Sich der Krise stellen
1981	Schuchardt, E.	Behinderung und Glaube – Warum gerade ich?
1981	Schuchardt, E.	Begleitende als Problem Betroffener
1980	Richter, H.E.	Eltern, Kind, Neurose

© Erika Schuchardt – Krisen-Management und Integration, wbv 2003

Fortsetzung vollständige Bibliographie

Lebens-LAUF-Krisen seit 1945
Theorieansätze zur Prävention, Intervention,
Begleitung der Begleiter

KTJB3

1980	Schuchardt, E.	Soziale Integration Band 1 und Band 2
1979	Loch, W.	Lebenslauf und Erziehung
1979	McGuire, G.	Social support groups among new parents
1978	Bynum, Cooper	Retirement reorientation
1978	Gore, S.	Effect of social support - unemployment
1978	Opp, K.D.	Theorie sozialer Krisen
1977	Schmidbauer, W.	Die hilflosen Helfer
1976	Thomas, K.	Selbstanalyse. Die heilende Biographie
1974	Parkes, C.M.	Gram
1973	Spiegel, Y.	Trauer
1972	Müller, A.M.K.	‚Präparierte Zeit'- Mensch in der Krise eigener Zielsetzungen
1972	Nuckolls, Cassel	Geburt des ersten Kindes
1971	Habermas, J.Luhmann, N.	Vorbemerkung Theorie - Kommunikative Kompetenz
1970	Osuji, O.N.	Acceptance of Loss
1969	Kübler-Ross, E.	Interviews mit Sterbenden
1966	Erikson, E.	Identität und Lebenszyklus
1966	Bollnow, F.	Krise und neuer Anfang
1966	Lazarus, R.S.	Stress
1965	Glaser, Strauss	Awareness of Dying
1964	Caplan, G.	Principles of Preventive Psychiatry
1963	Goffman, E.	Bewältigungstechniken beschädigter Identität
1952	Bollnow, O.F.	Existenzphilosophie – Krise: ‚unstete' Form der Erziehung

Fortsetzung vollständige Bibliographie

Ebenso ist es relativ einfach, aus einer entwicklungsbedingten und in der Regel wieder abklingenden Krise zu lernen; eine existentielle Krise als Lernquelle zu nutzen, stellt dagegen hohe Anforderungen sowohl an den -schon- betroffenen Menschen als auch an den Begleiter. Bemerkenswerterweise zeichnet sich gerade dazu im letzten Jahrzehnt ein Anstieg der Fachliteratur zur Auseinandersetzung mit dem Bezugssystem von Krisen -schon- betroffener Menschen ab, d. h. mit den sog. -noch nicht- betroffenen Begleitenden bzw. Lehrenden, z. B. *Richter* 1981, sich der Krise stellen, *Schmidbauer* 1977 ‚Hilflose Helfer'; *Schuchardt* 1981 ‚Begleitende als Problem der Betroffenen'; *Koch/Schmeling* 1982 ‚Ausbildungskurs für Mitarbeiter Schwerstkranker'; *Matthews-Simonton* 1986 ‚Selbsthilfegruppen chronisch Kranker und Angehöriger'; *Tennstädt et al.* 1987 ‚Konstanzer Trainings-Modelle für Lehrer' oder *Stern* 1989 ‚Polizeitraining für psychische Extremsituationen'.

Forschungen zur Bestandsaufnahme und die Analyse vorhandener Theorieansätze zur Krisenverarbeitung – Lebens-LAUF- und Lebens-BRUCH-Krise – ergaben, dass sich der bereits diskutierte Paradigmenwechsel bei der Lebens-BRUCH-Krise auch in der Fachliteratur niederschlug und zu veränderten Kategorien und Systemen führte; z. B.: Fachliteratur *vor* 1970 (normativ-individualtheoretisches Paradigma) befasst sich mit ‚Defekten' und ihrer ‚Bewältigung', primär *ein*dimensional unter *physischem* Aspekt, sowie mit der Erzieherrolle, z. B. ‚der Körperbehinderte', ‚das Sonderkind' (vgl. Übersicht II, S. 392 f.). Fachliteratur *nach* 1970 (interpretativ-interaktionstheoretisches Paradigma) behandelt Krise und lebenslange Verarbeitung als ‚Lernprozess', primär *mehr*dimensional unter *psychosozialem* Aspekt, und beschreibt das Beziehungsgefüge, z. B. ‚Patient Familie', ‚Behindertes Kind – verhinderte Partnerschaft', ‚Hast du denn bejaht, dass ich sterben muss...?' (vgl. Übersicht III, S. 394 f.).

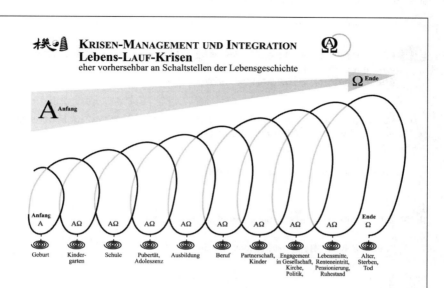

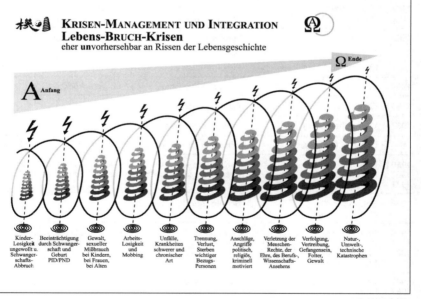

© Erika Schuchardt

KRISEN-MANAGEMENT UND INTEGRATION DIE 8-2003
Band 1: Biographische Erfahrung und wissenschaftliche Theorie
Band 2: Weiterbildung als Krisenverarbeitung
DVD • mit Jahrhundert-Bibliographien • mit AV Best Practice International

Gegliederte Bibliographie: Krisenverarbeitung Lebens-BRUCH-Krisen
eher unvorhersehbar an Rissen der Lebensgeschichte vor 1970

Ü II Übersicht II: Lebens-BRUCH-Krisen v o r bildungspolitischer Zäsur 1970
eher u n vorhersehbar an Rissen der Lebensgeschichte
Theorieansätze, nur BEHINDERUNGS-BEWÄLTIGUNG

vorrangig eindimensional unter physiologischem Aspekt und zur Erzieherrolle
– normativ-individuelles Paradigma –

- Exemplarische Print Version, vollständig auf DVD -

vor 1970 2 Phasen im Prozess Behinderungs-Bewältigung behandelt

1. Phase: Nicht-Bejahung/ Nicht-Annahme

1953 1955 1969	Kanner, L. Rosen, L. Egg, M.	Verleugnung der Krise ‚Behinderung'
1967	Vliegenhardt, W.G. Dunk, M.G.C. v.d.	Verdrängung der Krise 'Behinderung' der „Normalfall"
1969	Levinson, A. Sagi, A.	vergleichbar der Situation des „Krebskranken" im Frühstadium
	Murray, M.	die eigentlich „lebenszerstörende" Ursache
1968	Strasser, H.	„Dissoziative Phase nach Geburtsschock"
1955	Rosen, L.	Aufrechterhaltung irrationaler Hoffnungen
1967	Vliegenhardt, W.G.	„Suche nach wunderbarer Heilung"
	Dunk, M.G.C. v.d.	„Flucht in den Beruf, besonders stark ausgeprägt bei Vätern"
1959 1967 1971	Boles, G. Roos, A.O. Harbauer, H.	„unsachgemäße Urteile über den Zustand d. behindert. Kindes", besonders stark in Akademikerfamilien verbreitet"
1968	Solomons, G. Menolascino, F.	Schuldgefühle haben
1959 1961 1966	Boles, G Zuk, G.H. Michaels, J. Schucmann, H.	aufgefasst als religiöse Prüfung, Strafe, Gottesurteil
1947 1967 1970	Coughlin, E.W. Roos, Ph. Wunderlich, Ch.	verstanden als Strafe für unerwünschte Schwangerschaft

© Erika Schuchardt – Krisen-Management und Integration, wbv 2003

Fortsetzung vollständige Bibliographie

Lebens-BRUCH-Krisen **vor** bildungspolitischer Zäsur **1970**
Theorieansätze, primär **BEHINDERUNGS-BEWÄLTIGUNG**
• Beeinträchtigungen/Behinderungen siehe auch **K^{12}-K^{17}**

KTJB4

1971	Tews	therapeutische Behandlung bei 48 % Betroffener aufgrund ihrer Deutung
	Kunert, S.	die ‚Behinderung' als Strafe

2. Phase: Anpassung und Annahme

1951 1962	Thomae, J. Hambitzer, M.	Bereitschaft, „Daseinsorientierung durch Veränderung des individuellen Lage-Schemas" neu zu gestalten
1961 1962 1967	Solnit Stark Baum Tisza, V.B. Roos, A.O.	Ablösung vom Prozess der ‚Trauerarbeit'
1961 1967 1968	Solnit Stark Roos, A.O. Strasser, H.	Insichgekehrtsein, Mangel an Interesse für die Außenwelt
1968	Solomons, G. Menolascino, F.	wachsendes Verständnis für die Probleme des Kindes
1960 1966	Mandelbaum, A. Michaels, J. Schucmann, H.	Bereitschaft, Probleme aktiv anzupacken Versuch, Probleme des Kindes und der Familie zukunftsorientiert anzugehen
1968	Strasser, H.	„Reintegrative Phase zur Schockverarbeitung"

Quellen
• Handbibliographierung (bis 1989 zur CD-ROM-Einführung)
  aus ‚Deutsches Bücherverzeichnis' (1911-1965, 44. Band)
  aus ‚Deutscher Bibliographie' (ab 1966, 45. Band)
  aus Zeitschriftenschlüssel ‚Dietrich'
• Datenbanken SOLIS, PSYNDEX, PSYCINFO u.a.
• Bibliothekskataloge im Deutschen Bundestag Bonn, Berlin
• Die Deutsche Bibliothek

Quellen-Erschließung
• Die Deutsche Bibliothek: Z39.50-Gateway: http://z3950gw.dbf.ddb.de
• Online-Katalog für die Deutsche Bücherei Leipzig: http://dbl-opac.ddb.de
• Online-Katalog für die Deutsche Bibliothek Frankfurt a.M.: http://dbf-opac.ddb.de
• Deutsches Institut Erwachsenenbildung: www.die-bonn.de
• Verlag Vandenhoeck & Ruprecht: www.vandenhoeck-ruprecht.de
• Autorin: www.prof-schuchardt.de

© Erika Schuchardt – Krisen-Management und Integration, wbv 2003

**Fortsetzung
vollständige Bibliographie**

Gegliederte Bibliographie: Krisenverarbeitung Lebens-BRUCH-Krisen
eher **un**vorhersehbar an Rissen der Lebensgeschichte **nach** 1970

KT.

Ü III Übersicht III: Lebens-BRUCH-Krisen n a c h bildungspolitischer Zäsur 1970
eher u n vorhersehbar an Rissen der Lebensgeschichte
Theorieansätze, Coping-Modelle zur KRISEN-VERARBEITUNG

vorrangig mehrdimensional unter psychosozialem Aspekt und zur Beziehungs-
Struktur - interpretativ-interaktionstheoretisches Paradigma –

- Exemplarische Print Version, vollständig auf DVD -

nach 1970 Erste Modell-Konstrukte: Prozess Krisen-Verarbeitung

Coping-Modelle mit unterschiedlichen Phasen und Stufen

1964 Caplan, G. Ausnahme	USA	4-Phasen-Modell **Krise**	1. Beunruhigung 2. Aggression 3. Experimentieren 4. Zusammenbruch	
1969 Kübler-Ross, E.	USA/CH	5-Phasen-Modell **Sterben**	1. Nichtwahrhabenwollen und Isolierung 2. Zorn 3. Verhandeln 4. Depression 5. Zustimmung	
1970 Osuji, O.N.	USA/JAP	3-Dimensionen-Modell **Acceptance of Loss**	1. Enlargement of scope and values 2. Containing disability effects or 'spreed' 3. Subordination physique	
1973 Spiegel, Y.	D	4-Phasen-Modell **Trauer**	1. Schock 2. Fremd-Kontrolle 3. Regression 4. Adaption	
1974 Glaser, B.G. Strauss, A. engl. Orig-Titel 1965	USA	2-Phasen-Kontext-Modell **Sterbe-Interaktion**	1. Offener Bewusstseinskontext 2. Geschlossener Bewusstseinskxt.	
1974 Parkes, C.M.	USA	6-Phasen-Modell **Partner-Verlust**	1. Gebrochenheit 2. Alarm 3. Suche 4. Milderung 5. Zorn 6. Identitätsentwicklung	

© Erika Schuchardt – Krisen-Management und Integration, wbv 2003

Fortsetzung
vollständige Bibliographie

Lebens-BRUCH-Krisen **nach** bildungspolitischer Zäsur **1970**
Theorieansätze, Coping-Modelle zur **KRISEN-VERARBEITUNG**
- Kritische Lebensereignisse siehe auch **K¹-K⁵** • Langfristige Krankheiten siehe auch **K⁶-K¹¹**
- Beeinträchtigungen/Behinderungen **K¹²-K¹⁷**

KTJB5

Jahr	Autor	Land	Modell	Phasen
1974	Degen, H.	NL	5-Phasen-Modell **Behinderung**	1. Unsicherheit 2. Verzweiflung 3. Leugnung 4. Defätismus 5. Bejahung
1975	Sporken, P.	NL	9-Phasen-Modell **Behinderung**	1. Unwissenheit 2. Unsicherheit 3. Implizite Leugnung 4. Entdeckung der Wahrheit 5. Explizite Leugnung 6. Auflehnung 7. Mit dem Schicksal leben 8. Gram 9. Bejahung
1975	Balzer, B. Rolli, S.	D	3-Phasen-Modell **Krise**	1. Erkennen 2. Annahme 3. Verarbeitung
1979	Lazarus, R.S.	USA	4-Phasen-Modell **Stress**	1. Informationssuche 2. Direkte Aktion 3. Aktionshemmung (z.B. Vermeidung) 4. Intrapsychische Verarbeitung
1979	Schuchardt, E.	D	8-Spiral-Phasen-Modell **Krisen-Verarbeitung als Lernprozess**	
			1.-2. Spiralphase im Eingangs-Stadium: kognitiv-reaktiv, fremdgesteuerte Dimension	1. Ungewissheit: „Was ist eigentlich los...?" 2. Gewissheit: „Ja, aber das kann doch gar nicht sein..."
			3.-5. Spiralphase im Durchgangs-Stadium: emotional, ungesteuerte Dimension	3. Aggression: „Warum gerade ich....?" 4. Verhandlung: „Wenn.. dann muss aber...?" 5. Depression: „Wozu ...alles ist sinnlos...?"
			6.-8. Spiralphase im Ziel-Stadium: reflexiv, aktional, selbstgesteuerte Dimension	6. Annahme: „Ich erkenne jetzt erst ....!" 7. Aktivität: „Ich tue das ....!" 8. Solidarität: „Wir handeln ....!"
1981	Kommer/Röhrle	D	3-Stufen-Modell **Krisen-Entwicklung**	1. Handlungsbeeinträchtigung 2. Handlungserschwerung 3. Krise

© Erika Schuchardt – Krisen-Management und Integration, wbv 2003

Fortsetzung vollständige Bibliographie

Die Analyse der Theorieansätze um die bildungspolitische Zäsur 1970
zu Lebens-BRUCH-Krisen in Bezug auf Intervention und Prävention erschließt vier Einteilungsgesichtspunkte, allerdings mit jeweils unterschiedlicher Akzentsetzung der Theorieansätze:
1. nach Adressaten,
2. nach empirischer Basis,
3. nach Ablaufprozessen,
4. nach Lerndimensionen.

Zu 1.: **Adressaten** sind fast ausnahmslos -schon- betroffene Menschen, selten eingebunden sind -noch nicht- betroffene Bezugspersonen. Dabei richten sich vier Konzepte an von Krisen Betroffene allgemein: *Caplan* 1964, *Lazarus* 1966/1979, *Schuchardt* 1980, *Kommer/Röhrle* 1981, darunter ein Konzept an Betroffene und deren Bezugspersonen gemeinsam, *Schuchardt* 1980; vier Konzepte an Sterbende und Trauernde: *Kübler-Ross* 1970, *Spiegel* 1973, *Glaser/Strauss* 1974, *Parkes* 1974 und drei Konzepte an von Behinderungen Betroffene: *Ozuji* 1970, *Degen* 1974, *Sporken* 1975.

Zu 2.: **Empirische Basis**: Alle außer zwei Untersuchungen basieren auf Einzelfallstudien, z. B. in Form von *Interviews* (*Kübler-Ross* 1970, *Spiegel* 1973, *Parkes* 1974 und *Degen* 1974), anhand von **Beobachtungen** im Krankenhaus (*Caplan* 1964, *Glaser/Strauss* 1974, *Lazarus* 1966/79), mittels **Befragungen** in der Rehabilitationsklinik (*Osuji* 1970) oder durch Auto-/**Biographieanalysen** (*Schuchardt*, 1980, 1993a, 1993b, 1994a); keine empirischen Nachweise liefern *Sporken* 1975 und *Kommer/Röhrle* 1981.

Zu 3.: **Ablaufprozesse**: Die Modelle beschreiben Krisenprozesse als Verläufe in Phasen (7x), Stufen (1x), Spiralphasen (1x), Dimensionen (1x) und Kontexte (1x).
Während *Stufen* Anfang und Ende assoziieren (z. B. *Kommer/Röhrle* 1981), ebenso wie es die Einteilung in *Phasen* tut (z. B.: *Kübler-Ross* 1970, *Spiegel* 1973, *Parkes* 1974, *Degen* 1974, *Sporken* 1975, Caplan 1964, *Lazarus* 1966, 1979), versinnbildlichen Spiralphasen (z. B. *Schuchardt* 1980, 1993a und b, 1994a) Unabgeschlossenheit und Überlagerung verschiedener Windungen.

Zu 4.: **Lerndimensionen**: Als Lernprozess wird nur ein Modell definiert (*Schuchardt* 1980, 1993a und b, 1994 a); es wurde skizziert: gemäß dem Lernen mit **Kopf, Herz und Hand** gliedert sich der Lernprozess, *mit* der Krise leben zu lernen, in drei Stadien: er beginnt mit dem EIN-GANGS-Stadium (kognitiv-reaktiv, fremdgesteuerte Dimension) mit den Spiralphasen

1. Ungewissheit: ‚*Was ist eigentlich los...?*' und
2. Gewissheit: ‚*Ja, aber das kann doch nicht sein...?*', er durchläuft das DURCHGANGS-Stadium (emotional, ungesteuerte Dimension) mit den Spiralphasen
3. Aggression: ‚*Warum gerade ich...?*',
4. Verhandlung: ‚*Wenn..., dann muss aber...?*',
5. Depression: ‚*Wozu..., alles ist sinnlos...?*' und mündet ein in das ZIEL-Stadium (reflexiv-aktional, selbstgesteuerte Dimension) mit den Spiralphasen
6. Annahme: ‚*Ich erkenne jetzt erst...!*',
7. Aktion: ‚*Ich tue das...!*',
8. Solidarität: ‚*Wir handeln...!*'.

Der Versuch einer **Bewertung** der verschiedenen Verarbeitungsmodelle für Lebens-BRUCH-Krisen findet sich bei *Köllmann*, in der *Köllmann* das letztgenannte Lernmodell der Autorin als bahnbrechend herausstellt (1990, S. 116).

Bemerkenswert dokumentiert die kontinuierliche Forschungsanalyse *seit* 1980 sowohl den *quantitativen* Anstieg – analog der sprunghaften Ausweitung der Auto-/Biographien um das fünffache – als auch die *qualitative* Erweiterung der Theorieansätze zum **Krisen-Management**: Exemplarisch wurden zehn Lebens-BRUCH-Krisen erschlossen und nachfolgend dargestellt (s. Abb. S. 398 und Übersicht IV, S. 399 ff.). Erneut verifiziert sich im Spiegel der Lebens-BRUCH-Krisen der Paradigmenwechsel zur Komplementarität – nicht zuletzt im individuellen und ansteigend kollektiven Krisen-Management. Daraus folgt die Herausforderung an die Erwachsenenbildung, sich Krisen-Management als Schlüsselqualifikation und Integral des Bildungssystems zu stellen.

Gegliederte Bibliographie: Krisenverarbeitung Lebens-BRUCH-Krisen
eher **un**vorhersehbar an Rissen der Lebensgeschichte **seit** 1980

KT

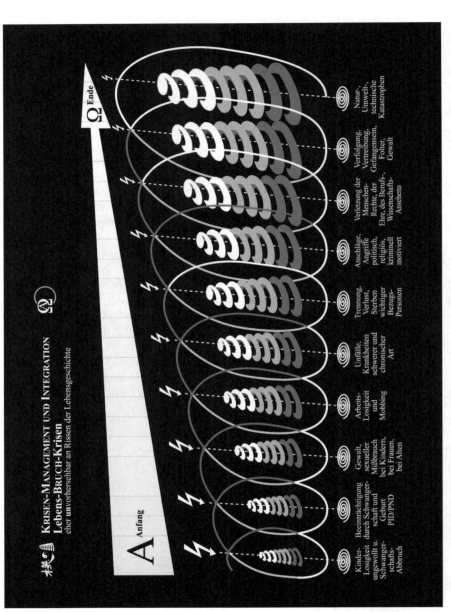

© Erika Schuchardt

 KRISEN-MANAGEMENT UND INTEGRATION 8·2003
Band 1: Biographische Erfahrung und wissenschaftliche Theorie
Band 2: Weiterbildung als Krisenverarbeitung
DVD • mit Jahrhundert-Bibliographien • mit AV Best Practice International

Gegliederte Bibliographie: Krisenverarbeitung Lebens-BRUCH-Krisen
eher **un**vorhersehbar an Rissen der Lebensgeschichte **seit** 1980

Übersicht IV: zu Lebens-BRUCH-Krisen LBK¹ - LBK¹⁰ seit 1980

erweiterte Theorieansätze zu Krisen-Management

- Exemplarische Print Version, vollständig auf DVD -

LBK 1: Kinderlosigkeit und Schwangerschafts-Abbruch

LBK 1a: Kinderlosigkeit ungewollt

2003	- - -	keine Titelerfassung DDB
2002	Freilicher, L;Scheu, J. Luc,	das Kind mit den 2 Müttern
2002	Schuchardt, E.	Zur Sache: Erklärung Stammzellenimport
2001	Stammer, H.;Wischmann,T.	Der Traum vom eigenen Kind
2000	Könnecke, R.	Bewältigungsmuster ungewollt kinderloser Männer
1999	Dee, A.	Müssen Frauen Mütter sein - neue Kinderlosigkeit
1999	Goldschmidt, S.	Paarbeziehg Lebenszufriedenh. In-vitro-Fertilisat.
1998	Wischmann, T.	Psychosoziale Aspekte ungewollter Kinderlosigkeit
1996	Fränznick, M., Wieners	Ungewollte Kinderlosigkeit: psychosoz. Folgen
1995	Schilling, B.u.W.	Wie Ehepaare mit Kinderlosigkeit umgehen können
1994	Anton, L.H.	Abschied vom Kinderwunsch
1994	Sproll, E./Stein, W.	Mutterglück aus der Retorte?
1994	Voss, A.	Ungewollte Kinderlosigkeit als Krankheit
1992	Auhagen-Stephanos	Vom Mythos der Unfruchtbarkeit
1992	Queisser, H.	Lebensplanung ohne Kinder
1991	Ulmer-Otto, S.	Die leere Wiege ... seelische Verarbeitung
1989	Mealyea, M.	Wir hätten so gern ein Kind
1988	Nave-Herz, R.	Kinderlose Ehen – eine empirische Studie

LBK 1b: Schwangerschafts-Abbruch

2003	Eser, A., Koch, H.	Schwangersch.abbr. und Recht – internat. Vergleich
2003	Riedel, U.	„Kind als Schaden"- Rechtsprechg z. Arzthaftung
2002	Lunneborg, P.W.	Abortion – a positive decision
2002	Mysiades, L.S.	Splitting the baby
2002	Winter, Th.	"Kind als Schaden" - Rechtsvergleich
2001	Lamplmair, K.	Problematik vor und nach Schwangersch.abbruch
2001	Stanford, S.M.	Trauma einer Abtreibung und seine Heilung
2000	Hangartner, Y.	Schwangerschaftsabbruch und Sterbehilfe
2000	Minelli, M	Tabuthema Abtreibung
1999	Kim, I.-S.	Rechtslage und Einstellungen z. Schwang.sch.abbr.
1998	Gut, W.	Staat und Schutz des ungeborenen Lebens
1997	Guckes, B.	Tötung Neugeborener. u. Sterbehilfe in med. Disk.
1997	Roth-Schlindwein	§ 218 StGB im Bewusstsein jg. Menschen heute
1996	Kindl, M.	Philosoph. Bewertungsmögl.keiten d. Abtreibung
1996	Langsdorff, M.	Kleiner Eingriff – großes Trauma?
1996	Stössel, P. (Hg.)	Leiden der Frauen nach Abtreibung
1995	Degenhardt, J.J.	Abtreibung – Tötung eines ungeborenen Lebens
1995	Knopf, M.	Psychische Folgen des Schwangerschaftsabbruchs
1994	Backhaus, E.	Schuldh. Mitwirkung an Abtreibung u. Euthanasie
1994	Dworkin, R.	Abtreibung, Euthanasie und persönliche Freiheit
1994	Struck, K.	Plädoyer gegen die Abtreibung
1993	Jütte, R. (Hg.)	Gesch. der Abtreibung von Antike bis Gegenwart
1993	Seiz, R.	Schw.schaftsabbr. als Möglichk. weibl. Autonomie
1992	Erlbruch, D.	Risiken des Schwangerschaftsabbruchs
1992	Glöckler, M.	Lebensschutz und Gewissensentscheidung - § 218
1991	Eibach, U.	Abtreibung – Lebensrecht contra Selbstbestimmg.

 **Lebens-BRUCH-Krisen seit 1980**
Erweiterte Theorieansätze zu **KRISEN-MANAGEMENT**

• Anschläge, Angriffe, politisch, religiös, kriminell motiviert • Natur-, Umwelt-, technische Katastrophen
• Verletzung der Menschen-Rechte, der Ehre, des Berufs-Wissenschafts-Ansehens • Gewalt, sexueller Mißbrauch bei Kindern
• Verfolgung, Vertreibung, Gefangensein, Folter, Gewalt • Arbeitslosigkeit und Mobbing • Kinderlosigkeit

KT.

1991	Gassmann, L.	Ungewollt schwanger – was tun?
1990	Abbruch-Tabu:	Lebensgeschichten nach Protokollen
1990	Paczensky, S. (Hg.)	§ 218 – zu Lasten der Frauen
1989	Gassmann, L.; Griesenmann,U.	Abtreibung? Fragen und Entsch.hilfen
1988	Voss, H. (Hg.)	Chancen für das ungeborene Leben
1986	Petersen, P.	Schw.sch.abbr.:unser Bewussts.sein v.Tod i. Leben

LBK 2 Beeinträchtigung durch Schwangerschaft, Geburt, PID, PND

2003	Anselm, R. (Hg.)	Streitfall Biomedizin – christl. Verantwortung
2003	Beer, W. (Hg.)	Herausf. der Ethik durch neue Biowissenschaften
2003	Goebel, B. (Hg.)	Gentechnologie und Zukunft d. Menschenwürde
2003	May, S.Holzinger,M.	Autonomiekonflikte der Humangenetik
2003	Riedel, U.	„Kind als Schaden" – Rechtsprechung zur Arzthaftung
2003	Sass, H.M (Hg.)	Patientenaufklärung bei genetischen Risiko
2003	Siep, H. (Hg.)	Umgang mit beginnendem menschlichem Leben
2002	Ernst, S. (Hg.)	Machbarkeit des Menschen?
2002	Haker, H.	Ethik der genetischen Frühdiagnostik
2002	Huber, W.	Gemachter Mensch - Christlicher Glaube und Biotechnik
2002	Lammert, C.	Psychosoziale Beratung in der PND
2002	Mörgeli, C.,Wunderlich,U.	Kindsnöte in Medizin und Kunst
2002	Nacke, B. (Hg.)	Stammzellforschung und Präimplantationsdiagnostik
2002	Reuter, H.R.	Bioethik und Menschenwürde
2002	Winter, C.	"Kind als Schaden" - Rechtsvergleich
2001	Bayer, O. (Hg.)	Biologische Machbarkeit des Menschen
2001	Gründwaldt, K. (Hg.)	Neue Herausford. durch Gentechnik und Biomedizin
2001	Körtner, U.H.J.	Grundfragen der Bioethik und der medizinische Ethik
2001	Overdick-Gulden (Hg.)	Vorgeburtl. Medizin zw. Heilungsauftrag u. Selektion
2001	Reul, A.	Pränatale Diagnostik auf dem Prüfstand
2000	Braun, K.	Einführung in die Bioethik aus christlicher Sicht
2000	Schuchardt, E.	Bioethikkonvention: Interpret. Erklärung zu § 17 Abs.2
2000	Sill, B.	Pränatale Diagnostik auf dem Prüfstand der Ethik
1999	Fischbeck, H.-J.(Hg.)	Von Erkenntnis des Lebens zu neuer Ethik d. Lebendigen
1998	Dietschi, I.,	Das Dilemma der pränatalen Diagnostik
1997	Rotter, H.	Ethische Fragen am Lebensbeginn
1996	Arz de Falco	Kontroverse Disk. um Ziele und Konsequenzen der PND
1993	Ehrlich, S.	Pränatale Diagn., fötale Schädigung und Schw.sch.abbr.
1992	Schindele,E;Waldschmidt, A.	Vorgeburtliche Diagnostik – Fluch oder Segen
1991	Arz de Falco	Qualitätskontrolle für das werdende Leben
1990	Baumann-Hölzle (Hg.)	Genetische Testmöglk.: ethische und rechtliche Fragen
1989	Furch, W. (Hg.)	(K)eine Chance für Behinderte?: Zur Frage der PND

LBK 3 Gewalt, sexueller Missbrauch bei Kindern, Frauen, älteren Menschen

LBK 3a bei Kindern

2003	Alsaker, F.	Mobbing unter Kinder und wie man damit umgeht
2003	Kasper, H.	Kinder gg. Gewalt in der Schule stärken
2003	Scheithauer,H, Hayo,T. u.a.	Bullying unter Schülern
2002	Dambach, K.E.	Mobbing in der Schulklasse
2002	Dt.Jugendinstitut (Hg.)	Sexueller Missbrauch von Kindern
2002	Sommer, B.	Psychische Gewalt gegen Kinder
2001	Adam, D.	Ursachen, Formen, Folgen von Kindsmisshandlungen
2001	Strasser, P.	Kinder legen Zeugnis ab über Gewalt
2000	Finger-Trescher (Hg.)	Misshandlung, Vernachlässigung und sexuelle Gewalt
2000	Kritsberg, W.	Sexueller Missbrauch in der Kindheit
2000	Spies, A.	Erinnerungen und Verarbeitung sexueller Gewalt
1997	Wegner, W.	Misshandelte Kinder: Arbeitshilfen für päd. Berufe
1997	Meurer,W.	Die Misshandlung von Kindern und älteren Menschen
1997	Wetzels, P.	Gewalterfahrungen in der Kindheit
1996	Sommer, B.,	Zum Bedeutungswandel von Gewalt gegen Kinder
1996	Ludmann, O.,	Phil. und psychol. Betrachtung d. Ursachen für Gewalt ...

© Erika Schuchardt – Krisen-Management und Integration, wbv 2003

**Fortsetzung
vollständige Bibliographie**

Gegliederte Bibliographie: Krisenverarbeitung Lebens-BRUCH-Krisen
eher **un**vorhersehbar an Rissen der Lebensgeschichte **seit** 1980

1995	Amelang/Krüger	Misshandlung von Kindern: sensibler Bereich
1994	Ziegler, F.	Kinder als Opfer von Gewalt
1993	Kruse, K. (Hg.)	Kindesmisshandlung und sexueller Missbrauch
1991	Behme/Schmude	Diagnose und Therapie misshandelter Kinder
1990	Beiderwieden u.a.	Hilfen für misshandelte Kinder
1989	Retzlaff, I.	Misshandlung und sexueller Missbrauch Minderjähriger
1987	Brassard, M.	Psychological maltreatment of children and youth
1986	Bast, H. (Hg.)	Kindesmisshandlungen und ihre Ursachen
1985	Zentralstelle f.Info u.Dok.	Kindesmisshandlung in Europa

LBK 3b bei Frauen
bei Männern: insgesamt nur 2 Titelerfassungen DDB

2003	Hilbig; A. (Hg.)	Frauen und Gewalt: geschlechtsgebundene Gewalt
2003	Künzel, Ch.	Vergewaltigungslektüren z. Codierung in Lit. u. Recht
2002	Dutton, M.	Gewalt gegen Frauen: Diagnostik und Intervention
2001	Leuze-Mohr, M.	Häusliche Gewalt gegen Frauen – eine straffreie Zone?
1999	Clarkson, W.	Versklavt in gutem Hause
1998	Neubauer, E. u.a.	Gewalt gg. Frauen: Ursachen und Interventionsmöglichk.
1997	Elsner, C. u.a.	Gewalt in der Partnerschaft
1996	Gemünden, J.	Vergleich: Gewalt gg. Männer – Gewalt gg. Frauen
1995	Rothen, D.	Wie Frauen sich aus Gewaltbeziehungen befreien
1994	Krieger, W. u.a.	Wohnort Frauenhaus: Übergangslösung?
1994	Burgard, R.	Befreiung aus Gewaltbeziehungen
1990	Brandau, H.	Wege aus Misshandlungsbeziehungen
1987	Stolk, B. van u.a.	Beziehungsprobleme im Wohlfahrtsstaat
1986	Kolb, M.	Gewalt gegen Frauen: eine Untersuchung

LBK 3 c bei älteren Menschen

2001	Hagen, B.	Gewalt gegen alte Menschen aus sozialökol. Perspektive
2001	Kruth, B.	Gewalt gegen alte Menschen: Soziogenese
1999	Brunner, Th. (Hg.)	Gewalt im Alter: Formen und Ursachen
1998	Meyer, M.	Gewalt gg. alte Menschen in Pflegeeinrichtungen
1997	Meurer, W.	Die Misshandlung von Kindern und alten Menschen
1993	Dießenbacher, H., Schüller, K.	Gewalt im Altenheim
1991	Eastman, M.	Gewalt gegen alte Menschen
1991	Unruh, T (Hg.)	Schluss mit dem Terror gegen Alte

LBK 3 d Gewalt allgemein

2003	Herman, J.L.	Die Narben der Gewalt
2003	Rützer, F.	Virtuelle Welt – reale Gewalt
2001	Bojack, B.	Gewaltprävention
2000	Hiss, B.	Fallgeschichten Gewalt
1998	Oemichen, M. (Hg.)	Maltreatment and torture
1996	Lenz, H.J.	Am Anfang war die Wut
1989	Pizzey, E.	Misshandlungen in der Familie
1988	Stets, J.	Domestic violence and control

LBK 4 Arbeitslosigkeit, Mobbing und Stress

LBK 4a Arbeitslosigkeit

2003	Braun, F.	Benachteiligt - Jugendarbeitslosigkeit in Deutschland
2003	Rademacher, J.	Arbeitslosigkeit und Identität im Erwachsenenalter
2003	Winter, S.	Elite ohne Arbeit
2002	Kronauer, M.	Exklusion: Gefährdung des Sozialen im Kapitalismus

Lebens-BRUCH-Krisen seit 1980
Erweiterte Theorieansätze zu KRISEN-MANAGEMENT

- Anschläge, Angriffe, politisch, religiös, kriminell motiviert • Natur-, Umwelt-, technische Katastrophen
- Verletzung der Menschen-Rechte, der Ehre, des Berufs-Wissenschafts-Ansehens • Gewalt, sexueller Mißbrauch bei Kindern
- Verfolgung, Vertreibung, Gefangensein, Folter, Gewalt • Arbeitslosigkeit und Mobbing • Kinderlosigkeit

KTJ

2000	Knost, E.	Auswirkung von Arbeitslosigkeit bei Kindern u. Jugendlichen
1998	Frank, M. u.a.	Karrierestart mit ungewollten Pausen
1998	Luedtke, J.	Lebensführung in der Arbeitslosigkeit
1997	Ackermann, C.	Bewältigung von Arbeitslosigkeit
1997	Mohr, G.	Erwerbslosigkeit, Arbeitsplatzunsicherheit, psych. Befindlichkeit
1997	Roduner, P.	Arbeitslos - aber nicht würdelos
1996	Kane, Y.	Familie ohne Arbeit
1996	Walliser, U.	Psycholog. Bedingungen und Konsequenzen der Arbeitslosigkeit
1995	Kieselbach (Hg.)	Bewältigung von Arbeitslosigkeit im sozialen Kontext
1993	Wermter, M.	Kaltgestellt – Menschen auf dem Abstellgleis
1992	Vonderach, G.u.a.	Arbeitslosigkeit und Lebensgeschichte
1991	Aeppli, D.	Weiterbildung und Umschulung für Arbeitslose
1991	Kieselbach (Hg.)	Bewältigung von Arbeitslosigkeit im soz. Kontext
1990	Feather, N.	The psychological impact of unemployment
1990	Icking, M.	Arbeit – Arbeitslosigkeit – Erwachsenenbildung
1990	Morgenroth, Ch.	Sozialpathologie der Lebenswelt von Arbeitslosen
1989	Kreisky, B (Hg.)	Zur Situation jugendlicher Arbeitsloser
1987	Noelle-Neumann	Arbeitslos: Report aus einer Tabuzone
1986	Hemmer, H. u.a.	Arbeitslose zw. Resignation und Selbstfindung
1986	Altheit, P. u.a.	Soziale Biographien arbeitsloser Jugendlicher

LBK 4b Mobbing

2003	Leymann, H.	Mobbing als Psychoterror am Arbeitsplatz
2003	Scheithauer, H, Hayo, T. u.a.	Bullying unter Schülern
2002	Brinkmann, R.D.	Mobbing, Bullying, Bossing: Treibjagd am Arbeitsplatz
2002	Heeren, A.	Mobbing: Konflikteskalation am Arbeitsplatz
2002	Lehmann, H.	Psychoterror am Arbeitsplatz und wie man sich wehren kann
2002	Saldern, M.v.	Mobbing: Theorie, Empirie, Praxis
2001	Zuschlag, B.	Mobbing – Schikane am Arbeitsplatz – Erfolgreiche Abwehr
1999	Pardoe, B.L.	Subversive Strategien zur Selbstverteidigung am Arbeitsplatz

LBK 4c Stress

2003	Litzcke, S.	Belastungen am Arbeitsplatz: Strategien gegen Stress
2003	Puls, W., Schuh, H.	Strategien gg. Stress, Mobbing und Burn out
2002	Wiegand, A.	Arbeitsstress und Krankheitsverhalten
2001	Spardens, H. u.a.	Interkulturelle Messung v. State Trail Depressions/Stress
2000	Binder-Kieselstein	Stressbearbeitung, Krisenintervention

LBK 5 Unfälle, Krankheiten schwerer und chronischer Art

2003	Baer, N. u.a.	Diskriminierung: Gespräche mit Kranken und Angehörigen
2003	Kollmar, F.	Studie mit gesunden u. chron. kranken Jgdl. u. jungen Erw.n
2003	Porz, F. (Hg.)	Case-Management - Neue Wege in der Nachsorge
2002	Schuchardt, E., Schmincke, C.	Neue Chancen – Längsschnittstudie m. Pat. der TCM-AV
2001	Petermann, F. (Hg.)	Kinderrehabilitation
1999	Hellinger, B.	Wo Schicksal wirkt und Demut heilt
1991	Schuchardt, E.	Vom Gesundsein der Kranken

LBK 6 Trennung/Verlust; Sterben/Tod wichtiger Bezugspersonen

LBK 6a Trennung und Verlust

2003	Günther, J.	Wenn die Ehe scheitert –Trennungskrise und Religiosität
2003	Mehta, G. (Hg.)	Bindungen, Brüche, Übergänge
2003	Werneck, H. (Hg.)	Psychologie der Scheidung und Trennung
2002	Jakob, B.	Gewinnen durch Loslassen: neue Freiheit erleben

Gegliederte Bibliographie: Krisenverarbeitung Lebens-BRUCH-Krisen eher unvorhersehbar an Rissen der Lebensgeschichte seit 1980

KTJB6

2002	Wais, M. u.a.	Trennung und Abschied
2001	Maywald, J.	Trennungen von Kindern im Familienkonflikt
2001	Jakob, B.	Liebe und Ehe am Scheideweg ins neue Jahrtausend
2001	Petri, H.	Verlassen/verlassen werden: Angst, Wut, Trauer, Neubeginn
1999	Schlösser (Hg.)	Trennungen
1998	Jackson, R.	Mütter, die ihre Kinder verlassen
1998	Müller-Luckmann	Wenn die Liebe ins Leere fällt
1998	Böschemeyer, U.	Hoffnungen und Chancen nach der Trennung
1997	Miethe, M	Trennung: Verstehen, vergeben, weitergehen
1996	Greitemeyer, D.	Systematische Trennungsberatung
1995	Kast; V.	Sich einlassen und loslassen bei Trauer und Trennung
1995	Viorst, J.	Mut zur Trennung
1995	Canacakis, J.	Heilsamer Umgang mit Abschied und Trennung
1993	Wilde, B.	Die Lust an der Trennung
1992	Witte E. u.a.	Trennungs- und Scheidungsberatung
1991	Damm, C.	Trennung und Scheidung bewältigen
1990	Rocho-Bender	Frauen nach der Trennung: zw. Abhängigkeit und Autonomie
1989	Schröder, B.	Macht und Ohnmacht der Gefühle nach der Trennung
1985	Studer-Etter	Trennung, Scheidung und Identität

LBK 6b Sterben und Tod

2003	Cachandt, R. (Hg.)	Trauern und Trösten in der hospizlichen Arbeit
2003	Beutel, M.	Der frühe Verlust eines Kindes: Totgeburt, Kindstod
2003	Ennulat, G.	Kinder trauern anders – richtig begleiten
2003	Kessler, D.	The rights of the dying
2003	Mettner, M. (Hg.)	Autonomie, Lebensende – Sterbehilfe und Suizidbeihilfe
2003	Rüegger, H.	Sterben in Würde? Differenziertes Würdeverständnis
2003	Wilkening, K., Kunz, R.	Sterben im Pflegeheim- neue Abschiedskultur
2002	Böke, H. (Hg.)	Wenn Sterbebegleitung an ihre Grenzen kommt
2002	Fliege/Roth	Lebendige Trauer: dem Tod bewusst begegnen
2002	Heavilin, M	Wenn geliebte Menschen von uns gehen
2002	Hennezel, M. u.a.	Die Kunst des Sterbens
2002	Kast, V.	Trauern: Phasen und Chancen des psychischen Prozesses
2002	Läpple, V. (Hg.)	Sterbende und ihre Angehörige begleiten
2002	Plieth, M.	Umgang mit kindl. Schreckensvorstellungen u. Hoffnungsbildern
2002	Rothman, J.	Wenn ein Kind gestorben ist
2002	Schell, W.	Sterbebegleitung und Sterbehilfe: Gesetze, Rechtssprechung..
2001	Erben, Ch.	Sterbekultur im Krankenhaus und Krebs
2001	Falkenstein, K.	Die Pflege Sterbender als bes. Aufgabe der Altenpflege
2001	Freese, S.	Umgang mit Tod und Sterben als päd. Herausforderung
2001	Glanzmann G. u.a.	Begleitung von sterbenden Kindern und Jugendlichen
2001	Heimerl, K. (Hg.)	Modelle der Hospiz- und Palliativbetreuung
2001	Kübler-Ross, E.	Befreiung aus der Angst
2001	Luley, F.	Humane Sterben innerhalb u. außerhalb der Intensivstation
2001	Otterstedt, C.	Sterbenden Brücken bauen: Symbolsprache u. Körpersignale
2001	Paul, Ch.	Neue Wege in der Trauer- und Sterbebegleitung
2001	Pennington, M.	Eine Kulturgeschichte des Todes
1999	Otzelberger, M.	Suizid: das Trauma der Hinterbliebenen
1998	Schuchardt, E.	Leben und Sterben im Spiegel von Biographien der Weltlit.

LBK 7 Anschläge, Angriffe - politisch, religiös, kriminell motiviert

2003	Leidenmühler, F. (Hg.)	Konfliktszen. im 21.Jh. u. Konsequenzen f. Fr.- u. Sicherh.politik
2003	Pepper, W.F.	An act of state – Hinrichtung Martin Luther Kings
2003	Sack, D. (Hg.)	Gewalt statt Anerkennung? Zum 11.Sept. 2001
2003	Tibi, B.	Die fundamentalistische Herausforderung
2002	Aretin, F. (Hg.)	Der 11.Sept., die Politik und die Kulturen
2002	Baecker, D. (Hg.)	Terror im System: Der 11.Sept. und die Folgen

© Erika Schuchardt – Krisen-Management und Integration, wbv 2003

Fortsetzung vollständige Bibliographie

Lebens-BRUCH-Krisen seit 1980
Ü IV Erweiterte Theorieansätze zu KRISEN-MANAGEMENT

- Anschläge, Angriffe, politisch, religiös, kriminell motiviert • Natur-, Umwelt-, technische Katastrophen
- Verletzung der Menschen-Rechte, der Ehre, des Berufs-Wissenschafts-Ansehens • Gewalt, sexueller Mißbrauch bei Kindern
- Verfolgung, Vertreibung, Gefangensein, Folter, Gewalt • Arbeitslosigkeit und Mobbing • Kinderlosigkeit

KTJI

2002	Benoit, A.de	Die Welt nach dem 11. September
2002	Dohnanyi, J./v.	Schmutzige Geschäfte und Heiliger Krieg
2002	Konzelmann, G.	Dschihad und die Wurzeln eines Weltkonflikts
2002	Náeve, D.de	Terror, Krieg und Folgen: Perspektiven aus Wissenschaften
2002	Petzold, H. (Hg.)	Integrative Modelle der Traumatherapie
2001	Scholl-Latou	Beiträge und Interviews nach dem 11.Sept.
1999	Gero, D.	Anschläge und Flugzeugentführungen seit 1931

LBK 8 Verletzung der Menschenrechte, der Ehre, des Berufs-, Wissenschafts-Ansehens

2003	Przyrembel, A.	Rassenschande- Vernichtungslegitimität im Naz.sozialismus
2003	Zankl, H.	Fälscher, Schwindler, Scharlatane: Betrug in Forschung u. Wiss.
2002	Park, R.	Betrug und Irrtum in den Wissenschaften
2002	Klugmann, M.	Europ. Menschenrechtskonvention und antiterrorist. Maßnah.
2002	Ottomeyer, K. (Hg.)	Psychodrama und Menschenrechte
2002	Riccardi, A.	Glaubenszeugnis – Christenverfolgung im 20. Jahrhundert
2001	Dinkelberg, W. Al	Menschenrechtsverletzung aufgrund sexueller Orientierung
2000	Klingberg, M. (Hg.)	Dok. weltweite Diskriminierung und Verfolgung Christen
1999	Kürner, U.	Menschenrechte in der medizinischen Forschung
1996	Collet, G. (Hg.)	Straflosigkeit, Gerechtigkeit, Vergebung
1995	Behandlzentrum Folter(Hg.)	Beteiligung von Ärzten an Mensch.rechtsverletz. f. Folteropfer
1994	Lavik, N. (Hg.)	Human rights violations and mental health

LBK 9 Verfolgung, Vertreibung, Gefangensein, Folter, Gewalt

2003	Fippel, G.	Antifaschisten in „antifaschistischer" Gewalt
2003	Gursky, A.	Zivilcourage: der 17. Juni 1953 in Halle
2003	Havemann, K.Widmann,J. R.	Havemann oder wie die DDR sich erledigte
2003	Limberg, M.Rübsaat,H.(Hg.)	Sie durften nicht mehr Deutsche sein: jüdischer Alltag
2003	Marben, A.	Im Schatten des Diktators: mein Leben im Irak
2003	Martin, F.	Internat. Strafgerichtshof und Jugoslawientribunal
2003	Morgan, R.,Evans,M.	Bekämpfung der Folter in Europa
2002	Hassemer, W. u.a.	Verbrechensopfer: Gesetz und Gerechtigkeit
2001	Bell, K. (Hg.)	Migration und Verfolgung: psychoanalytische Perspektiven
2001	Bittenbinder, E. u.a.	Politische Traumatisierung: Therapie im Kontext
2001	Grönberg, K. u.a.	Psy.soz. Spätflg d. Nationalsoz. bei Nachkom.v. Opfern u.Tätern
2001	Moser, C.(Hg.)	Traumatisierung von Flüchtlingen und Asyl Suchenden
2001	Schindler, V.	Zusammenh. zw. Viktimisierung und delinquentem Verhalten
2000	Kaltenbeck, F. u.a.	Trauma und Erinnerung
2000	Opher-Cohn	Auswirkungen traumatischer Holocaust-Erfahrungen
1999	Hedina-Lindner	Der andere Umgang mit Gewalt
1999	Kopeécnây,A.	Bewältigungsstrategien von Folterüberlebenden
1998	Strobl, R.	Soziale Folgen der Opfererfahrung ethn. Minderheiten

LBK 10 Natur-, Umwelt-, technische Katastrophen

2003	Hausmann, C.	Handbuch Notfallpsychologie und Traumabewältigung
2003	Jakubowski-TiessenM (Hg.)	Religion in Katastrophenzeiten
2003	Schuchardt,E.	15J. nach Tschernobyl: Kinder v. damals – jg. Demokraten heute
2002	Geipel, R.	Naturgefahren und Naturrisiken
2002	Grigoriev,A. u.a.	Environmental disasters: anthropogenic and natural
2001	Becker, H. (Hg.)	Katastrophe: Trauma oder Erneuerung?
2001	Cyrulnik, B.	Die Kraft, die im Unglück liegt: Wachsen am Leiden
2001	Homeyer, B. (Hg.)	Kinder von Tschernobyl: BürgerInnenbewegung
2001	Krämer, G. u.a.	Atlas d.Weltverwicklg:Schaubilderbuch Armut, Wohlstd, Zukunft
2001	Merz, B. (Hg.)	Naturkatastrophen: Ursachen-Auswirkungen-Vorsorge
2000	Brand,U.	NGOs, Staat und ökolog. Krise
1999	Krank,C. (Hg.)	Angst vor der Katastrophe: klinische Beiträge
1996	Schuchardt,E.Kopelew,L.	Stimmen d. Kinder v.Tschernobyl – Gesch. e. stillen Revolution

© Erika Schuchardt – Krisen-Management und Integration, wbv 2003

Fortsetzung vollständige Bibliographie

1.6 Krisen-Management-Interaktionsmodell: Komplementärer 3-Schritte-Prozess zu Prävention, Intervention und gesellschaftlicher Schlüsselqualifikation

Wollen von Krisen -schon- betroffene Menschen lernen, mit ihrer Krise zu leben, wollen gleicherweise von Krisen -noch nicht- betroffene Menschen *Zusammenleben* und *Integration in Vielfalt* erlernen, brauchen sie Lernangebote. Kernstück solcher Lernprozesse ist die gesellschaftliche Schlüsselqualifikation Krisenverarbeitung, d. h. für -schon- betroffene Menschen, aus Instabilität wieder zur inneren Balance in Partizipation zurückzufinden, hingegen für -noch nicht- betroffene Menschen, aus der gewohnten Partizipation über die unvertraute, nicht selten konfrontierende Integration sich der *eigenen Stabilisierung zur Individuation* neu zu stellen. Dazu sind in Abhängigkeit vom jeweils gegebenen Persönlichkeitsbild unterschiedliche Lernschritte notwendig, die von -schon- betroffenen Menschen und – so vorhanden und motivierbar – deren Bezugspersonen wie von weiteren zu gewinnenden Menschen der Gesellschaft begangen werden müssen. Dabei geht es – nicht selten missverstanden – eben gerade nicht um ‚Anpassung' betroffener Menschen an die Normen der -noch nicht- betroffenen Menschen, es geht vielmehr um *wechselseitiges komplementäres* Lernen. Dazu wurde erkenntnisleitend die Theoretische Grundlage bereits in Band 1, Teil I entfaltet mit dem Ergebnis, dass gemäß dem Paradigmenwechsel es nicht um ‚Anpassung' – im Sinne von ‚Assimilation' – an zeitabhängige Normen und Werte, sondern um Integration/Partizipation – im Sinne von Weg und Ziel – als komplementärer 3-Schritte-Prozess des Lernens geht, symbolisiert im chinesischen Yin-Yang-Zeichen.

Eine **Bestandsaufnahme** derartiger Lernprozesse in der Praxis der Weiterbildung vor Ort deckte vielfältige **Konzeptionen** auf, denen vergleichbare Zielsetzungen zugrunde liegen (vgl. *Schuchardt, ‚Schritte aufeinander zu ...'* 1987). Diese Modelle lassen sich, didaktisch-methodisch gesehen, jeweils unterschiedlichen Stadien eines *Krisen-Management-Interaktionsmodells* zur Prävention und Intervention in *drei Schritten* zuordnen, wobei betroffene und -noch nicht- betroffene Lernende **gleiche Wege** gehen, aber geprägt durch die Komplementarität unterschiedlicher biographischer Erfahrungen *einander bereichernd in **gegenläufiger Richtung,*** um gemeinsam Zusammenleben und Integration in Vielfalt zu erlernen:

Der von **Krisen -schon- betroffene Lernende** sucht angesichts seiner Instabilität im **1. Schritt** Lernangebote zur **Stabilisierung** gemeinsam mit anderen -schon- Betroffenen, erst im **2. Schritt** Lernangebote zur **Integration** gemeinsam mit -noch nicht- betroffenen Menschen und schließlich im **3. Schritt** Angebote zur **Partizipation,** d. h. Übergang zum Regelangebot Weiterbildung nach Beendigung der Zielgruppenarbeit.

KRISEN-MANAGEMENT-INTERAKTIONSMODELL ZUM LERNPROZESS KRISENVERARBEITUNG

KONSTITUIERUNG ALS INTERDISZIPLINÄRE KRISEN-MANAGEMENT- PÄDAGOGIK/-ANDRAGOGIK

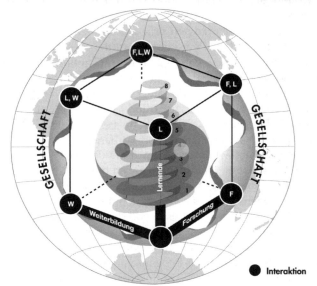

● Interaktion

WELT

Krisen-Management weitet sich lebenslauforientiert zur Integration/Partizipation im Sinne
von Weg und Ziel zu einem komplementären 3-Schritte-Prozess, dargestellt im Yin Yang:
Geprägt von der Komplementarität biographischer Erfahrung gehen Menschen,
von Krisen –schon–(a) und –noch nicht–(b) betroffen, weltweit den gleichen 3-Schritte-Prozess,
jedoch einander bereichernd in gegenläufiger Richtung:

(a) • 1. Schritt ➡ Stabilisierung • 2. Schritt ➡ Integration • 3. Schritt ➡ Partizipation
(b) • 3. Schritt ⬅ Stabilisierung • 2. Schritt ⬅ Integration • 1. Schritt ⬅ Partizipation

Damit verifiziert sich meine These:

Krisen – auch ein verborgener Reichtum

Daraus erwächst der Ruf nach integrierter wie integrierender interdisziplinärer
Krisen-Management-Pädagogik/-Andragogik in Aus-, Fort- und Weiterbildung

INTEGRATION/PARTIZIPATION: BEGRIFF UND MODELL

- Gleichgewicht ➡ Leben in Balance ➡ Shalom
- Un-Gleichgewicht ➡ Krankheit
- Trennung ➡ Tod

Textsammlung Huainanzi (2. Jhd. v. Chr.)

© Erika Schuchardt KRISEN-MANAGEMENT UND INTEGRATION DIE 8·2003
Band 1: Biographische Erfahrung und wissenschaftliche Theorie
Band 2: Weiterbildung als Krisenverarbeitung
DVD • mit Jahrhundert-Bibliographien • mit AV Best Practice International

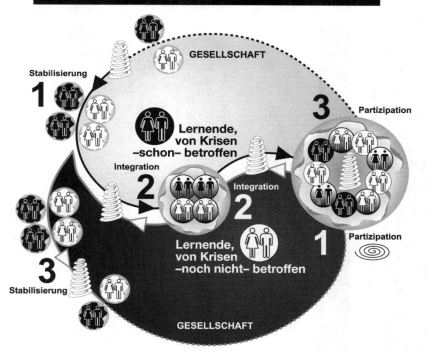

KRISEN-MANAGEMENT-INTERAKTIONSMODELL ZUM LERNPROZESS KRISENVERARBEITUNG ALS KOMPLEMENTÄRER 3-SCHRITTE-PROZESS

KONSTITUIERUNG ALS INTERDISZIPLINÄRE KRISEN-MANAGEMENT- PÄDAGOGIK/-ANDRAGOGIK

Krisen – auch ein verborgener Reichtum

Der von Krisen –schon– betroffene Mensch
ist eine Herausforderung für die Gesellschaft –
komplementär gilt:
die Gesellschaft der –noch nicht– betroffenen Menschen
ist eine Herausforderung für den –schon– betroffenen Menschen –
analog der Komplementarität im Symbol des chinesischen Yin Yang

Erika Schuchardt

© Erika Schuchardt   KRISEN-MANAGEMENT UND INTEGRATION   DIE 8-2003
Band 1: Biographische Erfahrung und wissenschaftliche Theorie
Band 2: Weiterbildung als Krisenverarbeitung
DVD • mit Jahrhundert-Bibliographien • mit AV Best Practice International

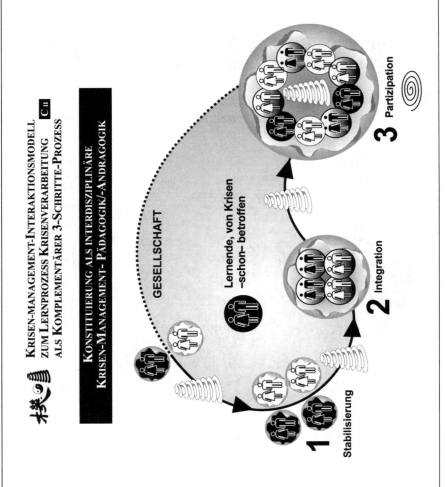

Analog dazu verläuft der Lernprozess sog. **-noch nicht- betroffener Menschen** – allerdings in genau umgekehrter Folge:
im **1. Schritt** herausgerissen aus gewohnter **Partizipation** über die Begegnung im **2. Schritt** im Rahmen einer **Integration** bis zur **Stabilisierung** im **3. Schritt**. Das eröffnet auch letzteren Lernchancen, wie sie den -schon- Betroffenen eher unfreiwillig abgefordert werden. Zur Illustration der über 20 Krisen-Management-Interaktionsmodelle in der Bundesrepublik Deutschland in Wort, Bild und Ton wie auch in Teilnehmer- und Dozenteninterviews (vgl. Schuchardt ‚Schritte aufeinander zu ...' 1987, und des Weiteren in diesem Doppel-Band 2, Kap. 6. BEST PRACTICE INTERNATIONAL auch in Verbindung mit Ton und mit Filmaufzeichnung, siehe DVD).

1.7 Krisen-Management-Interaktionsmodell im Spiegel von BEST PRACTICE INTERNATIONAL • 1970 • 1981 • 1987 • 2003

Sehr offenkundig ist die Diskrepanz zwischen einem relativ geringen prozentualen Anteil von Angeboten zum *Integrations-Lernen* – nur knapp 20 % absinkend auf 15 % – im Rahmen der gesamten Bildungsangebote für sog. von Krisen -schon- betroffene Mitmenschen und die dann überraschend relativ hohe Anzahl von Modellansätzen mit Innovationscharakter in der Bundesrepublik wie auch im Ausland, die vor allem von Volkshochschulen und kirchlichen Trägern, aber auch Berufsbildungswerken getragen werden. Bemerkenswerterweise lassen die Modellansätze sich dem **Krisen-Management-Interaktionsmodell** zuordnen.

Manche der in der Bundesrepublik Deutschland aufgefundenen **Praxis-Fall-Studien**, vergleiche Schuchardt ‚*Schritte aufeinander zu ...*' 1987, Teil IV, ‚*Einfach anfangen*' – *Anstöße zur Weiterbildung*, heben dabei auf den **1. Lernschritt der ‚Stabilisierung'** -schon- betroffener Menschen ab, d. h. auf die Selbstfindung und Selbstbestimmung Betroffener innerhalb einer Bezugsgruppe, vergleiche Fallstudie Nr. 5; ‚*TABS – ganzjährige Tages-Bildungs-Stätte*' – *Dänisches Heimvolkshochschul-Modell* nach *Grundvig*.

Andere Beispiele zielen bereits auf den **2. Lernschritt der ‚Integration'**, d. h., sie haben zusätzlich einen institutionalisierten Lernprozess zwischen -schon- betroffenen und -noch nicht- betroffenen Menschen zum Gegenstand, vergleiche

- Fallstudie Nr. 1: ‚*Begreifen lernen*' – Stationäre Einrichtung HEPHATA als Lernfeld für Erwachsene
- Fallstudie Nr. 2: ‚*Gemeinsam den Winter erleben*' – Mit Blinden auf der Loipe
- Fallstudie Nr. 3: ‚*Wenn Du spielst, spiel nicht allein*' – Kinder- und Jugendakademie

- Fallstudie Nr. 7: ‚*Berliner Wohnprojekt als Alternative'* – Zusammenleben
- Fallstudie Nr. 11: ‚*FID – Freiwillige Schule fürs Leben'* – Familienentlastungsdienste und Integrationshilfen
- Fallstudie Nr.12: ‚*Warum gerade ich...?'* – Krisen-Interaktionsmodell zum Lernprozess Krisenverarbeitung in der Weiterbildung sowie
- Fallstudie Nr. 14: ‚*Studierende und Bethelbewohner im Studium der Allgemeinen Erziehungswissenschaft'* – Ein Versuch zum integrierten Projektstudium an der Universität Hannover.

Schließlich gelingt in manchen Einrichtungen oder wird in manchen Modellen versucht, auch den **3. Lernschritt der ‚Partizipation'** zu unterstützen, nämlich die selbständige und selbstbestimmte Teilhabe von -schon- betroffenen Menschen an den bestehenden Standard-Bildungsangeboten oder auch die Teilhabe an dem durch sie veränderten Regelangebot öffentlicher gesellschaftlicher Einrichtungen. Bemerkenswerterweise zeigt sich hierbei, dass sich oft die Bildungsarbeit mit -schon- betroffenen Mitmenschen als ‚*Brücke zur Bildung'* allmählich selbst überflüssig macht und in die Teilnahme am Regelangebot einmündet, vergleiche

- Fallstudie Nr. 4 : ‚Vom Laienspiel zum CRÜPPEL-CABARET' – Theaterarbeit zur Integration,
- Fallstudie Nr. 6 : ‚Club 86 – Lernbehindert, den Stempel kriegst du nie mehr los!' – Drei Lernschritte von der Stabilisierung bis zur Partizipation, oder
- Fallstudie Nr. 8 : ‚Wo man sich trifft :Im Café Lahr' – Treffpunkt für Beschäftigte in Werkstätten und Bürger der Stadt, sowie
- Fallstudie Nr. 13: ‚Hannover-*Messe'* – Brücke zwischen von Krisen -schon- betroffenen und -noch nicht- betroffenen Menschen.

Die Evaluation nach knapp 20 Jahren im Jahre 2003 belegt eindrucksvoll, welche der Krisen-Management-Interaktionsmodelle als BEST PRACTICE INTERNATIONAL gesellschaftliche Resonanz und Breitenwirkung eröffneten oder gar sich erneuerten und ausweiteten (s. Kap. 6), u. a.:

- Ausstellung und Kongress STOLPER-STEINE ZUM UMDENKEN
- Weltweite Ausstellung DIALOG IM DUNKELN
- An-Stoß und Appell HEPHATA: TUE DICH AUF
- Service Learning – ‚HELP' ZEITSPENDE junger Leute
- Von der Aktion Sorgenkind zur AKTION MENSCH
- NIEDERSACHSEN-INITIATIVE: Demokratie leben, Rechte nutzen lernen
- Olympiade der Hoffnung – PARALYMPICS
- SCHUCHARDTS CULTURE PARADE Integrations-Gipfel im Berliner Reichstag

- AKTIONSJAHRE – national, europäisch, weltweit
- US-ABLE Ideenwettbewerb der Körber-Stiftung.

1.8 Entwicklungen: National und International

Anhand bildungspolitischer Dokumente lassen sich die Entwicklungslinien und Phasen der *Krisen-Management-Pädagogik/Andragogik* aufzeigen (ausführlich in Band 1, Teil I, Theoretische Grundlagen), hier nur die Nennung der Schlüsseldokumente: Auf nationaler Ebene das Weiterbildungskapitel aus dem Strukturplan des Deutschen Bildungsrates aus dem Jahr 1970 und der 1973 vorgelegte – von mir so titulierte –‚Folge'-Strukturplan ‚Zur pädagogischen Förderung behinderter und von Behinderung bedrohter Kinder und Jugendlicher', ebenfalls vom Deutschen Bildungsrat verfasst.

Bedeutsam auf internationaler Ebene wurden die Dokumente zum Internationalen Jahr 1981 ‚*Einander verstehen – miteinander Leben*' und zur UN-Dekade 1982-1992 ‚*Full Participation and Equality*', die weltweit dem Ringen um Gleichstellung Betroffener Ausdruck gab, und nicht zuletzt des Europäischen Jahres 2003 unter dem Motto ‚*Nicht über uns ohne uns*'.

Auch 2003 bleibt trotz *Gleichstellungsgesetz* des Deutschen Bundestages aus dem Jahr 2001, trotz *Enquetekommission* des Deutschen Bundestages – u. a. hier relevant zu ‚*Recht und Ethik der modernen Medizin*' – die Kluft zwischen bildungspolitischen Dokumenten und realer Bildungspraxis offenkundig. Der Anspruch von Krisen -schon- betroffener Menschen auf ein konkretes flächendeckendes Weiterbildungsangebot in gleichberechtigter Partizipation ist weltweit uneingelöst, bleibt Herausforderung aller gesellschaftlichen Felder und Ebenen – gemäß meiner Komplementär-Thesen – und vor allem Herausforderung aller verantwortlichen Menschen.

1.9 Bilanz und Perspektiven

Der Aufbruch zum wechselseitigen – komplementären – Lernen zeichnet sich am Ende der UN-Dekade (1982 bis 1992) deutlich ab, nicht zuletzt in Publikationen von Praktikern; so ergab eine Analyse der 500 Titel während der UN-Dekade von 1980 bis 1994 zu knapp zwei Dritteln Zeitschriftenaufsätze (1 bis 10 Seiten) zur Weiterbildungspraxis. Dass dieses Praktikerengagement nicht selten in eigener Betroffenheit verwurzelt ist, deutet zugleich die Grenzen an: der Durchbruch der **Krisen-Management-Interaktions-Pädagogik/-Andragogik** im Sinne einer *gesamtgesellschaftlichen* Aufgabe steht noch aus, sie bleibt – auch in gewandelter Form – eher Randerscheinung, eher ‚Alibi', aber zweifellos unaufgebbare Pflichtaufgabe. Das *eigentliche Umdenken, der Bewusstseinswandel* braucht neue Wege. Offenkundig ist für jedermann, dass 1.000 Fernsehendungen nicht vermitteln, was durch konkrete Begegnung erfahrbar und auslösbar wird. Es war der Existenzphilosoph *Bollnow* (1952), der die ‚Krise' wie die ‚Begegnung' als ‚unstetige Formen' der Erziehung in die Pädagogik einführen wollte, um die Dimensionen des Leidens, des Reifens in der Krise als Chance und Gefahr konstitutiv werden zu lassen für das Lernen. Fast hat es den Anschein, als ließe sich die allerorts latente, neue Distanz-, Abstinenz- bis Feindseligkeitshaltung gegenüber von Krisen -*schon*- betroffenen Menschen in Gestalt ansteigender Ängste bei gleichzeitiger Vermeidung neuer Kontakte und daneben ein vermehrtes rationales Wissen *über* die anderen beobachten, was bedauerlicherweise oft verbunden ist mit verstärkter argumentativer und rational legitimierter – scheinbar begründeter – verschleierter ‚Abwehrhaltung' als pragmatisch getarnte Notwendigkeit.

Ein Durchbrechen dieses Angst-Abwehr-Argumentations-Mechanismus kann weniger von -*schon*- betroffenen Menschen oder gar separierten wie separierenden Sonder-Maßnahmen/-Einrichtungen erfolgen, es muss vielmehr umgekehrt von integrierten wie integrierenden Regel-Maßnahmen/-Einrichtungen, insbesondere von der Erwachsenen-/Weiterbildung initiiert werden. Ein solcher Ansatz würde die bisherige Ein-Bahn-Kommunikation in eine Zwei-Bahn-Kommunikation **wechselseitigen – komplementären – Lernens** verändern, auf die **beide**, vorrangig aber gerade -noch nicht- betroffene Menschen, angewiesen bleiben, wenn Solidarität, Miteinander Leben im Anderssein, ‚Unity in Diversity', Integration in Vielfalt lebendige Wirklichkeit werden sollen. Dazu bleibt es eine Basisvoraussetzung, **Krisenverarbeitung als gesellschaftliche Schlüsselfunktion, Krisenmanagement als Integral des Gesamtbildungssystems** im Rahmen einer integrierten interdisziplinären Krisen-Management-Pädagogik/-Andragogik zu konstituieren. Entsprechend meiner eingangs erwähnten Komplementär-Thesen – individuell wie kollektiv – gilt es, auch in voller Übereinstimmung mit dem UNESCO-Delors-Bericht zur Bildung für das 21. Jahrhundert, interdisziplinär pädagogische wie andragogische Anstöße zum Krisen-Management zu geben, die zum Umdenken und damit zum Erfahren von Krisen als Lernchancen – als verborgener Reichtum – führen können.

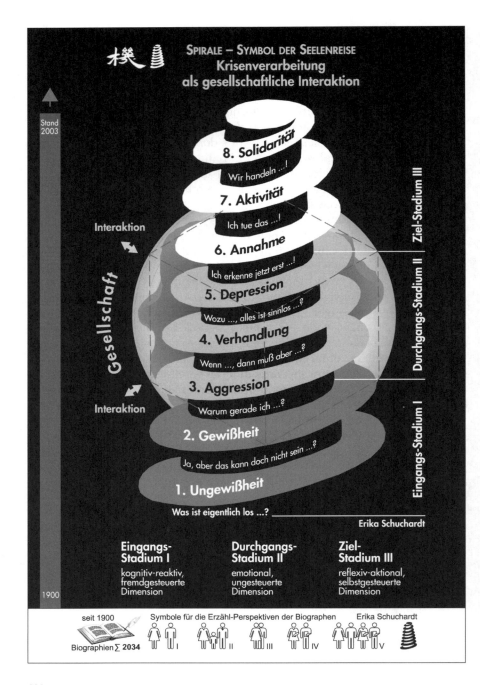

2. Initiierung, Institutionalisierung, Professionalisierung von Krisen-Management in der Erwachsenen-/ Weiterbildung ‹EB/WB› nach der bildungspolitischen Zäsur • 1970

2.1 Erste Legitimation einer Bildungsarbeit mit von Krisen -schon- betroffenen Menschen

2.1.1 Aufgabenverständnis der Weiterbildung[232] im Spannungsfeld von realistischer, gesellschaftskritischer, sozialanthropologischer und reflexiver Wende

Die Volkshochschule ist im Urteil ihrer Hörer und oft auch noch der Mitarbeiter eine Agentur zur Weiterbildung, zur Verteilung von Sozialchancen, die als Dienstleistungsbetrieb alles für alle anzubieten hat, nach dem pragmatischen Prinzip von Angebot und Nachfrage[233]. Dieses Selbstverständnis hörte in dem Maße auf, selbstverständlich zu sein, wie die gesellschaftliche Bedeutung der Weiterbildung zunahm: der Bildungsrat stellte 1970 Weiterbildung als vierten Bildungssektor gleichwertig neben die etablierten Bildungsbereiche und empfahl eine Integration in das öffentliche Bildungssystem[234], die Bundesregierung übernahm in ihrem Bildungsbericht '70[235] diese Konzeption, und die Bund-Länder-Kommission konkretisierte 1973[236] dementsprechend die verschiedenen Ausbaustufen. Damit befand sich die ursprüngliche Randerscheinung WB in der Auseinandersetzung um Begründung, Ziele und Selbstverständnis und sah sich zunehmend unterschiedlichen Legitimationszwängen ausgesetzt. Zwar hatte die ‚VHS neuen Typs' schon Mitte der 1960er Jahre die Teilnehmerorientierung zum Leitprinzip erklärt und sich bereits in der ‚realistischen Wende' – eingeleitet durch das Gutachten des Deutschen Ausschusses 1960[237] eindeutig von der bildungsidealistischen Tradition der Weimarer Volksbildung mit zivilisationskritischen Akzenten zu lösen versucht; dennoch blieb die Diskrepanz zwischen Anspruch und Wirklichkeit noch immer offenkundig.

Die empirisch ermittelten Bedürfnisse der Adressaten an Information, Kommunikation und Kompensation wurden auch in der Stellungnahme des Deutschen Volkshochschul-Verbandes (DW) 1966 festgeschrieben. In ihr wurde das Aufgabenverständnis der VHS – unter den Bedingungen der Dienstleistungsgesellschaft – als Hilfe für das Lernen, für die Orientierung und Urteilsbildung und für die Eigentätigkeit[238] festgelegt. Man hatte dabei aber außer acht gelassen, dass manifeste Bildungsbedürfnisse[239] oft wenig über das Vorhandensein tatsächlicher, wenn auch versteckter, latenter Bedürfnisse[240] aussagen, dass durch Lernen auch neue Interessen geweckt werden können und dass deren Bewusstwerden möglicherweise durch das gesellschaftsbedingte Normensystem, durch Informationsbarrieren oder durch die bisher gewohnten Lernformen in Schule oder Erwachsenenbildung verhindert worden waren.

Man sah sich bestätigt durch steigende Teilnehmerzahlen, glaubte, dass verstärkte Berücksichtigung der Teilnehmerbedürfnisse dem gewählten Leitprinzip der Teilnehmerorientierung entsprach.

In der Folgezeit problematisierten zahlreiche Veröffentlichungen die Einseitigkeit derartiger Ansätze als affirmativ, technokratisch, systemimmanent u. a. und forderten zur ideologie- und gesellschaftskritischen Orientierung heraus.[241] Anhand einer Bestandsaufnahme hat Siebert versucht, aus der Fülle der entwickelten Theorieansätze zur WB eine Typologie zu erstellen.[242]

Siebert geht von der Prämisse aus, dass eine einheitliche erwachsenenpädagogische Theorie fehlt, weil die Pluralität in der Weiterbildung sowie die unterschiedlichen wissenschafts- und gesellschaftstheoretischen Positionen sich auch in der Vielfalt der Theorieansätze widerspiegeln, und unterscheidet sechs Konzeptionen. Neben eine humanistisch-idealistische, eine christliche und eine pragmatisch-marktorientierte stellt er die demokratisch-reformerische sowie eine politökonomische und eine neomarxistische Konzeption. Unter ihnen zeichnet sich in der demokratisch-reformerischen Konzeption, die Erwachsenenbildung in eine gesellschaftliche Demokratisierungsstrategie einbezieht, ein Orientierungsrahmen für Zielgruppenarbeit (ZGA) ab, die jene Legitimation zur Erschließung neuer Teilnehmerschichten leistet.

Als Ergebnis der Diskussion über Positionen zum Aufgabenverständnis der Volkshochschule ist in den 1970er Jahren eine ‚gesellschaftskritische Wende'[243] festzustellen; charakteristisch dafür sind neben Gegenmodellen zur Verschulung der Gesellschaft[244] und politökonomischen Analysen[245] insbesondere die hier interessierenden Initiativen zur Zielgruppen und Stadtteilarbeit sowie zur Integration von beruflicher und politischer Bildung und auch die ersten Ansätze für Modelle zur weltgesellschaftlichen Dimension des Lernens.[246]

Erst der Strukturplan für das Bildungswesen 1970 orientierte sich nachdrücklich an ‚unterschiedlichen Arbeitsbedingungen' und leitete daraus seine Forderungen nach ‚Adressatenbezug und Zielgruppenarbeit' ab. Beides schlug sich nieder in den Forderungen nach Ländergesetzen zur Weiterbildung und zum Bildungsurlaub. Der Bildungsbericht '70 der Bundesregierung machte sich diese Konzeption zu eigen, und der Bildungsgesamtplan 1973 konkretisierte deren Ausbaustufen. Überdies forderte die bildungspolitische Zwischenbilanz 1976[247] die „Ansprache neuer Gruppen ... wie -schon- von Krisen Betroffene und ausländische Arbeitnehmer ...", ergänzt durch vom Bund finanzierte „Modelle für eine verbesserte Informations- und Beratungsarbeit". Diese Entwicklung findet ihren Niederschlag auch in der Erklärung des Deutschen Volkshochschul-Verbandes 1978[248], in der betont wird: „Arbeit mit bestimmten Zielgruppen ist daher Bestandteil des Volkshochschulangebotes."

Angesichts der Zielgruppenarbeit als gesellschaftskritischer Aufgabe der VHS erscheint das Gefälle zwischen Anspruch und Wirklichkeit umso auffallender. In der Weiterbildungsforschung nennen auch *Gerhard u. a.* das Verhältnis zwischen theoretischer Diskussion und praktischer Forschungstätigkeit deutlich diskrepant. Zwar waren Forschungsprojekte zu bestimmten Zielgruppen in der Forschungsdokumentation am zweithäufigsten, aber Randgruppen wurden nur in einem einzigen Projekt untersucht.[249] Fragt man nach den Ursachen der Diskrepanz, schälen sich vier Problembereiche heraus, die nachfolgend aufgezeigt werden sollen: erstens die begriffliche Klärung von Zielgruppenarbeit, zweitens der ungeklärte Stellenwert von Zielgruppenarbeit innerhalb der Weiterbildung, drittens die Organisationsstruktur der Volkshochschulen und viertens die unzureichende Qualifikation der Erwachsenenbildungspädagogen für Zielgruppenarbeit.[250] Die genannten Problemfelder deuten darauf hin, dass wir am Anfang einer Reform der Weiterbildung stehen; analog zur Bildungsreform als Revision des Curriculums erscheint eine Erwachsenenbildungsreform durch Zielgruppenentwicklung möglich.[251]

2.1.2 *Ursprüngliche Zielgruppenarbeit im Prozesscharakter vom teilnehmerorientierten zum teilnehmerproduzierten Lernen – gegenwärtig Krisen-Management-Interaktionsmodell ‹KMIzLPK›*

So deutlich die gegenwärtige Diskussion zur Erwachsenenbildungsreform um das ‚originäre Thema'[252] Zielgruppenarbeit kreist, so undeutlich zeichnet sich ein Konsens über die *Klärung dieser Begriffe* ab. *Tietgens* gebrauchte die Worte Adressatenorientierung und Teilnehmerorientierung, um daran den ebenfalls sachlich begründeten Unterschied von Programmplanung (Makrodidaktik) und Kursplanung bzw. -durchführung (Mikrodidaktik) zu charakterisieren und überdies Zielgruppenarbeit als die konsequenteste Form der Adressatenorientierung zu verstehen, weil die Zielgruppe ‚aufgesucht' wird.[253] Demgegenüber will *Mader* mit Zielgruppen den potenziellen Teilnehmer aus der Sicht der Weiterbildung und mit Adressat den potenziellen Teilnehmer aus der Sicht der Forschung bezeichnen, wobei er die Benennung der sachlich notwendigen Unterscheidung als willkürlich ausgibt[254] und sie letztlich aufhebt durch den Vorschlag einer ‚Typologie der Phasen einer Zielgruppenentwicklung', die es ermöglichen soll, „jeder einzelnen Phase ein leitendes Kriterium zuzuordnen, nach dem sie in der Praxis zu gestalten ist und nach dem Forschung auf Hilfe hin befragt werden kann". Dabei geht er davon aus, „dass der Definierende jeweils unterschiedliche Phasen dieses Prozesses bei seiner vorgeschlagenen Definition im Kopf hatte."[255]

Beispiele dafür geben: *Degen-Zelazny*, die unterschiedliche Verwendungsweisen auflistet;[256] *Tietgens*, der nach den Beschreibungen sozialbiographischer Daten und lernrelevanter Mentalstrukturen abzugrenzen versucht: „Was im Idealfall erreicht werden müsste, sind Zielgruppendefinitionen, die nicht von Sozialstrukturen, sondern von Mentalstrukturen ausgehen. Denn wirklich gezielte Lernangebote sind auf die Deutungsmuster, auf die Daseinsauslegungen ihrer Adressaten zu beziehen, weil aus diesen heraus Lernprozesse entwickelt werden;[257] und als ein letztes Beispiel *Senzky*, der unter systemtheoretischem Aspekt in generalisierende und spezifizierende Klassifikationen einzuteilen versucht.[258]

Maders Typologie ermöglicht die Zuordnung dieser Vielzahl von Definitionsansätzen zu unterschiedlichen Phasen, gemäß seiner Annahme, dass „bei der Zielgruppenentwicklung der Weiterbildungsinstitutionen ... der Wechsel vom normativen zum interpretativen Paradigma"[259] im Unterricht stattfinde. So folgt seine Typologie in den Phasen 1 bis 3 einem normativen Paradigma allein aus der Sicht des WB-Lehrenden der Weiterbildungsinstitution:
1. Definition von Defiziten,
2. Beschreibung äußerer Rahmenbedingungen,
3. Antizipation von Lernbarrieren; dieses Paradigma wird in den Phasen 4 bis 6 in einem interpretativen Paradigma zusammen mit den Lernenden in gemeinsamen Bedeutungssystemen aufgehoben:
4. Institutionalisierung eines Themas,
5. Verhandlung des Verwertungszusammenhangs,
6. Einrichtung eines lernzielorientierten Unterrichts. Die normativen Phasen 1 bis 3 ermöglichen Intersubjektivität und Wiederholbarkeit der Daten und Erfahrungen, hier lassen sich sozialbiographische, generalisierende Informationen zuordnen; die interpretativen Phasen 4 bis 6 ermöglichen Verständigung über Lernen, hier lassen sich lernrelevante Mentalstrukturen wie Lebensweltanalysen, Deutungsmuster, Verwendungsweisen ansiedeln.

Parallel zur Begriffspräzisierung anhand einer Typologie der Phasen der Zielgruppenentwicklung kann man charakteristische Merkmale beschreiben, die Zielgruppenarbeit von anderen Weiterbildungsangeboten unterscheiden:

1. Solidarität bzw. Homogenität der Adressaten,
2. situations- und adressatenbezogene Lernziele und -inhalte,
3. daraus sich ergebende Konsequenzen für Werbung, Organisation, Methode, Medien, Kursleiterqualifizierung,
4. die gravierende Bedeutung des gesellschaftlichen Umfeldes. Als sog. fachunabhängige Zielgruppenarbeit kennzeichnen sie außerdem
5. die Priorität der Erkenntnis- und Handlungsinteressen der Betroffenen als Ausgangs- und Endpunkt des Lernprozesses, darin traditionellen Fächern eine untergeordnete Funktion zukommt,
6. die daraus resultierende Umkehrung der Expertenrolle: Der Lernende ist wichtigste Informationsquelle, der Kursleiter Konstrukteur im Prozessfeld,
7. der Prozesscharakter als ein innovatorisches Prinzip: Er gilt als konstitutives Element gleicherweise für Organisator, Adressat und gesellschaftliches Umfeld.[260]

Die aufgezeigten Charakteristika deuten den *Stellenwert der Zielgruppenarbeit* in ihrem Verhältnis zu anderen Weiterbildungsangeboten an. Einerseits soll Zielgruppenarbeit auf die aktuelle Not- oder Problemsituation reagieren und die Zielgruppe unmittelbar aufsuchen, um bei der konkreten ‚misslichen' Situation und der aktuellen Betroffenheit anzusetzen und so Missstände zu verändern; andererseits sieht man dabei die Gefahr, dass es bei der Aktion verbleibt und dass möglicherweise versäumt wird, über den konkreten Fall hinaus zu reflektieren.

Tietgens warnt unter Hinweis auf den markantesten Ansatz der Zielgruppenarbeit, der neuen Profilierung der Arbeiterbildung nach Negts Konzeption[261] – die am Konfliktfeld Lebenssituation in der Arbeitswelt mit exemplarischem Lernen ansetzt – vor einer falsch verstandenen Zielgruppenarbeit, die Lernziele auf sehr eng ausgelegte Interessen fixiert und dabei die Perspektive der anderen, die Rollendistanz, ausblendet; dies blockiere jene Lernprozesse, derentwegen die Zielgruppe einmal aufgesucht wurde: „Die ursprüngliche Perspektive der Integration gerät aus dem Blick."[262] Er folgert daraus, Zielgruppenarbeit dürfe nicht Selbstzweck werden, vielmehr könne sie eine „Brücke zur Bildung sein, diese aber nicht selbst sein." Die Aufgabe des Erwachsenenpädagogen muss es sein, die ‚Gefahr einer Intergruppengenügsamkeit' (*Tietgens*)[263] oder die ‚Erstellung eines Ersatzlebenszusammenhangs' (*Mader*)[264] bzw. das ‚Verharren im ersten Schritt der Stabilisierung' (*Schuchardt*)[265] selbst zum Thema werden zu lassen durch die Analyse der Lernsituation mit allen Beteiligten, die als Intervention in das ‚dialogische Prinzip der Bildung' (*Tietgens*) oder die ‚Analyse der Lernsituation' (*Mader*) bzw. die ‚Initiierung des zweiten Schritts der Integration' (*Schuchardt*) überführt.

Darin erweist sich Zielgruppenarbeit als ‚Brücke zur Bildung' (*Tietgens*) oder als Mittel vom ‚teilnehmerorientierten zum teilnehmerproduzierten Lernen' (*Mader*) bzw. als ‚überflüssig Gewordenes im dritten Schritt der Partizipation' (*Schuchardt*) entsprechend unserer These vom Prozesscharakter der Zielgruppenarbeit, die die scheinbare Alternative von Aktion und Lernen in einem dialektischen Verhältnis aufhebt. Diese These ist das Ergebnis unserer zunächst sechsjährigen Zielgruppenarbeit mit von der Krise ‚Behinderung' -schon- und -noch nicht- betroffenen Menschen im *Krisen-Management-Interaktionsmodell Hannover* an der VHS, das erstmalig 1976 auf dem Kongress der Deutschen Gesellschaft für Erziehungswissenschaft (DGfE) vorgestellt wurde[266] und in Kap. 4 anhand von Lernsituationen analysiert werden wird. (s. Abb.: Krisen-Management-Interaktionsmodell in Doppel-Band 1, Einführung, Kap. 1.6)

Pöggeler plädierte auf dem Kongress für eine forcierte Zielgruppenarbeit in der Weiterbildung und machte sich zum Anwalt eines eigenständigen Bereiches Sonder-Andragogik im Weiterbildungssystem analog zur Sonder-Pädagogik im Schulsystem, was ihn in die Nähe der Fortschreibung schulischer Separationstendenzen in der Erwachsenenbildung zu rücken scheint, das dem Verharren im 1. Schritt der Zielgruppenarbeit, der Stabilisierung, gleichkäme. Dass *Pöggelers* Ansatz dennoch letztlich den Prozesscharakter betont, verdeutlicht sein Aufgabenverständnis von Sonder-Pädagogik, es signalisiert: „Behinderungen, die für erwachsene Mitmenschen ein Handicap bedeuten, durch die Hilfe der Weiterbildung erträglich zu machen oder gar teilweise zu überwinden."[267] Dazu appelliert er an eine Revision des Partnerverhaltens in Theorie und Praxis der Weiterbildung. Er kritisiert die einseitige Bevorzugung der ‚Normaltypen' zugunsten einer stärkeren Auseinandersetzung mit den ‚anormal erscheinenden Bürgern' als Adressaten der Weiterbildung; er pointiert seine Absage an die politische Alibi-Funktion von Renommiereinrichtungen durch die Aussage: „Wichtiger ist aber, eine Einstellungsveränderung in möglichst allen Einrichtungen der Erwachsenenbildung herbeizuführen, die Bildungshilfe für Sondergruppen sozusagen alltäglich werden zu lassen und ihr das Fluidum des Besonderen, Anormalen, ja vielleicht sogar des Absonderlichen zu nehmen."[268] Ähnlich *Tietgens*: „Nur wenn die Probleme dieser Minderheiten auch Themen im Programm der Volkshochschule für die Allgemeinheit werden, wird etwas von dem bewirkt werden können, was von Minderheitenprogrammen erwartet wird."[269]

Mit seinen Überlegungen gerät *Pöggeler* bereits in die Nähe beispielhafter skandinavischer Modelle, die – in Fortschreibung des Heimvolkshochschulgedankens nach dem dänischen Volkserzieher *N.F.S. Grundtvig* – auch für junge Erwachsene mit geistiger Behinderung den ganzjährigen Vollzeitbesuch einer Heimvolkshochschule staatlich finanzieren und das ‚Normalisierungsprinzip' entgegen unseren ‚Stigmatisierungsprozessen' in die Praxis umsetzen.[270]

Zu den innerbetrieblichen Konsequenzen für die *Organisationsstruktur der Verwaltung* einer Weiterbildungseinrichtung äußert sich *Sernzky*.[271] Er zeigt aus systemtheoretischer Sicht Realisierungsmöglichkeiten für Zielgruppenarbeit auf. Nach seiner systemtheoretischen Analyse ist die herrschende Weiterbildungspraxis vorrangig auf generalisierende Kriterien – wie Gleiches und Ähnliches (sozialbiographischer Daten) – zugeschnitten, was ein innenorientiertes Bürokratiemodell begünstige. Es müsse der Weiterbildung schwer fallen, Spezifisches – wie lernrelevante Daten der Mentalstrukturen – wahrzunehmen, weil es ihr an einer Außenorientierung am gesellschaftlichen Umfeld mangele, die ein Demokratiemodell kennzeichnet. Aus dieser Sicht sind die Hindernisse für Zielgruppenarbeit programmiert; das lässt sich anhand der Schwierigkeiten unseres *Krisen-Management-Interaktionsmodells Hannover* belegen: beispielsweise die gesetzlich geforderte Mindestzahl von zehn Teilnehmern pro Kursus, während doch gerade Teilnehmerreduzierungen bei speziellen Beeinträchtigungen/Behinderungen erforderlich sind; ferner die Unmöglichkeit, die Kosten der Kinder in Eltern-Kinder-Seminaren zu finanzieren, weil für solche Maßnahmen unterschiedliche Ressorts zuständig sind; sodann fehlende Kostenregelungen für An- und Abtransporte für von Krisen -schon- betroffene Menschen bzw. für sie begleitende Personen bei Bildungsurlaubsmaßnahmen; schließlich die baulichen Barrieren und unzureichende unterrichtsspezifische Ausstattung der Bildungseinrichtungen und die unangemessene Honorierung von Beratungsmaßnahmen oder Zusatzqualifikationen der Mitarbeiter.

Aus dem systemtheoretischen Ansatz leitet *Senzky* zur Überwindung derartiger Schwierigkeiten seine ‚These vom Äquivalenzfunktionalismus' ab, nach der beide Gestaltungsweisen als funktionale Äquivalente fungieren, die flankierend wie gegensteuernd dem Rechnung tragen, was Situation und Interaktion erfordern. Damit würde sich institutionelle Organisation wandeln, ihr Handeln orientierte sich nicht am Zweck-Mittel-Denken des Bürokratiemodells (‚Kausalmechanismus'), sondern sie träfe ihre Entscheidungen nach ‚Maßgabe der Kategorien von Sinn und Grenze' gemäß dem Demokratiemodell (‚Äquivalenzfunktionalismus'). Eine Konsequenz für die Alltagspraxis der WB ist der Vorrang der Funktion vor den Organisationen, die Nachordnung der Aufbauorganisation hinter die Ablauforganisation. Schließlich würde sich auch das Verhältnis der Mitarbeiter zueinander wandeln, eine vorrangig instrumentierte Verantwortung könnte sich im Vertrauen auf die Urteilsfähigkeit anderer zum Verwaltungsprinzip der Delegation erweitern, das jenen Freiraum schaffen kann, in dem einzelne Mitarbeiter neue Zielgruppen ansprechen und mit ihnen eigenständige Arbeit leisten können.

Es ist das Verdienst von *Tietgens*, über die Begriffsproblematik, den Stellenwert und die Organisationsstruktur hinaus auch auf das Problem der *unzureichenden Qualifikationen der Erwachsenenpädagogen* nachdrücklich aufmerksam gemacht zu haben. *Tietgens* spricht von der ‚sozialpädagogischen' oder ‚personellen'[272] oder ‚therapeutischen'[273] Kompetenz des Mitarbeiters in der Zielgruppenarbeit, die er neben der fachlichen und pädagogischen Qualifikation zusätzlich einzubringen hat, wenn er zielgruppenadäquat auf die Lebenssituation der Angesprochenen eingehen will. Dabei geht es *Tietgens* nicht allein um das Erkennen der sozialen Lebensumstände, sondern zugleich oder sogar primär um das Verstehen der Daseinsinterpretationen und Deutungsmuster, die aus ihrer Randsituation heraus von den Betroffenen selbst entwickelt werden.

Dazu bedarf der WB-Lehrende einer *dreifachen Qualifikation*, nämlich der *fachlichen*, der *pädagogischen* und schließlich der Fähigkeiten in der *Beratung*,[274] u. E. am treffendsten mit ‚*metakommunikativer Kompetenz*' zu bezeichnen.[275] Letztere umgreift die Fähigkeit, neben der curricularen Vorbereitung (‚Antizipationsmodell für Lernsituationen') zusätzlich die Konstitutionsanalyse der Lernsituation selbst (‚Realmodell inmitten der Lernsituation') zu leisten; damit zielt metakommunikative Kompetenz darauf ab, die in der symbolischen Interaktion der Lernsituation vermittelten Deutungsmuster aller Beteiligten durch Metakommunikation deutlich werden zu lassen. Das aber heißt, dieses definierte und interpretierte Verhalten bzw. die Interaktion wird verfügbar zur Umstrukturierung vorhandener Alltagswissensbestände und Handlungsperspektiven. *Metakommunikative Kompetenz als Zusatzqualifikation* wird damit zum konstitutiven Element für Zielgruppenarbeit, wenn sie einem demokratischen Bildungsverständnis folgend unterrepräsentierte, scheinbar nicht normgerechte Bürger adäquat als neue Adressaten aufsuchen und für Weiterbildung erschließen will (s. auch Doppel-Band 1, *Einführung*: *Krisen-Management – Gesellschaftliche Schlüsselqualifikation*).

Während sich das nachfolgende *Kapitel 3* mit unterschiedlichen Konzeptionen von Zielgruppenarbeit anhand von Praxismodellen auseinandersetzen will, soll *Kapitel 4* an Lernsituationen zum Lernprozess Krisenverarbeitung nachdrücklich das Erfordernis kommunikativer Kompetenz für Zielgruppenarbeit veranschaulichen. *Kapitel 5* leistet in einer repräsentativ-empirischen Erhebung und Analyse der Weiterbildungs-Programmstruktur an Volkshochschulen und kirchlichen Einrichtungen die bundesweite Erschließung des Krisen-Management-Interaktionsmodells zum Lernprozess Krisenverarbeitung. Schließlich führt *Kapitel 6* zur Erhebung, Dokumentation und Analyse von BEST PRACTICE INTERNATIONAL erneut zur Evaluation der Ergebnisse im Jahr 2003.

3. Erste Konzeptionen von Zielgruppenarbeit ‹ZGA› an Volkshochschulen nach der bildungspolitischen Zäsur · 1970

Nach der Begründung einer Arbeit mit von Krisen -schon- betroffenen Menschen sollen anhand der seit 1970 praktizierten Konzeptionen an Volkshochschulen unterschiedliche Ziel- und Aufgabenverständnisse sowie Realisierungsformen vorgestellt und verglichen werden, um daraus einige Erkenntnisse für Integrations-/Interaktions-Konzeptionen abzuleiten. Im Bereich der Bundesrepublik sind Konzeptionen für die Arbeit mit von Krisen -schon- betroffenen Menschen nicht sehr zahlreich. Das hat seinen Grund nicht zuletzt darin, dass die ersten bildungspolitischen Leitlinien erst im Jahre 1973 in Gestalt der eingangs erwähnten Empfehlungen des Deutschen Bildungsrates[276] erarbeitet wurden, und zudem ohne Einbeziehung des Ausbildungs- und Weiterbildungsbereichs. Im wesentlichen lassen sich die Konzeptionen *zwei Typen* zuordnen: zum einen Bildungsarbeit für von Krisen -schon- betroffene Menschen, ‚für' sog. Behinderte, zum anderen Bildungsarbeit ‚mit' von Behinderung -schon- und -noch nicht- betroffenen Menschen. Das meint im ersten Fall eine Arbeit für die nach sozialbiographischen Daten ausgewählte homogene Adressatengruppe sog. Behinderter, hingegen im zweiten Fall eine gemeinsam mit von Behinderung -schon- und -noch nicht- betroffenen Lernenden betriebene Bildungsarbeit. Zieht man *Maders Typologie* der Phasen einer Zielgruppenentwicklung heran, so entspricht *Typ I* schwerpunktmäßig den Phasen 1 bis 3 des *normativen Paradigmas* auf makrodidaktischer Ebene, während *Typ II* den Phasen 4 bis 6 des *interpretativen Paradigmas* mikrodidaktischer Ebene zuzuordnen wäre.[277]

Typ I soll im Folgenden anhand von drei Modellen – Nürnberg, Ludwigshafen, Bethel – vorgestellt werden, für *Typ II* sind der Autorin nur zwei Modelle – Frankfurt und Hannover – bekannt, die daher eine ausführliche Darstellung erhalten.[278]

3.1 Sonderpädagogik ‚für' so genannte Behinderte – Nürnberg • 1970

Seit Herbst 1974 hat das Bildungszentrum der Stadt Nürnberg aufgrund der Beschlussfassung des Stadtrates nach langwierigen Vorarbeiten eine eigenständige Abteilung für die Weiterbildung erwachsener Menschen mit Behinderung eingerichtet unter der Bezeichnung ‚*Problembewältigung, Sonderpädagogik, Rehabilitation für Behinderte'*. Wenn dafür auch noch nicht *Pöggelers* Bezeichnung Sonder-Andragogik Anwendung fand, sondern am Begriff der Sonder-Pädagogik angeknüpft wurde, verkörpert die Abteilung doch *Pöggelers* Konzeption. Leiter der Abteilung wurde ein infolge von Kriegsverletzung -schonvon körperlicher Behinderung betroffener Dozent, der selbst bereits 1962 über ‚*Schicksalsbewältigung – Daseinsermöglichung Körperbehinderter*' promoviert hatte[279] und dessen These der ‚Desorientierung mit dem Eintritt einer Behinderung' zum Ausgangspunkt seiner Bildungsarbeit wurde. So ging und geht es im *Nürnberger Projekt* in erster Linie um Problembewältigung; das zentrale Anliegen ist dabei, den von Behinderung betroffenen Lernenden aus seiner Desorientierung herauszuführen, indem nach *Thomae*[280] sein Lageschema gedeutet und verarbeitet wird. Dadurch wird die Beeinträchtigung/Behinderung akzeptiert, die zur Basis möglicher Integration werden kann. Lernziel ist also eine ‚Vorbereitung' auf neue Interaktionszusammenhänge etwa im Sinne von *Pöggelers* ‚propädeutischer' Weiterbildung, die sich durch individuelle wie gruppenbezogene Verarbeitung der Konfliktsituation Behinderung vollzieht. ‚*Problemverarbeitung, Sonderpädagogik, Rehabilitation*' heißt darum nicht nur Gespräch und Diskussion, sondern auch handwerkliche Arbeit in spezifischen Förderkursen, die jeweils auf die einzelne Beeinträchtigung/Behinderung abgestimmt ist. Die Abteilung umfasst daher drei Arbeitsbereiche:

1. Bereich: Problembewältigung für ‚Behinderte'
2. Bereich: Problemauseinandersetzung für Eltern ‚Behinderter'
3. Bereich: Spezielle Förderkurse für ‚Schwerbehinderte'

Charakteristika der *Nürnberger Abteilung Sonderpädagogik* sind Individualisierung und Differenzierung. So werden auch Kurse mit nur vier schwerbehinderten Teilnehmern durchgeführt oder ‚geschlechtsspezifische Gesprächskreise für von Krisen betroffenen Männern und Frauen zur Klärung sexueller Problematik' angeboten sowie ‚gesonderte Kurse für ältere und jüngere behinderte Menschen', wobei noch eine Aufteilung nach ‚unterschiedlichen Behinderungsarten' stattfindet. Das *Nürnberger Modell* lebt von einer intensiven Zusammenarbeit mit Verbänden, Vereinen, Krankenhäusern. So werden z. B. auch ‚Gesprächskreise für Dialyse-Patienten', die dreimal wöchentlich an eine künstliche Niere angeschlossen werden müssen, oder für solche der ‚Krebs-Nachsorge' und der ‚Strahlentherapie, differenziert nach Krebsarten', berücksichtigt. Gegenwärtig befinden sich ferner ‚spezielle Angebote für Gehörlose' (z. B. Induktionsschleife) und für ‚Sehbehinderte' in der Planung.

Insgesamt umfasst das Kursangebot der Abteilung für Lernende mit Behinderung 40 Veranstaltungen mit ca. 400 Teilnehmern, von denen der überwiegende Teil, über 60 %, auf die speziellen Förderkurse für Schwerbehinderte entfällt. Die Durchführung liegt in der Hand von 28 nebenamtlichen und einem hauptamtlichen Mitarbeiter.

Gemessen am Gesamtangebot des Bildungszentrums liegt der Anteil der Aktivitäten der ‚Abteilung für Behinderte' allerdings noch unter 5 %.

3.2 Clubarbeit ‚für' so genannte Lernbehinderte – Ludwigshafen • 1970

Das Ludwigshafener Modell entstand schon 1970 aus nachschulischer Arbeit sog. Schulendtage für sog. Lernbehinderte aus fünf Sonderschulen (Anm. der Autorin: zu ‚*sog.*' s. Doppel-Band 1, Teil I, Kap. 1: *Schlüsselerfahrung als Theorieanstoß: Die unsichtbare Mauer auf dem Pausenhof;* Nachweis der ‚*sog'*. Lernbehinderung durch Hinführung zu weiterführenden Schul-, Berufs- und Studienabschlüssen meiner Schüler) – organisiert von kirchlichen Trägern – und entwickelte sich erst im Laufe der Jahre über die Begleitung der Jugendlichen und deren Familiengründungen zu einem Programm der Weiterbildung.

Dem Club 86 (Zahl der Mitglieder bei der Namenssuche) haben sich zwischenzeitlich auch ehemalige Hauptschüler angeschlossen, teils aus freundschaftlichen Beziehungen zu Clubmitgliedern, teils aus Interesse am Gruppenleben, teils auch infolge eines regen Austauschs mit anderen Jugendorganisationen. Der Club bietet sog. Lernbehinderten einen Raum der Geborgenheit und Entfaltung, Möglichkeiten für Begegnungen und zur Verbesserung des Selbstwertgefühls.

Dieses Modell stellt durch die Organisationsform des Clubs eine Besonderheit da, die den Vorteil langfristig kontinuierlicher Arbeit mit der Chance verbindet, flexibel auf aktuelle Bedürfnisse und Lernsituationen zu reagieren. Insbesondere werden Eigeninitiative und Mitverantwortung durch möglichst viel Selbstverwaltung, Mitbestimmung und Übernahme von Aufgaben gefördert. Schwerpunkte der Lebenshilfe im Club 86 sind kommunikative Aspekte: Von Tanz, Sport, Freizeit-, Feriengestaltung bis zur Bildungsarbeit über Alltagsprobleme, etwa Umgang mit Geld, Alkohol, Verhältnis zur Polizei u. Ä. Parallel dazu hat sich seit 1974 ein neuer ‚Club für Geistigbehinderte' unter Mithilfe des Clubs 86 gebildet als ‚Hilfe zur Selbsthilfe'; daneben entstehen weitere neue Familienkreise. Das Projekt Lebenshilfe für sog. Lernbehinderte verdeutlicht, dass Clubarbeit einzelnen Menschen und Gruppen Hilfe anbieten kann, solange institutionalisierte öffentliche Weiterbildung ein flächendeckendes Angebot und eine Zielgruppenarbeit noch nicht gewährleisten kann.

3.3 Freizeitangebote für so genannte Geistigbehinderte – Bethel/Bielefeld • 1970

Nach langjähriger Bildungsarbeit wagte im Frühjahr 1978 die ‚Anstalt' Bethel der Sennestadt Bielefeld den entscheidenden Vorstoß mit einer *eigenständigen* ‚Volkshochschule für Behinderte' als Hilfe zum Erwachsenwerden. Damit wurde die langjährige Arbeit der Heimvolkshochschule Lindenhof um eine neue Dimension erweitert, die im Ursprung auf das skandinavische Modell des Heimvolkshochschulgedankens Bischof *Grundtvigs* zurückgeht, das unter der Prämisse notwendigen, lebenslangen Lernens jedermann, also auch den jungen Erwachsenen mit Behinderung, das Recht auf Normalität und Lernen wie selbstverständlich zuerkennt; dort gibt es z. B. eine Vollzeit-Jahres-VHS für Menschen mit geistiger Behinderung.[281] Analog gilt für Bethel, dass hier für alle -schon- betroffenen Menschen mit geistiger Behinderung und Anfallsleiden das Recht auf Hilfe zum Erwachsenwerden im Rahmen des Anstaltslebens in Anspruch genommen wurde. Zielsetzung der Volkshochschule für Menschen mit Behinderungen ist darum nicht Anpassung an Normen -noch nicht- betroffener Menschen, sondern größtmögliche Entfaltung der individuellen Persönlichkeit durch Förderung der Kommunikationsfähigkeit. Das geschieht durch Freizeitangebote und pädagogische Hilfen zur Selbständigkeit mittels Kochen, Wäschepflege, Selbstverwaltung im Patiententeam, im Heimbeirat, im Anstaltsleben.

Die Schwierigkeiten einer Zielgruppenarbeit mit von Behinderung betroffenen Menschen werden bei der Realisierung deutlich, sie betreffen insbesondere die Finanzierung. Nach dem nordrhein-westfälischen Weiterbildungsgesetz, das eine Mindestzahl von zehn Teilnehmern pro Kursus vorschreibt, können gegenwärtig jene der Lernsituation angemessenen Gruppen nicht gefördert werden. Desgleichen hat der Landschaftsverband Westfalen-Lippe die Freizeit- und Bildungsmaßnahmen für Menschen mit Behinderung kaum nennenswert unterstützt.[282] Ebenfalls vom Finanzierungsproblem belastet ist das Verhältnis zur kommunalen VHS Bielefeld; hier geht es um den Anrechnungsfaktor der geleisteten Bildungsarbeit.[283] Die Überwindung der Schwierigkeit steht noch aus.

3.4 Umweltbewältigung für so genannte Körperbehinderte – Frankfurt • 1970

Das Frankfurter Modell trat erstmalig – nach langjähriger Vorarbeit – 1974 als *Kontrast-Programm* zu den vorgenannten Einzelfall-, Gruppen- und Lebenshilfe-Initiativen hervor. Es intendierte die Überwindung von gesellschaftlichen Widersprüchen durch die Eingliederung von -schon- betroffenen Menschen mit einer körperlichen Beeinträchtigung und schaltete dazu alle Medien in seine Aktionen ein, um gesellschaftliche Veränderungen auslösen zu helfen. Letztendlich verfolgte das Modell das Ziel, derartige Kurse zur ‚*Umweltbewältigung*' überflüssig werden zu lassen in dem Maße, wie die Umwelt durch von Krisen -schon- betroffenen Menschen bewältigt, d. h. verändert worden ist.[284]

Initiatoren des zweisemestrigen *Kontrast-Kurses* waren ein -schon- von Körperbehinderung betroffener Sozialarbeiter und ein Journalist, *Ernst Klee*,[285] die beide von sog. Behinderung als gesellschaftlichem Phänomen ausgingen. Ausgangspunkt der Projektkonzeption war die Frage: ‚Wo treten Behinderte auf, wo treten sie nicht auf? Behinderte fehlen in Kneipen, Kaufhäusern, Ämtern, Zügen, Erwachsenenbildungseinrichtungen. Wie kann der Behinderte lernen, sich dort zurechtzufinden, und wie kann der Nichtbehinderte lernen, für Behinderte Verständnis aufzubringen?'

Die Fragestellung impliziert das methodische Vorgehen: Wenn der -schon- betroffene Mensch mit einer Behinderung in der Umwelt, die er bewältigen soll, nicht vorkommt und infolgedessen entsprechende Erfahrungsdefizite hat, kann er auch nicht zur Veränderung dieser Umwelt beitragen. Also muss die Lerngruppe unmittelbar dort, wo noch keine Erfahrungen vorliegen, arbeiten, um zu lernen, die dort auftauchenden Schwierigkeiten zu bewältigen. Vor diesem Hintergrund entstand das ‚*Programm des Aktionslernens*', in dessen Rahmen systematisch Konfliktquellen aufgesucht sowie untersucht und Konfliktfähigkeit mittels Rollenspiel erprobt wurde. Dabei sollte die ‚*Umwelt der Körperbehinderten*', die *Stadt Frankfurt*, medienwirksam mittels der sogenannten ‚*Post-Aktion*' oder durch ‚*Straßenbahnschienen-Besetzung*' aufmerksam gemacht werden.

Durch die Problematik von Aktion und Lernen, die hier nicht weiter diskutiert werden kann,[286] geriet das *Frankfurter Modell* zunehmend in Konflikt mit dem Selbstverständnis der Frankfurter VHS[287] und musste schließlich nach zwei Semestern abgebrochen werden.

Allerdings erfolgte seither auch kein neuer Impuls zur Einbeziehung der Problematik der von Behinderung -schon- betroffenen Menschen. Bildungspolitische Konsequenzen hat somit die ‚Behinderten'-Andragogik an der VHS Frankfurt nicht gehabt; wohl aber deuteten die journalistisch perfekt aufbereiteten Aktionen[288] auf Lernprozesse der Bevölkerung wie der kommunalpolitischen Verwaltung hin.

Vertritt man wie z. B. *Siebert* die Auffassung, „dass die Lernprozesse begründetes Handeln ermöglichen sollen, dass aber die Organisation politischer

Aktionen nicht die Aufgabe von öffentlichen Bildungseinrichtungen, sondern der Parteien, Gewerkschaften usw. ist",[289] dann stellt sich die Frage, wie man von Behinderung -schon- betroffene Menschen, die ja keine geeignete politische Organisation haben, sonst an politische Aktionen heranführen kann. Möglicherweise zeigt gerade das *Frankfurter Modell*, dass man geeignete Organisationsformen finden oder andere Einrichtungen umwandeln muss, um auch von Behinderung -schon- betroffenen Menschen die Chance zu politischer Betätigung zu geben.

3.5 Interaktion ‚mit' -schon- und -noch nicht- betroffenen Lernenden: Zielgruppen-Interaktionsmodell Hannover

Das *damalige* Zielgruppen-Interaktionsmodell Hannover – *gegenwärtig Krisen-Management-Interaktionsmodell Hannover* – orientierte sich schon 1970 – drei Jahre vor den von mir so bezeichneten *Integrations-Empfehlungen des Bildungsrates* 1973 – am Richtziel Integration. Es verfolgte:

- das *Nahziel*, Interaktions-Fähigkeit zwischen von Krisen -schon- und -noch nicht- betroffenen Menschen zu erweitern sowie Interaktions-Störungen zu vermindern
- das Fernziel, über den Weiterbildungs-Bereich Impulse für institutionalisierte Integration in allen Bildungsbereichen zu geben.

Damit vereint das *Hannoversche Zielgruppen-Interaktionsmodell* – gegenwärtig Krisen-Management-Interaktionsmodell genannt (im Folgenden wird dieser erweiterte Begriff verwendet) alle vorgenannten Modelle in einer übergreifenden Konzeption:
- die *individuelle und gruppenbezogene Lebenshilfe* (Schritt 1 *Stabilisierung*) für -schon- betroffene Menschen entsprechend den Modellen Nürnberg, Ludwigshafen und Bethel
- die konfliktorientierte Umweltbewältigung (Schritt 2 *Integration)* durch punktuelle Aktion mit von Beeinträchtigungen/Behinderungen -schon- und -noch nicht- betroffenen Menschen aus dem Frankfurter und dem Hannoverschen Ansatz
- Das *Überflüssig-werden der Zielgruppenarbeit als Brücke zur Bildung* (Schritt 3 *Partizipation*).

Das Hannoversche Krisen-Management-Interaktionsmodell weist dadurch noch über die dargestellten Ansätze hinaus, indem es mit Zielgruppenarbeit ansetzt, über Integrationskurse zu einer Veränderung der Angebots- wie

Teilnehmerstruktur der Volkshochschule führt, mit dem Ziel, Zielgruppenarbeit überflüssig werden zu lassen bzw. durch sie immer wieder andere Zielgruppen mit neuen Bedürfnissen sowie neuen Teilnehmern zu erschließen (s. Doppel-Band 2, Kap. 1.6: *Krisen-Management-Interaktionsmodell: Komplementärer 3-Schritte-Prozess* und Kap. 2.1.2: *Ursprüngliche Zielgruppenarbeit im Prozess-charakter* – gegenwärtig KMIzLPK).

Das *Hannoversche Krisen-Management-Interaktionsmodell* vollzog sich weder in Form einer eigenständigen Abteilung (Nürnberg) oder gar einer eigenständigen VHS (Bethel) noch als nur okkasionelles Kurs-Angebot eines Fachbereichs (Frankfurt); es ist vielmehr tatsächlich integrierter Bestandteil einer *Abteilung ‚Pädagogik', ‚Psychologie', ‚Philosophie', ‚Medizin'* (s. Abb. Volkshochschul-Semester Arbeitsplan) und insofern verzahnt mit der Gesamtstruktur der VHS, die so von den Auswirkungen des Integrationsmodells nicht unberührt bleiben konnte. Eine Bilanz nach sechs Jahren zählte für das WS 1975/76 eine Anzahl von 35 Kursen mit zusammen 550 Lernenden, die *über 5 % der Gesamtarbeit* der VHS ausmachten[290] und überdies zu einer ständig wachsenden Zahl von Krisen -schon- betroffener Menschen in allen Kursen aller sieben Fachbereiche der VHS führten.

Die Motivation zu dieser Konzeption erwuchs aus der Betroffenheit der Autorin nach vierjähriger Lehrtätigkeit an einer zweiklassigen Sonderschule (in der Oberstufen-Klasse der Jahrgänge 5 bis 9). Das dort miterlittene zugewiesene Behinderten-Dasein, dem Jugendliche und deren Eltern und Geschwister außerhalb des pädagogischen Schonraums Schule im gesellschaftlichen Umfeld von Schulhof, Straße, Nachbarschaft, Arbeitsplatz hilflos ausgeliefert waren, wurde mir zur Herausforderung (s. Doppel-Band 1, Teil I, Kap. 1: *Schlüsselerfahrungen als Theorieanstoß: Die unsichtbare Mauer auf dem Pausenhof*).

Die situativen *Ausgangsbedingungen* einer *Landeshauptstadt* wie Hannover sind nachfolgende: Sie hat eine eigene Volkshochschule in kommunaler Trägerschaft; sie verfügt über ein vollausgebautes System separater sonderpädagogischer Einrichtungen; sie repräsentiert darüber hinaus sowohl Landes- wie Bundeseinrichtungen und nicht zuletzt alle Landesverbände der Behindertenorganisationen; sie erstellt eigene Freizeitangebote für Menschen mit Behinderungen, aber – gravierend für unsere Konzeption – sie hat dem gesellschaftlichen Bewusstseinsstand entsprechend *noch keine gemeinsamen Lernfelder* für von Krisen -schon- und -noch nicht- betroffene Menschen.

Die Entwicklung des *Hannoverschen Krisen-Management-Integrations-modells* folgte unserer bereits dargelegten These vom *Prozesscharakter der Ziel-*

VOLKSHOCHSCHULE DER LANDESHAUPTSTADT HANNOVER

Fachbereich: Pädagogik — Psychologie — Philosophie

Abteilungsleiterin: Diplom-Pädagogin Erika Schuchardt,
Sprechstunden montags von 16.30–18.00 Uhr,
Tel. 168–59 36/168–60 52, Raum 205 a II, Raum 108 I

Stadt Hannover Volkshochschule Friedrichswall 13

1972

Kursus-Nr.		Seite
	● **Information/Beratung**	
3001	Eröffnung – Information – Beratung für Eltern und Mitarbeiter behinderter und gesunder Kinder Dr. Maneke/Erika Schuchardt	31
3002	Tanzabend für Eltern und Mitarbeiter behinderter Kinder Vorbereitung: Ehepaarkreis der Pauluigemeinde	31
	● **Eltern-Kinder-Seminare für behinderte und gesunde Kinder mit ihren Eltern** Erika Schuchardt	
3003	Wochenend-Eltern-Kinder-Seminar Katharina Lindenberg/Erika Schuchardt	31
3004	Spielerisches Musizieren, Irmhild Kopfermann	32
3005	Plastisches Gestalten in Ton, Franz-Joseph Bonse, Karl-H. Beck	32
3006	Werken: Flecht-, Holz- und Mosaikarbeiten, Friedrich Wichmann	32
3007	Bewegungserziehung und Rhythmik, Elisabeth Jass	33
3008–3009	Sprecherziehung und Atemschulung, Wera Steiner	33
3010–3011	Schwimmen, Renate Körbitz	33
	● **Offene Arbeit**	
3012	Wochenendseminar: Warum nicht einen Behinderten heiraten? Partnersuche – Partnerfindung entgegen einer negativ eingestellten Umwelt, Helene und Fredi Saal	34
3013	Singen und Musizieren in der Behindertenbegegnungsstätte, Irmhild Kopfermann	34
3014	Tanz und Spiel in der Behindertenbegegnungsstätte, Elisabeth Jass	34
3015	Englisch in der Behindertenbegegnungsstätte, Bärbel Krause	34
	Hinweise für Offene Arbeit in der Behindertenbegegnungsstätte	

Kursus Nr.		Seite
	● **Elternseminare**	
3016	Wochenendseminar: Behinderungen aus medizinischer Sicht Dr. Ursula Knaack/Dr. Siede	34
3017	Lebenspraktische Erziehung geistig behinderter Kinder vom Säuglingsalter bis zum frühen Schulalter Regina Schumann	35
3018	Sprachentwicklungshilfen für geistig behinderte Kinder Felicitas Deuter	35
3019	Hilfen für Eltern sprachgestörter Kinder Hildegard Schneider	35
3020	Hilfen für Eltern von Kindern mit Gaumenspalte Hildegard Schneider	35
3021	Sexualerziehung geistig Behinderter, Dr. Fritz Stöckmann	35
3022	Die beruflichen und sozialen Probleme stark intelligenzgeminderter Jugendlicher, Norbert Langen	36
3023	Die Methoden der Behindertenpädagogik II, Norbert Langen	36
	● **Fortbildung – Behindertenpädagogik**	
3025	Lernprogramm für Mitarbeiter an Einrichtungen für Behinderte Dr. Fritz Stöckmann	36
3026	Orientierungsseminar – Musiktherapie für Eltern und Mitarbeiter in der Behindertenpädagogik, Maria Schüppel	36
3027	Werkpädagogik/Werkpraktikum: Keramisches Werken für Mitarbeiter in der Behinderten-, Jugend- und Altenarbeit Waldemar Engelhardt	37
3028	Sprachstörungen bei Vor- und Grundschulkindern für Sozialpädagogen, Grundschullehrer und andere Fachkräfte Hildegard Schneider	37
3029	Einführung in die rhythmisch-musikalische Erziehung/Grundkursus für Mitarbeiter in der Vorschul-, Sozial- und Behindertenpädagogik, Karin Oswald	37
3030	Einführung in die rhythmisch-musikalische Erziehung/Aufbaukursus für Mitarbeiter in der Vorschul-, Sozial- und Behindertenpädagogik, Karin Oswald	38

zu 3.5: Volkshochschul-Semester-Arbeitsplan
Krisen-Management-Interaktionsmodell Hannover • seit 1970

© Erika Schuchardt

gruppenarbeit, der zufolge neue aktuelle Zielgruppen spontan entwickelt werden und andere überflüssig gewordene – die bereits Brücken zur Bildung bauten – sich auflösen. Bezogen auf die zuvor beschriebenen Modelle soll der prozessuale Verlauf einer Hannoverschen Zielgruppenentwicklung skizziert werden, deren exemplarische Lernsituationen zur Verarbeitung von Krisen im anschließenden Kapitel 4 vorgestellt werden.

Das *Hannoversche Krisen-Management-Interaktionsmodell* entwickelte sich prozessual im Verlauf zweijähriger Vorarbeit 1972 zunächst mit einer Zielgruppenarbeit ausschließlich für Eltern und Geschwister von Menschen mit geistiger Behinderung; diese sind den stereotypen Vorurteilen wie Vererbung, Drogen- und Alkoholmissbrauch, unangemessene Sexualität und den damit verbundenen Folgen stärkstens ausgesetzt. Die Teilnehmer wurden in den verschiedensten Bildungs- und Freizeit-Einrichtungen der Landeshauptstadt Hannover aufgesucht und angesprochen, um Schwellenbarrieren durch persönliche Kontakte abzubauen, und sodann in das Haus der VHS zu einem Elterngesprächskreis eingeladen.

Das Ziel dieses **ersten Schrittes** der Zielgruppenarbeit, **des Krisen-Management-Interaktionsmodells**, war die **Stabilisierung** der Eltern (über den Horizont des ‚Schonraums' der sonderpädagogischen Einrichtung hinaus) zusammen mit fremden, aber gleicherweise betroffenen Menschen als Vorstufe zur Integration. In Ergänzung zur Elternarbeit in den Einrichtungen, in denen die Erziehungs-, Schul- oder Berufsprobleme der Kinder im Mittelpunkt standen, galt unser Interesse in der Volkshochschule den Eltern in ihrer bejahenden Einstellung zur lebenslangen Elternschaft gemeinsam mit einem von geistiger Behinderung betroffenen Kind, das – wie die Mutter und Nobelpreisträgerin *Pearl S. Buck* es in ihrem Buchtitel ‚The Child who never grew' aussagt – ‚nie erwachsen werden konnte' (vgl. Doppel-Band 1, Teil II, Kap 4.1: *Analoge Prozessverläufe der Krisenverarbeitung bei unterschiedlichen Krisen-Auslösern, bei Geburt der Tochter – Pearl S. Buck*). Ansatz unserer Arbeit waren Krisen-Ereignisse/-Erscheinungen: bei den Eltern in ihrem Selbstbild als Frau oder Mann, in ihrer Erwartung an den Ehepartner, in der Mutter- oder Vaterbeziehung zum Kind, in den Beziehungen zur Nachbarschaft und Verwandtschaft, zum Kreis der Kollegen am Arbeitsplatz und in gesellschaftlichen Funktionen. Diese Krisenereignisse/-Erscheinungen galt es zu verarbeiten, insbesondere im Eingangs- und Durchgangs-Stadium des aus Lebensgeschichten eines Jahrhunderts in Deutungsmustern aus Lebenswelten erschlossenen Lernprozesses. (vgl. Doppel-Band 1, Teil II, Kap. 1 bis Kap. 4: *Erschließung des Lernprozesses Krisenverarbeitung* sowie Doppel-Band 2, Teil III, Kap. 4.1: *Krisen-Management-Interaktionsmodell ‹KMI-zLPK› im ersten Schritt ‚Stabilisierung' im Eltern-Familien-Seminar ‚Warum gerade ich? – Leben mit unserem -schon- betroffenen Kind'*)

Der *zweite Schritt* des **Krisen-Management-Interaktionsmodells** zum **integrativen Lernen** *gemeinsam mit* Eltern -schon- und -noch nicht- betroffener Kinder konnte ein Jahr später, 1973, auf dieser Stabilisierung aufbauen. Wieder war es unmöglich, ohne weiteres eine Zielgruppe aufzufinden. Die Gesuchten bewegten sich vielmehr zunächst separiert wie isoliert nebeneinander, sowohl in den Kindergärten und Schulen als auch in den Freizeitstätten und Elternbildungskursen der VHS. Günstig wirkte sich aus, dass die Abteilungsleiterin der VHS – die Autorin – zeitgleich eine Doppel-Rolle übernahm: Als Abteilungsleiterin war sie Initiatorin der Konzeption und zugleich als Dozentin Animateurin der Umsetzung der neuen Wege einer Zielgruppenarbeit als Brücke zur Bildung. In den sog. Integrationsseminaren im *Krisen-Management-Interaktionsmodell* musste die gewohnte Gruppengenügsamkeit der Bezugsgruppe der herausfordernden Realität der Interaktionen mit Andersdenkenden weichen. Die Krisen-Interaktionsseminare verkörperten auf diese Weise ein Stück gesellschaftliche Wirklichkeit, bildeten ein Stück Makrokosmos ab: hier präsentierten sich Lebenswelten, hier prallten Deutungsmuster unterschiedlicher Lebens- und Lerngeschichten aufeinander, wurden Kommunikations-Störungen offenbar, bahnten sich Umstrukturierungs- und Verarbeitungsprozesse zu neuen Deutungsmustern an, ereignete sich Aufbau neuer Alltagswissensbestände, der neue Interaktionsfähigkeiten auslöste. Damit wurde das Durchgangs-Stadium des Lernprozesses Krisenverarbeitung intensiviert. (vgl. Doppel-Band 2, Teil III, Kap. 4.3: *Krisen-Management-Interaktionsmodell im zweiten Schritt ‚Integration' im Eltern-Kinder-Seminar ‚Warum gerade wir?' – Sprechen mit Nachbarn, Spielen mit Nachbarskindern'*).

Der **dritte Schritt im Krisen-Management-Interaktionsmodell** zur gesellschaftlichen **Partizipation** entwickelte sich nach einem weiteren Jahr, 1974. In ihm wurden die vollzogenen Lernerfahrungen in vielfältige gesellschaftliche Bezüge des sozialen Umfeldes übertragen, z. B. Film-Workshop über einen Integrationskurs. Es folgten Aktionen wie

- ‚Sozialtraining als Integrationsbrücke beim Altstadtfest',
- ‚Barrierefreie/behindertengerechte Stadt Hannover',
- ‚Kooperations-Integrations-Runde an der VHS Hannover',
- ‚Animateurtreff' (ein Mitarbeitertraining für neugeworbene Laien-Assistenten) und schließlich als Höhepunkt 1975
- die ‚Messe-Öffentlichkeits-Aktion' Integrationsbrücke mit täglich 2.000 Besuchern. (vgl. Doppel-Band 2, Teil III, Kap. 4.4: *Krisen-Management-Interaktionsmodell im dritten Schritt ‚Partizipation' in der Öffentlichkeit einer Messeveranstaltung ‚Messe Hannover – Brücke zum Miteinander Leben Lernen'*).

Damit war der Lernprozess Krisenverarbeitung im *Krisen-Management-Interaktionsmodell Hannover* bei von Krisen -schon- und -noch nicht- betroffenen Lernenden in das aktional selbstgesteuerte ZIEL-Stadium vorgerückt. Vergleichsweise war in den Modellen 1 bis 3 ein entsprechendes Stadium nicht intendiert; vom Modell 4 wurde es zwar vollzogen, aber auf einem anderen Weg, nämlich dem des ‚Aktions-Lernens durch Demonstration', während sich das *Krisen-Management-Interaktionsmodell Hannover* für Aktionslernen durch Interaktions-/Partizipations-Angebote entschied.

Als Folge wurde Zielgruppenarbeit überflüssig und mündete in eine durch Zielgruppenarbeit veränderte Angebots- wie Teilnehmerstruktur ein. Von Krisen -schon- und -noch nicht- betroffene Lernende aus den Integrationskursen und auch andere Menschen mit Behinderungen wurden zu sog. ‚normalen' Lernenden, zu ‚Regel'-Teilnehmern in interdisziplinären Weiterbildungs-Angeboten aller Fachbereiche der VHS und außerdem präsente und vor allem aktive und innovierende Mitbürger inmitten ihrer Landeshauptstadt Hannover.

Nach sechs Jahren Zielgruppenarbeit im *Krisen-Management-Interaktionsmodell Hannover* ließen sich die zahlreichen einzelnen Zielgruppen dem Gesamtangebot der VHS zuordnen, nicht weil die Arbeit am Bildungssystem orientiert entwickelt wurde, sondern weil immer neue soziale Brennpunkte immer neue Zielgruppen-Entwicklungen mit von Krisen -schon- und -noch nicht- betroffenen Menschen auslösten.

Die gesamte Integrations-Konzeption lässt sich als durchgängiges Bildungsprinzip veranschaulichen, wenn die These vom Prozesscharakter der Zielgruppenentwicklung mitgesehen wird. Das *Krisen-Management-Interaktionsmodell Hannover* wird in allen vier Bereichen des Gesamt-Bildungssystems, im *Elementar-Primar-Bereich* mit Eltern-Kinder-Seminaren, im *Sekundar-Tertiär-Bereich* mit Offener Arbeit Jugendlicher, im *Quartär-Bereich* mit Eltern-Familien-Bildung und mit Aus- und Fortbildungsseminaren angeboten.

Unter dem Gesichtspunkt der Übertragbarkeit des Modells sind die besonderen Schwierigkeiten einer Zielgruppenarbeit mit von Krisen -schon- betroffenen Menschen zu nennen: Die Blockierung pädagogischer Ablaufprozesse durch den Vorrang organisatorischer Erfordernisse (innenorientiertes Bürokratiemodell) in einer kommunalen VHS; ferner ungeklärte Kostenfragen nach dem Erwachsenenbildungsgesetz für Kinder in Eltern-Kinder-Seminaren, für Begleitpersonen bei Bildungsurlaubsmaßnahmen, für An- und Abfahrten und für Mindestteilnehmerzahlen. Hierher gehört auch die Beseitigung baulicher Barrieren in der VHS; des Weiteren die defizitäre Qualifikation der Mitarbeiter, es mangelte an metakommunikativer Kompetenz. Zur Überwindung solcher Schwierigkeiten halfen die Aktionen des Ziel-Stadiums und die Gründung einer ‚Kooperations-Integrations-Runde' als politischer Interessenvertretung.[291] Für die Übertragbarkeit ist aber vor allem darauf hinzuweisen, dass entscheidend nicht das messbare Ergebnis ist, sondern dass vor allem der Anfang zählt, der einen Prozess ins Rollen bringt, den niemand mehr stoppen kann: Von Krisen -schonbetroffene Menschen und darüber hinaus von Krisen -schon- und -noch nicht- betroffene Lernende gemeinsam sind dann ein Faktum in der Weiterbildung (s. Doppel-Band 2, Teil III, Kap. 1 Einführung: *Krisen-Management – Gesellschaftliche Schlüsselqualifikation und Integral des Bildungssystems*).

3.6 Synopse der fünf Modelle Zielgruppenarbeit ‹ZGA›

Aus einer abschließenden Synopse der 5 Modelle (anhand der vorangestellten theoretischen Überlegungen, s. auch Doppel-Band 1, Teil I, Theoretische Grundlagen) lassen sich einige Folgerungen ziehen:

- **Begriffliche Präzisierung**

Die Modelle 1 bis 3 (Nürnberg, Ludwigshafen, Bethel) – zum Typ I gehörig – sind primär adressatenorientiert: der Veranstalter plant ‚für' antizipierte heterogene Adressaten. Demgegenüber sind die Modelle 4 und 5 (Frankfurt, Hannover) – zum Typ II gehörig – vorrangig teilnehmerorientiert: kooperativ planen alle Beteiligten gemeinsam ‚mit'einander. Von Zielgruppenarbeit im definierten Sinne des ‚Aufsuchens der Zielgruppe' vor Ort kann in keinem der Fälle gesprochen werden. Im Typ I sind solche Zielgruppen ausschließlich von Krisen -schon- betroffener Menschen zwar existent, aber eine Zielgruppenentwicklung ist in der Konzeption nicht geplant; im Typ II hingegen sind Zielgruppen, bestehend aus von Krisen -schon- und -noch nicht- betroffenen Menschen, zwar ausdrücklich intendiert, aber gegenwärtig noch nicht vorhanden. Typ II, Frankfurt und Hannover, muss also zuerst selbst die gewünschten Zielgruppen schaffen, um dann eine Zielgruppenentwicklung praktizieren zu können. Hier zeigt sich: Typen I wie II sind adressaten- bzw. teilnehmerorientiert, ohne gemäß wissenschaftlicher Terminologie Zielgruppenarbeit im eigentlichen Sinne zu sein.

- **Auswahlkriterien zur Zielgruppe von Krisen -schon- betroffener Menschen**

Die unterschiedlichen Modelltypen weisen auch unterschiedliche Auswahlkriterien bezüglich der Teilnehmer auf. So erfolgt die Auswahl in den Modellen des Typs I (Nürnberg, Ludwigshafen, Bethel) primär nach sozialbiographischen Daten wie: Behinderung, Behinderungsart, Alter, Geschlecht, sozialer Status, schulische und berufliche Qualifikation; demgegenüber werden in den

Modellen des Typs II (Frankfurt und Hannover) Mentalstrukturen bevorzugt, die von Lebenssituationen und Deutungsmustern ausgehen wie: Randgruppensituation, Umweltbarrieren, Benachteiligungs-, Drogen-, Suizidproblematik, Elterndasein mit einem -schon- betroffenen Kind, verstecktes Kinderdasein, gestörte Partnerschaft, mangelnde Interaktionschancen, abgeschriebener Mitbürger. Bemerkenswert ist also, dass vorrangig im Typ II die Auswahlkriterien als erwachsenen-pädagogisch lernrelevante entdeckt werden können.

- **Ziele, Aufgabenverständnis, Veranstaltungsformen**

Die Tendenz einer Sonder-Andragogik als Pendant zur Sonder-Pädagogik demonstrieren die Projekte 1-3, Typ I; ihre Ziele sind Stabilisierung des von Behinderung betroffenen Menschen durch Problembewältigung und Lebenshilfe, insofern leisten sie propädeutische Arbeit und setzen kontinuierlich die schulische Separation in der Weiterbildung fort.

Weiterführend suchen die Modelle 4 und 5, Typ 11, nach einer Überwindung dieser schulorganisatorisch vorprogrammierten Separation durch integrierte Lernfelder in der Weiterbildung. Dabei verfolgen sie die Ziele Konfliktfähigkeit und Krisenverarbeitung zur Interaktionsfähigkeit. Sie wollen zu Interaktionen mit von Krisen -noch nicht – betroffenen Menschen animieren. Konstitutiv für Typ II sind das Prinzip der didaktischen Selbstwahl der Teilnehmer, der Prozesscharakter sowie die Dynamik der Zielgruppenentwicklung – heute *Krisen-Management-Interaktionsmodell.*

4. Empirische Datenerhebung und Analyse von Lehr-, Lern- und Beratungs-Prozessen zur Erschließung des  Krisen-Management-Interaktionsmodells zum Lernprozess Krisenverarbeitung ‹KMIzLPK› in der Weiterbildung mittels methodisch begleiteter Beobachtung

- **Exemplarisch: Krisen-Management-Interaktionsmodell Hannover • seit 1970**

4.1 Erster Schritt im KMIzLPK: Stabilisierung
Lernort: Eltern-Familien-Seminar
„Warum gerade ich? – Leben mit unserem -schon- betroffenen Kind"

Lernprozess Krisenverarbeitung vom EINGANGS-Stadium I: ‚Ja aber, das kann doch gar nicht ...' Gewissheit (Spiralphase 2) zum DURCHGANGS-Stadium II: ‚Warum gerade ich?' Aggression (Spiralphase 3)

Es mag ungewöhnlich, unwissenschaftlich, unangemessen erscheinen, führt aber m. E. am unmittelbarsten in die didaktisch-methodische Fragestellung ein, wenn wir den *ersten Abend* der ersten Zielgruppenarbeit im *Krisen-Management-Interaktionsmodell Hannover* mit Eltern von Kindern mit einer geistigen Behinderung 1972 schildern. Die konkrete Lernsituation konfrontiert uns mit Lebenssituationen und Deutungsmustern der Eltern bzw. Geschwister und kann überdies jene Betroffenheit auslösen, die über wissenschaftliches Denken hinausweist und es gerade dadurch erschließt. Die Hypothesen sollen erst vor der zweiten Lernsituation formuliert werden.

4.1.1 Lernsituation[292]

Der Einladung zum Gespräch über ‚Leben mit unserem von einer geistigen Behinderung betroffenen Kind/Geschwister' folgten siebzehn Mütter, ein Vater, eine Geschwister-Schwester (Alleinerzieher), vier Elternpaare und ein Pfle-

Miteinander spielen – kinderleicht
zu 4.1: ‚Warum gerade ich? – Leben mit unserem –schon– betroffenen Kind'
Krisen-Management-Interaktionsmodell Hannover zum Lernprozess
Krisenverarbeitung in der Weiterbildung

© Erika Schuchardt

Miteinander spielen – kinderleicht
zu 4.1: ‚Warum gerade ich? – Leben mit unserem –schon– betroffenen Kind'
Krisen-Management-Interaktionsmodell Hannover zum Lernprozess
Krisenverarbeitung in der Weiterbildung

© Erika Schuchardt

geelternpaar, also zusammen neunundzwanzig Teilnehmer. Dem Gespräch war das persönliche Aufsuchen von Zielgruppen in Elternversammlungen und anderen Einrichtungen wie Kindergärten, Schulen, Werkstätten vorausgegangen sowie die Verteilung von Handzetteln in dem Früherfassungszentrum der Kinderheilanstalt und der Beratung für von Krisen betroffene Menschen des Gesundheitsamtes, ergänzt durch die übliche Werbung über Programme, Presse und Rundfunk.

Das Einleitungsgespräch thematisierte die Startsituation: „Wie fanden Sie den Weg zur VHS?" Es erbrachte eindeutige Reaktionen auf die Werbe-Ansprache-Aktionen. Keiner der Teilnehmer war je zuvor in der VHS gewesen, etwa die Hälfte hatte schon etwas von ihr gehört, niemand war aufgrund der Handzettel-, Programm-, Presse- oder Rundfunkwerbung erschienen, alle kamen ausschließlich aufgrund der persönlichen Einladung, zusätzlich ermutigt durch den ausgehändigten Teilnehmerausweis. Der Ausweis enthielt Thema, Uhrzeit, Lageplan und Verkehrsmittel zur VHS.

Kennzeichnend war etwa die Antwort:

„Ich kam, weil Sie ja extra zu uns 'raus gekommen waren, Sie hatten mir doch auch diese Karte gegeben, da wusste ich, dass Sie uns wirklich meinten."

Das deutet auf die besondere Situation der Zielgruppe hin: Die Teilnehmer fühlten sich dort abgeholt, wo sie sich schon vergessen glaubten, und sie hielten den Beweis dafür, den Teilnehmerausweis, in Händen; an ihn konnten sie sich anklammern, wenn es galt, allein die Entscheidungs-Schwelle zu überwinden, nämlich tatsächlich von sich aus den ersten Schritt aus der separierten Sondereinrichtung in die öffentliche Weiterbildungs-Einrichtung zu gehen.

Im Verlauf des Startgesprächs erkannten alle Beteiligten deutlicher eigene Barrieren gegenüber anonymen Werbemedien:

„Wenn ich ehrlich bin, nur auf Programm oder Presse wäre ich nie gekommen, da weiß man doch nie, ob man wirklich gemeint ist!",

Sie erlebten zunehmend sich bewusster werdend den vollzogenen Teilnahmeentschluss als eigene Leistung, sie waren auf das Gesprächsangebot ‚Leben mit einem -schon- betroffenen Kind' eingegangen, sie hatten mit der Veränderung ihrer Lebenssituation begonnen. Das erhärtete sich im Zahlenspiegel: 29 reale Teilnehmer entsprachen nur 7 % der Gesamtzahl persönlich angesprochener Adressaten.

Zur Verstärkung der Lernmotivation wurde ein VHS-Rundgang angeboten, der – durch eingeplante Kursbesuche und Teilnehmerinterviews – die Palette der Lernangebote präsentierte und erste Kontakte mit Lernenden und Lehrenden paralleler Kurse anknüpfte mit dem Ergebnis, alles bewirkte Neugier, Vertrautwerden und das Erleben: „... eigentlich sind wir doch wie jeder andere auch!"

Damit war gleich zu Beginn ein entscheidender Fortschritt erreicht:

- Alle hatten Spaß im Haus des Lernens, der VHS!
- Alle hatten das Erfolgserlebnis: ich habe eine Entscheidung getroffen
- Alle hatten wenigstens einmal laut in der Gruppe gesprochen: Ich kam aufgrund von ... zur VHS!
- Alle hatten erkannt, persönliches ‚Angesprochensein' hat Wirkungen, kann etwas verändern!
- Fast alle hatten mit Teilnehmern anderer Kurse gesprochen – Transfer geleistet –, sie ‚angesprochen' und dabei neue erste Kontakt-Erfahrungen gemacht!

Da es hier nicht um die Darstellung einer Zielgruppenarbeit an sich gehen soll, sondern um die Differenzierung eines didaktisch handlungsorientierten Ansatzes, soll der weitere Verlauf nur skizziert werden, um zu zeigen, unter welchen Bedingungen die Krise einer Lebenssituation didaktisiert werden kann – hier das scheinbar ausweglose Hin- und Hergeworfensein zwischen kognitiv verstandesmäßiger Annahme und emotional verzweifelndem Verdrängen in den Zwischenphasen Unsicherheit, Unwissenheit, Unannehmbarkeit des eigenen von geistiger Behinderung betroffenen Kindes. Im zweiten Gesprächsteil war ein themen- wie teilnehmerorientierter Einstieg vorgesehen: die Eltern waren eingeladen, sich über das Erzählen von Situationen kennen zu lernen, und zwar vor dem Hintergrund ihres ‚Lebens mit unserem behinderten Kind':

- „Was macht uns besondere Freude mit unserem Kind?
- Was macht uns besonderen Kummer mit unserem Kind?"

Statt einer zunächst in Aussicht genommenen Partner- oder Gruppenarbeit mittels medialer Hilfsmittel (wie Zeichenblätter, Flipcharts, Kollagenmaterial) war in der Pause auf einer Wandzeitung eine größere Anzahl von Teilnehmeräußerungen aufgezeichnet worden, die während des VHS-Rundganges mitgehört worden waren. Das führte sogleich zu Heiterkeit und z. T. neuer Aktivität.

Als weiterer Impuls wurde über die Teilnehmer-Situations-Deutungen während des VHS-Rundganges auf der Wandzeitung nur ein Ausrufungszeichen und daneben auf ein leeres Blatt nur ein Fragezeichen gesetzt; zusätzlich wurden leere Pappstreifen mit Klebeaufhängern verteilt.

Anscheinend belustigt, fraglos verunsichert und zunehmend zweifelnder, rätselten die Teilnehmer zunächst, diskutierten miteinander, beschrieben Pappstreifen und zerrissen sie wieder, hefteten einige an, ergänzten die Wandzeitung, bis schließlich das Fragezeichen beantwortet war: Sie hatten ihr anderes Ich entdeckt, hier einige Beispiele:

!   ?

Eigentlich sind wir doch wie jeder andere auch

Uneigentlich sind wir nicht wie jeder andere auch

Ich finde es toll, so dazu zu gehören, das kann ich gar nicht glauben

Ich gehöre sonst nicht dazu

Ich hatte ja keine Ahnung, davon, was es da alles in der VHS so gibt, ich hätte so viel Lust da mitzumachen, aber was soll's mir!

Selbst, wenn ich Ahnung gehabt hätte, nein; ich kann's nicht!

Ich wundere mich über mich selbst, hier bin ich wer anderes, mutiger, selbstbewusster, nicht die Behinderten- Mutter

Ich wundere mich nicht über mich, sonst bin ich nicht wer anderes, nicht mutiger, nicht selbstbewusster, nur die behinderte Mutter

Ja, für die hier war ich Frau S., nicht nur die Mutter des behinderten Kindes

Nein, für die hier bin ich nicht Frau S., nur die Mutter des behinderten Kindes

Ob die mich wiedererkannt hat, die hat so komisch geguckt, als ob sie sagen wollte: Guck ich richtig. Du hier?

Die hat mich wiedererkannt, etwa gesagt: Ich guck nicht richtig. Du hier, nein!

Ich frage mich, wenn die wüssten, wer wir wirklich sind, wie die genau so normal gewesen wären, die hätten bestimmt gedacht, sie müssten sich anders verhalten, – à la Heilsarmee –, na, und ich dann natürlich auch – ich bin eine arme Seele! –

Ich denke, weil sie nicht wussten, wer wir wirklich sind, waren sie un-normal (sie waren zu Eltern behinderter Kinder nämlich normal!), die haben sich nicht anders verhalten – à la Heilsarmee – na, und ich dann natürlich auch nicht; – ich war Ich! –

Beim Lesen dieser Aussagen setzte bei den Teilnehmern schlagartig die Erkenntnis von der Differenz zwischen Deutung und Umdeutung ein, wurde die Spannung zwischen Ich und Nicht-Ich entdeckt – (alter und ego / me and I, nach *Mead*; personale und soziale Identität nach *Goffman* und *Krappmann*)[293] – , wurde die Chance zur freien Entscheidung als Angebot zu selbstbestimmtem Handeln erkannt, wurde die Aufgabe deutlich, sich zu sich selbst verhalten zu können bzw. zu müssen, ich ‚bin' nicht, sondern ich ‚werde' durch meine Deutung der Situation, die ich für mein verändertes Verhalten bestimmend oder nichtbestimmend werden lasse.

Auf der Wandzeitung entwickelten sich stufenartig die Erkenntnisse:

1. Wir sind sonst andere als hier.
2. Wir sind sonst nicht andere als hier, sondern wir sehen uns selbst anders.
3. Wir sehen uns nicht wirklich anders, sondern unsere Vorstellung von uns sieht uns anders, weil wir glauben, dass die anderen uns so sehen, darum verhalten wir uns so.
4. Das ist ein Teufels-Karussell, warum steigen wir nicht aus?

Auf dem Boden dieser Erkenntnisse wurde im letzten Drittel des Abends die Situation ‚Leben mit unserem Kind' aus der Sicht von Freude und Kummer durch die Eltern eingebracht. (Binnen kürzester Zeit füllten sich Tafel, Wände und Fußboden mit Wandzeitungen, Skizzen, Bildern, Texten, Collagen). Ohne dass bisher sozialbiographische Daten erfragt worden waren, wurden Namen, Kinderzahl, Art der Behinderung, Herkunft und Grad, sozialer Status u. a. eingebracht. So interessant es auch wäre, Deutungen und Umdeutungen der Teilnehmer zu verfolgen, in diesem Zusammenhang soll lediglich versucht werden, die aktuelle Lernsituation der Gesamtgruppe in den Blickwinkel zu rücken:

Während einzelne und Gruppen im Plenum agierten, saß eine junge Frau bewegungslos da und rang sichtbar nach Fassung. Wortlos fielen Tränen. Als diese nonverbale Interaktion von den Teilnehmern anscheinend unbemerkt anhielt, wurde die Betroffenheit der jungen Frau dadurch aufgegriffen, dass die Lernberaterin/Autorin von ihrer eigenen Betroffenheit zu sprechen versuchte. Bisherige Schwerpunkte der zunächst von den Teilnehmern nur angezeigten Lebenssituationen waren:

- Blickpunkt und Anstoß in der Öffentlichkeit (Hänseleien auf der Straße, Abrücken im Verkehrsmittel, Verlassen des Restaurants, Mitspielverbot auf dem Spielplatz)
- ausgeschlossen und gemieden durch Gemeinschaften (Kündigung der Hausgemeinschaft, Ausbleiben der Einladungen im Bekanntenkreis, Schwierigkeiten für Geschwisterkinder, unerwünscht nach Feierabend und Dienstschluss)
- Hilflosigkeit, Sprachlosigkeit gegenüber dem Partner, den Fremden, sich selbst
- Angst vor lebenslanger Elternschaft, Ausweglosigkeit angesichts der Verlassenheit des Kindes nach dem Tod der Eltern.

Einzelne Teilnehmer bezogen eine Gegenposition, indem sie auf die Entlastung verwiesen, die sich für sie aus dem angstfreien Mitteilenkönnen ergäbe und von dem sie sich neue Erkenntnisse erhofften.

An diesem Punkt stand die junge Frau auf und verließ schluchzend den Raum; die zurückgelassene Lerngruppe versuchte die angespannte Situation zu klären, der zuletzt redende Teilnehmer fragte:

„Was habe ich falsch gemacht?", ein anderer: „Sie hat schon länger still geweint", eine dritte: „Das kenne ich, so ist es mir auch immer gegangen, ich konnte nichts davon hören, schon gar nicht darüber reden; vielleicht ist ihr Kind noch sehr klein". Die Lernberaterin fragte zurück: „Was haben Sie sich in jenen Situationen am meisten gewünscht?" Darauf antwortete sie: „Ach, nur einen Menschen, der nichts von mir gewollt hätte, der da bei mir ausgehalten hätte, mich nicht allein gelassen hätte, und viel Zeit zum Zuhören, vielleicht zum Mitdenken, aber keinen Trost!" Schweigend stimmte ihr die Gruppe zu. Sie aber stand ebenfalls auf und ging hinaus. Nach kurzer Unterbrechung und nachdem beide in die Gruppe zurückgekehrt waren, wurde versucht, die Situation zu deuten: „Ich denke, wir haben eine wichtige Erfahrung miteinander gemacht; in unserer Gruppe wird jede Sprache – mit oder ohne Worte, verbal oder nonverbal – gesprochen, und wir haben erlebt, sie wird auch verstanden. Wir lernen von unseren Kindern, dass die Sprache ohne Worte, die der Liebe wie der Trauer, die deutlichste aller Sprachen ist, und vielleicht lernen wir es in diesem Kursus wieder neu, zu jener echten Sprache zurückzufinden, die wir am allerbesten von unseren - schon- betroffenen Kindern in ihrer unverstellten Offenheit – maskenlos, bedingt durch ihre sog. geistige Beeinträchtigung – lernen können, sie reagieren wie ein Seismograph auf Echtheit oder Unechtheit der Gefühle, Einstellungen und Beziehungen."

Mit der Bitte, die angefangenen Reflexionen über die Lebenssituationen am nächsten Abend gegebenenfalls durch Fotos, Dias, Filme, Kinderarbeiten u. a. zu veranschaulichen, und mit der Ankündigung eines sich anschließenden informellen Beisammenseins wurde offiziell der erste Seminar-Abend beschlossen.

4.2 Untersuchung der Bedeutung von Lernen in Problemlagen
Erster Schritt im KMIzLPK: Stabilisierung
Lernort: Öffentliche Bildungs-Beratung
„Ich halte ‚das' nicht länger aus! – Damit kann ich nicht leben"

4.2.1 Beratungssituation[294]

Wenige Tage später erschien die junge Frau bei der Lernberaterin/Autorin in der VHS:

K 1: Frau S., Sie erinnern sich noch an mich?

S 1: Ja, natürlich, Sie sind Frau K, wir haben uns am Donnerstagabend kennen gelernt, ich habe seitdem viel an Sie gedacht, – es ist gut, dass Sie da sind, Frau K.

K 2: Ja, ich bin froh, dass ich es geschafft habe, eigentlich wollte ich mich ja wegen ... Sie wissen schon, entschuldigen; aber ich weiß schon, Sie haben mich verstanden – (Pause)

S 2: (nickt)

K 3: Wissen Sie, das wird immer schlimmer, ich kann nirgendwo mehr hingehen, schon gar nicht darüber sprechen,... (Pause); das war so gut, dass alles so selbstverständlich war, dass alle so ganz normal mit mir waren, – ich kann nichts mehr ertragen, schon gar keinen Trost, es ist alles so schrecklich, das kann doch gar nicht wahr sein!

(kämpft mit Tränen)

S 3: Ich erlebe Sie so, dass Sie sehr deutlich mit Ihren Tränen sagen: Ich habe keine Worte für mein so schwer betroffenes Kind.

K 4: Ja, das ist es, das ist alles entsetzlich! Das alles mit Ralf, meine ich ... Verstehen Sie? Er ist so ein hübscher Junge, hat dunkle Augen und schwarze Locken. Sie können selbst sehen, man sieht ihm nichts an. Sehen Sie? (holt das Bild hervor und zeigt es mir) Keiner sieht etwas. Darum kann es doch gar nicht wahr sein; und alles, was die anderen Eltern erzählen, ist auch so anders.

S 4: Sie wünschten sich jetzt, dass ich Ihnen Ihre Zweifel abnehme, es ist in der Tat ein liebes Bild von Ralf, aber was geht jetzt dabei in Ihnen vor?

K 5: Ja, ich möchte, dass Sie das tun; aber ich könnte es gar nicht glauben. Sie wissen doch gar nichts von Ralf, und ich selbst fange ja an zu zweifeln.

S 5: Ja, ich höre sehr deutlich, wie groß Ihre Zweifel sind, so stark, dass Sie daran ersticken, wenn Sie davon sprechen wollen.

K 6: Ja, das ist das schlimmste, ich fange an, es selbst zu sehen, ich habe Angst davor, es wird jetzt immer sichtbarer, ich erschrecke mich, ich schäme mich, aber ich verstehe mich nicht mehr... (Weinen)

S 6: Sie verstehen Ihre unbekannten Gefühle nicht mehr und haben Angst vor sich selbst?

K 7: (Weinen) ... ja, ich halte das nicht länger aus! Das darf nicht wahr sein! Das darf niemals sein! Verstehen Sie, niemals! Das hat es doch noch nie in der Familie gegeben! Warum geschieht das mir?! – Ich kann das nicht ertragen! – Damit kann ich auch nicht leben!

S 7: Wenn ich Sie richtig verstehe, sagen Sie: ‚Damit kann ich auch nicht leben', das kann auch heißen: ‚Damit will ich auch nicht leben, damit kann ich auch nur sterben.' Oder Sie sagen: ‚Ich kann das nicht ertragen', kann das für Sie auch heißen: ‚Ich kann mein so schwer betroffenes Kind Ralf nicht ertragen, ich muss Ralf loslassen, liegen lassen, sterben lassen?'

K 8: (Heftiges Weinen) ...

S 8: Das schnürt Ihnen die Kehle zu, das macht Ihnen Angst, Sie können Ihre unbekannten Todeswünsche nicht verstehen.

K 9: Wie können Sie das so einfach sagen, ich will doch Ralf gar nicht hergeben, ich hänge an ihm, habe ihn lieb, er versteht mich, spürt meine Hilflosigkeit, ich brauche ihn! ... Gibt es denn keinen anderen Ausweg? Ich weiß nicht, wie ich damit, mit Ralf meine ich, weiterleben kann? Was wird mein Mann dazu sagen, ich weiß gar nicht, wie er denkt? – Er hat mich alleingelassen! ...

S 9: Könnten Sie sich vorstellen, dass er ähnliche Gefühle wie Sie selbst hat und auch Angst davor, es zu Ihnen oder irgendeinem Menschen zu sagen?

K 10: Daran habe ich noch nie gedacht, ich habe mich in mich verkrochen und meist nur geweint, Tränen hält er nicht aus, da ist er immer öfter und länger im Geschäft geblieben ...

zu 4.2: Miteinander leben – ein Lernprozess
,Warum gerade ich? – Leben mit unserem –schon– betroffenen Kind'
Krisen-Management-Interaktionsmodell Hannover zum Lernprozess
Krisenverarbeitung in der Weiterbildung

© Erika Schuchardt

Jetzt verstehe ich auch warum. Was sollte er zu Hause! Ich war ja eigentlich gar nicht richtig für ihn da. Es ist meine Schuld, wir sind uns richtig fremd geworden. – (Pause) Ich könnte das anders machen, ich will's versuchen, ihm alles von mir erzählen, vielleicht spricht er dann auch wieder von sich, und wir reden wieder miteinander, ich meine auch über Ralf! – Sagen Sie, haben andere Menschen auch solche, ich meine solche nicht zu verstehenden, aber mächtigen Gedanken -, auch solche Todeswünsche?

S 10: Ja, fast alle Tagebücher oder Lebensgeschichten von Müttern und auch Vätern mit einem schwer betroffenen Kind sprechen davon. Übrigens kann das auch bei Eltern -noch nicht- betroffener, scheinbar völlig gesunder Kinder der Fall sein.

K 11: Sie sagen das so, als ob das etwas Selbstverständliches, ich meine gar keine Schuld wäre, als ob man das alles so sagen darf?

S 11: Ich glaube nicht, dass einer von uns das Recht hat, einen anderen Menschen schuldig zu sprechen, wir sind nicht der andere, leben nicht in seiner für ihn ausweglosen Situation, aber wir können versuchen, ihn zu verstehen und mit ihm auszuhalten und ein Stück mitzugehen.

K 12: Ich glaube, ich verstehe mich jetzt besser! Ich möchte das alles nicht verlieren! – Haben Sie solche Lebensgeschichten von Eltern?

S 12: Ja, hier die von Pearl S. Buck: ‚Geliebtes unglückliches Kind', es müsste aber m. E. richtiger heißen: ‚Geliebtes glückliches Kind'. Sie kennen sie?

K 13: Ja! – Ist das nicht die Nobelpreisträgerin? – Aber das kann doch gar nicht wahr sein! Warum? Wie kann diese kluge Frau ein geistigbehindertes Kind haben?

S 13: So wie Sie oder ich oder jeder von uns! – Und sie hat genau so gezweifelt und gefragt wie Sie heute! – Auch der Todeswunsch war ihr vertraut. – Bitte nehmen Sie's mit, – Ihr Wegbegleiter! (vgl. Doppel-Band 1, Teil II, Kap. 4.1: *Krisenverarbeitung bei Pearl S. Buck*)

Der Gesprächsverlauf veranschaulicht auch ohne systematische Analyse, wie mittels unserer Intervention der Beratung jede Gelegenheit genutzt wird, die Deutungen der Frau K. umzudeuten, so dass Veränderung angebahnt werden kann. So werden wir bei Frau K. Zeuge eines Veränderungs- oder Lernprozesses, der von der (ver)zweifelnden Suche nach Annahme ihres so schwer betroffenen Kindes Ralf zur Aggression gegen ihn führt; gemäß unserer These von der Katharsisfunktion der Aggression[295] als komplementärer Bedingung und Voraussetzung für die Annahme des Krisen-Ereignisses stoßen wir damit in das Zentrum des Lernprozesses Krisenverarbeitung vor.

Diese Umstrukturierung der Deutungen spiegelt sich im Lernverlauf wider. Am ersten Kursabend sowie bei Gesprächsbeginn erleben wir Frau K. im EINGANGS-Stadium I ihrer Suche nach Annahme in der Spannung zwischen verstandesmäßigem Wissen und gefühlsmäßigem Nichtwissenwollen; Ausdruck dafür sind wortlose Tränen oder – verbalisiert – der Gesprächsbeitrag K 3 ‚... es ist alles so schrecklich, das kann doch gar nicht wahr sein!' Das entspricht in unserem Lernprozess Krisenverarbeitung der Spiralphase (2) Gewissheit; ‚Ja, ... aber das kann doch gar nicht ...'. Der Durchbruch zur Veränderung, hier zur Spiralphase (3) Aggression, ins DURCHGANGS-Stadium II, entsteht aus den Umdeutungen der

Deutungen von Frau K. durch die Beratende in dem Maße, wie die Differenz der Umdeutungen von Frau K. nicht zurückgewiesen, sondern zugelassen und dann auch von ihr selbst aufgenommen wird: K 6 ‚... ich habe Angst davor, ich verstehe mich nicht mehr' wird umgedeutet von S 6 ‚... Sie verstehen Ihre unbekannten Gefühle nicht mehr und haben Angst vor sich selbst?' K 7 bestätigt ‚weint ... ja', ... greift es auf und spricht es in einem achtfachen Anlauf selber aus: ‚Ich halte das nicht aus! Das darf nicht wahr sein! Das darf niemals sein! Verstehen Sie, niemals! Das hat es doch noch nie in der Familie gegeben! Warum geschieht das mir?! – Ich kann das nicht ertragen! – Damit kann ich auch nicht leben!' Umgedeutet von S 8 ‚Wenn ich Sie richtig verstehe, sagen Sie: ‚Damit kann ich auch nicht leben!', das kann auch heißen: Damit will ich auch nicht leben; damit kann ich auch nur sterben! Oder Sie sagen: ‚Ich kann das nicht ertragen!', kann das für Sie auch heißen: ‚Ich kann mein so schwer betroffenes Kind Ralf nicht ertragen, ich muss Ralf loslassen, liegen lassen, sterben lassen?' Heftiges Weinen in K 8 signalisiert die getroffene Betroffenheit, der alle Worte fehlen, umgedeutet von S 8: ‚Das schnürt Ihnen die Kehle zu, das macht Ihnen Angst, Sie können Ihre unbekannten Todeswünsche nicht verstehen'.

Dieser Dialog führt zum Durchbruch, leitet von der sprachlosen Ohnmächtigkeit zur Macht der Worte über und befreit ungesteuerte Aggressionen im DURCHGANGS-Stadium II,[296] die lange Zeit im EINGANGS-Stadium I kognitiv fremdgesteuert nicht zugelassen werden konnten. Solche Aggressionen erkennen wir gegen das Kind als Todeswunsch K 8; gegen die Beratende S als Schuldige ‚wie können Sie ...?' K 9 und ‚Sie sagen ..., als ob man das darf' K 10; gegen den Mann ‚... Er hat mich allein gelassen' K 9; gegen sich selbst ‚Es ist meine Schuld ...' K 10; gegen das Schicksal ‚Warum ...? Wie kann diese kluge Frau (P.S. Buck) ...?' K 13. Parallel dazu und als Beleg für unsere These der hohen Korrelation zwischen Aggression (3) und Annahme (6) bahnt sich komplementär zu kathartischer Aggression erste Annahme an: ‚... Gibt es denn keinen anderen Ausweg ...? Wie (kann) ich damit, mit Ralf, meine ich, weiterleben?' K 9; ‚... Ich könnte es anders machen ...' K 10; ‚Ich verstehe mich jetzt besser! Ich möchte ...! Haben Sie Lebensgeschichten?' K 12.

Frau K. geht ihren Lernweg, hat mit der Verarbeitung ihrer Krise begonnen:[297] Am zweiten Kursabend bringt sie sich mit Hilfe der Lebensgeschichte Pearl S. Bucks selbst ein, liest jene Zitate, die ihren Todeswunsch erklären, und bittet die Eltern um Stellungnahmen. Ihre unerwartete Offenheit erschlägt, richtet zunächst rationalisierende Mauern bei den Angesprochenen auf, keiner aber entzieht sich auf Dauer der Echtheit ihrer Betroffenheit, die Offenheit wirkt. Damit gewinnen die Lebenssituationsberichte der Eltern eine qualitativ neue Dichte, die primär kognitiv ablaufenden Darstellungsweisen werden jetzt von den emotional ungesteuerten

Erlebensweisen durchwirkt; durch sie angereichert, erschließt sich die schillernde Vielfalt unterschiedlicher Alltagswelten, wächst das Verständnis für lebensgeschichtlich gewachsene Deutungsmuster anderer. Vor diesem Hintergrund werden Infragestellung und Umstrukturierung von Deutungsmustern zum Zentrum der Lernsituation, übersteigen subjektive Deutungen in den Spiralphasen Aggression (3), Verhandlung (4) und Depression (5) den eigenen Bezugsrahmen. Dabei erweisen sich die Auto-/Biographien, von den Teilnehmern ausgesucht, erarbeitet und eingebracht, als didaktisches Material. Nach Ablauf eines Semesters forderte die so im Krisen-Management-Interaktionsmodell in ersten Lernschritt Stabilisierung erstarkte Gruppe der Eltern -schon- betroffener Kinder gemeinsames Lernen mit Eltern -noch nicht- betroffener Kinder, sie wollte den zweiten Lernschritt der Zielgruppenarbeit zur Integration gehen. Daraus entstand das Eltern-Kinder-Seminar (vgl. Kap. 4.3: Zweiter Schritt im KMIzLPK ‚Integration', ‚Warum gerade wir? – Sprechen mit Nachbarn – Spielen mit Nachbars Kindern').

4.2.2 Merkmale der Lernsituation: Beratung[298]
1. *Beratung erweist sich als komplementäre Interventionsform der WB, gleichgewichtig mit Lehre und Planung*

Das gilt insbesondere für Zielgruppenarbeit mit lernungewohnten Teilnehmern. Hierbei scheint gerade die sog. Zufälligkeit der Begegnung mit der Sachthematik zur Überbrückung der eigenen Barrieren zu führen, indem über einen Sachinformationsvorwand das eigentliche Problem uneigentlich angesprochen wird. Während der Weg in die Beratungsstelle das manifeste Bewusstsein eines Problems voraussetzt, was subjektiv als Diskriminierung erlebt wird, bedeutet der Weg in die WB-Einrichtung VHS eher umgekehrt eine Prestigeaufwertung und bietet demnach die Möglichkeit an, über die Sachfrage die Barriere zu überwinden, ‚sachlich' von sich selbst zu reden.

Hier liegt eine noch unerkannte Funktion der Weiterbildung, die in ihrer teilweisen Tendenz zur Verschulung bisher die Aufdeckung des Defizits an Beratung verhinderte oder die Beratung ausschließlich auf die Funktion einer Weiterbildungs-Beratung reduzierte, nicht aber die Beratung als Interventionsform erkannte. Letztere lebt bisher ausschließlich aus dem Engagement einzelner WB-Mitarbeiter; in Honorarordnungen und Erwachsenenbildungsgesetzen wie auch in Studien- und Ausbildungsordnungen hat sie noch keinen festen Platz.

Unsere Konsequenz: Werbung, erster Kursabend, Beratungsgespräch.

2. *Didaktischer Angelpunkt ist die aktuelle Situation*

Sie wird präsent in den Interaktionen aller Beteiligten im Rahmen der Lernprozesse (Mikrokosmos). Nicht geht es dagegen um eine Analyse der Vergangenheit oder gar diagnostische Indikationen.

Unsere Konsequenz: Thematisierung der Situationen
- Wie fanden Sie zur VHS?
- Wie erleben Sie den Rundgang durch die VHS?
- Wie reagieren Sie auf nonverbale Interaktionen (Tränen)?

3. *Didaktischer Gegenstand ist die Teilnehmer-Interaktion, die Lern-Störung oder der Teilnehmer-Konflikt*
Das bedeutet, der Teilnehmer wird zur curricularen Instanz. Damit folgen wir einer Grundregel Eriksons: ‚Verwende, was dir der Klient bringt.'

Unsere Konsequenz:
- Teilnehmeräußerungen zum VHS-Besuch
- Situationsbeschreibungen der Eltern
- Rückmeldungen der Teilnehmer auf nonverbales Verhalten
- Gesprächsaussagen der Mutter

4. *Didaktisches Prinzip ist die Selbstwahl des Lernenden*
Das schließt methodisch nicht aus, dass dieser Wille möglicherweise erst aus der Lernsituation selbst neu erwachsen muss. Der Lehrende/Beratende ist gemäß ‚*sokratischer Mäeutik*' jener Lern-Geburts-Helfer, der dafür eine Atmosphäre schafft, nach *Balint* ‚Zeit und Milieu' bereithält, was *Rogers*' Variablen positiver Wertschätzung entspricht.

Unsere Konsequenz:
- freiwilliger Teilnahmeentschluss
- spontane Teilnehmerdeutungen und Umdeutungen
- kreative Lebenssituationsdarstellungen durch die Eltern
- häusliche Gruppenarbeit zur Auto-/Biographienerarbeitung
- Eigeninitiative zum Beratungsgespräch
- Forderung der Gruppe nach Integrationskursus.

5. *Konstitutives Element ist die definierende Deutung und Umdeutung der Situation – nicht aber die Diagnose der Situation – durch Lernende und Lehrende*
Deutung oder Definition der Situation leben aus der Interaktion aller Betroffenen inmitten der Situation, Diagnose aber kann losgelöst von den Betroffenen außerhalb der Situation gestellt werden. Der Unterschied von Deutung und Diagnose liegt also in ihrem ‚Verhältnis zur Situation'.[299] Lernen entsteht nicht primär aus dem Zuwachs an Wissen, also aus dem Wissen aufgrund der Diagnose der Krise, Lernen erwächst vielmehr aus dem permanenten Prozess der Bewusstwerdung zwischen Wissen und noch nicht Gewuss-

tem, also aus der Deutung, zutreffender der Differenz zwischen Deutung und Umdeutung.

Unsere Konsequenz: Differenz der Deutung und Umdeutung
- zwischen Ich und Nicht-Ich, personaler und sozialer Identität
- zwischen verbaler und nonverbaler Interaktion
- zwischen Beratenem und Berater in der Gesprächsanalyse.

4.3 Zweiter Schritt im 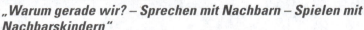 KMIzLPK: Integration
Lernort: Eltern-Kinder-Seminar
„Warum gerade wir? – Sprechen mit Nachbarn – Spielen mit Nachbarskindern"

Lernprozess Krisenverarbeitung im KMIzLPK
vom D<small>URCHGANGS</small>-Stadium II:
‚Wozu ..., alles ist sinnlos?' Depression (5)
zum Z<small>IEL</small>-Stadium III:
‚Ich erkenne jetzt erst ...!' Annahme (6)

4.3.1 Lernsituation: Integration

Eltern-Kinder-Seminare[300] sind nur *eine* Form der Integration, die manchmal auch allein mit Eltern oder Jugendlichen oder Erwachsenen, zum Beispiel als sogenannte Partnerschaftsseminare, als Offene Arbeit mit Jugendlichen, mit Großmüttern auf Zeit, als Animateurtraining u. a. durchgeführt werden können; aber immer mit der gleichen Zielsetzung, der Interaktion von Krisen -schon- und -noch nicht- betroffener Menschen. Diese Seminare realisieren den *zweiten Schritt* der ZGA, des *Krisen-Management-Interaktionsmodells*, die *Integration* und Teilhabe am gesellschaftlichen Leben. Dazu muss auf der Grundlage des ersten Schrittes ‚Stabilisierung' der zweite Schritt ‚Integration' als Abbau von Interaktions-Störungen sowie als Aufbau von Interaktions-Fähigkeit in angstfreien Situationen gemeinsam erlernt werden, d. h., Integration als Ziel bedient sich der Integration als Mittel.

Wir wählen hier zur Darstellung des Krisen-Management-Interaktionsmodells im zweiten Lernschritt der Integration ein Eltern-Kinder-Seminar, weil dabei zweifache Problematik anschaulich demonstriert werden kann. Zum ersten vollzieht sich Integration am besten durch Prävention; sie wird effizient ‚eingeübt', solange sie miteinander gelebt wird, ehe es überhaupt zu einer Desintegration kommt. Zum zweiten sind Stereotype der Eltern am leichtesten über das unbefangene Aufeinanderzugehen und Miteinanderhandeln der Kinder aufbrechbar; hier fordert die emotionale Zuwendung zur Überwindung der Vorbehalte

zu 4.3: Miteinander sprechen – schwierige Anläufe
‚Warum gerade wir? – Sprechen mit Nachbarn –
Spielen mit Nachbarskindern'
Krisen-Management-Interaktionsmodell Hannover zum Lernprozess
Krisenverarbeitung in der Weiterbildung

© Erika Schuchardt

heraus. So erlebten wir im Eltern-Kinder-Seminar, wie -noch nicht- betroffene Kinder sich spontan gegenüber einem schwer körperlich beeinträchtigten Kind verhielten. Sie legten sich daneben, um aus der gleichen Lage heraus zu spielen, sie probierten am und mit dem Kind, das Bein, den Kopf anzuheben, und das alles ausschließlich als selbstverständliche Hilfeleistung, begleitet von interessierten Fragen ohne jedes Mitleid und ohne jede Scheu oder gar Abwehr. Auffällig war, dass das Verhalten der -noch nicht- betroffenen Kinder von der Grundeinstellung der Eltern entscheidend abhängig war.

Hier sei an die in Teil II analysierten Auto-/Biographien[301] erinnert: *Carlson* in seinen Erinnerungen „So geboren", der sich schon als Vorschulkind aus Ästen seine ersten Krücken baute, um als Spielgefährte mit den anderen mitlaufen zu können, oder *Killileas* „Karen", deren erster Kindergartenbesuch zur staunend akzeptierten Untersuchung ihrer Beinapparatur führte, oder *Christy Brown's* Fahrten im alten Henry usw.; übereinstimmend zeigten alle Auto-/Biographien analog zu unserem Seminar, dass das -schon- betroffene Kind selbst sich in seinen ersten Lebensjahren nicht beeinträchtigt fühlt, dass es nicht von Geburt daran leidet, anders zu sein, und dass der von Behinderung -schon- betroffene Mensch erst mit zunehmender Bewusstwerdung und durch das ‚anormale' Verhalten der -noch nicht- betroffenen Umwelt sowie infolge der organisatorischen Desintegration in eine soziale Benachteiligung gerät, die ihrerseits die Vorurteile Erwachsener aufbaut und verstärkt.

Gegenstand unserer Darstellung der Lernsituation braucht nicht der Integrationsprozess der Kinder zu sein, er ist existent, sobald sich ein soziales Lernfeld eröffnet. Vielmehr geht es uns darum, die Interaktions-Störungen der Eltern und die Möglichkeiten ihrer Überwindung aufzuzeigen. Es wird verständlich, dass die Konfrontation mit Eltern -noch nicht- betroffener Kinder zur Krisenverarbeitung notwendig war; insbesondere im Übergang von der Spiralphase Depression (5) ‚Wozu ..., alles ist sinnlos?' aus dem Durchgangs-Stadium II zur Spiralphase Annahme (6) ‚Ich erkenne jetzt erst ..., ich kann ...!' in das Ziel-Stadium III.

Vorab gehört es zum Ansatz der handlungsorientierten Didaktik vom Alltagswissen, dass Lernziele nur vorläufig als Hypothesen formuliert werden können. Wählt man aber Hypothesen, steckt man im Dilemma linearer Kausalität. Dieser Schwierigkeit begegnet *Mader*, indem er aus der Wellentheorie der Physik das Paradigma der Interferenzerscheinungen entlehnt.[302] Interferenzhypothesen zur Lernsituation zeigen die Überlagerungen von Handlungen. Konkreter müsste also gefragt werden: wie interferieren, wie überlagern, verdecken, verstärken sich die angeführten *Mader*schen sechs Handlungen der Konstitutionsanalyse in der Lernsituation mit Eltern -schon- und -noch nicht- betroffener Kinder?

4.3.2 Maders Interferenzhypothesen zur Lernsituation[303]
s. Doppel-Band 1, Teil I, Theoretische Grundlagen

1. *Intentionalität mit der Handlung des Sich-Richtens auf, d. h. die unterschiedlich gerichteten, aber routinisierten Handlungsmuster der Lernenden und Lehrende* [304]

Mit *Mader* ist davon auszugehen, dass zu Beginn jeder Lernsituation widersprüchliche Intentionalitäten vorfindbar sind (s. Doppel-Band 1, Teil I, Theoretische Grundlagen, Kap. 5: *Handlungstheoretische Didaktik als Grundlage des KMIzLPK*; 5.1: *Konstitutive Elemente für das Lernen in der Erwachsenenbildung*; 5.2: *Didaktische Merkmale der Lernsituation im KMIzLPK*). Entsprechend *Watzlawicks* Axiom I „Man kann nicht ‚nicht' kommunizieren" handelt es sich dabei sowohl um verbale als auch um nonverbale und paraverbale Verhaltensweisen von zwar gerichteten, aber routinisierten Handlungsmustern, die demzufolge weniger den abgehobenen bewussten Setzungen oder gar Zielen gleichzusetzen sind. Aufgabe der WB-Lehrenden ist es nach *Mader*, mittels Fremdwahrnehmung die sich widersprechenden Intentionalitäten aus einer dreifachen Perspektive ausfindig zu machen: „die Gerichtetheit einer einzelnen Handlung, die Gerichtetheit des einzelnen Teilnehmers und die Gerichtetheit der Situation als ganzes".[305] Aufgrund der Annahme routinisierter Handlungsmuster wird diese Ambivalenz der Teilnehmer erklärbar. Deren gegenläufige Intentionalitäten richten sich einerseits auf ‚helfende Intervention für die Familie' und andererseits auf ‚Vermeidung von Intervention in die Familie'. Auf der einen Seite der Wunsch bzw. das ‚Gerichtetsein auf Abhilfe einer manifesten Störung': beispielsweise der Isolation bei Eltern eines von Beeinträchtigung betroffenen Kindes, der Sündenbockrolle des beeinträchtigten Kindes, der Starrolle des -noch nicht- betroffenen Einzelkindes, der Flucht des Ehemannes in außerfamiliäre Aktivitäten, der Flucht der Mutter in die Overprotection-Haltung gegenüber dem Kind; auf der anderen Seite die latente Angst, das Gerichtetsein auf Abwehr zur ‚Aufrechterhaltung der Familie als sakrosankter Privatbereich'.[306] Dass die gegensätzlichen Intentionalitäten aus dem strukturellen Widerspruch herrühren, in dem sich die Familie heute befindet, belegen alle einschlägigen Untersuchungen.[307] Zutreffend hat *Richter* der Familie die chronische Rolle des Patienten[308] zugeschrieben.

Mader zieht aus seiner Interferenzhypothese zu Recht die Folgerung, dass keine didaktischen Tricks jene gegenläufigen Intentionalitäten überwinden können, sondern allein die Definierung der Situation, darin die Intervention auch schon als Möglichkeit enthalten ist. Das geschieht derart, dass zunächst die soziale Herkunft der Abwehrmechanismen definiert wird, so dass daraus mittels der folgenden Handlungen der Dominanz und Retrospektivität systematisch Identität im eigenen Zugriff aufgebaut werden kann.

> 2. *Reziprozität mit der Handlung des Unterstellens, d. h. wechselseitige Unterstellung zwischen Lernenden, Lehrenden und Veranstaltenden*

Mit *Mader* ist weiter davon auszugehen, dass gegenläufige Unterstellungen die WB-Situation beherrschen. Auf der Beziehungsebene zwischen Lehrendem und Lernendem unterstellt der WB-Lehrende einerseits die Autonomie des erwachsenen Lernenden, andererseits unterstellt der sich Weiterbildende die Allmacht des WB-Lehrenden. Auf der Beziehungsebene erwachsener Lernender unterstellen diese sich wechselseitig die Annahme der Andersartigkeit menschlicher Existenz angesichts von -schon- und -nicht nicht- Betroffensein von Krisenereignissen, z. B. Behinderung. Dem entspricht *Watzlawicks* Axiom III: „Die Natur einer Beziehung ist durch die Interpunktion der Kommunikationsabläufe seitens der Partner bedingt."[309]

Zur Ebene *Lehrender-Lernender*: Einerseits unterstellen die sich Weiterbildenden dem WB-Lehrenden, ein professioneller ‚Bildungsspezialist'[310] zu sein, der mittels Bildung konkret zu helfen vermag; andererseits unterstellt der WB-Lehrende dem sich Weiterbildenden die Fähigkeit zu didaktischer Selbstwahl sowie – Bildungswilligkeit vorausgesetzt – ‚ausreichende Autonomie und Eigenkraft'[311] zum Lernen. Umgekehrt veranschaulichen Untersuchungen, dass die Voraussetzung der Teilnehmerpartizipation als konstitutives Element von WB, lerngeschichtlich und biographisch bedingt, selbst zum Gegenstand des Lernens werden muss.[312]

Zur Ebene *Lernender-Lernender*: Einerseits unterstellen die Eltern von Krisen -schon- betroffener Kinder den teilnehmenden Eltern -noch nicht- betroffenen Kindern den Anspruch auf Führungsrollen und leiten daraus ihre eigenen Inferioritätsgefühle ab, andererseits unterstellen die Eltern -noch nicht- betroffener Kinder den Eltern betroffener Kinder personale Machtansprüche in bezug auf Zuwendung, Rücksichtnahme und Anpassung. Dass gerade hierdurch der circulus vitiosus der ‚Irrelevanzregel'[313] programmiert ist, wird offenkundig. Erneut wird deutlich, dass die Intervention nur mittels Definition der Situation angebahnt werden kann, derart, dass die unterschiedlichen Situationsdefinitionen die Reziprozität der Perspektivverschränkungen offenbaren und eben darin die Intervention als Möglichkeit bereits angelegt ist; ferner derart, dass der Lernende neue Deutungsmuster in sein bisher gültiges, ihn beherrschendes Alltagswissen aufzunehmen vermag. Dazu gilt, dass ein Zusammenhang besteht zwischen der Länge der Zeit des Aushandelns und der Bereitschaft und Fähigkeit zur Einstellungs- und Verhaltensänderung.[314]

> *3. Digitalität mit der Handlung des Unterscheidens, d. h. die Deutungsmuster des Alltagswissens als biographisch eingeschliffenes Set sedimentierender Entweder-Oder-Entscheidungen*
> In Anwendung von *Maders* dritter Interferenzhypothese ist davon auszugehen, dass digitalisiertes Alltagswissen als Aggregatwissen erster Stufe sedimentiert und – erkenntnisleitend immer schon vorhanden – die Lernsituation und ihre Definition als das sogenannte Aggregatwissen zweiter Stufe[315] speist. Solche digitalisierten Alltagswissensbestände, die die gesellschaftliche Konstruktion der Wirklichkeit im Gegensatz zu der realen Wirklichkeit erfassen und sich in symbolischer Interaktion erneuern und vermitteln, brechen auch „nach langer Arbeit in Lernprozessen immer wieder elementar durch", weil „Erziehung... in einem hohen Maß personalisiert und moralisiert (ist)."[316] Hier Beispiele aus der Arbeit mit -schon- betroffenen Menschen: „Aber es ist doch immer wieder das Gleiche, im Grunde lassen mich alle mit meinem behinderten Kind allein, niemand, auch nicht die Wissenschaft, kann uns sagen, was wir tun sollen." „Ich habe längst begriffen, dass ich eine Schuld mit meinem Kind wiedergutmachen muss, und dass man mich darum isoliert."

Wenn wir davon ausgehen, dass jeder „ein kompliziertes Set von eingefahrenen Unterscheidungen von Entweder-Oder-Entscheidungen" in die WB-Situation einbringt, gilt es für den WB-Lehrenden, die „bevorzugten Unterscheidungen" mittels Analyse der Lernsituation herauszuhören, da jeder „zunächst in eingefahrenen Unterscheidungen weiterlernt."[317] Dem Lehrenden wird dies nur möglich mit Hilfe seines eigenen Sets von Unterscheidungen, dem Bewusstsein seiner Kontextgebundenheit und in Kenntnis der Lebenswelten und Deutungsmuster der Teilnehmer.[318] Der WB-Lehrende muss über die metakommunikative Kompetenz[319] verfügen, „das jeweilige Gegenteil in einem Gesprächsbeitrag mithören zu lernen", denn „Inhalte sind nur in ihrem Gegenteil begreifbar."[320] Demzufolge signalisieren die Teilnehmer gleicherweise: „Es ist nicht immer das Gleiche, im Grunde lassen mich nicht alle mit meinem behinderten Kind allein." „Ich habe längst nicht begriffen, dass ich eine Schuld wiedergutmachen muss ..." Übereinstimmend damit formuliert *Watzlawick* in seinem metakommunikativen Axiom IV: „Menschliche Kommunikation bedient sich digitaler und analoger Modalitäten. Digitale Kommunikationen haben eine komplexe und vielseitige logische Syntax, aber eine auf dem Gebiet der Beziehungen unzulängliche Semantik. Analoge Kommunikationen dagegen besitzen dieses semantische Potential, ermangeln aber der für eindeutige Kommunikationen erforderlichen logischen Syntax."³²¹ Dem entspricht Axiom II: „Wir dürfen ferner vermuten, dass der Inhaltsaspekt digital übermittelt wird, der Beziehungsaspekt dagegen vorwiegend analog."³²² *Parows* Charakterisierung der ‚digitalen' und ‚analogen' Dimensionen menschlicher Kommunikation als ‚horizontale' und ‚vertikale' Vernunft wird von *Mader* zur Verdeutlichung des mit Digitalität Gemeinten herangezogen: „Vernunft, die die Oberfläche menschlichen Verhaltens (das ist aber die Ebene intersubjektiv geteilter Symbole) formalisiert und reguliert, dient dem menschlichen Bedürfnis nach Sicherheit und Vorhersagbarkeit, nach Wiederholbarkeit ehemals erfolgreichen Handelns."³²³ Daraus folgert *Mader*: „Die Oberfläche einer WB-Situation scheint sich oft ausschließlich in diesen Handlungen des Unterscheidens, des Bemühens um Eindeutigkeit mit dem Ziel, eine Aussage zu finden wie ‚so ist es und nicht anders' zu bewegen."³²⁴ Daraus folgt weiter die Neigung zur ‚self-fulfilling prophecy', nach der gerade im Bereich der Familie als verinnerlichtem Binnenraum stärker als im Bereich des Berufs als Außenraum alles zur „Bestätigung des schon Gewussten" drängt. Die metakommunikative Kompetenz des WB-Lehrenden, das jeweilige Gegenteil des Gesagten, das ‚Oder des Entweder' mitzuhören wie auch das analoge Beziehungsmaterial, das jenes digitale Inhaltsmaterial einschließt, mit aufzunehmen, deutet darauf hin, dass oft die „digitale Kapazität" von Lernenden nur eingesetzt wird „als Funktion der Retrospektivität",³²⁵ ohne dass damit inhaltliche Aussagen angestrebt werden; dieser Einsatz erfolgt vielmehr als notwendige Strategie zur Aufrechterhaltung der Identität, die möglicherweise in Gefahr war, in eine Identitätskrise und damit in einen echten Lernprozess zu geraten. Die Intervention des WB-Lehrenden in Gestalt einer Digitalisierung des jeweiligen Gegenteils in einem Gesprächsbeitrag oder in Gestalt einer Übersetzung von digitalem in analoges Material kann die Scheingefechts-Situationen an der Oberfläche ‚horizontaler' Vernunft in Lernprozesse ‚vertikaler' Vernunft überführen, nämlich durch die Auslösung von Identitätskrisen mittels Konstitutionsanalyse der Lernsituation.³²⁶

> 4. *Analogik mit der Handlung des Vergleiches, d.h. vergleichen, verknüpfen und werten mit den eigenen Verwendungs- und Deutungsfeldern, die in die Weiterbildung übertragen werden*

Wir folgen jetzt *Maders* vierter Interferenzhypothese, wonach die lernenden Erwachsenen in einer Lernsituation, insbesondere im Bereich der Familienbildung, ihre „in der jeweiligen Familie vorherrschenden Verwendungsarten von Intentionalität, Reziprozität und Digitalität in die WB-Situation übertragen, um analoge Beziehungs- und Deutungsmuster zum Zwecke eigener Verhaltenssicherheit herzustellen".³²⁷ So ist es kein Zufall, dass in der Eingangslernphase die – auch von *Mader* zitierte – berüchtigte „Kaffeeklatschsituation" das *eigentliche* Thema oft zu verdrängen droht; umgekehrt und neu interpretiert sie sich dann aber bald als das *eigentliche* Thema, erweist sie sich eben vor dem Hintergrund der Analogik als jene Stabilisationsphase, in der sich jeder Teilnehmer aufgrund von „merkwürdigen Assoziationsketten" (*Mader*) einzubringen versucht und darin Hinweise gibt, wo Wort oder Ereignis zu deuten sind. Treffend beschreibt Mader: „die Erzählung eines Teilnehmers löst durch ein genanntes Wort/ Ereignis bei einem anderen die Erzählung eines Ereignisses aus, das als ‚ähnlich' (‚genau dasselbe habe ich vor ein paar Jahren auch erlebt ...') eingeführt wird vom Erzählenden".[328] Darin sucht er seine Chance, alles Gesagte in das eigene Verwendungs- und Deutungsfeld zurückzuholen, um aus dieser vertrauten sicheren Ausgangsposition seinen Beitrag leisten zu können.

Wenn *Watzlawicks Axiom IV* aussagt, menschliche Kommunikation verlaufe digital und analog, und *Bühler* der Sprache in seinem Organonmodell eine dreifache Funktion von Darstellung (Symbol), Ausdruck (Symptom) und Appell (Signal) zuweist,[329] so entspricht das in der amerikanischen Familienforschung und Familientherapie, die Familie gleichfalls als Kommunikationssystem begreift, der Beziehungsregel: Mitteilungen haben eine Report- und Commandfunktion, d. h., ein Satz berichtet etwas (Report), ordnet aber auch gleichzeitig etwas an (command).[330] Erzählungen der Kaffeeklatschsituation sind also nicht durch den Grund der Mitteilung, die Digitalität, den Ausdruck oder die Reportfunktion allein erfasst; vielmehr definieren sie sich durch Analogik, Appell oder command als Beziehungen, erschließen sie den Verwertungszusammenhang des Erzählten und geben sie Hinweise, wo in dem jeweiligen anderen familiären Verwendungszusammenhang ein Wort, ein Ereignis gedeutet wird. *Laing*[331] hat worauf *Mader* hinweist – für diesen Vorgang der Übertragung von Gruppenmotiven den Begriff „mapping" gewählt: abgebildet (‚mapped') wird immer die „verinnerlichte Familie" (*Laing*) oder die „internalisierte Beziehungsstruktur" (*Mader*) aus dem Alltagswissensbestand. Didaktisch folgt für die Intervention des WB-Lehrenden, dass die WB-Situation selbst immer gleichzeitig Bericht und Anordnung (Report und command, *Laing*), Ausdruck und Appell (Symptom und Signal, *Bühler*) oder Inhalt und Beziehung (Digitalität und Analogik, *Watzlawick*) ist, wobei nach *Watzlawicks Axiom II* der Beziehungsaspekt den Inhaltsaspekt bestimmt und daher eine Metakommunikation entsteht. Metakommunikation aber hat jene spezifische pädagogische Relevanz, weil sie die Ebene ist, auf der Kommunikations-Störungen und Probleme verhandelt werden können.

Für Interventionen in der WB-Situation folgt daraus: Inhalte, die in einer WB-Situation in Form von Aussagen, Meinungen, Theorien, Überzeugungen definierend ausgetauscht werden, müssen zugleich in ihren nicht-thematisierten (nicht-digitalisierten) Bedeutungsfeldern, in denen sie geäußert und empfangen werden und die erst den Inhalten ihren Stellenwert geben, erkannt werden. Ein Abbruch oder eine Verkürzung der Eingangslernphase verhindert „durch vorschnelle Zuordnung" jenen Prozess des mapping, in dem Teilnehmer die ablaufende Diskussion in ihre eigene Situation übertragen können und darin dem Lehrenden Hinweise für ihre übertragene Familienstruktur geben, die er aufzudecken hat. Es ist einsichtig, dass nur eine längerfristige WB dieses zu leisten vermag. Auch muss nachdrücklich betont werden, dass dazu „kein gruppendynamischer Trainingskurs nötig" ist.[332]

> 5. *Dominanz mit der Handlung des Sich-Durchsetzens von Lehrenden und Lernenden, d. h., der Einfluss sozialstruktureller Determinanten auf die Lernsituation muss definiert, und es muss entsprechend interveniert werden*

Maders fünfte Interferenzhypothese verweist darauf, dass die institutionell bedingte „Dominanz" des WB-Lehrenden in der Lernsituation von den Teilnehmern in dem Maße verstärkt wird, „als sie sich ‚strategisch' brauchen lässt zur Stärkung und Reproduktion der familiären Dominanzverhältnisse selbst";[333] umgekehrt dazu aber auch vom Lehrenden verstärkt werden kann, weil er in der Dominanz nicht das Problematische erkennt, sondern den „Ausweis seiner Qualität", sie also seinerseits ‚missbraucht' für subjektive Dominanzbedürfnisse oder auch -verhältnisse. Lehrende und Lernende ‚missbrauchen' sich also wechselseitig in ihrer vereinnahmenden Strategie derart: „Sie stimmen doch auch mit mir überein ...!" Weniger geht es hier um ein Sich-Behaupten im Sinne von Durchsetzung als um einen „Abwehrmechanismus: Die Dominanzverhältnisse der Familie sind Burgmauern gegen die Luftgewehrkugeln der Weiterbildung. Was tut man besser, als sich – wenn die Mauern schon nicht, weder von außen noch von innen, zu schleifen sind – einige Verzierungen in die Oberfläche schießen zu lassen, die doch immerhin anzeigen, dass man sich einer Auseinandersetzung gestellt hat."[334]

Watzlawicks Axiom V erfasst das Dominanzproblem im Rollenverständnis zwischen den Kommunikationsteilhabern: „Zwischenmenschliche Kommunikationsabläufe sind entweder symmetrisch oder komplementär, je nachdem, ob die Beziehung zwischen den Partnern auf Gleichheit oder Unterschiedlichkeit beruht." Gelingt es dem WB-Lehrenden nicht, die vorgegebene Struktur ins Wanken geraten zu lassen, sie zu definieren und sie damit allen Beteiligten zur herrschaftsfreien Interaktion – symmetrisch wie komplementär – in freiwillig bewusster Wahl verfügbar werden zu lassen durch Partizipation an allen Steuerungsprozessen, so stagniert der ‚eigentliche' Lernprozess.[335] Wenn WB für von Krisen -schon- betroffene Menschen auf der normativen Ebene der digital abgeleiteten WB ‚für' von Behinderung betroffene Menschen stehen bleibt, ohne sie in eine interpretative Ebene einer WB ‚mit' von Behinderung betroffenen Menschen zu überführen, handelt es sich nur um einen Austausch der Dominanzverhältnisse, nicht aber um Arbeit an ihrer Aufhebung bzw. Veränderung: „Das abgeleitete Wissen über den anderen wird zum Knüppel und macht dadurch seinen Besitzer zum Herrn."[336] Zum ‚eigentlichen' Thema gehört die Definition der sozialstrukturellen Determinanten, die in dem Rollenverständnis der Kommunikationsteilhaber sichtbar in der WB-Situation selbst erscheinen als Ansatz zur Intervention und damit zur Entscheidungsfreiheit in Bezug auf die Wahl einer Veränderung.

6. *Retrospektivität mit der Handlung des Sich-Behauptens, d. h. die Wahrung der Ich-Identität oder die Ausbildung einer systematischen Biographie im Lernprozess*

Nach *Maders* letzter Interferenzhypothese besteht grundsätzlich „eine geringe Neigung und Fähigkeit ..., das digital angegebene allgemeine Thema" zu bearbeiten, „zugunsten einer starken Neigung, ‚sein Problem'"[337] vorzutragen und es dominierend werden zu lassen, aus dem notwendigen „notwendenden" Bedürfnis heraus, Hilfeleistung für die Identitätsbalance zwischen personalem und sozialem Ich zum Aufbau der systematischen Biographie zu gewinnen. Es wurde schon verdeutlicht, dass die Familie angesichts ihrer Autoritätsentleerung desto nachdrücklicher zum Übungsplatz für Autorität geworden ist und damit zur Bestimmung der eigenen Position im Familiensystem, also zur Stabilisierung der Identität überhaupt. Teilnahme an der WB-Situation erweist sich damit als Bauzeit an der Identität, der sie angesichts der verunsicherten Positionen gegenwärtiger Familie und Gesellschaft vorrangig dienen muss, um Selbstbestimmung und Wollen des Wollens überhaupt wieder zu ermöglichen."[338]

4.3.3 Konstitutionsanalyse der Lernsituation

Die Analyse der Lernsituation Krisenverarbeitung zur sozialen Integration/Partizipation untersucht, inwieweit die Interferenzhypothesen der antizipierten Lernsituation mit der realen Seminarsituation korrelieren. Dabei geht sie der Frage nach: Inwieweit lassen sich Lernprozesse ‚Krisenverarbeitung zur sozialen Integration von Krisen -schon- und -noch nicht- betroffener Menschen' institutionalisieren und welche Interaktionsprozesse lassen sich dabei beobachten? Wie lässt sich intervenieren und wie können durch wechselseitige Erweiterung und Korrektur von Deutungsmustern und Erfahrungen im Sinne von Differenzierung, Problematisierung und gegebenenfalls Umstrukturierung des Alltagswissens neue Handlungsperspektiven erschlossen werden?

Es geht also nicht um das Eltern-Kinder-Seminar als solches, sondern um Durchleuchtung bzw. Analyse unserer didaktischen Konzeption durch exemplarische Veranschaulichung, hier anhand der vierten und fünften Seminareinheit eines zwölf Einheiten umfassenden Wochenendseminars als dem zweiten Schritt der Zielgruppenarbeit im Krisen-Management-Interaktionsmodell zur Integration:[339]

Die situativen Bedingungen des Seminararrangements am Sonnabendvormittag sind vorab nennenswert: ein warmer Hochsommer-Julitag, einige Eltern haben von sich aus eine Stuhl-Kreisgruppierung im Garten arrangiert, während fernab die Kindergruppe auf einer der Oberwiesen durch akustische Signale präsent bleibt; später breitet sich zunehmend eine entspannte Atmosphäre angesichts fallender Schwellenbarrieren nach konfliktlos verlaufener Trennung von den Kindern und ihrem ständig bekräftigenden entfernten Lachen und Jauchzen aus.

In diese Situation hinein wird mit einer ersten Intervention die Lernsituation eröffnet: Die VHS-Dozentin/Autorin thematisiert die Ereignisfolge der vorangegangenen Seminareinheiten aus ihrem Erleben, von der gemeinsamen Gelände-Schnitzeljagd nach dem Anreise-Kaffee-Empfang angefangen, über Spiel, Spaß und Kennenlernen beim Musikmachen mit *Orff*'schem Instrumentarium bis hin zur abendlichen Aktion Alleingang nach dem Motto ‚Kinder helfen Kindern, wir schaffen's allein!' sowie der parallel dazu verlaufenden Elterndiskussion über Selbststeuerung und Selbständigkeit, vertieft durch einen Anspielfilm der Fernsehelternschule. Sie ruft alles noch einmal in Erinnerung und lässt den Bericht einmünden in die Frage: Wie erleben Sie das alles? Wie erleben Sie sich selbst, Ihren Partner, Ihr Kind und alle Ihre Mitseminarteilnehmer? Das wird verbunden mit dem Angebot, darüber oder über das, was im Augenblick wichtig erscheint, zu sprechen.

Ohne jeden weiteren Impuls äußern die Eltern eine Flut von fast beziehungslosen Eindrücken, jeder möchte sich äußern, möchte die Fülle der Erlebnisse, sein momentanes Glücklichsein bar aller Pflichten austauschen, aber wie von selbst stellen die Teilnehmer Vergleiche zur back home Situation an. Zunehmend spürbar weicht die Euphorie des erfüllten Augenblicks im Hier und Jetzt der resignativen Tendenz zur Ausweglosigkeit jener bedrohlichen Apathie angesichts der back home Situation: die -schon- betroffenen Eltern mit einem beeinträchtigten Kind klagen nicht an, es wird keine Aggression laut, Depression breitet sich aus, ergreift den Raum, sprachlos staunend hören die Eltern von Krisen -noch nicht- betroffener Kinder zu: ...

Analyse: Diese Einstiegssituation veranschaulicht die Interferenz zweier Handlungen des Sich-Durchsetzens in der Kategorie Dominanz (fünfte Handlung) und des Sich-Richtens auf in der Kategorie *Intention* (erste Handlung) der

*Mader*schen Konstitutionsanalyse. Sehr deutlich wird das Bedürfnis der einzelnen Teilnehmer, vorrangig das eigene private Problem durchzusetzen und demgegenüber das relativ verschwindend geringe Interesse an dem ausgeschriebenen Sachthema der Lehrankündigung bzw. den bereitgestellten Angeboten. Aus dem schon vorgenannten notwendigen Bedürfnis heraus, angesichts der verunsicherten Familienstruktur wie dem daraus resultierenden Identitätsverlust eine Befriedigung zu gewinnen, erfolgt der Versuch der Identitätsbestätigung in der Lernsituation, notfalls auch durch Ausnutzung der Gruppe. Parallel dazu verlaufen gegenläufige Intentionen, die anhand der folgenden Tonbandmitschnitte anschaulicher werden können, die überdies zugleich die Handlung des Vergleichens in der Kategorie der *Analogik* (dritte Handlung) verdeutlichen:

Herr Z. -schon- betroffener Sohn *Stephan*, mongoloid, 8,0 Jahre:

„... Ja, wissen Sie, das ist hier wie eine andere Welt, so etwas gibt es doch gar nicht. – Ich hab' das noch nie erlebt In meinem Betrieb – unvorstellbar, ich habe nicht mal gewagt zu sagen, dass ich hierher mitfahre. – Ich kann denen einfach gar nichts von meinem behinderten Kind erzählen, das lohnt sich doch alles gar nicht."

Herr D. -schon- betroffener Sohn *Gerald*, körperbehindert nach Kinderlähmung, 7,3 Jahre:

„Doch, meine Kumpel wissen, dass da was nicht stimmt mit Gerald, haben die ja alles mitgekriegt damals, als ich immer in die Klinik musste; aber die sind froh, wenn ich nicht davon rede, meistens sagen sie: ‚Na, alles o.k.?', dann weiß ich schon, die meinen's ja nicht ernst, und nicke einfach wie immer mit dem Kopf dazu. Und ab und an geben sie mir Süßigkeiten mit: ‚Da, für Deinen Kleinen!' ... lange Pause. Da hab ich's gewagt. Da habe ich gesagt: ‚Es gibt jetzt noch mehr als bloß 'ne Aktion Sorgenkind. Da gibt's so was in der Volkshochschule, da sind auch gesunde Kinder dabei, jetzt fahren bald alle zusammen weg, billiges Wochenende, sage ich Euch, bezahlt alles der Staat. Ihr könntet auch mitfahren – die erste Bierrunde ist schon sicher, zahlt die Leiterin für 'ne verlorene Wette; ist auch 'n dufter Kumpel!

Aber..., sie haben nur genickt ‚ach, lass uns man da raus', haben sie gesagt, das ist nichts für uns, das lohnt sich doch nicht, was sollen unsere Kinder schon davon haben, und ... was denkst Du Dir wohl, was unsere Frauen dazu sagen, ist doch kein Umgang für unsere Kinder'. Da hab' ich's aufgegeben. Ist ja doch immer wieder das gleiche, gerade wie bei den Nachbarn auch."

Frau E. -schon- betroffener Sohn *Dirk*. Hirnschaden nach Zangengeburt, 12,1 Jahre:

„Ja, unsere Nachbarin hat jetzt auch verboten, dass Silvia mit Dirk auf dem Hof spielen darf. Jahrelang haben sie zusammen gespielt, und ich weiß, ... Silvia hat's gern getan, ich hab's ja gesehen, war ja auch immer dabei oder hab vom Balkon aus aufgepasst, – und dann lief sie plötzlich weg, als der Dirk kam, einfach so weg, direkt vor ihm weg. Da hab ich sie mir das nächste Mal geschnappt und gefragt, was denn los ist. Erst hat sie nichts gesagt und endlich hab ich's aus ihr herausgekriegt: ‚Ich darf nicht mehr mit Dirk spielen, meine Mutter hat's mir verboten!' Dirk hat das mitgehört, er hat bitterlich geweint. Wie oft haben wir beide das schon erlebt. Wenn es überhaupt mal durch Zufall Spielkameraden gibt, dann wird es ihnen von den Eltern verboten. Na ja, hier ist alles ganz anders, aber übermorgen ist alles vorbei, ist alles wie immer, es ist doch alles sinnlos."

Frau B. -noch nicht- betroffene Tochter *Bettina*, 7,5 Jahre:

„Wissen Sie, Frau E., ich verstehe Sie nicht, warum sind Sie denn nicht mal einfach zu der Mutter von Silvia hingegangen ... (zögert)? Ich muss Ihnen etwas sagen. Jetzt bin ich ehrlich hier, weil es mir Spaß macht, aber zunächst bin ich eigentlich aus einem ganz anderen Grunde gekommen. Ich kannte Frau Schuchardt aus anderen Seminaren, und da hat sie uns und auch mich persönlich angesprochen, an diesem Seminar mit behinderten Kindern teilzunehmen ... (Pause) Da fiel mir alles plötzlich wieder ein: Ich hatte ein Erlebnis, als Bettina zwei Jahre alt war, im Sandkasten, und mit ihre spielte ein fünfjähriges Kind, das war geistigbehindert, und ich wusste einfach nicht, wie ich mich verhalten sollte. Ich hatte also Angst, dass das Kind vielleicht schlägt oder sonst irgendetwas, also man kriegt da jedenfalls wirklich Angstzustände. Da hab ich Bettina gepackt und bin auch weggelaufen[340] (Pause) Ja darum bin ich eigentlich hier."

Mutter E.: *"Das haben S i e wirklich getan? ... Und jetzt sind Sie hier ? Das hätte ich nie von Ihnen gedacht?! – "*

Analyse: Die vier ausgewählten Elternaussagen spiegeln die Überlagerung der Handlungen entsprechend den Interferenzhypothesen wider: die *Dominanz* (5. Handlung) des Sich-Durchsetzens zeigt sich am Tatbestand, dass jeder versucht, seine spezifische Problematik einzubringen, und das mittels der *Analogik* (4. Handlung) scheinbaren Vergleichens. Jeder greift ein Reizwort aus der Erlebniserzählung seines Vorgängers auf, um daran wie an einer Assoziationskette sein Erlebnis anzuhängen, z. B. Herr Z.: Betrieb ...; = Herr D.: Kumpel wie Nachbarn; = Frau E.: Nachbarn ...; = Frau B.: Nachbarn wie ich.

Somit wird das alte gewohnte Bezugsfeld im Sinne der self fulfilling prophecy rekonstruiert, um aus dieser vertrauten Sicherheit an der WB-Situation teilhaben zu können; sie lässt es zu, in der alten Rolle der Selbstbemitleidung und Sinnlosigkeit zu verharren, die bei der Betrachtung unter dem Gesichtspunkt von typischen Spiralphasen der Krisenverarbeitung der 5. Spiralphase *Depression* entspricht.[341] Das spiegeln auch die gegenläufig verlaufenden *Intentionalitäten* wider: einerseits richtet man sich – entsprechend der ersten Handlung – darauf ein, sein Problem einzubringen, das SOS-Funksignal: ‚Hilf mir, dass alles anders wird, es ist ja so unerträglich', andererseits und parallel dazu ertönt das unverkennbare Abwehrsignal: ‚Lass mich, ändere nichts, dann wird alles nur noch schwieriger, weil mir dann jede Orientierung fehlt'; z. B. Herr Z.: „ ‚Hier wie in einer anderen Welt', ‚das lohnt sich doch alles gar nicht'"; Herr D.: „ ‚doch meine Kumpel wissen' = ‚aber' ... und ‚da hab ich's gewagt ...' = ‚da hab ich's aufgegeben, ... immer wieder das gleiche'"; Frau E.: „ ‚hab ich sie mir geschnappt ...' = ‚Na ja, ... aber ...',‚doch alles sinnlos'"; Frau B.: „ ‚Wissen Sie ..., ich verstehe Sie nicht ... ICH kriegte Angstzustände ...!'"; Frau E.: „ ‚Sie ... hier ... nie ...!'"

Hier bahnt sich bereits über die zweite Handlung der Unterscheidung, der *Digitalität* einer Entweder-Oder-Auseinandersetzung, scheinbar eine Sachauseinandersetzung an, die aber schon – gemäß der Interferenz der Handlungen – von der sechsten Handlung, der *Retrospektivität* zur Wahrung der Identität, durch Protest der Frau E. gegenüber Frau B. überlagert wird. Nur so kann die Verunsicherung ihrer verfügbar routinisierten Deutungsmuster von guten und schlechten Menschen unangreifbar verfochten werden. Eine echte Infragestellung hätte die zwangsläufige Überprüfung der eigenen Deutungsmuster zur Folge; also muss abwehrend reagiert, ‚gemauert' werden.

Deutlich ist die Bedrohung von Frau E. zu spüren ‚Sie ... hier ... nie ...!', ausgelöst durch die Ich-Botschaft von Frau B. ‚Wissen Sie ..., ICH hatte Angst ..., ‚man', (Wahl der dritten Person, weil die Betroffenheit vor E. unerträglich groß wird), ‚man' kriegt da wirklich Angstzustände, da hab' ICH Bettina gepackt und bin auch weggelaufen; – darum bin ich eigentlich hier.'

Nach *Watzlawicks Axiom II* bestimmt der Beziehungsaspekt den Inhaltsaspekt einer Interaktion, der hier die Identitätskrise von Frau E. auszulösen droht, nämlich ihr aufgebautes Bild von Frau B., besser ihr verfügbares Alltagswissen über Frau B., das sie als gültig gesetzt hatte. ‚Frau B. ist eine Frau, die auf meiner Seite, also der Behinderten steht, denn sie ist ja in unserem Seminar' wird blitzartig zerstört durch Frau B. selbst: ‚Ich bin auch so wie alle die anderen, darum ... bin ich hier!' Die Beziehung ist zerbrochen. Erschrecken, Verwirrung, Unruhe breiten sich angesichts der Sprachlosigkeit aus, eben weil niemand nicht ‚nicht' kommunizieren kann; die Betroffenheit wächst zur Bedrohung, fordert die Stellungnahme heraus, wird als Störung verdrängt, um sich der Irritation über das fremde wie das eigene Verhalten nicht auszuliefern.

> Angesichts der bedrohlichen Spannung, dass die Identitätskrise sowohl zur Lernchance als auch zur Lernbarriere wachsen kann, folgt die psychotherapeutische Intervention nach Laing[342] der gemäß „die richtige, zweckmäßige Strategie des Eingreifens" immer schon „in der Definition der Situation und durch sie vorgeschrieben" wird. Also wird definiert:
>
> „Ich erlebe diese Situation als sehr offen, sie ist einerseits hilfreich und andererseits verunsichernd. Einige haben uns an ihrem Erleben teilnehmen lassen. Das öffnet Vertrauen und Misstrauen zugleich, weil jeder von uns andere Erfahrungen in seinem bisherigen Leben gemacht hat und durch die Brille dieser Erfahrungen die Situation hier als Bestätigung oder Enttäuschung, vielleicht auch als Verunsicherung seiner Erfahrungen erleben muss. Ich stelle mir vor, dass es für uns alle hilfreich sein könnte, die eigene Brille kennen zu lernen, damit wir sie frei verfügbar auf- und absetzen können."
>
> Pause. Langes Schweigen ...
>
> „Ich glaube, dass unsere Sprachlosigkeit etwas von unserer Betroffenheit ausspricht. Ich kann mir vorstellen, dass es sehr schwer oder ungewohnt ist, darüber vor allen zu sprechen, dass es aber andererseits erleichternd und für einige unter uns auch ein Anliegen wäre, sich mit einem anderen in der Gruppe auszutauschen; darum erscheint es mir gut, eine Gesprächspause von 15 Minuten einzulegen. Noch eins ist wichtig: Ich möchte Ihnen Mut machen, gerade auf den Teilnehmer in dieser Gruppe zuzugehen, den Sie noch am wenigsten kennen, um sich gerade mit ihm über ihrer beider Erlebnisse und Ihre Erwartungen an die erste Gesprächsrunde heute morgen auszutauschen. Wir haben hier die Chance, uns neu oder besser einmal anders zu unterhalten, als im alltäglichen Leben am Arbeitsplatz; darüber würde ich gern mit Ihnen nach der Pause sprechen."

Nach diesem Hinweis wird die Gruppe sich selbst überlassen. Langsam stehen die Teilnehmer auf, suchend, teils lachend, witzelnd, Unsicherheit überspielend gehen sie aufeinander zu, ergehen sich im Garten und auf den Feldwegen, und endlich reden alle miteinander; sie haben ihre Sprache wiedergefunden.

Später als verabredet, aber angeregt, z. T. heftig diskutierend, treffen die Partner wieder ein, sprechen über ihre ‚unvorstellbaren Missverständnisse' oder das ‚nicht fassbare Anderssein' des anderen, über ‚kaum zu glaubende Unterstellungen', und in heiter gelassener Atmosphäre großer Erleichterung und Entspannung eröffnen sie unaufgefordert einander die erlösende Befreiung aufgrund ihrer wechselseitigen Entdeckungen: Jeder hatte ein anderes Bild vom anderen, so wie es auch jeder von sich selbst hatte. Sie offenbaren einander das Auseinanderklaffen zwischen ihrem Selbstbild und dem unterstellten Fremdbild des anderen. Behutsam ertastend nähern sie sich der Ambivalenz ihrer eigenen Gefühle, wächst ihr Erkennen der Beidseitigkeit im eigenen Ich, beginnen sie, ihren Schatten wahrzunehmen:

> Frau E.: „Ich habe immer von mir geglaubt, ich würde alle behinderten Kinder lieben, weil ich doch selbst eins habe, aber ich bin ganz erschrocken, dass ich, genau wie Frau B. damals in der Sandkiste, andere bei mir gar nicht so gerne sehen will, ja, dass ich eigentlich nichtbehinderte Freunde suche und dass ich mich bei dem Gedanken ertappe: Wenn schon ein behinderter Freund, dann bitte kein Krüppel".
>
> Herr D.: „Mir geht das in der Firma auch so, ich suche auch immer die besten von meinen Kumpeln für mich aus, dann steigt doch auch mein Ansehen, – die anderen, eigentlich lasse ich die auch einfach so links liegen, die kosten mich zu viel Zeit, und was bringen die mir schon? ... Aber ich versteh' mich gar nicht, eigentlich sind sie doch die besten Kumpel – Pause –
> Ich versteh' mich selbst nicht, ich tu ja im Betrieb genau das Gleiche, was ich in der Nachbarschaft so hasse, das, was mich ärgert, dass sie das mit unserem Gerald so einfach tun."

Analyse: Die Auswertung des Partnerinterviews hat alle Teilnehmer mit der Diskrepanz zwischen Selbst- und Fremdbild konfrontiert und überdies die wechselseitigen Unterstellungen entlarvt – gemäß der zweiten Handlung, der Reziprozität. Vereinzelt wurde schon erkannt, dass das eigene Handeln bereits ausschließlich von der dem anderen unterstellten Handlung bestimmt wird; diese Erfahrung, dass sich eine Unterstellung oft als missverständlich, häufig sogar als falsch erwies, ermöglichte eine erste Differenzierung der eigenen Deutungsmuster, die sich aus der Digitalität (3. Handlung) des ‚entweder-oder' in eine neue Dimension des ‚sowohl – als auch' in Abhängigkeit von den biographisch unterschiedlich bedingten Sichtweisen ausweiteten und neue Handlungsperspektiven eröffneten, z. B.: Frau E.:

> „Ich kann Frau B. jetzt wirklich verstehen, wir haben uns darüber ausgesprochen. Wenn ich ehrlich bin, ich hätte, glaube ich, genau so wie sie reagiert, wenn ich nicht selbst ein behindertes Kind hätte. Aber man vergisst das eben; man sieht immer nur sich selbst, dabei hat doch jeder sein ganz anderes Leben. Eigentlich müsste man das alles viel ehrlicher sagen. Eigentlich muss ich Frau B. richtig dankbar sein, dabei habe ich sie vorhin gehasst; ohne sie hätte ich das nie kapiert, jetzt kann ich das anders machen."

An diesem Punkt (dem ersten eigenständigen Schritt von Frau E. aus der passiven *Depression* (5) ‚Wozu ..., alles ist sinnlos ...?' bzw. der *Aggression* (3) ‚Warum ... Sie ... hier?', aus dem DURCHGANGS- in das ZIEL-Stadium) wäre eigentlich der richtige Augenblick für eine Krisenintervention da gewesen, in die aktive Spiralphase der *Aktivität* (6) ‚Ich erkenne jetzt erst ..., ich hätte genau so wie sie reagiert ... Eigentlich müsste man das alles viel ehrlicher sagen ..., jetzt kann ich das anders machen!' überzuleiten. Die sich anbahnende konstruktive Aktion wäre in dem Angebot eines Rollenspiels zu fördern gewesen, dessen Gegenstand das Gespräch zwischen Frau E. und jener Nachbarin, die das Zusammenspielen von Dirk und Silvia verbot, sein sollte. Das geplante Rollenspiel hätte, aufbauend auf diesem neuen Verständnis der biographisch bedingten Deutungsmuster, die unser Handeln primär bestimmen, eine exemplarische Hilfestellung für die Gesamtgruppe geben können, um aus der Grundstimmung der *Depression* (5. Spiralphase), in der ja mehr oder weniger alle teilnehmenden Eltern -schon- betroffener Kinder verharrten, einen weiteren Vorstoß in die 6. Spiralphase *Aktivität* zu wagen bzw. Verhaltensalternativen zur Erweiterung des Handlungsspielraums anzubieten. Dazu war eine kurze Kleingruppenarbeit vorbereitet, in der den Teilnehmern die Ergebnisse zu Einstellungsuntersuchungen der Öffentlichkeit gegenüber von Behinderung -schon- betroffenen Kindern vorgegeben wurden, mit der Aufgabe, erstens die subjektiv wahrgenommenen Vorurteile auf dem Hintergrund repräsentativer Befragungen einzuordnen, zweitens gesellschaftliche Erklärungen zu suchen.

Bevor es aber im Anschluss daran überhaupt hätte zum Rollenspiel kommen können, ergriff Frau M., rückblickend auf die Situation vor der Gruppenarbeit und unter Bezug auf die Untersuchungen aus der Gruppenarbeit, Partei für Herrn D.:

> Frau M.: ... „Aber das muss doch so sein, das geht doch gar nicht anders. Im Betrieb kann man keine Rücksicht nehmen, da geht's immer um Geld und um den bestbezahlten Arbeitsplatz. Und in der Schule geht's immer um Leistung, darum braucht man eben kluge Freunde. Gott sei Dank ist unser Matthias ein guter Schüler und hat Freunde, also kann er es sich leisten, hier mit uns eine Freizeit mit Behinderten mitzumachen, zumal er auch nur ein Einzelkind ist". – Unruhe!

> Frau A.: „Dann gebrauchen Sie uns ja nur als Freizeitbeschäftigung, Sie, Frau M. und Ihr Matthias! Dann sind Sie ja wie alle anderen auch! Wann haben Sie uns dann wieder ausgebraucht?"

Herr M.: „Meine Frau meint das anders...."

Frau C.: „Aber sie hat es doch selbst gesagt."

Frau A.: „Ich finde, da müssen Sie (Frau Schuchardt) jetzt was sagen, denn so schlimm steht's ja auch genauso in den Befragungen. So geht das doch nicht!"

Frau C.: „Da müssen Sie eingreifen, dann ist ja Frau M. mit ihrem Gymnasiasten schon fast genauso wie Frau B. mit ihrer Bettina und wie die öffentliche Meinung ist".

Die erregte aggressive Stimmung schlägt augenblicklich in angespanntes Zuhören um.

Analyse: Wurde die WB-Lehrende solange als Teilnehmerin oder Mitlernende akzeptiert, wird sie jetzt in einer erneuten Krisensituation zur Autorität erhoben, wird die Entscheidung auf die professionalisierte Fachkraft und die Instanz der Wissenschaft abgeschoben. Angesichts der ohnehin verunsichernden, Identität bedrohenden Situation wurde die Zuweisung dieser Rolle nicht direkt verweigert, vielmehr versucht, diese zugewiesene Rolle, also das Beziehungsverhältnis, zu problematisieren, um ein zweites Mal die sich widersprechenden Unterstellungen (2. Handlung – *Reziprozität)* erkennbar werden und lerngeschichtlich verwurzeltes und eingeschliffenes Lehrer-Schüler-Verhältnis ins Wanken geraten zu lassen. Die Situation zeigt die Interferenz der fünften Handlung der *Dominanz* mit der Kategorie des Sich-Durchsetzens. Einerseits wollen einige der Teilnehmer die WB-Lehrende als ‚Fachidiotin' missbrauchen, entsprechend ihrer *Intentionalität* (1. Handlung), sich bestätigt zu finden und sich dabei auf Bestätigung stützen zu können; andererseits unterstellen sie (2. Handlung – *Reziprozität),* dass eine gültige eindeutige Antwort, und natürlich in dem von ihnen erwarteten Sinne, erteilt werde, was ihnen eine verunsichernde Neudefinition ihrer Position ersparte und ihre bisher gültigen wertorientierten Deutungsmuster (3. Handlung – *Digitalität)* auch in der übertragbaren WB-Situation verstärkte (4. Handlung – *Analogik).* Um diese Problematisierung der 5. Handlung (*Dominanz*) leisten zu können, gibt die WB-Lehrende wieder, wie sie die Situation erlebt, und fragt, wie sie nach ihrer Meinung reagieren sollte:

„Ich erlebe die Situation als ziemlich verfahren. Einer hat dem anderen Aussagen über sich selbst gemacht, und es scheint mir so, als ob wieder gegenseitige Unterstellungen, die noch nicht ausgesprochen werden konnten, Missverständnisse, oder Störungen in unser Gespräch bringen. Wie erwarten Sie, soll ich damit umgehen?"

Daraufhin sammeln sich folgende Aussagen vorwurfsvoll und affektiv an:

„Sie sollten sagen, was hier richtig und was falsch ist."
„Sie sollten eindeutig Stellung beziehen, damit wir uns danach richten können."

„Sie sollten uns von der Wissenschaft her eine Antwort geben können."
„Sie sollten für Ruhe sorgen, Probleme haben wir zu Hause auch."
„Sie sollen uns schützen, wenn wir als Objekte für Freizeitbeschäftigung missbraucht werden."
„Sie meinen das doch auch wie wir, das sollen Sie sagen."
„Weil die anderen es Ihnen eher abnehmen."
„Sie sollen uns die Unsicherheit nehmen, man weiß ja gar nichts mehr, findet sich nicht mehr zurecht."

Nachdem die Erwartungen ausgesprochen sind, formulierte die Antwort die entgegengerichteten Erwartungen an die Teilnehmer:

„Auf mich schlagen Ihre Erwartungen wie Hammerschläge ein. Jeder Hammer ist eine Forderung, auf die ich zurückschlagen müsste. Wir könnten den restlichen Vormittag ein Scheingefecht in Form eines Schlagabtauschs miteinander ausfechten. Ich fühle mich durch Ihre Erwartungen in die Rolle eines Schiedsrichters versetzt, und zwar nur aufgrund meines Studiums und des Berufs, ebenso wie der Lehrer in der Schule. Der eine weiß alles, hat Rechte, ist mündig, und der andere weiß weniger, hat weniger Rechte, erscheint teilweise fast noch unmündig. Aber ich selbst erlebe mich so, dass ich beide Seiten zu verstehen glaube. Vielleicht versuchen Sie einmal, sich aus Ihrer Rolle zu lösen und das alles aus meiner Rolle zu sehen."

Verhalten und zögernd sind die Aussagen:

„Wir verteidigen uns."
„Wir sehen jeder nur unsere Meinung, aber verstehen uns nicht."
„Wir kämpfen fast so lächerlich wie die Kinder."
„Wir haben Angst voreinander, vielleicht vor dem, was auch in uns ist."
„Wir wollen uns jeder für uns mit unserer festen Meinung durchsetzen."
„Wir wollen nicht zulassen, dass der andere anders ist."
„Wir sehen beim anderen immer das, was wir bei uns nicht sehen wollen."
„Eigentlich wollen wir, dass Sie das alles bestätigen, dann können wir alle so weitermachen wie vorher, dann ist Ruhe."
„Ich finde, das ist hier genau so wie in meinem Betrieb auch, alles entscheidet der Boss, der sagt, was Sache ist, und wenn's falsch ist, dann schlagen wir hinter seinem Rücken alle auf ihn ein, statt es ihm selbst zu sagen. Aber das war schon immer so, zu Hause bei den Eltern, in der Schule, in der Lehre und heute im Betrieb, und auch noch im Verein ist das so. Und genau so war das hier eben auch wieder, nur Sie wollten das so nicht Ja, Sie haben uns selbst zu Bossen gemacht, stimmt doch, was?"

Alles lacht, und es folgt die Rundfrage, wie andere diese oder vergleichbare Situationen aus ihrer Lebensgeschichte erinnern. Am Ende dieser Diskussionsrunde, deren überlagernde Handlungen *Digitalität* und *Analogik* sind, steht die Erkenntnis, dass das Handeln hier in der WB-Situation analog zur Lebens- und Lerngeschichte immer um die Aufrechterhaltung des altgewohnten routinisierten Dominanzverhältnisses bemüht ist und demzufolge reduziert bleibt auf die biographisch eingeschliffenen Digitalisierungen als Verhaltensset:

> „Das ist man doch so gewohnt von klein auf an: Das ist schon reine Routine, einer entscheidet und die anderen tun so."
> „Das läuft automatisch ab wie unser Band. ‚Da kennt man sich aus wie mit der Westentasche."
> „Gehorchen, das habe ich schon mit der Muttermilch in mich rein geschluckt."
> „Da kann man gar nichts machen, wenn man da nicht mal aussteigt".
> „Ja, dann ist man ja auch eigentlich nie verantwortlich? Man kann immer sagen, was die da oben tun, und so."

Und bildhaft fasst einer seine Lernerfahrung so zusammen:

> „Ich hätte Lust gehabt, mich den ganzen Vormittag so richtig zu streiten, so wütend war ich. Gut, dass Sie da nicht mitgespielt haben, unsere Säbel waren alle sehr spitz. Aber eines weiß ich jetzt auch, man muss mal ab und an 'ne Coca-Cola trinken und vom Balkon aus zugucken, was die anderen da unten so miteinander spielen und was man selbst da so einfach mitspielt, dann hat man so von oben den richtigen Durchblick. Sie haben uns alle auf den Ballon raufgehüsert, heute morgen, wie ich das so sehe, – ehrlich! – Wissen Sie, kämpfen wollte ich, musste mich doch verteidigen, war doch klar, dass ich nicht richtig lag."

(Pause)

> „Na ja, aber das ist zuviel, das kann man doch nicht so einfach sagen, da geht ja alles kaputt, da muss man ja noch mal wieder anfangen. – Nein, heute hat's mich aber gepackt."

Die *Analyse* zeigt deutlich, nicht ‚es' hat ihn gepackt, sondern ‚er' ist auf dem Weg, ‚es', das meint sich selbst ... anzupacken, er arbeitet an der sechsten Handlung, Retrospektivität des Sich-Behauptens, und vollzieht die mühsame Weiterarbeit am systematischen Aufbau seiner Identität, wobei er sich der unumgänglichen Identitätskrise einer Ambivalenz zunächst noch ohnmächtig ausgeliefert fühlt; das wird von ihm als jenes ‚es' benannt. Typisch charakterisiert die Flucht in die dritte Person diese bedrohliche Nähe unmittelbarer Betroffenheit, die sich übrigens auch in allen Aussagen der Beteiligten stereotyp als ‚die anderen', ‚man', ‚es' symptomatisch für verobjektivierende Distanz widerspiegelt, dabei permanent durchwirkt wird vom ‚aber', d. h. ‚nein', na ja' d. h. ‚Schluss damit', worin sich latent aller Wunsch nach Zurücknahme oder gar Beendigung indirekt ausspricht. Nicht zuletzt gibt implizit der Tempuswechsel vom Imperfekt zum Präsens die unabweisbare Unmittelbarkeit der bedrohlichen Identitätskrise wieder vom ‚Ich hätte' über ‚eines weiß ich jetzt' zu ‚Wissen Sie ...', am treffendsten und explizit durch ihn selbst ausgesagt: ‚Mann, heute hat's mich aber gepackt.' Dass auch alle anderen einerseits diese ‚Balkon-Erfahrung' als einen Lösungsweg für sich erkannten, um sich wie die anderen von da aus zu erkennen, beweisen die zitierten Aussagen. Allen gemeinsam ist die in dreifacher Hinsicht aufgegangene Erkenntnis: erstens über den Zusammenhang ihrer Handlungen mit ihrer Lebens- und Lerngeschichte: ‚Das ist hier genau so wie in meinem Betrieb. – Das war doch schon immer so, zu Hause, bei den Eltern, in der Schule, in der Lehre und heute im Betrieb, und auch noch im Verein'. ‚Das ist man doch so gewohnt von klein auf an'. – ‚Damit kennt man sich aus wie in der Westentasche'. ‚Gehorchen, das habe ich doch schon mit der Muttermilch in mich rein geschluckt.' Zweitens über die Unbewusstheit bzw. die Unverfügbarkeit handlungssteuernder Deutungsmuster ihres Alltagswissens, jenem sedimentierenden Aggregatwissen erster Stufe nach *Berger/Luckmann*: ‚Das läuft automatisch ab wie unser Band'. – ‚Das ist schon reine Routine.' – ‚Da kann man gar nichts machen, wenn man da nicht mal aussteigt.' Drittens die Lernerfahrung angesichts der eigenen Begrenztheiten, des Angewiesenseins auf Interaktion mit dem anderen, der Lernerfahrung einer Chance zum neuen Verhalten, zum reflektierten, nicht mehr nur routinisierten Handeln: ‚Und so war das hier eben auch wieder, nur Sie wollten das nicht so. Ja, Sie haben uns selbst zu Bossen gemacht, stimmt doch, was?' – ‚Ja, dann ist man ja auch eigentlich ... nie verantwortlich?' – ‚Man kann dann immer sagen, was die da oben tun und so ...'

Weitere Belege liefern die Zitate aus den vorangegangenen Diskussionsrunden. Nach *Watzlawick* haben alle Beteiligten in ihrer Balkonerfahrung Metakommunikation betrieben, die allein die Kommunikationsstörungen auflösen kann. Das geschah, indem nach *Watzlawicks* Bild die Personen aus ihrem Versponnensein in den Kokon ihrer Kommunikation ausschlüpften, um *über* Kommunikation zu reden; oder indem – nach *Mead* – sich das Ich in Distanz zu sich selbst neu verhalten hat; damit war Interaktion als eine symbolisch vermittelte von allen Beteiligten erkannt worden, das aber bedeutet: Sozialisation war zum systematischen Aufbau der Identität verfügbar geworden. Es kann hier als Lernerfolgskontrolle angemerkt werden, dass zu diesem Zeitpunkt die zuvor von der WB-Lehrenden geplante Intervention eines Rollenspiels jetzt als eigener Anstoß aus der Lerngruppe eingebracht wird:

> „Jetzt können wir's doch mal selbst versuchen, unser Problem von vorhin zu lösen. Wir könnten doch mal überlegen, wie man mit der Nachbarin von Frau E., die doch ihrer Tochter Silvia verbot, mit Dirk zu spielen, wie man mit der reden könnte. Vielleicht ist die gar nicht so, wie das jetzt aussieht, vielleicht schieben wir der auch nur unter, was wir so denken."

Die nun folgende Intervention reduziert sich auf einen methodischen Vorschlag zum Rollenspiel. Der üblicherweise spontan eintretende Schweigeeffekt wird von der Lerngruppe selbst thematisiert, zunächst durchbrochen durch mühsam vorgebrachte reflektierte Rationalisierungen wie:

„Das nützt uns allen doch gar nichts. Ich kenne Frau E.s Nachbarin doch nicht."
„Ich kann mich gar nicht in die Lage von Frau E. versetzen."

Sodann wieder von den Teilnehmern selbst entlarvt als mauernde Angstabwehr:

„Das ist uns allen einfach zu nah, da habe ich Angst, wieder ganz in meine Depression zurückzufallen, wo ich doch gerade erst angefangen habe, da rauszukommen!"

Das Angebot der Intervention liegt in dem Vorschlag für eine methodische Hilfestellung, nämlich zum ‚Doubeln': Jedem Gruppenteilnehmer wird die Chance zum Eingriff in das Rollenspiel dadurch eröffnet, dass er sich hinter den Interaktionspartner stellen kann, also ihn doubelt und damit an dessen Rolle aktiv partizipiert. An dieser Stelle soll das Pausenangebot einen Spannungsabbau bewirken. Danach erfolgt die Wiederaufnahme der Lernsituation durch zwei Frauen, die sich für das Rollenspiel bereits abgesprochen haben, das als Protokoll nachfolgt:

4.3.4 Rollenspiele: Tonband-Protokoll I und – nach Evaluierung – Protokoll II

Bedingungsfaktoren der Rollenspiel-Situation: Frau E., Mutter des durch Hirnschädigung betroffenen Dirk, sucht das Gespräch mit Frau N., Mutter der -noch nicht- betroffenen Silvia, wohnhaft in ihrer Nachbarschaft, um sich über das angebliche Spielverbot für Silvia mit Dirk auszusprechen.

E 1: Guten Tag, entschuldigen Sie, dass ich störe, aber ich möchte Sie etwas fragen.

N 1: Ja, guten Tag, wer sind Sie?

E 2: Ich bin Frau E., die Mutter von Dirk.

N 2: Dirk, ach, den kenne ich nicht, was wollen Sie von mir?

E 3: Das kann ja gar nicht sein, warum haben Sie sonst Silvia verboten, mit Dirk zu spielen?

N 3: Das weiß ich ja gar nicht. Damit habe ich nichts zu tun.

E 4: Aber Ihre Tochter hat es doch gesagt, dass Sie es Ihr ausdrücklich verboten haben.

N 4: Davon weiß ich nichts. Was wollen Sie überhaupt von mir, im Übrigen, ich habe keine Zeit.

E 5: Aber Silvia hat doch dazu gesagt, darüber soll ich nicht mit anderen reden ... Sie haben anscheinend eine ganz falsche Vorstellung von behinderten Kindern oder Sie haben gar keine Ahnung.

N 5: Nein, ich habe ja auch kein behindertes Kind.

E 6: Wie können Sie dann ihrer Tochter verbieten, mit meinem Sohn zu spielen?

N 6: Also Frau E., so können Sie ja nun nicht mit mir reden, das geht nun wirklich zu weit, wenn Sie mir Vorwürfe machen wollen, dann gehen Sie doch bitte!

E 7: Ich muss Ihnen aber doch sagen, dass Sie bestimmt eine falsche Vorstellung von einem hirngeschädigten Kind haben.

N 7: Das brauche ich ja auch gar nicht zu wissen, wozu sind Sie überhaupt gekommen?

E 8: Damit Sie wissen, dass mein Dirk anders ist als Sie das denken, und damit Silvia wieder mit ihm spielen darf und nicht wegläuft, wenn er kommt.... Ich habe doch gesehen, wie gern die beiden immer zusammen gespielt haben.

N 8: Aber, wissen Sie, da muss ich erst einmal mit meinem Mann darüber reden; so etwas kann ich nicht allein entscheiden; dann wird man weitersehen.

E 9: Tun Sie das.

N 9: (schließt die Tür).

Aus der unmittelbar spontanen Selbstwahrnehmung der Betroffenen aus der Erlebniserinnerung ergab sich das folgende Bild:

Frau E.: „Ich war zuerst nett, ich wollte ja Frau N. für mich, ich meine für Dirk gewinnen, obgleich ich ihr Verbot nicht verstand. Aber dann wurde ich richtig ärgerlich, nicht nur, weil sie sich an Dirk nicht erinnern konnte, sondern erst recht, weil sie so tat, als hätte sie ihr Verbot vergessen. Das war doch 'ne glatte Lüge. Da hab' ich mich gerächt und ihr mal so richtig meine Meinung gesagt, das kam natürlich falsch an, aber da war's einfach so aus mir rausgelaufen, ich hab's gar nicht mehr gemerkt. Na ja, im Grunde hat sie sich ja genau so verhalten, wie das eben immer wieder dasselbe ist, das hatte ich ja auch schon erwartet, das war von vornherein klar, das konnte ja gar nicht anders laufen, das ist doch alles sinnlos. Es bleibt dabei, alle sind gegen uns".

Frau N.: „Ich verstehe das gar nicht, wie das so ablaufen konnte. Ich hatte das Gefühl, ich müsste mich immerzu nur wehren, dabei war ich doch gar nicht schuldig, denn ich konnte mich wirklich nicht so schnell erinnern; das geht mir bei meinen drei Kindern und deren vielen Freunden oft so; aber Frau E., Sie haben mich ja auch gar nicht ausreden lassen, ich hatte die ganze Zeit das Gefühl, Sie wären nur gekommen, um mir die Leviten zu lesen, aber das wollten Sie doch eigentlich gar nicht, wir hatten uns doch vorher darüber ausgesprochen. Ich glaube, Sie haben mich die ganze Zeit mit irgendeiner anderen Person verwechselt, ich konnte gar nicht mehr ich sein, Sie haben mich so gar nicht verstanden das wurde immer schlimmer, ganz sinnlos war das alles."

Übereinstimmend äußern die *Beobachter* ihre *Fremdwahrnehmung* in der Auswertungsrunde des ‚Feed-back': Eindeutig wird aggressive Kampfstimmung zwischen den Frauen herausgestellt, beide wehren sich; während Frau E. für Dirk kämpft, streitet Frau N. für sich selbst. Die Beobachter erkennen das Scheingefecht, das auf der Inhaltsebene mittels Sachargumenten ausgetragen wird, als tiefer liegenden Konflikt auf der Beziehungsebene: ‚Frau E. fühlt sich minderwertig durch ihr -schon- betroffenes Kind und unterstellt Frau N., dass sie von ihr nicht ernst genommen wird bzw. sogar von ihr angelogen wird. Frau N. fühlt sich zu Unrecht beschuldigt und unwürdig abgekanzelt. Dieses wechselseitig unterstellte Misstrauen wird bestimmend für das permanente Missverstehen.

An dieser Stelle bietet die Seminarleiterin als Gegenstück zu dieser primär subjektiv-orientierten Selbst- und Fremdwahrnehmung eines Teilnehmer-Feed-back die Möglichkeit einer objektivorientierten Medien-Rückmeldung mittels *Tonbandaufzeichnung* an, überlässt die Entscheidung darüber aber ausschließlich den Rollenspielern. Motiviert durch ihren sie unbefriedigt und irritiert zurücklassenden Gesprächsverlauf stimmen sie in ihrer Suche nach Antwort sofort zu. Spontan äußern sich während und nach dem Abspiel die Betroffenen, erschrocken und ratlos stehen sie ihrer Selbstwahrnehmung gegenüber:

> Frau E.: „Ich kenne mich selbst nicht wieder, ich setzte mich ja nur durch, die arme Frau N., die kriegt ja kein Bein an den Boden, ich lasse sie ja gar nicht zu Wort kommen. Ich kenne mich selbst so gar nicht, das ist wie ‚Friss Vogel oder stirb'!"
>
> Frau N.: „Mir geht das aber umgekehrt mit Ihnen genau so. Ich höre bei Ihnen nur den Vorwurf und schlage immer stärker zurück. Das ist ‚wie Du mir, so ich Dir', statt irgendwann mal aufzuhören. Ich kann mir doch eigentlich ausmalen, wie schwer der Gang für Sie war, statt dessen packe ich Ihnen einen Stein nach dem anderen in den Weg, nein, ich meine vor meine Tür. Sie können ja machen, was Sie wollen, ich bin gereizt und baue die Steine wie Mauern vor mir auf. Ich verstehe mich selbst nicht mehr?!" –

Jetzt kann die *Gesprächsanalyse* auf fruchtbaren Boden fallen, beide Partner haben die Chance zur Selbstwahrnehmung wahrgenommen, zuerst spontan subjektiv aus der Erlebniserinnerung, sodann reflexiv aus der Tonbandwiedergabe, und beide Partner haben die Fremdwahrnehmung des Gruppenfeedback wie des Tonbandes in eine Differenzierung und Umstrukturierung ihres Selbstbildes einfließen lassen. So hat sich die Selbstwahrnehmung bei beiden von einer ersten nur *destruktiven Rückkoppelung* ‚alles war sinnlos' gewandelt in eine *konstruktive Problematisierung* ‚wer bin ich?'

> Frau E.: ‚Ich kenne mich selbst so gar nicht?! – '.
>
> Frau N.: ‚Ich verstehe mich selbst nicht mehr?! –'. Damit ist jene Voraussetzung konstruktiver Wachsamkeit sowohl bei der Gruppe als auch bei den Betroffenen erreicht, die den Lernprozess einer systematischen Analyse eröffnet.

Die Gesprächsanalyse bezieht die *pragmatischen Axiome Watzlawicks* ein, weil sie die Ebene sind, auf der Kommunikations-Störungen ausgehandelt werden können. Unter Hinweis auf das *Axiom I*, man kann nicht ‚nicht' kommunizieren, erkennen die Teilnehmer die Gleichzeitigkeit verbaler und nonverbaler Kommunikation und entdecken allein in dem Tatbestand, dass alles da draußen vor der Tür abläuft, eine eindeutige nonverbale Mitteilung: die verschlossene Wohnung symbolisiert die verschlossene Haltung. Das wird verursacht durch Frau E., die in E 3 gleich mit der Tür ins Haus fällt und unaufgefordert mit dem Vorwurf herausplatzt: ‚Warum haben Sie Silvia verboten'; daraufhin mauert Frau N. mit ansteigenden Ablehnungen N 1: ‚wer sind Sie' und N 2: ‚was wollen Sie', N 3: ‚damit habe ich nichts zu tun', N 4: ‚ich hab keine Zeit', N 5: ‚Nein, ich habe ja auch kein behindertes Kind', N 6: ‚aber dann gehen Sie doch bitte'. Fazit also: Ich bin zu und die Tür bleibt auch zu! Analog zum Gesprächseingang verläuft der Gesprächsabschluss, E 9 erteilt den Befehl: ‚Tun Sie das!', worauf N 9 schweigend vor E. die Tür verschließt. Keine der beiden Frauen spricht ein ‚Auf Wiedersehen' aus. Nonverbal eskalierte der eingangs noch latente *Beziehungs-Konflikt* hin zum *Beziehungs-Abbruch*.

Der Hinweis auf *Axiom II*, wonach jede Kommunikation einen Inhalts- und einen Beziehungsaspekt hat, veranlasst die Beteiligten zu der Annahme, dass zwar im realen Gespräch, also verbal, nur der Inhaltsaspekt in Gestalt eines argumentativen Schlagabtauschs berührt wurde, jedoch der unausgesprochene, bereits im *Axiom I* herausgestellte nonverbale Aspekt, präziser als Beziehungsaspekt nach *Axiom II* bezeichnet, der bestimmende zu sein scheint. Die Lerngruppe erkannte damit deutlich das Grundproblem der Kommunikations-Störung als tiefverwurzelte, schon vor Gesprächsbeginn eingefahrene Beziehungs-Störung. Rückgreifend auf die vorangegangenen Diskussionsstunden verweist sie wiederholt auf die unterschiedlichen Alltagserfahrungen über die Beziehungen zwischen der Mutter eines -schon- betroffenen und der Mutter eines -noch nicht- betroffenen Kindes. Mit Hilfe der Handlungen von *Digitalität* und *Analogik* klären sie, dass beide Mütter unausgesprochene Vorverständnisse in alle ihre Wahrnehmungen einfließen lassen. Als Lösung erscheint immer wieder der Balkon, die Metaebene: ‚Warum hört denn keine der beiden mit dem teuflischen Spiel auf und sagt, was da eigentlich los ist, dass die Beziehung kaputt ist?'

Damit antizipieren die Teilnehmer schon das *Axiom III*, das besagt, dass die Interpunktion von Ereignisfolgen seitens beider Partner die Natur einer Beziehung bedingt. Sie entschlüsseln die Interaktionen nicht mehr als ununterbrochenen Austausch, sondern als Struktur von Interaktionsketten insofern, als eine Mitteilung N 2: ‚Dirk, ach, den kenne ich nicht' beim Partner E. entsprechende Reaktionen E 3 provozierte: ‚Das kann ja nicht sein ...', die er wiederum in eine Mitteilung umsetzt, N 3: ‚Damit hab' ich gar nichts zu tun', auf die hin erneut eine Reaktion erfolgt, E 4: ‚Aber Ihre Tochter Silvia ...' und so fort. Staunend entdecken sie erneut, dass die spezifischen Deutungsmuster in Abhängigkeit von der Biographie ‚Leben mit oder ohne behindertes Kind' die Ereignisfolge in der Situation scheinbar unverständlich gliedern. Kennzeichen der Handlungsketten ist die Reziprozität, d. h. die in ihr enthaltene Einschätzung; diese wird wieder unmittelbar Auslöser der Handlungsmuster, deren Diskrepanz, der Interpunktion unbewusst, weil unbearbeitet, zwangsläufig zu tief verwurzelten Beziehungs-Konflikten eskaliert: ‚Weil Du denkst, dass ich denke, dass Du denkst, darum also tue ich das so', konkret: ‚Du Nachbarin, Mutter einer -noch nicht- betroffenen Silvia, denkst, dass ich, Frau E., Mutter des von Hirnschädigung betroffenen Dirk, unberechtigte Erwartungen an Dich habe, so dass Du, Frau N., denkst, Du kannst Verbote erteilen, darum also muss ich, Frau E., Dir, Frau N., die Leviten lesen.' Das heißt wörtlich in spontaner Selbstwahrnehmung bei Frau E.: ‚Ich wollte gewinnen (Kampfansage), obgleich ich das Verbot von Frau N. nicht verstand (unverarbeitet), aber dann wurde ich richtig ärgerlich, weil sie so tat, als ob ... (Unterstellung) 'ne glatte Lüge ... (Verurteilung), ich hab' mich gerächt (Vernichtung) und ihr so richtig meine Meinung gesagt ...' Und sie begründet wörtlich ihre Unterstellung aufgrund ihrer routinisierten Alltagswissenserfahrungen: ‚... im Grunde hat sie sich ja genau so verhalten, wie das eben immer wieder dasselbe ist!' Anschaulicher noch offenbart sie den Zwangscharakter ihrer Handlungen in Abhängigkeit von ihren Alltagswissensbeständen, die den Teufelskreis vorprogrammieren: ‚Das hatte ich ja auch schon erwartet, das war von vornherein klar, das konnte ja gar nicht anders laufen, das ist doch alles sinnlos. Es bleibt dabei, alle sind gegen uns.' Spiegelbildlich reagiert das Feedback von Frau N.: ‚Sie haben mich die ganze Zeit mit irgendeiner anderen Person verwechselt, ich konnte gar nicht mehr ich sein, Sie haben mich so gar nicht verstanden!'

An diesem Punkt werden verschiedene Weisen der Kommunikation deutlich: *Axiom IV* spricht von digitaler und analoger Modalität. Im *zweiten Tonband-Feedback* umschreiben sie bildlich mit Hilfe von Sprichwörtern, also analog mittels semantischem Potential, was sie im ersten Gedächtnis-Feedback mittels logisch komplexer Syntax digital bei Namen nannten: So analogisiert E. ‚Friss Vogel oder stirb' und N. ‚Wie Du mir, so ich Dir'. Die Gleichzeitigkeit beider Modalitäten wird deutlich als sich ergänzender, primär digitaler Inhalts- neben dem sekundär analogen Beziehungs-Aspekt; aber die Teilnehmer erkennen aus ihren eigenen Rückmeldungen die Notwendigkeit ständiger Übersetzung von der einen in die andere Modalität, um die Störungen transparent werden zu lassen. Letztlich wird auch noch das Rollenverständnis im Verhalten von E. zu N. als ungleiche Dominanz beschrieben; Frau E. verhält sich nach *Gordon* im Zustand des ‚Eltern-Ich' wie eine scheltende Mutter gegenüber N. als einem trotzenden Kind, so ergänzen beide Partner das Verhalten des anderen, setzt nach *Watzlawicks Axiom V* die komplementäre anstelle symmetrischer Interaktion ein.

Den Abschluss der 4. und 5. Seminareinheit bildet das ‚Feedback' der Teilnehmer als ‚Blitzlicht': Die Aussagen aller Teilnehmer stimmen darin überein, dass sie alle mit einer Infragestellung ihres eigenen Verhaltens begonnen haben, darüber hinaus in der Lage sind, daraus Zusammenhänge zwischen Lebens- und Lerngeschichte und ihren Verhaltensweisen bzw. Deutungsmustern zu erkennen, und drittens, durch die Betroffenheit über ihre bisherige Beziehungs-Blindheit motiviert, als Lernbedürfnisse für die nächste Nachmittagssitzung die Fortsetzung einer Umsetzung ihrer Erkenntnis in weiteren Anwendungssituationen wünschen. Exemplarische Aussagen waren:

> „So habe ich mich und die anderen noch nie gesehen."
>
> „Auf dem Balkon da oben habe ich sehen gelernt; ich weiß jetzt, was ich tun kann, wenn ich nur will."
>
> „Im Bild oder analog gesprochen, ich weiß jetzt, was das Sprichwort meint: Jeder ist seines Glückes Schmied. Das Glück ist nicht da, sondern ich kann es schmieden, wenn ich selbst anfange, ich meine: neu oder anders denke, als ich es bisher gelernt habe."
>
> „Mir ist klar, meine Depression ist eigentlich meine Sache, ich hab ja erlebt, ich kann da raus, aber ich muss das wirklich wieder wollen, ich muss aktiv mit mir werden."
>
> „ Wir verstehen jetzt unsere Spiele, das ist beim Ehekrach und auch im Betrieb immer der gleiche Film, der da abläuft, demnächst werde ich ihn cutten."
>
> „Ich wusste gar nicht, dass Eltern nichtbehinderter Kinder im Grunde die gleichen Probleme im Zusammenleben haben."
>
> „Ich fühle mich befreit, nicht mehr ohnmächtig, sondern mächtig, ich hab' hier erfahren, ich kann auf andere zugehen, ich kann sie und sie können mich dann anders, richtig verstehen lernen."

Den Abschluss soll das Protokoll der Rollenspiel-Wiederholung nach Evaluierung bilden, das auf Wunsch der Teilnehmer als Einstieg in das 6. Nachmittagsseminar diente; es zeigt im Sinne einer Lernerfolgskontrolle die erworbene Fähigkeit zum Transfer und zur Selbstkorrektur in Form einer Problematisierung, Differenzierung und Modifizierung von Deutungsmustern, in gewandelter symbolischer Interaktion eines neuen Verhaltenssets in der Realsituation.

- *Rollenspiel – Tonband-Protokoll II – nach Evaluierung*

Die situativen Bedingungsfaktoren des Rollenspiels entsprechen unverändert dem ersten Rollenspiel: Frau E., Mutter des von Hirnschädigung -schon- betroffenen Dirk, sucht das Gespräch mit Frau N., Mutter der -noch nicht- betroffenen Silvia, wohnhaft in ihrer Nachbarschaft, um sich über das angebliche Spielverbot für Silvia mit Dirk auszusprechen. Demgegenüber unterscheiden sich die personalen Bedingungsfaktoren durch die vorausgegangene Analyse in Selbst-

und Fremdwahrnehmung sowie metakommunikativer Erkenntnisgewinnung. Darauf können die Interaktionspartner ihre bewusste Verhaltensmodifikation aufbauen:

E 1: Guten Tag, entschuldigen Sie, dass ich störe, aber ich möchte Sie etwas fragen.

N 1: Ja, Guten Tag, wer sind Sie?

E 2: Ich bin Frau E., die Mutter von Dirk.

N 2: Dirk, ach den kenne ich nicht, was wollen Sie von mir?

E 3: Ich möchte mit Ihnen über etwas sprechen. Dirk kennen Sie vielleicht vom Ansehen, er ist der starke große Junge, der einen Hirnschaden hat. Silvia – Sie sind doch Ihre Mutter? – hat oft mit ihm zusammen auf dem Hof gespielt.

N 3: Ach, ja, der ... Ja, ich erinnere mich. Aber wollen Sie nicht zunächst einmal reinkommen?

E 4: Gern, das macht's etwas leichter. (Austausch von Förmlichkeiten)

E 5: Es ist mir richtig schwer gefallen, zu Ihnen zu gehen, aber Dirk kann seine Konflikte nicht allein lösen, darum muss ich ihm dabei helfen, darum bin ich doch gekommen.

N 4: Und was wollen Sie von mir?

E 6: Ich möchte Ihnen sagen, wie wichtig es für Dirk war, dass Silvia eins der wenigen Kinder hier in der Nachbarschaft war, das oft gern mit Dirk gespielt hat; ich glaube auch, so wie ich das sehe, beide hatten Spaß daran.

N 5: Das weiß ich nicht, wir haben nie darüber gesprochen.

E 7: Das erlebe ich oft, immer wieder das gleiche, über behinderte Kinder spricht man nun eben nicht! Alle tun so, als ob sie gar nicht da sind.

N 6: Warum sagen Sie das gerade mir, immerhin hat Silvia ja noch als Ausnahme mit ihm gespielt.

E 8: Entschuldigen Sie, ich wollte wirklich keinen Vorwurf machen, das rutscht mir leider oft so raus, wenn ich verzweifelt bin, aber es stimmt, dass man nicht über Behinderte spricht. Ich muss Ihnen ehrlich sagen, ich war gerade erst jetzt auf einem Seminar zusammen für Eltern mit behinderten und nichtbehinderten Kindern, da habe ich zum erstenmal entdeckt, dass ich sicher ganz genau so wie alle anderen auch wäre und ich nur durch mein anderes Schicksal, eben durch Dirks Geburt, anders wurde. Wissen Sie, das Leben als Mutter mit einem behinderten Kind ist so ganz anders, alle behandeln einen gerade so, als ob man selbst behindert wäre, und irgendwie glaubt man es schließlich selbst, man traut sich gar nicht mehr als vollwertiger Mensch auf die Straße, zu den anderen hinzugehen.

N 7: Das verstehe ich gut. Was ist das eigentlich mit Dirk, wie kommt so was und was kann man dabei tun?

E 9: Ich bin froh, dass Sie mich danach fragen, das wollte ich Ihnen so gern einmal sagen. Das, was Dirk hat, nennt man einen Hirnschaden, ja, das war ein Geburtsfehler, wissen Sie, eine Zangengeburt, dabei wurden Hirnteile verletzt, darum Hirnschaden, und was man damit tun kann? – Ja, das ist es ja eben. Man muss d a m i t leben, das ist schwer. Wie oft wollte ich schon aufgeben, immer wieder muss ich allen klar machen, Sie wissen ja, Dirk selbst kann es nicht, dass er keine bösen Absichten hat, dass er gutwillig ist. Sie glauben ja gar nicht, wie anhänglich und dankbar Dirk ist und wie genau er spürt, ob jemand es wirklich ernst mit ihm meint oder nur so tut als ob. Können Sie sich vorstellen, dass mein Mann und ich manchmal über seine Fähigkeiten staunen, wie er wirklich unfehlbar echte und unechte Zuwendung unterscheidet?

N 8: Ich habe das nie erlebt, ich dachte, das sei bei so einem gar nicht möglich.

E 10: Ja, das ist das Gute daran, er ist ein so liebes Kind, aber schwer ist für uns, dass seine geistige Entwicklung stehen bleibt, immer wird er ein Kind bleiben, nie wird er richtig erwachsen werden, verstehen Sie? -

N 9: ... (schweigt und nickt)

E 11: Ich bin gekommen, weil ich Ihnen das alles sagen wollte, ich glaube, dann können Sie verstehen, wie wichtiges für mich und Dirk und für uns alle ist, dass Sie Silvia darin unterstützen, weiter mit Dirk zu spielen, natürlich nur, wenn es ihr auch Spaß macht, und das glaube ich, wenn ich den beiden so zugucke.

N 10: Ich glaube, ich erinnere mich jetzt auch, dass Silvia mal davon erzählte ..., da wäre einer, der immer geduldig alles mitmachte ..., aber irgendwie war ich damit nicht einverstanden, ich wusste damals ja alles nicht so richtig.

E 12: Das glaube ich Ihnen, woher sollten Sie das auch wissen, aber man denkt immer zuerst anders, ich meine, dass der andere alles weiß und was gegen einen hat.

N 11: Da haben Sie recht, mir geht das auch so – irre ist das eigentlich! – Ich finde das gut von Ihnen, dass Sie einfach so zu mir gekommen sind, ich bin jetzt sicherer, weiß, was los ist; vor allem kenne ich Sie jetzt, ich werde auch mit Silvia darüber sprechen, ich weiß jetzt ja Bescheid, und ich kenne Sie ja nun auch selbst

E 13: Auf Wiedersehen und grüßen Sie Silva.

N 12: Ja! Da fällt mir grad ein, haben Sie und Ihr Mann nicht mal Lust, mit zu unserem Kegelclub zu kommen, wir suchen noch Mitglieder, dann können Sie das denen auch mal richtig erklären, die haben doch auch keine Ahnung von all dem, überlegen Sie mal, immer freitags ab 20.00 Uhr im Clubhaus. Auf Wiedersehen bis dann.

Im Zeitraffer soll der weitere Seminarablauf skizziert werden: Auf zusätzliche Rollenspiele folgte im 7. Seminar eine Kleingruppenarbeit zur Analyse von Interaktionsstörungen zwischen von Krisen -schon- und -noch nicht- betroffenen Menschen im Prozess ihrer Krisenverarbeitung anhand von Auto-/Biographie-Ausschnitten aus Lebensgeschichten, Zeitungsberichten, Tonbandhörspielen zur Entwicklung alternativer Handlungsmöglichkeiten.

Im 8. Abendseminar war die Gruppe zu Gast in der Zirkus-Manege, die, nach den Kinder-Ideen gestaltet, die Zuschauer faszinierte und forderte.

Ebenfalls unter Regie der Kinder folgte die Einstudierung einer Zirkus-Eltern-Nummer; letztendlich waren alle Seminarteilnehmer Zirkusartisten. Während die Kinder den trainierten Alleingang ins Bett ‚Kinder helfen Kindern! Wir schaffen's allein' wiederholten, erlagen die Eltern analog *Goethes* Zauberlehrling in Diskussionen bis zum Morgengrauen der Magie ihrer neu erworbenen Interaktionsfähigkeit. Einem Kinder-Weck-Manöver mit *Orff*'schen Rhythmen folgte am Sonntagmorgen das 9. Seminar mit Musizieren und Meditation über das Thema und die Anspielszene ‚Keiner ist ohne Gaben'. Anschließend besuchten die ‚Zirkusakteure' den Zoo; die Eltern ließen sich von dem Gedanken ansprechen, ihre Lernerfahrungen durch Elterninitiativen an andere Eltern weiterzugeben. Zu Beginn des 10. Seminars sammelten sie zunächst im Brainstorming Ideen, um sodann untereinander erste Informationsaufgaben zu verteilen und das ständig als Handapparat bereitgestellte Material zu sichten (Kleingruppenarbeit über Spiele, Bücher, Tonbandsendungen und Filme). Diese Arbeit wurde sogar während der Mittagspause fortgesetzt. Die dazwischenliegende freie Verfügungszeit wurde zu einem Seminar-Feedback gemeinsam mit den -schon- und -noch nicht- betroffenen Kindern genutzt. Es wurde gefragt: ‚Was war für mich hier das Schönste? Was war für mich hier das Schwerste? Was möchte ich zu Hause weiter- oder anders machen?'

Das 11. Seminar galt der Auswertung der Arbeitsgruppenberichte (veranschaulicht auf Wandzeitungen) und im 12. wurde eine neue Idee geboren: die Messe-Aktion als Elterninitiative für eine Öffentlichkeitsarbeit, die sich dann ein Jahr später tatsächlich auf der Messe infa 1975 realisieren ließ, unter dem Motto: ‚Messe Hannover – Brücke zum Miteinander Leben Lernen' (vgl. Doppel-Band 2, nachfolgendes Kap. 4.4: *Krisenverarbeitung dritter Schritt im KMIzLPK: Partizipation*). Damit war der Lernprozess Krisenverarbeitung im Krisen-Management-Interaktionsmodell Hannover zur sozialen Integration von Krisen -schon- und -noch nicht- betroffener Menschen durch die Problematisierung, Differenzierung und Umstrukturierung von Deutungsmustern der Eltern aus dem DURCHGANGS-Stadium II der 5. Spiralphase *Depression* ‚Wozu ..., alles ist sinnlos ...?' in das ZIEL-Stadium III der 6. Spiralphase *Annahme* ‚Ich erkenne jetzt erst ..., ich kann!' und darin nicht nur zu neuen erweiterten Handlungsspielräumen vorgedrungen, sondern darüber hinaus selbstbestimmt in den dritten Lernschritt ‚Partizipation' antizipierende vorgedrungen, nämlich u. a. sich selbst zu stellen durch Anstöße einer Öffentlichkeitsarbeit zur gesellschaftlichen Veränderung auf der *Messe Hannover – als Brücke zum Miteinander Leben Lernen.*

4.4 Dritter Schritt im KMIzLPK: Partizipation
Lernort: Öffentlichkeit • Messe • infa • Expo • Kongress
‚Messe Hannover – Brücke zum Miteinander Leben Lernen'

Lernprozess Krisenverarbeitung im KMIzLPK
im ZIEL-Stadium III:
‚Ich erkenne jetzt erst ...!' Annahme (Spiralphase 6)
‚Ich tue das ....!' Aktivität (Spiralphase 7)
‚Wir handeln ....!' Solidarität (Spiralphase 8)

Es ist und bleibt eine Herausforderung, Bildungsarbeit zu bewerten. Immer wieder stellt sich dabei die Frage nach den Kriterien und den sie leitenden Zielvorstellungen, auf die hin Überprüfung oder Evaluation erfolgen soll.

Bei unserem Thema ‚*Miteinander Leben Lernen – Soziale Integration von Krisen -schon- betroffener Menschen*' kann eine Überprüfung der geleisteten Bildungsarbeit weniger quantitativ am Zuwachs von Kenntnissen oder gar steigenden Teilnehmerzahlen gemessen werden, sondern vorrangig – d. h. also unter Einbeziehung von -noch nicht- betroffenen Menschen der Gesellschaft – an der Re-Integration unterrepräsentierter Adressaten in das Gesamt-WB-Angebot sowie am Ausmaß ihrer Partizipation am gesellschaftlichen Leben. Das aber besagt, dass die im Verlauf des Krisen-Management-Interaktionsmodells zum Lernprozess Krisenverarbeitung umstrukturierten Deutungsmuster der Teilnehmer im veränderten Handeln sichtbar werden, und zwar in doppelter Hinsicht als Partizipation der Teilnehmer an herkömmlichen Programmangeboten wie auch an ihrer Fähigkeit, eigene Deutungsmuster infrage zu stellen oder abzuändern und entsprechend zu handeln und demzufolge ein durch sie verändertes Programm-Angebot zu initiieren.

Nach unserer These vom *Prozesscharakter der Zielgruppenarbeit* – dem heutigen *Krisen-Management-Interaktionsmodell* – im Dreierschritt 1. Stabilisierung, 2. Integration, 3. Partizipation – setzen wir mit einer ersten Bewertung der Bildungsarbeit bereits im Erreichen des dritten Schrittes der Krisenverarbeitung, der Partizipation, ein und untersuchen hier, wie die von Krisen -schon- betroffenen Menschen sich jetzt als partizipierende, gemeinsam mit -noch nicht- betroffenen Menschen, selbst zu akzeptieren gelernt haben; ferner ob sie zunehmend selbst- und mitbestimmende Beteiligte geworden sind, sowohl im Rahmen des WB-Angebotes der VHS als auch innerhalb ihres gesellschaftlichen Umfeldes (Familie, Nachbarschaft, Arbeitsplatz, Freizeit, Öffentlichkeit).

Diese Teilnahme am gesellschaftlichen Leben entspricht in unserem Lernprozess Krisenverarbeitung des Krisen-Management-Interaktionsmodells dem Z<small>IEL</small>-Stadium III, d. h. den primär aktionalen Lernebenen der drei Spiralphasen Annahme (6) ‚Ich erkenne jetzt erst, ich kann ... !',Aktivität (7) ‚Ich tue das ... !' und Solidarität (8) ‚Wir handeln ...!'.

Das Z<small>IEL</small> -Stadium III der Partizipation erreichten die Teilnehmer (stabilisierte wie integrierte Lernende) für unsere Evaluation am sichtbarsten im Messeöffentlichkeits-Sozialtraining, das aus fünfjähriger Zielgruppenarbeit im Krisen-Management-Interaktionsmodell Hannover erwuchs.

Zur Veranschaulichung dieses Lernprozesses sollen zuvor die vorangegangenen Zielgruppenentwicklungen aufgeführt werden.

- *Themen-Schwerpunkte im ersten Schritt KMIzLPK: Stabilisierung*
  - Warum gerade ich? – Leben mit unserem -schon- betroffenen Kind (‚behindert' – ‚geistigbehindert' – ‚körperbehindert' – ‚sinnesbehindert' – ‚psychisch behindert' – ‚chronisch krank' – ‚traumatisiert' – ‚von Krisen betroffen')
  - Vater und Mutter, Mann und Frau – Eltern eines -schon- betroffenen Kindes
  - Geschwister und ihr(e) -schon- betroffene(r) Bruder/Schwester
  - Eltern-Kinder-Seminare mit von Behinderung betroffenen und Geschwister-Kindern
  - Kinder und Jugendliche mit Behinderungen – Daheim oder ‚Daheim im Heim'
  - Bewohner im Heim: Krise – Schicksal oder Chance
  - Als Eltern verwaist – unser Kind lebt nicht mehr!
    Als Partner verwaist – verlassen, los(ge)lassen, zurück(ge)lassen, lassen und gelassen sein lernen

- *Themen-Schwerpunkte im zweiten Schritt KMIzLPK: Integration*
  - Warum gerade wir? – Sprechen mit Nachbarn – Spielen mit Nachbarskindern!
  - Partner sein – ob -schon- oder -noch nicht- betroffen – wie jeder andere auch
  - Gefahr und Chance einer Partnerschaft mit -schon- betroffenem, behindertem Kind
  - Offene Arbeit gemeinsam mit -schon und -noch nicht- betroffenen Jugendlichen

INTEGRATION
MESSE
Brücke
zwischen
Behinderten • Nichtbehinderten

VOLKSHOCHSCHULE

1 – Setzen Sie sich 5 Minuten in einen Rollstuhl, erfahren Sie die infa im Roll-in als ein Behinderter, erleben Sie die 1000-fache Behinderung durch die Umwelt.

2 – Sprechen Sie mit uns über Ihre Erfahrungen, Ängste und Lösungen, schreiben Sie Ihre Erlebnisse auf unserer Wandzeitung an.

7 – Bedienen Sie sich unseres Blinden-Schreib-Service, im non-stop-Tempo erledigen wir Ihre Schreibarbeiten.

8 – Wählen Sie die Blinden-Telefon-Auskunft, sie vermittelt Informationen und Kontakte.

Miteinander eröffnen - Integrationsbrücken
- Frau des Finanzministers mit Autorin –

zu 4.4: Messe Hannover – Brücke zum Miteinander Leben Lernen
Krisen-Management-Interaktionsmodell Hannover zum Lernprozess
Krisenverarbeitung in der Weiterbildung

© Erika Schuchardt

- Eltern-Kinder-Seminare gemeinsam mit -schon- und -noch nicht- betroffenen Kindern
- Animateur-Training gemeinsam mit -schon- und -noch nicht- betroffenen Bürgern und Bürgerinnen
- Ideen-Karussell – Markt der Möglichkeiten gemeinsam mit -schon- und -noch nicht- betroffenen Bürgern und Bürgerinnen
- Eltern-Kinder-Parkplatz non-stop gemeinsam für -schon- und -noch nicht- betroffene Kinder
- Großmütter auf Zeit – Generations-Geschichten – GGG – gemeinsam für -schon- und -noch nicht- betroffene Kinder
- Integrations-Kooperations-Runde Miteinander Leben Lernen – gemeinsam mit -schon- und -noch nicht- betroffenen Partnern, Organisationen und Institutionen

4.4.1 Integrations-Runde Hannover

Aus der dargestellten Zielgruppenarbeit im Krisen-Management-Interaktionsmodell Hannover zur Stabilisierung und zur Integration entwickelten sich im Verlauf sechsjähriger Weiterbildungsarbeit verschiedenartige Partizipations-Bausteine, die sich nach Art, Grad und Herkunft der Betroffenheit durch unterschiedliche Krisenereignisse sowie dementsprechender Lebens- und Lerngeschichten unterschieden.

Zur Koordinierung derartiger Partizipations-Bausteine wie zur Überwindung tradierter Hierarchien unter den verschiedenen Arten von Beeinträchtigung und konkurrierenden Interessenvertretungen konstituierte sich im zweiten Schritt des Krisen-Management-Interaktionsmodells die ‚Integrations-Runde Miteinander Leben Lernen' an der VHS Hannover, die zunächst ausschließlich aus Vertretern aller Zielgruppen, Einrichtungen und Organisationen der Landeshauptstadt bestand, sich zunehmend aber auf dem Weg zum dritten Schritt der Zielgruppenarbeit im Krisen-Management-Interaktionsmodell um Vertreter regionaler und kommunaler Einrichtungen für von Krisen -schon- betroffene Menschen und Verbände wie der des Rates der Stadt Hannover erweiterte, und zwar proportional zur fortschreitenden Partizipation der Betroffenen. So entwickelte sich die ‚Integrations-Runde Miteinander Leben Lernen zu einem politischen Meinungsbildungsinstrument, das, ‚an' der VHS angesiedelt, eine neutrale Plattform abgab, auf der konkurrierende Interessen ausgehandelt, Prioritäten gesetzt und Durchführung von Aktivitäten vollzogen wurden.

Wie schon erwähnt, soll an dieser Stelle die Darstellung der Partizipations-Bausteine auf die Aktionen im Rahmen einer Messe-Öffentlichkeit beschränkt werden. Ausgangspunkt war die Zusammenarbeit derjenigen Zielgruppenteilneh-

ZEITUNGSAUFRUF

infa für alle:

Behinderte und Nichtbehinderte

VHS sucht Schüler und Rollstuhlfahrer

Möchten Sie dabei sein, sicherlich!

Haben Sie einen Menschen, der Sie zur INFA bringt?
Wenn nicht, dann rufen Sie uns doch einfach an:

        Telefon 5354289, von 9.00 – 12.00 Uhr und 17.00 – 20.00 Uhr.

Sie, ein Rollstuhlfahrer, der Begleiter braucht,
Sie, Schülerin oder Schüler, die Rollstuhlfahrbegleiter sein wollen an den infa-Wochenenden am 13./14. und 20./21. September 1975. Wir holen Sie ab, zeigen Ihnen auf Wunsch die infa und bringen Sie danach sicher wieder nach Hause.

Die infa zeigt Ihnen nicht nur Nahrungs- und Genußmittel, hauswirtschaftliche Geräte und Textilien, Freizeitartikel, Schmuck und Möbel, sie ermöglicht auch Integration, baut Brücken zwischen Behinderten und Nichtbehinderten; bietet gemeinsame Aktionen für alle:

    10.00 Uhr   Wir spielen – machst Du mit?
                    Sie fragen – wir antworten!

    15.00 Uhr   Mitgemacht – Selbstgemacht – Spaßgemacht!
                    Portraitzeichnen und Hobby – Basteleien

    Non Stop   20 – V H S – A K T I O N E N für S i e !

Wer wir sind?
Behinderte und Nichtbehinderte, die unter der Trägerschaft der VHS die Möglichkeiten der Behinderten in unserer Stadt ausweiten wollen,

    – durch Aktionen auf der infa und
    – durch Seminare in der VHS.

Vielleicht kennen Sie uns schon durch das Fernsehen?
Egal ob Sie uns kennen oder nicht, machen Sie mit in H a l l e 19.

VOLKSHOCHSCHULE HANNOVER

Erika Schuchardt

zu 4.4: Zeitungsaufruf Messe-Aktion – Integrationsbrücke
Messe Hannover – Brücke zum Miteinander Leben Lernen
Krisen-Management-Interaktionsmodell Hannover zum Lernprozess
Krisenverarbeitung in der Weiterbildung

© Erika Schuchardt

mer, die in der ‚Integrations-Runde Miteinander Leben Lernen' zusammengetroffen waren, weil sie in ihrem Lernprozess zur Krisenverarbeitung die Spiralphase *Annahme* (6) ‚Ich erkenne jetzt erst ....!' ihres Krisen-Ereignisses erreicht hatten. Sie versuchten jetzt gemeinsam, zur weiteren Verarbeitung vorzudringen, sie suchten nach *Aktivität* (7) ‚Ich tue das ...!' und letztlich nach *Solidarität* (8) ‚Wir handeln ...!'. Gemeinsam verband alle die grundlegende Lernerfahrung ‚Angesprochensein schafft Interaktion, Interaktion bewirkt Partizipation!' Alle suchten nach Umsetzung ihrer erfahrenen Interaktion. Was war naheliegender, als diesen selbstbegangenen Lernweg jetzt auch öffentlich einzuschlagen?

Unter dem Slogan ‚Interaktion vor Information' ging man das Wagnis ein: Aufsuchen einer anonymen Öffentlichkeit, welche Mitmenschen des sozialen Umfeldes, also Nachbarn, Eltern, Kinder, Arbeitskollegen, Freizeit-/Vereins-Partner und der Öffentlichkeit von Krisen -schon- und -noch nicht- betroffenen Menschen repräsentierte; sie wurde gefunden in den Messebesuchen der Verbraucherausstellung der *Messe infa* Hannover, Norddeutschlands größter *Informations-Familien-Messe*. Diese überregionale Informations-Verkaufs-Hauswirtschafts- und Familienausstellung mit einem Einzugsbereich von 100 km und durchschnittlich 200.000 Messebesuchern an zehn Ausstellungstagen richtet sich an den ‚Normal-Verbraucher', den Konsumenten im sozialen Nahraum. Sie lockt ihn mit ihren verbraucherorientierten Branchen (wie Bauen und Wohnen, Nahrungs- und Genussmittel, Hauswirtschaft, Mode – Kosmetik – Textilien – Schmuck, Hobby, Freizeit, Garten der Nationen) und ist begleitet von einer Lehr- und Sonderschau. Die Ausstellung befriedigt den passiven Konsumenten, der zu 91 % Information, zu 24 % Käufe und zu 16 % Vorführung erwartet:[343] sie repräsentiert in ihrer Besucherstruktur die Alltagswelt, in der von Krisen -schon- betroffene Menschen und ihre Familien leben (zu 41 % Angestellte und Arbeiter, zu 25 % Hausfrauen und nur zu 7 % Beamte).[344] Die *Messe infa* stellte also jene Öffentlichkeit dar, die aufgesucht werden konnte unter der doppelten Zielsetzung: für die Beteiligten als Lern- und Anwendungsfeld ihrer Partizipation in der Ernstsituation (ZIEL-Stadium III der Krisenverarbeitung), für die Besucher als Interaktionsfeld zur Bildungswerbung neuer Zielgruppen. So wurde aufgrund des Vorstoßes der ‚Integrations-Runde Miteinander Leben Lernen' *Weiterbildung zum Thema der Lehr- und Sonderschau* 1975, an der mitzuwirken alle freien und gebundenen Träger der Erwachsenenbildung aufgerufen waren.[345]

Die *Tragweite unseres Risikos* zeigte sich anfänglich in distanzierenden Reaktionen:
- die eigene Institution VHS lehnte die Trägerschaft ab mit der Begründung: „Die Volkshochschule darf nicht zu einer ‚Behinderten-Sonderschule' werden"

- zeitgleich reduzierte der zuständige Landesverband mit derselben Argumentation seine Präsenz im Rahmen der Lehrschau Weiterbildung
- schließlich forderte das Rechtsamt der Stadt Hannover einen schriftlichen Schadenersatz-Verzicht der Initiatorin

In diesen Vorgängen spiegelt sich deutlich der defizitäre gesellschaftliche Bewusstseinsstand wider: auch in sechsjähriger Arbeit hatte sich die Normorientiertheit maßgeblicher Bildungsfachleute nicht verändern lassen. So blieb es *vorläufig* bei der Toleranz aus sozialer Distanz gegenüber der Zielgruppenarbeit im Krisen-Management-Interaktionsmodell Hannover mit von Krisen -schon- und -noch nicht- betroffenen Bürgern und Bürgerinnen der Stadt. Dazu war die Autorin in ihrer Doppelrolle als VHS-Abteilungsleiterin wie als Dozentin der VHS Hannover autorisiert und weiterhin herausgefordert zu Reform und Innovation.[346]

(Anm.: Der damalige Volkshochschul-Leiter kam ab dem dritten Messetag und stellte sich bis zum Ende der Ausstellung gemeinsam mit seiner ganzen Familie persönlich in den Dienst unserer Messe-Aktion Integrationsbrücke).

Soviel sei vorab gesagt: Der Erfolg der Veranstaltung *‚Messe Hannover – Brücke zum Miteinander Leben Lernen'* sicherte langfristig die Zukunft des Krisen-Management-Interaktionsmodells Hannover bis in die Gegenwart.

4.4.2 Messe-Aktionen: Integrationsbrücke

Die Ansprache der Öffentlichkeits-Zielgruppe Verbraucher musste über ihre Konsumbedürfnisse erfolgen; Messebesucher wollen Angebote konsumieren, nicht aber in erster Linie reflektieren. Dementsprechend galt es, eine reichhaltige Angebotspalette zu präsentieren, die anlockte, Neugier weckte, Spontaneität auslöste und über die Schwellenbarriere emotionaler Betroffenheit durch persönliche Ansprache hinweghalf.

Unter dem Arbeitstitel *‚Integrationsbrücke als Sozialtraining'* wurden die Partizipations-Bausteine aller stabilisierten und integrierten Zielgruppenteilnehmer zu einem 20 Aktionen umfassenden non-stop-Programm zusammengefügt, das vom Roll-in der Messebesucher in Rollstühlen durch die Messehallen bis zur Beratungs-Kaffee-Stube streute. Waren in diesem Sozialtraining alle Altersstufen durchgehend von 9 bis 18 Uhr angesprochen, so wurden zusätzlich -schon- und -noch nicht- betroffene Vorschul- und Grundschulkinder vormittags von 10.00 bis 11.00 Uhr zu Spielaktionen „*Wir spielen! – Machst du mit?*" und -schon- und -noch nicht- betroffene Kinder und Jugendliche nachmittags von 15.00 bis 16.00 Uhr zur Hobbyaktion „*Mitgemacht – Selbstgemacht, Spaßgemacht*" angelockt. Diese Sonderveranstaltungen wurden insbesondere von den Eltern unter den Messebesuchern gern gesehen, die die vorübergehende Freistellung von den Kindern während des Messebummels wünschten und anschließend ins Beratungskaffee einkehrten, was uns Gesprächsanlässe mit Eltern und Kindern über ihre Erlebnisse mit -schon- betroffenen Partnern eröffnete. Zur speziellen Unterrichtung aller Mitarbeiter wurde ein Animateurtraining angeboten, in dem Konfliktsituationen mit Messebesuchern wie ‚Hier ist eine Spende für Ihre Arbeit' oder ‚Warum verderben Sie uns den Spaß' oder ‚So was sollte man verbieten' antizipiert, analysiert und Handlungsalternativen im Rollenspiel erarbeitet wurden.

Nachfolgend werden die Aktionen als Partizipations-Bausteine des Messe-Sozialtrainings Integrationsbrücke aller unterschiedlichen Zielgruppen zur Illustration des Lernprozesses Krisenverarbeitung im Krisen-Management-Interaktionsmodell im ZIEL-Stadium III der Spiralphasen – *Annahme* (6), *Aktivität* (7) und *Solidarität* (8) beschrieben.[347]

Partizipations-Baustein der -schon- und -noch nicht- betroffenen Menschen, hier ‚körperbehindert', war das *Roll-in,* bei dem jeder Messebesucher aus der Perspektive des ‚Pseudo-Rollstuhlfahrers' neben einem realen Rollstuhlfahrer und begleitet von einem Rollstuhlschieber unmittelbar an sich selbst die 1.000-fache Beeinträchtigung durch die Reaktionen der Umwelt während der Spießrutenfahrt durch die Messehallen erfahren sollte. Zu diesem Zweck standen täglich 40 leere Rollstühle zur Verfügung, erwarteten 40 Menschen mit einer körperlichen Beeinträchtigung und weitere 40 Rollstuhlschieber die Messebesucher. Den An- und Abtransport hatten die freien Wohlfahrtsverbände übernommen. Die Organisation dieses Fahrdienstes sowohl für Animateure wie auch für ‚körperbehindert' Messebesucher hatten die Zielgruppenteilnehmer durch Telefonketten organisiert, die über Rundfunk und Zeitung schon vier Wochen vor Messebeginn werbend anliefen (s. Abb. Zeitungsaufruf).[348] So bauten die -schon- betroffenen Interaktionspartner Brücken zu -noch nicht- betroffenen Besuchern auf:

1. „Setzen Sie sich 5 Minuten in einen Rollstuhl, erfahren Sie die infa im Roll-in als ein ‚Behinderter', erleben Sie die 1000-fache ‚Behinderung' durch die Umwelt."

Die gemeinsame Verarbeitung der erlebten Situationen, Ängste, Lösungen erfolgte im anschließenden Gespräch und Niederschlag auf einer *Wandzeitung,* die ihrerseits werbewirksam vorübergehende Messebesucher animierte:

2. „Sprechen Sie mit uns über Ihre Erfahrungen, Ängste und Lösungen, schreiben Sie Ihre Erlebnisse auf unserer Wandzeitung an."

Parallel dazu konnte das Stadtzentrum Hannovers über ein *Roll-in-Würfelspiel* – das den Tagesablauf eines von Körperbehinderung betroffenen Menschen begleitete –, erforscht und am Beispiel öffentlicher Gebäude und Verkehrsmittel die barrierefreie ‚behinderten'gerechte Stadt aus der Sicht eines Roll-

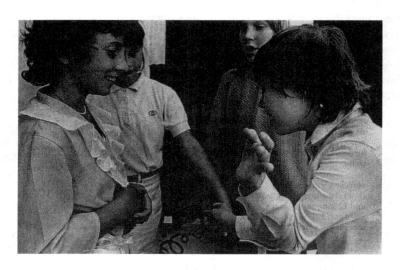

zu 4.4: Programm Messe-Aktionen – Spiele
Messe Hannover – Brücke zum Miteinander Leben Lernen
Krisen-Management-Interaktionsmodell Hannover zum Lernprozess
Krisenverarbeitung in der Weiterbildung

© Erika Schuchardt

stuhlfahrers entdeckt werden, um angesichts der Treppenbarrieren ein *Treppentraining an der Messe-Treppe* zu üben:

3. „Erobern Sie im Roll-in-Spiel die Stadt Hannover, trainieren Sie auf der Messe-Modell-Treppe, entdecken Sie eine behindertenfreundliche oder -feindliche City."

Politisches Handeln sollte durch Unterzeichnung einer *Unterschriftenliste* ermöglicht werden:

4. „Handeln Sie mit Ihrer Unterschrift, fordern Sie behinderten gerechtes Wohnen, Bauen und Leben."

Dazu forderte außerdem die Round-table-Diskussion mit Stadtrat, Stadtschülerrat und Journalisten heraus:

5. „Diskutieren Sie mit Stadtrat, Schülerrat und Journalisten über Schwerpunkte im Behindertenplan der Stadt Hannover."

Zum Trimm-dich startete im Messe-Freigelände die Rollstuhl-Olympiade:

6. „Trainieren und kämpfen Sie mit uns auf der Rollstuhl-Olympiade im Freigelände."

Partizipations-Baustein der -schon- und -noch nicht- betroffenen Menschen, hier sinnesbehindert, wurde das zentrale *Messe-Schreib-Büro,* es erledigte gleicherweise für Aussteller wie Messebesucher und Journalisten kostenfrei die Ausführung aller Schreibaufträge:

7. „Bedienen Sie sich unseres Blindenschreib-Service, im non-stop-Tempo erledigen wir Ihre Schreibarbeiten."

Ergänzt wurde der Schreibservice durch eine *Messe-Telefon*-Aktion, die gleicherweise funktional die Interaktion zwischen -schon- und -noch nicht- betroffenen Besuchern aufbaute:

8. „Wählen Sie die Blinden-Telefon-Auskunft, sie vermittelt Rufnummern, Informationen, Kontakte."

Lerneifrige konnten die Anfänge des *Lormschen Handalphabetes* erlernen und über das Lernen erste Kontakte zu von Taubblindheit betroffenen Menschen aufnehmen:

9. „Erlernen Sie das Lormsche Handalphabet, unser Verständigungsmittel mit Taubblinden."

Fortgeschrittene Lerner versuchten sich daran, am Braillomaten, dem *Telefon der Taubblinden,* erste telefonische Kontakte mit ihnen anzuknüpfen:

10. „Testen Sie das Telefon der Taubblinden, den Braillomaten, fühlen Sie Ihre Sprache am Monofonator."

Partizipations-Bausteine der -schon- und -noch nicht- betroffenen Menschen, hier mehrfachbehindert, z. B. schwerstbehindert (Ausfall der Bewegung und Sprache) wurden Interaktionen über Multicom, der geblasenen Tastatur einer Schreibmaschine, deren Zeilenentstehung die Messebesucher voll Spannung verfolgten, lasen und beantworteten:

> 11. „Blasen Sie über Multicom bewegungs- und sprachlos die Tastatur einer Schreibmaschine für schwerstbehinderte Kindergelähmte."

Von Sprachbehinderung betroffene Menschen suchten Interaktion über sprachtherapeutische Spiele am language-master und phonic-mirror sowie über Kasper- und Rollenspiele:

> 12. „Erleben Sie Sprachtherapie am language-master und phonic-mirror, spielen Sie mit uns Kasper- und Rollenspiele."

Partizipations-Bausteine aller -schon- und -noch nicht-betroffenen Zielgruppenteilnehmer der Messe-Öffentlichkeit waren Spiel-Spaß-Gesprächsangebote, angefangen von Spiel- und Schachturnieren über Musik- und Quizraten bis hin zum Fragebogen-Interview:

> 13. „Gewinnen und verlieren Sie beim Schach-, Musik- und Quizturnier zwischen behinderten und nichtbehinderten Partnern."

Die Infothek präsentierte 40 Kassetten, die von, mit und über Krisen-Ereignisse aus der Sicht -schon- betroffener Menschen – sowohl ihrer Be-Lastungen als auch ihrer Be-Reicherungen – direkt informierten.

Schon- betroffene Messe-Animateure sprachen nicht nur direkt, sondern überdies mittels Medien indirekt, aber unverschlüsselt offen über Beziehungs-Störungen zu -noch nicht- betroffenen Messebesuchern, Fachleute demonstrierten Ausschnitte aus Diagnostik, Behandlung und Therapie und informierten anhand von Fallstudien über Präventions- und Interventions-Angebote, über humangenetische Beratungsstellen und über Früherkennungs-Möglichkeiten:

> 14. „Besuchen Sie unsere Infothek, 40 Kassetten von, mit und über Behinderte sprechen zu Ihnen."

Die Mediothek mit 50 Filmen zu Krisenereignissen weltweit verlockte durch eine Ruhezone im Messegelände zum Verweilen, sie bot Sitzplatz, Erfrischung, Abwechslung und die Ansprache durch Medien und – überdies entscheidend – ständig bereite Gesprächspartner:

> 15. „Sehen und sprechen Sie über Filme, Behindertsein im ZDF, ARD und anderen Medien."

Die Spielothek stellte Arbeits-, Spiel-, Lern- und Lehrmaterial zum Ausprobieren bereit und bot überdies einen Kinder-Parkplatz an:

16. „Entdecken Sie die 500 Ideen in der Spielothek, als Spiel-, Lehr-, Lern- und Arbeitsmaterialien."

Die Bibliothek präsentierte mittels Handapparat Behindertsein im Kinder-, Jugend- und Elternbuch und lud zu Vorlesestunden in der Ruhezone ein:

17. „Stöbern Sie in der 100-Titel-Bibliothek, Behindertsein im Kinder-, Jugend- und Elternbuch."

Die *Kaffee-Beratungs-Stube* erwartete die Messebesucher zur Muße, Erfrischung und zum Gespräch:

18. „Trinken Sie Kaffee, denken, diskutieren, handeln Sie mit uns."

Die schon erwähnten *Partizipations-Bausteine der Kinder- und Jugend-Sonderaktionen* boten neben der Entlastungsfunktion für die Eltern den Kindern gemeinsame Spiel- und Lernfelder zur Interaktion; beispielsweise ‚Fingerfarbenmalerei mit geistigbehinderten Kindern', ‚Kasper- und Rollenspiele mit sprachbehinderten Kindern', ‚Tanz und Spiel mit mehrfachbehinderten Kindern', ‚Musikmachen mit sinnesbehinderten Kindern', sie luden ein unter dem Motto:

19. „Wir spielen! – Machst Du mit?"

In den *Hobby-Bastler-Aktionen* am Nachmittag stellten sich *Jugendliche* mit einer geistigen Beeinträchtigung aus einer Eingliederungswerkstätte als *Lehrmeister* für -schon- und -noch nicht- betroffene Messebesucher zur Verfügung, oder beim ‚Portraitzeichnen' nahmen -schon- und -noch nicht- betroffene Menschen nonverbal Kontakt zueinander auf, lernten sie einander neu sehen, erkennen und zueinander sprechen, alles unter dem Motto:

20. „Mitgemacht – Selbstgemacht – Spaßgemacht!"

Einzige schriftliche Information waren drei Blätter über die täglichen Aktionen des Sozialtrainings, über die ganzjährigen Angebote der VHS und über Einstellungsumfragen unter der Bevölkerung über von Krisen -schon- betroffene Menschen.[349]

4.4.3 Begleituntersuchung und Medienecho

Zur Überprüfung des beschriebenen Lernprozesses Krisenverarbeitung im Krisen-Management-Interaktionsmodell Hannover dürfte unter dem Kriterium wachsender Interaktions-Fähigkeit bei abnehmenden Interaktions-Störungen schon allein die Präsentation der durchgeführten Partizipations-Bausteine selbst als Aktionen in der Öffentlichkeit einer Messe unter Beteiligung aller Zielgruppen der Landeshauptstadt als ausreichend anzusehen sein. Die davor liegenden Bausteine demonstrieren die angestrebte Verhaltensänderung von der Suche nach

Warum?

Wissenschaftliche Untersuchungen stellten fest:

– Die *Forschungs-Gemeinschaft* „Das körperbehinderte Kind" untersuchte 1971 das spontane Verhalten des Normalbürgers gegenüber Contergan-Kindern, Fazit:

    90 % wissen nicht,
            wie sie sich Behinderten gegenüber verhalten sollen,

    85 % zeigen sich uninteressiert
            am Schicksal der Behinderten,

    73 % sind dagegen, behinderte Kinder
            durch ärztliche Bemühungen am Leben zu erhalten,

    71 % fordern die Sondererziehung der Behinderten
            in separaten Einrichtungen,

    63 % möchten die Behinderten ins Heim verbannen,

    56 % lehnen die Hausgemeinschaft mit Behinderten ab.

– Das Meinungsforschungsinstitut *Infratest* bestätigt:
        nur ein Bruchteil der Bevölkerung weiß um die wahren Gründe von Behinderungen

    13 % nur nennen die häufigste Ursache, eine schwierige Geburt.

– Die jüngste Untersuchung der *Universität Marburg* über die vermeintlichen Ursachen geistiger Behinderung erhärtet diese Ergebnisse:

    70 % geben – unwissend – den Eltern die Schuld an der Behinderung

    2/3 der Befragten entscheiden sich für eine Verbannung ins Heim, und zwar in entlegenen, abgeschiedenen Orten

    1/3 nur ist bereit, das eigene Kind mit einem behinderten Kind spielen zu lassen.

– Ein *spastisch Gelähmter*, einer von 6 Millionen, äußert:
    „Es ist nicht die Behinderung, die lähmt, sondern die Rolle des Outsiders nimmt uns die Möglichkeit der Bewährung: Nicht das Mitleid tötet, sondern daß man es als Anmaßung empfindet, so wie die anderen sein zu wollen.
    Hierin liegt auch der Grund für jenes irrationale Schuldgefühl gegenüber . . . ,
    der Gesellschaft:
    Unser Wunsch, so zu sein wie die anderen . . .
    gibt uns jene eiskalte Lebensangst zu tragen auf, die in einer so reichen Industriegesellschaft nur schwer begreifbar ist."

Was alle, auch S i e , tun können?

    Machen Sie mit. Wagen Sie Experimente.
    Hier auf der infa. Ganzjährig in der VHS.
    Denken, diskutieren, handeln S i e mit uns.

                VHS-Volkshochschule Hannover
                Fachbereich: Pädagogik – Psychologie – Philosophie
                Leitung: Akademische Rätin Erika Schuchardt
                Pädagogische Hochschule Hannover

INTEGRATION MESSE
Brücke zwischen Behinderten + Nichtbehinderten
VOLKSHOCHSCHULE

Infoblatt für Messebesucher
zu 4.4: Messe Hannover – Brücke zum Miteinander Leben Lernen
Krisen-Management-Interaktionsmodell Hannover zum Lernprozess
Krisenverarbeitung in der Weiterbildung

© Erika Schuchardt

Annahme des EINGANGS-Stadiums I über die *Aggression* des DURCHGANGS-Stadiums II zur *Annahme, Aktivität* und *Solidarität* im ZIEL-Stadium III. Daneben können quantitative Messungen vorgelegt werden. Entscheidend aber bleibt die Priorität der Qualität des Interaktionsprozesses, in dem alle Beteiligten die Barriere vom personellen zum gesellschaftlichen Handeln überschritten haben. Demzufolge müssen die Interaktionsprozesse der einzelnen Partizipations-Bausteine als Ausdruck einer personalen und sozialen Identitätsfindung betrachtet werden, die sich im ZIEL-Stadium III der primär aktionalen Lerndimension selbstgesteuert unterschiedlich nach Art und Grad der Beeinträchtigung auslebt; als *Annahme* ‚Ich kann!' als *Aktivität* ‚Ich tue!' und als *Solidarität* ‚Wir handeln!' Zur weiteren Überprüfung der Konzeption in den Messe-Aktionen sollen nachfolgend zunächst die Begleituntersuchungen,[350] sodann zwischenzeitlich publizierte Gutachten und Forschungsergebnisse vorgestellt werden. Dazu sind drei Vorbemerkungen erforderlich:

1. Die Begleituntersuchung orientierte sich primär an der *Messe infa*-Konzeption der Interaktion; sie wollte mittels standardisierter Fragen Gesprächsanstöße vorgeben, erst sekundär war sie auf Überprüfung ausgerichtet.
2. Eine Repräsentativität der Begleituntersuchung konnte angesichts der Messebesucher einer Verbraucherausstellung von vornherein nicht gegeben sein, es handelte sich vielmehr nur um eine anfallende Zufallsstichprobe.
3. Der Aussagewert der Befragung als Einstellungsuntersuchung reduziert sich weiter aufgrund des häufig vernachlässigten Faktors der kognitiven Dissonanz zwischen Einstellung und Verhalten.

Trotz dieser einschränkenden Bemerkungen lassen sich in Anbetracht der Größe der Stichprobe (2.167 Messebesucher als Probanden) dennoch gewisse Trends feststellen, insbesondere dann, wenn die Funktion der *Messe infa* ‚Verbraucheraufklärung durch passiven Konsumgenuss' und die Zielsetzung der Bildungsarbeit ‚Zielgruppenarbeit Öffentlichkeit durch aktives Interaktions-Sozialtraining' in ihrer diametralen Relation erkannt werden.[351]

Die zugrunde gelegte **Hypothese** lautete:

- Integration/Partizipation von Krisen -schon- und -noch nicht- betroffener Menschen kann durch Angebote intensiverer Interaktion angebahnt werden.
- Interaktion kann den Abbau von Informations- und Interaktions-Störungen von Vorurteilen und Stereotypen bewirken und Interaktions-

Bereitschaft und -Fähigkeit zwischen -schon- und -noch nicht- betroffenen Menschen aufbauen.
- Interaktion kann lernungewohnte WB-Adressaten ansprechen, WB-Teilnehmer gewinnen sowie neue Bildungs-Erwartungen wecken.

Die Überprüfung führte zu folgenden Ergebnissen:[352]

1. *Animateure beim Messe-Sozialtraining Integrationsbrücke*
Täglich erlebten 200 Teilnehmer als Animateure in den 20 Aktionen ihre Partizipation an gesellschaftlicher Wirklichkeit.[353] Damit ist eine unerwartet hohe Anzahl von Krisen -schon- und -noch nicht- betroffener Menschen in das ZIEL-Stadium III des hier vorgestellten Lernprozesses Krisenverarbeitung des Krisen-Management-Interaktionsmodells Hannover eingetreten; sie hatten damit die Annahme ihres Krisen-Ereignisses (Spiralphase 6), ihren personalen Identitätsaufbau in der Aktion (Spiralphase 7) sowie ihre Balance zwischen personaler und sozialer Identität in der Solidarität (Spiralphase 8) erreicht. Allein in der Präsentation der Partizipations-Bausteine während zehn Messetagen durch insgesamt ca. 500 Animateure, die als neue WB-Teilnehmer in dreijähriger Zielgruppenarbeit gewonnen wurden, ließ sich der Lernprozess Krisenverarbeitung bei allen Beteiligten überprüfen. Darüber hinaus lassen sich Aussagen über den Erfolg der Aktionen aufgrund der externen Evaluation der Fragebogeninterviews mit Messebesuchern machen.

2. *Messebesucher beim Messe-Sozialtraining Integrationsbrücke*
Das Sozialtraining nahm überraschenderweise eine Spitzenposition unter den besuchten Messeständen ein. Von den 200.000 Messebesuchern konnten täglich ca. 2.000, an Wochenendtagen ca. 4.000 ‚Standbesucher', zutreffender Interaktionspartner der Partizipations-Bausteine, gezählt werden. Das bestätigt unsere Hypothese: Interaktion ist effizienter als Information.

3. *Interviewte beim Messe-Sozialtraining Integrationsbrücke*
Während der Konsummesse waren insgesamt 2.167 Besucher, das sind 1 % der Gesamtzahl der Messebesucher oder 10 % der Standbesucher, bereit, sich auf das Gesprächsangebot im Sinne eines standardisierten Interviews einzulassen und sich dem 17-Fragen-Katalog[354] im Interaktionsprozess zwischen -schon- und -noch nicht- betroffenen Messebesuchern zu stellen; davon waren 1.736 Fragebogen auswertbar. Die unerwartet hohe Beteiligung kann als Indiz für den starken Aufforderungscharakter des Sozialtrainings gelten.

4. *Sozialstruktur der Interviewten und der Besucher*[355]
Die Sozialstruktur der Fragebogeninterviewten erwies sich als repräsentativ für die der Messebesucher. So zeigte übereinstimmend mit der Begleituntersuchung die Statistik der infa 1975 eine beachtliche Übergewichtung der Mittelschicht, wobei der hohe Anteil der Schüler bzw. Studierenden nicht übersehen werden darf.[356] Da jedoch das Sample der anfallenden Zufallsstichprobe von Messebesuchern nicht repräsentativ war, konnten auch keine schichtspezifischen Merkmale aus der Untersuchung abgeleitet werden.

5. *Kontakte der Befragten zu -schon- von Krisen betroffenen Menschen*[357]
74 % der Befragten gaben an, Kontakte mit -schon- von Behinderung betroffenen Menschen zu haben, gegenüber 26 % (434), die ohne solche Kontakte die Interaktion mit einem -schon- betroffenen Messe-Animateur in der Fragebogenaktion spontan aufnahmen. Daraus folgt, dass auf der infa allein durch die Fragebogenaktion 434 *erstmalige* Kontakte zwischen -schon- und -noch nicht- betroffenen Menschen erfasst wurden; es ist realistisch anzunehmen, dass sich diese Anzahl hätte beträchtlich erhöhen lassen, vielleicht auf knapp 10.000, wenn die Fragebogenuntersuchung exemplarisch als nur ein Partizipations-Baustein angesehen und folgerichtig mit den 20 parallel dazu verlaufenden Aktionen des Sozialtrainings multipliziert worden wäre, die täglich 2.000 und an Wochenenden bis zu 4.000 Standbesucher pro Tag registrierten. Diese Annahme wird erhärtet durch Frage 8,[358] in der von den 100 % (1.796) Befragten nur 20% (347) angaben, an einer Aktion des Sozialtrainings selbst teilgenommen zu haben, woraus abgeleitet werden kann, dass sich die Befragten selbst als Nichtteilnehmer einordnen, weil sie das Befragungsgespräch eines Interviews nicht der Aktion zuordnen. Wir können desto wahrscheinlicher annehmen, dass nicht nur 434, sondern knapp *10.000 Teilnehmer erste Kontakte* zu -schon- betroffenen Menschen beim infa-Sozialtraining Integrationsbrücke anknüpften. Das erhärtet unsere *Hypothese: Interaktion kann Vorurteile und Stereotypen abbauen.*

6. *Begegnungs-Felder der Befragten zu -schon- betroffenen Menschen*[359]
Es ist aufschlussreich, dass von den 74 % derjenigen, die bereits über Kontakte zu -schon- betroffenen Menschen verfügten, 75 % funktionale Begegnungs-Felder im Sinne ungeplanter Lernprozesse angaben gegenüber einer Minderheit von 19 %, die intentionale Begegnungs-Felder nannten. So verteilten sich die Angaben über die Begegnungs-Felder zu 26 % auf die Öffentlichkeit, zu 21 % auf die Nachbarschaft, zu

18 % auf die Familie gegenüber nur 17 % mit Kontakten in der Schule und nur 2 % in der VHS.

Das zeigt, Integration ergibt sich bisher überwiegend funktional aus zufälligen Begegnungen zwischen -schon- und -noch nicht- betroffenen Menschen in Öffentlichkeit, Nachbarschaft oder Schule und überdies noch ohne unterstützende Angebote einer pädagogischen Begleitung, in der Miteinander Leben Lernen gelernt werden kann. Daraus werden die Fluchtwege in die Distanz -noch nicht- betroffener Menschen oder in die Vermeidung im Sinne einer Irrelevanz fast zwingend angezeigt. Das verstärkt unsere *Hypothese: Interaktion kann Informations- und Kommunikations-Defizite abbauen.*

7. *Teilnahme der Befragten am Sozialtraining Integrationsbrücke*[360]
Von den 1.736 Befragten gaben nur insgesamt 347, also nur 20 % an, sich an einer der zwanzig Messe-Aktionen beteiligt zu haben; zwar stimmte die Mehrzahl der Notwendigkeit solcher Aktionen rational zu, d. h., weitere vier Fünftel stellten sich der Auseinandersetzung mit dem Fragebogen, aber sie verharrten zugleich emotional weiter in sozialer Distanz. Das bestätigt erneut das Phänomen der kognitiven Dissonanz, das des Weiteren durch die Analyse des Verhaltens gegenüber von Krisen -schon- betroffenen Messebesuchern[361] erhärtet wird: auf die Fragen nach dem eigenen Verhalten wurden folgende Einstellungen angegeben:
- Gehen Sie von sich aus selbst aktiv auf Menschen mit Behinderungen zu? 57,7 % ja.
- Bejahen Sie eine Hausgemeinschaft mit von Behinderung -schon- betroffenen Menschen? 87,7 % ja.
- Lassen Sie Ihr Kind mit einem beeinträchtigten/behinderten Kind spielen? 85,3 % ja.

Wenn schon die Diskrepanz auf der *Messe infa* zwischen aktiver Teilnahme als Verhalten und passiver Meinungsäußerung als Einstellungshaltung nachdenklich werden ließ, lässt der Vergleich mit repräsentativen Untersuchungen noch schwerere Bedenken aufkommen; dort wird die Hausgemeinschaft von 56 % der Bevölkerung abgelehnt,[362] und nur ein Drittel ist bereit, das eigene Kind mit einem beeinträchtigten/behinderten Kind spielen zu lassen;[363] daraus wird zusätzlich eine zu positive Aussage der Untersuchung auf der *Messe infa* deutlich.

8. *Lernerfahrungen aus dem Sozialtraining Integrationsbrücke*[364]
Die Befragten schätzen ihre Lernerfahrungen selbst wie folgt ein: ‚Ich bin im Umgang mit Behinderten sicherer geworden' (24 %); ‚Ich weiß etwas mehr über Behinderte' (30 %); ‚Ich bin dabei, meine Einstellung

gegenüber Behinderten zu ändern' (2,3 %). Die letztere zu direkte Frage kann eine Abwehrhaltung herbeigeführt haben, und die Kreuztabellierungen ergeben, dass das durchschnittliche Viertel der Befragten, die ihre Lernerfahrungen als Veränderungen ihrer Einstellungen beschreiben, mit jenem Viertel korreliert, das die infa-Kontakte als Erstkontakte mit von Krisen -schon- betroffenen Menschen angab.

9. Einstellung zum Sozialtraining Integrationsbrücke[365]

Es ist auffällig, dass mit zunehmendem Alter die Ablehnung des Messe-Sozialtrainings ansteigt. Während die unter 25-Jährigen und die 25- bis 34-Jährigen ohne jede Ablehnung der infa-Aktion uneingeschränkt zustimmen, lehnen die 35-bis 49-Jährigen zu 50 % das Sozialtraining ab. Hier befinden wir uns in Übereinstimmung mit dem Untersuchungsergebnis v. Brakkens, der zu der *These* kommt: ‚Mit steigendem Lebensalter vermehren sich die Anhaltspunkte für Vorurteile und für soziale Distanz.'[366]

Zusammengefasst belegt die nichtrepräsentative Begleituntersuchung zum *Lernprozess Krisenverarbeitung im Krisen-Management-Interaktionsmodell Hannover* anhand der Messe-Aktionen die **Hypothese**: Integration/Partizipation von Krisen -schon- und -noch nicht- betroffener Menschen kann durch Angebote intensiverer Interaktion angebahnt werden. Interaktion kann den Abbau von Informations- und Interaktions-Störungen, von Vorurteilen und Stereotypen bewirken und Interaktions-Fähigkeit zwischen von Krisen -schon- und -noch nicht- betroffenen Menschen aufbauen. Interaktion kann lernungewohnte WB-Adressaten ansprechen, WB-Teilnehmer gewinnen sowie neue Bildungs-Erwartungen wecken.

Bevor eine weitere Wirkungskontrolle der Messe-Aktionen anhand des Echos in den Massenmedien erfolgt, sollen die vorgelegten Untersuchungsergebnisse in einem kurzen Exkurs in den Kontext repräsentativer **Forschungen zum Abbau von Vorurteilen gegenüber von Krisen -schon- betroffenen Menschen** gestellt werden. Dazu sei zunächst auf die Gutachten u. a. der Psychiatrie-Enquete hingewiesen, die im Auftrage der Bundesregierung wissenschaftlich abgesicherte Konzeptionen zum ‚Abbau von Vorurteilen gegenüber psychisch Behinderten' (1974) vorlegten.[367] Wenn auch dort – entsprechend der Aufgabenstellung – noch nicht auf Realisierungen zurückgegriffen werden konnte und auch noch auf keine Einbindung einer solchen Konzeption als Teil von Weiterbildung oder eines institutionalisierten systematischen Lernprozesses – wie hier des Lernprozesses Krisenverarbeitung – abgehoben wird, führen die Schlussfolgerungen übereinstimmend in allen drei eingeholten Gutachten und damit in unserem Sinn konsequent zu der These: Interaktion hat Vorrang vor Information.

Die Gutachter beziehen in der Psychiatrie-Enquete wie folgt Stellung:

Bauer: Zusammenfassende Schlussfolgerungen
„... Sozialpsychologische Einstellungsforschung ... hat gezeigt, dass negative Einstellungen und distanzierte Handlungen am ehesten über gemeinsame Aktivitäten vermindert werden können. Aus diesem Grunde wird Öffentlichkeitsarbeit dann besonders wirksam werden können, wenn alle diejenigen Gruppierungen eine Unterstützung erfahren, deren Ziel es ist, solche Kontakte zu vermitteln, herzustellen oder zu unterhalten. Die unter 1 bis 3 genannten Formen der Öffentlichkeitsarbeit sollten von den Massenmedien Presse, Funk und Fernsehen publizistisch begleitet werden."[368]

Finzen: Konkrete Empfehlungen
„Einmalige Aktionen, etwa Aufklärungsaktionen großen Stils, werden weder als Broschüre noch als Fernsehsendung anhaltenden Erfolg haben, weil es nicht nur um Information, sondern vor allen Dingen um die Korrektur von Verhalten und die Änderung von emotionalen Haltungen geht. Beides sind längerfristige Prozesse, die eine dauernde Auseinandersetzung mit dem Problem voraussetzen."[369]

Scherer: Zusammenfassung
„Die Versuche, die Einstellung der Bevölkerung ... positiver zu gestalten, haben in nahezu allen Fällen gezeigt, dass sachliche Informationsvermittlung mit persönlichem Kontakt mit den betroffenen Personengruppen kombiniert werden muss, um eine Einstellungsänderung herbeizuführen...
... die Entwicklung von Kursen, Veranstaltungen und ähnlichen Maßnahmen, die eine optimale auf eine bestimmte Zielgruppe ausgerichtete Kombination von Informationsvermittlung und Kontakterfahrung beinhalten, (ist) eine sehr sinnvolle und erfolgversprechende Vorgehensweise."[370]

Zu vergleichbaren Ergebnissen führt auch die erste spezifisch in einer Einrichtung mit Menschen mit Behinderung durchgeführte großangelegte Untersuchung der *Kommunikationsforschung* in Wuppertal. In einer der größten und ältesten Einrichtungen, im *Hessischen Diakoniezentrum* Hephata *in Treysa*,[371] wurde – gefördert vom Bundesministerium für Jugend, Familie und Gesundheit (BMJFG) und der Evangelischen Kirche in Deutschland (EKD) – durch Situations- und Kommunikationsanalyse versucht, Grundlagen für Öffentlichkeitsarbeit zu gewinnen.[372] Die repräsentativ angelegte Untersuchung – deren Kontroll-Untersuchung im *Rummelsberger Diakoniezentrum* bei Nürnberg durchgeführt wurde – deckte auf der empirischen Basis von 1.050 Einzelinterviews in der Bevölkerung, 200 Mitarbeiterinterviews in Hephata und 4.136 Fragebogen aus dem Freundeskreis des Diakoniezentrums Trends auf, aus denen Handlungsvorschläge zur Verbesserung der Öffentlichkeitsarbeit als ‚public and human relation' als ‚externe und interne Kommunikation' entwickelt wurden (s. Doppel-Band 2, Teil III, Kap. 6.5: *Anstoß und Appell* Hephata).

Für unsere Öffentlichkeitsarbeit im Messe-Sozialtraining im Krisen-Management-Interaktionsmodell Hannover sind die Ergebnisse der ‚Informations- und Kommunikations-Erwartungen der Bevölkerung gegenüber von Krisen -schon- betroffenen Menschen' relevant. Sie sollen vorgestellt werden, da sie – gleicherweise wie die Gutachten der Psychiatrie-Enquete – die Interaktions-Konzeption unseres Sozialtrainings empirisch erhärten. Die Untersuchungsergebnisse aus HEPHATA führen zu folgenden Konsequenzen für die Konzeption der Öffentlichkeitsarbeit:[373]

1. Die Wirkungen publizistischer Öffentlichkeitsarbeit sind nicht zu hoch anzusetzen.
2. Zielgruppenarbeit hat Priorität vor der Öffentlichkeitsarbeit durch Massenmedien.
3. Mitarbeiter aus Einrichtungen mit von Krisen -schon- betroffenen Menschen sind bei intakter interner Kommunikation die besten Öffentlichkeitsarbeiter bzw. Multiplikatoren.
4. Die Bevölkerung engagiert sich stärker in der Arbeit mit von Krisen -schon- betroffenen Menschen als angenommen wurde. Jeder zweite Bürger in Nordhessen wünscht mehr Information über diesen Personenkreis.
5. Bereits informierte Menschen haben stärkere Informations- und Kommunikationserwartungen als -noch nicht- informierte.
6. Zwei Drittel der Befragten in Nordhessen (Befragungseineinheit Bevölkerung) – und im Landkreis sogar 77 % – machen konkrete Angaben über ihre Informations- und Kommunikationserwartungen.
7. Eine Rangreihe der Informations- und Kommunikationserwartungen der Bevölkerung zeigt:
   - an erster Stelle steht mit 80 % das Interesse der Bevölkerung an Rehabilitation, an Möglichkeiten der beruflichen und sozialen Eingliederung, mit denen sich die Bevölkerung identifiziert; keine Priorität haben Finanzierungsprobleme.[374]
   - an zweiter Stelle mit 66 % steht die Forderung der Bevölkerung nach ‚stärkerem Kontakt mit von Krisen -schon- betroffenen Menschen, um Vorurteile abzubauen und mehr Verständnis zu entwickeln', ferner nach Anleitung und Hilfe, wie sie sich den von Krisen -schon- betroffenen Menschen gegenüber angstfrei und weniger verkrampft verhalten kann; die Probleme -schon- betroffener Menschen mit der Öffentlichkeit werden von der Bevölkerung als Probleme der Öffentlichkeit im Umgang mit betroffenen Menschen erkannt.[375]
   - Erst an dritter Stelle steht das Interesse der Bevölkerung an Information über die frühzeitige Erkennung von Beeinträchtigungen/Behinderungen und ihren Ursachen und an Aufklärung über Frühförderung.[376]

Auf der Basis dieser Untersuchungsergebnisse wurden entsprechende Konsequenzen gezogen, die ähnlich wie unsere Messe-Aktionen das Projektziel ‚Integration/Partizipation von Krisen -schon- betroffener Menschen durch Angebote intensiverer Kommunikation' verfolgen, das z. B. in HEPHATA in der Realisierungsphase umgesetzt und bis in die Gegenwart hinein als in seiner Art einmaliges und einzigartiges Begegnungszentrum – als Lebens- und Lernort der Weiterbildung – gesellschaftsverändernde Anstöße bewirkt.[377] (s. DVD Kurz-Film-Dokumentation zu Kap. 6.5: ‚*Anstoß und Appell HEPHATA: Tue dich auf!*').

Behinderte auf der infa-Messe in Halle 19 ?
Behinderte in der Volkshochschule (VHS) ?
Behinderte und S i e ?

Mitten unter uns leben 6 Millionen Bundesbürger als Behinderte, dazu werden jährlich 60 000 aller Kinder mit Behinderungen körperlicher, geistiger und seelischer Art geboren, steigt diese Zahl Jahr für Jahr um weitere 200 000 Frauen und Männer an, die durch Verkehrs- oder Arbeitsunfälle, Krankheit oder Verschleißerscheinungen vorzeitig aus dem Erwerbsleben ausscheiden.

6 Millionen Behinderte, das ist mehr als die Schweiz Einwohner hat, nur mit dem einen entscheidenden Unterschied:
Die Behinderten in unserem Land sind weitgehend unbekannt, sie sind größte und zugleich ergebenste Randgruppe.

S i e wissen das alles ?
Dann sollten S i e es auch selbst e r l e b e n !

Wir wollen nicht nur darüber reden, sondern auch die eigenen wie die gesellschaftlichen Konflikte bewußt machen und Anstöße geben.

Wagen S i e Experimente !

O   T ä g l i c h von 9.00 – 18.00 Uhr VHS-infa-Aktionen für S i e in Halle 19:

- 1 – Setzen Sie sich 5 Minuten in einen Rollstuhl,
  erfahren Sie die infa im Roll-in als ein Behinderter,
  erleben Sie die 1000-fache Behinderung durch die Umwelt.

- 2 – Sprechen Sie mit uns über Ihre Erfahrungen, Ängste und Lösungen,
  schreiben Sie Ihre Erlebnisse auf unserer Wandzeitung an.

- 3 – Erobern Sie im Roll-in-Spiel die Stadt Hannover,
  trainieren Sie auf der Messe-Modell-Treppe,
  entdecken Sie eine behindertenfreundliche oder -feindliche City.

- 4 – Handeln Sie mit Ihrer Unterschrift,
  fordern Sie behindertengerechtes Bauen, Wohnen und Leben.

- 5 – Diskutieren Sie mit Stadtrat, Schülerrat und Journalisten
  über Schwerpunkte im Behindertenplan der Stadt Hannover.

- 6 – Trainieren und kämpfen Sie mit uns auf der Rollstuhl-Olympiade
  draußen im Freigelände.

- 7 – Bedienen Sie sich unseres Blinden-Schreib-Service,
  im non-stop-Tempo erledigen wir Ihre Schreibarbeiten.

zu 4.4: Programm Messe-Aktionen – Integrationsbrücke
Messe Hannover – Brücke zum Miteinander Leben Lernen
Krisen-Management-Interaktionsmodell Hannover zum Lernprozess
Krisenverarbeitung in der Weiterbildung

© Erika Schuchardt

- 8 - *Wählen Sie die Blinden-Telefon-Auskunft,
sie vermittelt Informationen und Kontakte.*
- 9 - *Erlernen Sie das Lormsche Handalphabet,
unser Verständigungsmittel mit Taubblinden.*
- 10 - *Testen Sie das Telefon der Taubblinden,
den Braillomaten,
fühlen Sie Ihre Sprache am Monofonator.*
- 11 - *Blasen Sie über Multicom
bewegungs- und sprachlos die Tastatur
einer Schreibmaschine
für schwerstbehinderte Kindergelähmte.*
- 12 - *Erleben Sie Sprachtherapie
am language-master und phonic-mirrow,
spielen Sie mit uns Kasper- und Rollenspiele.*
- 13 - *Gewinnen und verlieren Sie
beim Schach – Musik- und Quizturnier
behinderter und nichtbehinderter Partner.*
- 14 - *Besuchen Sie unsere Infothek,
40 Kassetten von, mit und über Behinderte
sprechen zu Ihnen.*
- 15 - *Sehen und sprechen Sie über Filme,
Behindertsein im ZDF, ARD
und anderen Medien.*
- 16 - *Entdecken Sie die 500 Ideen in der Spielothek,
als Spiel-, Lehr-, Lern- und Arbeitsmaterialien.*
- 17 - *Stöbern Sie in der 100-Titel-Bibliothek,
Behindertsein im Kinder-, Jugend- und Elternbuch.*
- 18 - *Trinken Sie Kaffee,
denken, diskutieren, handeln Sie mit uns.*

○ **Täglich um 10.00 und um 15.00 Uhr in Halle 19 :**

- 19 - *Wir spielen – Machst Du mit?
Sie fragen – Wir antworten !*
- 20 - *Mitgemacht – Selbstgemacht – Spaßgemacht?
Portraitzeichnen und Hobby-Basteleien .*

○ **Ganzjährig in der VHS-Volkshochschule, Friedrichswall 13, für S i e :**

 – Eltern–Kinder–Seminare
 – Offene Arbeit mit Jugendlichen
 – Eltern–Familien-Bildung
 – Fort- und Weiter-Bildung

Nähere Angaben im Arbeitsplan der Volkshochschule, Beginn 13. Oktober 1975

W o z u infa- und VHS-Aktionen mit Behinderten und Nichtbehinderten ?

 Vorurteile abbauen – Brücken aufbauen
 Mitleid aufgeben – Solidarität entwickeln
 Verstehen suchen – Leben teilen
 S i e sind ein Teil der öffentlichen Meinung
 Verändern S i e :
 durch neues Wissen, Verstehen und Verhalten !

zu 4.4: Programm Messe-Aktionen – Integrationsbrücke
Messe Hannover – Brücke zum Miteinander Leben Lernen
Krisen-Management-Interaktionsmodell Hannover zum Lernprozess
Krisenverarbeitung in der Weiterbildung

© Erika Schuchardt

Die 1976 – ein Jahr später – vorgelegte *Marburger Untersuchung von v. Bracken* über ‚Vorurteile gegen behinderte Kinder ...', folgerte aus ihren Untersuchungsergebnissen zwar gleichfalls ein Programm zur sozialen Normalisierung, blieb aber bedauerlicherweise bei theoretischen Überlegungen stehen und begrenzte diese auf zwei Schwerpunkte, die Aufklärung durch Massenmedien und durch einzelne Persönlichkeiten, was primär einem ‚Informationskonzept' zuzuordnen wäre.[378]

4.4.4 DVD Presse, Rundfunk, Fernsehen: Messe-Magnet Integrationsbrücke – Krisen-Management-Interaktionsmodell Hannover

Nachdem eine Überprüfung des Lernprozesses Krisenverarbeitung im *Krisen-Management-Interaktionsmodell Hannover* zunächst anhand der Darstellung der Messe-Aktionen Integrationsbrücke, sodann mittels der Begleituntersuchung und überdies unter Heranziehung repräsentativer Forschungsergebnisse geleistet wurde, soll abschließend das **Medienecho** wiedergegeben werden, das ein Ergebnis der Öffentlichkeitsarbeit war und eine Wirkungskontrolle ermöglichte. Wider alle Erwartungen wurde auch hier das Sozialtraining zur Integration/Partizipation von Krisen -schon- und -noch nicht- betroffener Menschen mit insgesamt *drei Fernsehsendungen, sieben Rundfunkreportagen und zweiundzwanzig Zeitungsberichten* während zehn Messetagen zum **Messe-infa-Bestseller.**

Gemäß unserer pädagogischen Konzeption stand auch in der Medienöffentlichkeit weniger die Information an sich als vielmehr die Kommentierung der Interaktionen im Vordergrund, die am Erlebnishorizont des Messebesuchers inmitten seines Alltags anknüpfte und dabei gezielte Sachaufklärung über Krisenereignisse einwob. Damit verstärkte gerade die tägliche Berichterstattung entscheidend den zunehmend sich *ausweitenden Lern- bzw. Bewusstwerdungsprozess der Öffentlichkeit* zu wechselseitiger – komplementärer – Integration/Partizipation; er schlug sich nieder in **Titeln und Thesen der Fernseh- und Rundfunksendungen** sowie in Schlagzeilen und Kommentaren der Zeitungen und intendierte eindeutig unsere **Zielsetzung:**

- Abbau der ‚Sorgenkind'-Haltung ‚für' bzw. ‚gegenüber' von Krisen - schon- betroffenen Menschen
- Aufbau solidarischer ‚Partner'-Beziehung ‚zwischen' von Krisen -schon- und -noch nicht- betroffenen Menschen

- *In den 22 Presseberichten war darüber zu lesen:*
  - HAZ 17.9.75 „infa"-Splitter: Riesenerfolg ... der Volkshochschule in Halle 19: 5000 am Wochenende beim Sozialtraining

- HAZ 23.9.75: Gesunde sollen Probleme der Behinderten kennenlernen. Eine Pädagogin will Vorurteile abbauen.
- HAZ 11.9.75: „Roll in" im Rollstuhl durch die Messehalle oder zur infa
- HAZ 15.9.75: Prominenz war schon auf der „infa" zu Gast: Die Frau des Finanzministers Kassimir rollte durch Halle 19
Sozialtraining: Eine Brücke zwischen Behinderten und Nicht-Behinderten
- NH 18.9.75: Behinderte auf der infa: Geglückter Versuch
Sozialtraining: ein mutiges Experiment geglückt
Behinderte und gesunde Kinder lernen spielend voneinander
Diplom-Pädagogin wagt in der VHS neue Experimente
- HAZ 22.9.75: Den aufsehenerregendsten Erfolg verbuchte die VHS: 20.000 Besucher beteiligten sich am Sozialtraining-Brückenschlag
- HAZ 16.9.75: Briten beeindruckt: Größtes Erlebnis Begegnung mit Behinderten
- HP 13./14.9.75: VHS: Im Vordergrund die Behinderten
- HP 20./21.9.75: infa-Splitter: Die Aktion Integrationsbrücke – außerordentlich großer Erfolg
- Wochenblatt 11.9.75: VHS kämpft für Behinderte
VHS schlägt Brücke zu Behinderten: Mit Rollstuhl zur „infa"
- BILD 6.9.75: Wer begleitet Behinderte?
- EZ 7.9.75: Rollstuhlfahrer und Begleiter gesucht
- epd 7.9.75: Sozialtraining erfolgreich
- EZ 14.9.75: Aktionsprogramm mit Behinderten auf der infa: Weniger Mitleid – mehr Solidarität
- Ekm 5.10.75: Behinderte auf der infa
- Dia 3/75: Wer für Behinderte eintreten will, braucht nicht zu Pauschalurteilen oder gar Beleidigungen zu greifen. Wie man es besser macht: Schuchardts infa-Aktionen

- *In den 7 Rundfunksendungen war darüber u. a. zu hören:*
  - In den Funkbildern aus Niedersachsen, NDR/WDR
  - In der Umschau am Abend, NDR/WDR – im Messejournal, NDR/WDR
  - In der Sendung Pop und Politik, NDR/WDR/HR: Versuche der Integration auf der infa geglückt
  - In der Jugendsendung Fünf Uhr Club, NDR/WDR/HR: Vorurteile abbauen – Brücken aufbauen. infa 1975

- *In den 3 Fernsehsendungen war darüber u. a. zu sehen:*
  - in der Tagesschau
  - im Nordschaumagazin
  - im Bildungszentrum, NDR/RB/SFB

In den aufgezeichneten (gekürzten) Medien-Interviews lassen von Krisen -schon- und -noch nicht- betroffene Menschen als Lernende der Zielgruppenarbeit im Krisen-Management-Interaktionsmodell Hannover wie als Animateure der *Messe infa* erneut ihre Krisenverarbeitung als Lernprozess im ZIEL-Stadium III erkennen. So beantworten sie die Frage: ‚Wie reagieren -noch nicht- betroffene Messebesucher auf ihre Beeinträchtigung?' jeweils in der aktional selbstgesteuerten Dimension der Spiralphase *Annahme* (6) ‚Ich erkenne jetzt erst ..., ich kann!' oder der *Aktivität* (7) ‚Ich tue das ...!' bzw. der *Solidarität* (8) ‚Wir handeln ...!'

Tatjana Grützmann (Messe-Sozialtraining-Animateurin, mehrfach behindert, Rollstuhlfahrerin) an der Infothek:
„Zuerst sind sie total ablehnend ... so wie es mir gestern passiert ist, und danach meinte der Herr, er käme dann wieder, ich sagte ihm, na ja, das haben schon viele gesagt, ich glaube nicht so recht daran. Kaum zehn Minuten später war der gleiche Herr wieder da und sagte, er hatte auf unserer Wandzeitung gelesen, dass man Behinderte ansprechen müsste, und so wollte er es jetzt auch machen, und nachdem er mich dann so einiges gefragt hatte, sagte er im Laufe des Gesprächs zu mir, er hätte das alles gar nicht gewusst, er wäre doch sehr glücklich, dass er laufen kann und sein Kopfwehwehchen und die vielen anderen Sachen wären in diesem Falle doch plötzlich ganz harmlos, jetzt wüsste er erst, wie gut es ihm geht. Er bat mich dann anschließend nach diesem Gespräch, ob er nicht einmal zu uns ins Annastift kommen könnte und sich ein Wochenende in einen Rollstuhl setzen kann mit seinem Kind, dass das Kind nicht die Erfahrung macht wie er: ‚Ich wusste gar nicht, dass es Behinderte gibt'."

Peter Bier, NDR-Redakteur:
„Passiert so etwas häufig? Sind die Leute sehr scheu? Kommen Sie überhaupt mit Fragen zu Ihnen?"

Tatjana Grützmann:
„Ja, sie kommen mit Fragen, meistens auf die Behinderung hin, aber auch oft, weil sie Angst haben, überhaupt Behinderte anzusprechen. Ich finde gerade das wichtig, dass man Behinderte anspricht und dass wir sie auch ansprechen, um der Öffentlichkeit zu sagen, dass auch wir Menschen sind!"

Helmut Tank (Messe-Sozialtraining-Animateur, schwerstbehindert durch Kinderlähmung, Rollstuhlfahrer) an der ‚Multicom'-Schreibmaschine ohne Tastatur:
„Die Besucher sind neugierig, wollen wissen, wie das Gerät funktioniere. Und das erleichtert mir häufig die Kontaktaufnahme. Ich setze dann das Multicom in Gang und schreibe ... Manchmal Schlagworte wie: Sprechen Sie mich ruhig an, ich tue Ihnen nichts, und dann bediene ich das Gerät, indem ich in dieses Gerät hineinpuste. Mit dem Druck aus der Mundhöhle kann ich einen Lichtreflex über die gesamte Tastatur bewegen und zu jeden Buchstaben erreichen. Und dann sprechen die Leute zu mir, zunächst aus Angst natürlich nur über das Gerät, und ich erkläre ihnen dabei, wie es dazu kam, dass ich das Gerät überhaupt brauche, weil ich kurz vor der Mittleren Reife Kinderlähmung bekam ... und plötzlich schlägt's

dann ein wie ein Blitz: Sie sehen m i c h, den Helmut Tank, und nicht mehr den Behinderten, den Sprachlosen, den Rollstuhlfahrer. Das ist toll, ich bin froh, dass ich dabei bin, ich sehe, wie viel ich selber tun kann ! Das hätte ich nie für möglich gehalten!"

Stephan Weiler (Messe-Sozialtraining-Animateur, blind) im Messe-Schreibservice:
„Ich kam also hier an den Stand und hab' vor mir eine Schreibmaschine, eine richtige Schwarzschriftschreibmaschine. Die Leute kamen also, stellten sich an den Tisch, sie – man merkt das – unterhielten sich gegenseitig, kamen also nicht direkt auf mich zu, sprachen mich nicht an, bis dann so einer den Mut aufbringt und fragt, ja, wie sieht das denn nun aus, wie funktioniert das denn? Man kann also sagen, dass viele Nichtbehinderte sehr schüchtern sind, ganz einfach deshalb, weil sie – so denke ich mir jedenfalls – einfach nicht wissen, wie man – in diesem Fall mit Blinden – also mit Behinderten umgehen soll. Man sollte deshalb als Betroffener versuchen, selber den Kontakt herzustellen."

Karin Sandner (Messe-Sozialtraining-Animateurin, blind) an der Messe-Telefon-Auskunft:
„Ich habe auch zuerst gedacht, es sei so ein Zoo-Effekt, dass man hier sitzt und bestaunt wird wie ein 7. Weltwunder, aber das ist nicht so. Mitleid also, ... die armen Blinden, die können ja nicht und so ..., das ist mir bis jetzt noch nicht passiert. Ganz im Gegenteil! Wenn ich mit dem Gerät lese, dann kommen viele und fragen, was ich da mache, sie sind interessiert und ganz erstaunt, dass ich mit dem Gerät Schwarzschrift lesen kann; die meisten können sich das gar nicht vorstellen, wie das überhaupt funktioniert..."

Agnes Maharens (Messe-Sozialtraining-Animateurin, blind) im Messe-Schreib-Service:
„Ich erlebe hier, wie viele Menschen gar nicht wissen, dass Blinde z. B. ein Stenogramm aufnehmen können oder dass Blinde Schreibmaschine schreiben können oder was immer man nimmt; man braucht ja nicht bei Blinden zu bleiben; man kann ja auch von anderen behinderten Gruppen ausgehen, wenn man bedenkt, wie viele Menschen wir hier erleben, die gar nicht wissen, was also ein Behinderter wirklich alles kann. Es ist erstaunlich, wie viele das nicht wissen und was wir hier selber tun können!"

Frau Plotz (Mutter eines geistigbehinderten Jungen, 13,6 J.), in der ‚Beratungs-Kaffee-Stube':
„Ich sehe erst hier, wie gut Michael dran ist, wenn ich ihn mit allen anderen behinderten Kindern vergleiche; ich meine das so, Michael ist zufrieden, ja, glücklich, er leidet nicht an seiner Behinderung! Und ich sehe hier, was Geistigbehinderte alles zu lernen in der Lage sind, wie die hier den Kaffee-Service organisieren, jeder Tisch ist sauber, jeder der kommt, wird so freundlich begrüßt, das hätte ich nie zu glauben gewagt."

Matthias Hope (Messe-Sozialtraining-Animateur, geistigbehinderter Jugendlicher, 18 J.) Lehrmeister in der Hobby-Bastler-Aktion ‚Mitgemacht – Selbstgemacht – Spaßgemacht':
„Ich hab' Riesenspaß hier! Mir gefällt das, und ich freu mich, i c h k a n n den Kindern alles zeigen, i c h k a n n ihnen helfen, und w i r freuen uns!"

-Noch nicht- betroffene Messebesucher als Lernende der Zielgruppenarbeit im Interaktionsmodell Hannover wie als Sozialtraining-Animateure der *Messe infa* urteilen in den Medien-Interviews:

Karsten Kasting (Messebesucher, -noch nicht- betroffener Schüler, 12,4 J.) nach der Hobby-Bastler-Aktion ‚Mitgemacht – Selbstgemacht – Spaßgemacht':
„Natürlich hat mir das auch Riesenspaß gemacht, und toll ist, dass ich den Leuchter selbst gedrechselt habe; aber wenn mir der Junge nicht so geholfen hatte, hätte ich das nie so

schnell gelernt ... Nur eins kapiere ich nicht: Sie sagen, der soll geistig behindert sein, das geht doch gar nicht. Geistigbehinderte sind hinter Gittern, der war doch wie ich auch!"

Jörg Traphagen (Messebesucher, -noch nicht- betroffener junger Mann, 27,0 J.) nach der Hobby-Bastler-Aktion ‚Portraitzeichnen':
„Ich hätte mich nie getraut, einen Behinderten so direkt ins Gesicht zu sehen, schon gar nicht so ins Gesicht zu sehen, beim Portraitzeichnen musste man das ja ..., und das war ganz merkwürdig, plötzlich habe ich die Behinderung vergessen, ich sah nur das Gesicht, ein schönes Gesicht, ich meine interessant, ich wollte plötzlich mit ihm reden, und dann hat er angefangen, und wir alle verloren diese komische Angst, anschließend gehen wir 'ne Runde zusammen trinken."

Ehepaar Petersen (Messerbesucher, -noch nicht- betroffen, Pensionsalter) in der ‚Kaffee-Beratungs-Stube':
„Wir wollten eigentlich nur Geld bringen, wissen Sie 'ne kleine Spende für diese Sorgenkinder-Aktion; aber das ging irgendwie nicht, niemand nahm das Geld an, es sagte auch keiner richtig nein, 'nee, die haben uns einfach zum Kaffee, zum bisschen Ausruhen eingeladen und dann waren wir plötzlich mittendrin im Klönen. Jetzt wollen wir das Geld zusammen verjubeln, eigentlich 'ne gute Idee, wir haben uns gut verstanden und wollen so weitermachen, das macht uns allen Spaß."

Ines Bauer (Messebesucherin, -noch nicht- betroffenes junges Mädchen, 15 J.) nach der ‚Roll-in-Aktion' durch die Messehallen:
„Am Pranger stehen kann wohl nicht schlimmer gewesen sein, alle starren einen an, oder noch schlimmer, tun so, als ob man gar nicht da wäre, sie reden nur mit dem Begleiter! Das schlimmste, da drückte mir einer fünf DM in die Hand ‚Damit Sie sich auch was kaufen können'..."

Messeaussteller (-noch nicht- betroffen) aus Halle 19:
„Ja, ehrlich gesagt, am Anfang war's 'ne Katastrophe, wir haben uns bei der Messeleitung beschwert, überall Rollstuhlfahrer und leere Rollstühle oder Schlangen, die darauf warteten, Unmassen Menschen, und ... die wollten alle nicht zu uns, die stahlen uns die Schau! Aber die war'n total überfordert und dabei immer freundlich, sogar an Kaffee für uns haben sie gedacht, wissen Sie, da konnte man gar nicht anders, Sie glauben nicht, aber einer fing an und schließlich haben wir denen alle mitgeholfen, einfach nette Kerle, ja, Kameraden!"

Die Redakteure in Rundfunk und Fernsehen urteilten in Abschluss-Kommentaren:
„Wen ich auch fragte auf dem Messegelände: alle sagten, sie hätten dazugelernt und wollten es 1976 noch besser machen. Dass diese Absicht nicht ganz einfach zu verwirklichen sein wird, liegt allerdings an dem hohen Niveau, das die ‚infa' im 22. Jahr ihres Bestehens erreicht hat. Ein verblüffend hoher Besucher-Zuwachs zwischen zehn und zwölf Prozent sowie lebhafte und kritische Anteilnahme am Informationsangebot in fünf Messehallen: damit könnten die Veranstalter und die Aussteller eigentlich mehr als zufrieden sein ... Die Integrations-Aktion, die von ihrer tatkräftigen Initiatorin, der Volkshochschul-Abteilungsleiterin, Dr. Erika Schuchardt, gemeinsam mit Volkshochschulteilnehmern, Stadtschülerrat, Integra und anderen Selbsthilfeorganisationen durch die Integrations-Runde Miteinander Leben Lernen entwickelt wurde, zog Zehntausende von Besuchern an. Sie erhielten hier unmittelbare und eindrucksvolle Informationen über das Leben von -schon- betroffenen Menschen: körper-, geistig, seelisch und Sinnes-behindert. Viele neue Kontakte und schriftlich gesammelte Besucher-Äußerungen lassen hoffen, dass mit Aktionen wie dieser allmählich mehr Aufmerksamkeit und Verständnis für die Belange von Beeinträchtigten entstehen".[379]
„Bahnbrechend und geradezu von bundesweiter Bedeutung für andere Volkshochschulen

ist das Modell der Integration von Eltern -schon- betroffener Behinderten zusammen mit -noch nicht- betroffenen Kindern."[380]

„Gemessen an den Besucherzahlen, gehörte der Integrations-Stand Miteinander Leben Lernen auf dem Hannoverschen Messegelände während der ‚infa' zu den stärksten Magneten. Nicht allein die Tatsache, dass offenbar viele Besucher zum ersten Male derart unmittelbar mit den Problemen behinderter Menschen konfrontiert wurden, trug zum Erfolg dieses Versuches bei. Auch die Präsentation war dafür ein Grund.

Dieser Versuch sollte keine ‚Eintagsfliege' sein, sollte auch nicht als Alibi-Veranstaltung verbucht werden, um das Gewissen ein Jahr lang zu beruhigen und künftige Passivität zu bemänteln. Soviel immerhin hat das Hannoversche Beispiel gezeigt: die Behinderten allein überwinden nicht ihre Isolation und das Unverständnis oder Desinteresse ihrer Umgebung. Die Nichtbehinderten wiederum finden auf sich allein gestellt auch keinen Zugang zu Behinderten. Daran müssen beide Seiten interessiert sein. Und soviel Mut und gute Ideen haben wie dieses Mal in Hannover."[381]

- *Langzeitwirkungen der Zielgruppenarbeit im Krisen-Management-Interaktionsmodell Hannover*[382]:

- *in den Selbsthilfegruppen:*
  - Eltern-Montagsschoppen im Eck
  - Kinder-Park-Platz
  - Fünf-Uhr-Club
  - Großmutter auf Zeit
  - Animateur-Treff-Punkt

- *in der Kommunalpolitik:*
  - Umbau: ‚Volkshochschule'
  - Entwicklung: ‚Behindertenplan der Stadt Hannover'
  - Untersuchung: ‚Behinderte und Stadtumwelt in Hannover'

- *in den Medien:*
  - Abendstudio mit jungen Hörern: ‚Menschen wie wir! – Behinderte erzählen von ihren Problemen' NDR-Jugendfunk, 20.12.1975
  - in Kirche und Gesellschaft: ‚Warum nicht einen Behinderten heiraten?' NDR, 24.10.1975
  - Reisemagazin: ‚Urlaub für und mit Behinderten – Chancen und Schwierigkeiten der Integration' NDR, 13.11.1976
  - Eröffnungsveranstaltung der ‚Woche des behinderten Kindes' in Hannover durch die Nationale Kommission für das Internationale Jahr des Kindes:
    ‚Jeder ist ein Teil des Ganzen. – Wege zur Integration. Behinderte und ihre Familien unter uns' Fernsehprogramm des NDR/RB/SFB, 05.06.1979.

Prominenz war schon auf der „infa" zu Gast

Die Frau des Ministers rollte durch Halle 19

Informationen und Beratung für kritische Verbraucher

HAZ 15.9.75

Heute um 9.30 Uhr gibt die Frau des niedersächsischen Ministerpräsidenten, Hilde Kubel, das Zeichen zur Eröffnung der „infa" auf dem Messegelände. Bis zum 21. September bietet die Informations- und Verkaufsschau auf 54 000 Quadratmetern Wissenswertes, Neues und ein aktionsgeladenes Programm für die ganze Familie. Niedersachsens Finanzminister Helmut Kasimier zeigte sich am Freitag bei einem vorgezogenen Rundgang in der Halle 19 beeindruckt: Das ist ein lohnendes Erlebnis!"

Etwa 11 000 Quadratmeter Fläche nehmen die Lehr- und Sonderschauen auf der größten Veranstaltung dieser Art in Niedersachsen ein. 520 Aussteller aus 22 Nationen geben ferner einen umfassenden Überblick über Verkaufsangebote. Die Besucher werden über viele Neuheiten informiert, die das Leben bequemer und schöner machen sollen. In punkto Spielen gibt es diesmal keine Grenzen. Kein Wunder, wenn eines der Lehrschauthemen sich nur mit dem kurzweiligen Spielespaß – auch für Erwachsene – befaßt.

Kasimier bescheinigte dem Deutschen Hausfrauen-Bund (er ist ideeller Träger der „infa"), sich mit dieser Schau in den Dienst einer umfangreichen Beratung gestellt zu haben. Dadurch werde dem Verbraucher ein kritisches Abwägen des Angebots ermöglicht. Der Minister begrüßte es, daß die DHB-Lehrschau auch für einen sparsamen Umgang mit Energie wirbt.

Eine außergewöhnliche Erfahrung verbuchte die Ministergattin. Sie bewegte sich zehn Minuten im Rollstuhl sitzend durch die Informationshalle, um die „infa" aus der Perspektive eines Körperbehinderten zu sehen. Diese Aktion der Volkshochschule ist Teil eines Brückenschlages zwischen Behinderten und Nichtbehinderten. Frau

Kasimier hielt die Aufforderung zum „Roll in" – von mehreren Seiten als „schockierend" und „unpassend" abgetan – für einen „mutigen Weg, der beide Gruppen miteinander ins Gespräch bringt".

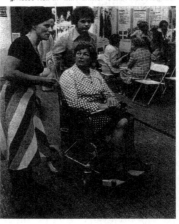

Initiatorin Erika Schuchardt eröffnet das „Messe-Roll-in" mit Minister-Gattin Frau Kasimier

---

zu 4.4: Messe Hannover – Brücke zum Miteinander Leben Lernen
Krisen-Management-Interaktionsmodell Hannover zum Lernprozess
Krisenverarbeitung in der Weiterbildung

© Erika Schuchardt

Gesunde sollen die Probleme der Behinderten kennenlernen

Eine Pädagogin will auf der „infa" Vorurteile abbauen

HAZ 3.9.75

Zu dem Experiment gehört Mut, aber Erika Schuchardt ist sicher, daß die „infa"-Besucher der Konfrontation nicht ausweichen. Ihre Aufforderung zum Roll-in hört sich so an: „Wagen Sie es, setzen Sie sich fünf Minuten in einen Rollstuhl und betrachten Sie die Ausstellung aus dem Blickwinkel eines freiwilligen Krüppels." Das gibt zweifellos einen publikumswirksamen Knüller ab. Die Diplompädagogin hält jedoch dieses Mittel für legal, um Behindertenprobleme hautnah ins Bewußtsein zu rücken. Diese Aktion ist nur eine von vielen, die Frau Schuchardt für die Informations- und Verkaufsausstellung (vom 13. bis 21. September auf dem Messegelände) in Halle 19 vorbereitet hat.

Ihr Engagement für die größte und zugleich ergebenste Außenseitergruppe unserer Gesellschaft entzündete sich an einer Schule für behinderte Kinder. Im vorigen Jahr gelang ihr dann das in der Bundesrepublik einzigartige Modell eines Integrationskonzeptes zwischen Behinderten und Nichtbehinderten an der Volkshochschule (VHS) Hannover.

Diese Arbeit führte sie bei der Vorjahres-„infa" konsequent weiter – obwohl ihr viele von diesem Forum abrieten. Kurzentschlossen schlug Erika Schuchardt mit Unterstützung der Ausstellungsleitung am zweiten Tag ihr „Ein-Mann-Informationszentrum" auf. Alles was sie brauchte, brachte sie in einer Aktentasche mit. Zeitweilig drängten sich bis zu 200 Menschen um die argumentationsstarke Rednerin.

Diesmal kommt die Pädagogin mit einem seit Januar vorbereiteten Konzept zur „infa".

Frau Schuchardt sieht ihr „infa"-Programm (u. a. mit dem Angebot, das Lormsche Handalphabet zu lernen, oder das Spezialtelefon der Taubblinden auszuprobieren) als Antwort auf wissenschaftliche Untersuchungen, die noch heute zu folgenden Ergebnissen kommen: 90 Prozent wissen nicht, wie sie sich Contergankindern gegenüber verhalten sollen. 63 Prozent möchten die Behinderten ins Heim verbannen, 56 Prozent lehnen die Hausgemeinschaft mit Behinderten ab. Nur ein Bruchteil weiß um die wahren Gründe von Behinderungen.

Vorurteile abbauen, Brücken zum besseren Verständnis schlagen – das sieht Frau Schuchardt als ihre Aufgabe an. Deshalb ihr Aufruf: „Haben Sie einen Menschen, der Sie zur „infa" bringt? Wenn nicht, dann rufen Sie uns doch einfach an: Tel. 5 35 42 89 (von 9 bis 12 Uhr und von 17 bis 20 Uhr)." Angesprochen sind Rollstuhlfahrer, die einen Begleiter brauchen und Schüler, die diese Aufgabe gern übernehmen. Dieses Angebot gilt für die Wochenenden am 13./14. und 20./21. September. Ab heute ist die Telefonnummer besetzt.

„Wenn sich genügend Helfer finden, könnten wir insgesamt 160 Behinderte durch die Ausstellung fahren", erklärt Frau Schuchardt. Ohne zuverlässige Mitarbeiter läßt sich so etwas aber nicht machen. Vo

zu 4.4: Messe Hannover – Brücke zum Miteinander Leben Lernen
Krisen-Management-Interaktionsmodell Hannover zum Lernprozess
Krisenverarbeitung in der Weiterbildung

© Erika Schuchardt

5. Repräsentative Erhebung und Analyse der Weiterbildungs-Programmstruktur an Volkshochschulen zur Erschließung des Krisenmanagement-Interaktionsmodells zum Lernprozess Krisenverarbeitung ‹KMIzLPK› • 1979 • 1981 • 1983 • 1986

5.1 Präsentation und Dokumentation beim ersten BMBW-Weiterbildungs-Kongress: Soziale Integration: Wechselseitiges Lernen

‚Schritte aufeinander zu' – aber wer wagt den ersten Schritt?

Dass durch den in der vorliegenden Dokumentation *Wechselseitiges Lernen* programmatisch resümierten wie wiedergegebenen *Wissenschaftlichen Kongress* sowie über die beiden nationalen und internationalen *Buchveröffentlichungen* und nicht zuletzt durch die begleitende *Ausstellung* eine Anzahl solcher Schritte initiiert und dokumentiert werden konnte, das geht vor allem auf die *Schrittmacherfunktion des Bundesministeriums für Bildung und Wissenschaft* zurück.

Das *Bundesministerium* wagte schon lange vor dem Internationalen Jahr der Behinderten 1981 den *ersten Schritt*. Damals war es der für die Weiterbildung zuständige *Ministerialdirigent Dr. Axel Vulpius*, der Integrationsbemühungen als vorrangige Aufgabe der Weiterbildung erkannte und die Projektdurchführung trotz mehrfacher vergeblicher Anläufe durchsetzte.

Überdies galt das Interesse des Ministeriums auch dem **wechselseitigen – komplementären – interkulturellen Lernen**, demzufolge parallel zur **bundesrepublikanischen** Bestandsaufnahme ‚*Schritte aufeinander zu*' auch eine solche für ausgewählte **Industriestaaten** beim *Institut für Vergleichende Erziehungswissenschaften in Marburg* in Auftrag gegeben wurde.

Vertiefend wurden zwischenzeitlich noch zwei *Expertengespräche* durch das Bundesministerium für Bildung und Wissenschaft veranstaltet, um Schritte

zu 5 +: Titelblatt der Kongress-Dokumentation
         Erster BMBW-Weiterbildungs-Kongress
zu 6.3   Soziale Integration: Wechselseitiges Lernen

© Erika Schuchardt

auf dem Weg zu einer Integrations-Pädagogik/-Andragogik kontinuierlich auf allen Ebenen anzubahnen.

Die Schrittmacherfunktion des BMBW/BMBF ließe sich mit den Worten des *Nestors der Erwachsenenbildung, Professor Dr. Hans Tietgens,* im ‚Zusammenfassenden Schlussbericht', trefflich so charakterisieren:

„Es gilt, nach dem Prinzip Hoffnung einer sich weitgehend sperrig zeigenden Umwelt durch mutmachende Beispiele die Erweiterung von Bildungsprogrammen gemeinsam für behinderte und nichtbehinderte Menschen abzuringen. Das wird auf die Dauer nur auf der Basis der Kompetenzerweiterung derer gelingen, die sich dafür einsetzen. In diesem Sinn können die hier zitierten Veröffentlichungen und kann der **Bonner Weiterbildungs-Kongress als bahnbrechend für ‚Schritte aufeinander zu'** *verstanden werden."*

5.2 Einführung in den BMBW-Weiterbildungskongress und in die Projektkonzeption der Bundesrepublik

Die nachfolgenden Ausführungen folgen einem *Vortrag der Autorin* zur Präsentation der Forschungsergebnisse beim ersten BMBW-Weiterbildungs-Kongress *Soziale Integration* Bonn, in dessen Rahmen auch der im vorliegenden Doppel-Band 1 erschlossene Lernprozess Krisenverarbeitung erläutert wurde. Die damaligen Begriffe wurden durch die heute verwendeten ergänzt bzw. ersetzt: der *Lernprozess Krisenverarbeitung* bleibt unverändert, das *WB-Zielgruppen-Interaktionsmodell* entspricht jetzt dem *Krisen-Management-Interaktionsmodell* KMIzLPK).

Sehr verehrte Frau Bundesminister, geehrte Kongressteilnehmer, liebe Kolleginnen und Kollegen,

Sie haben bereits mit Ihrem Weg nach Bonn erste Schritte aufeinander zu gewagt. Sie haben sich vielleicht gefragt: Wer spricht da und wozu das Ganze? Sie werden vermutlich gestolpert sein, nämlich über die *Stolpersteine/Stolperprismen einer Ausstellung* (s. Kap. 6.3) am Saaleingang. Ob Sie sich beim Zugehen auf die Spiegelwände selbst im Rollstuhl oder inmitten von Menschen mit Behinderung entdeckten? Ob Sie möglicherweise dachten: ‚Welch eine Zumutung, Provokation' und dann, ‚wer bin ich eigentlich?' oder ‚wer ist hier eigentlich behindert?', möglicherweise ‚warum eigentlich gerade ich noch nicht?'

Das alles greift uns an, macht uns zu schaffen, erfordert denken! Es war *Carl Friedrich von Weizsäcker,* der noch 1976 – zur Zeit der Bildungseuphorie –

INITIATOREN DER ERSTEN STUNDE

Dr. Axel Vulpius, Ministerialdirigent im Bundesministerium für Bildung und Wissenschaft

Dr. Hans Tietgens, Direktor der Pädagogischen Arbeitsstelle des Deutschen Volkshochschul-Verbandes, des heutigen Deutschen Instituts für Erwachsenenbildung

zu 5 +:   Erster BMBW-Weiterbildungs-Kongress
zu 6.3   Soziale Integration: Wechselseitiges Lernen

© Erika Schuchardt

in seinem Buch ‚*Wege in der Gefahr*' die These vertrat, durch Lernen könne die Welt verändert werden, und der 1984, anlässlich der Vollversammlung des Lutherischen Weltbundes in Budapest, dies revidieren musste durch die zusätzliche Aussage, *nicht allein durch Lernen*, sondern vorrangig erst *durch Leiden* wachse die Bereitschaft zu wachsamer Wahrnehmung, zur Umkehr, zum Umlernen.

Diese Dimension des Lernens verlangt zum Beispiel mehr, als von der Krise ‚Behinderung' -schon- betroffene Menschen lediglich durch Bildungsangebote integrieren zu wollen, aus denen sich der -noch nicht- betroffene Mensch weitgehend in der distanzierteren Rolle des Lehrenden heraushalten kann, mehr noch, sich durch einen fachlich trefflichen ‚Um-Gang' mit von Krisen -schonbetroffenen Menschen eher selbst aufwertet; diese Dimension des Lernens verlangt die Bereitschaft zu wechselseitigem – komplementären – Lernen, indem der -noch nicht- betroffene sich selbst lernend auf die Kompetenz des -schonbetroffenen Mitmenschen einlässt, indem er eben nicht nur mit dem -schonbetroffenen Menschen ‚*um*-geht', sondern auf ihn ‚*zu*-geht', *Schritte aufeinander zu* zuallererst selbst wagt.

Das zu erfahren, zu berichten und zur Diskussion zu stellen, ist das Anliegen dieses Wissenschaftlichen Kolloquiums:

- es ist wohl das erste Mal, dass Kollegen aller Disziplinen – Allgemeine Erziehungswissenschaft, Sonderpädagogik, Erwachsenenbildung/ Weiterbildung, Vergleichende Erziehungswissenschaft – zum Dialog versammelt sind
- es ist wohl das erste Mal, dass bei einem Weiterbildungs-Kongress mehr als ein Fünftel der Anwesenden – unabhängig von der fachlichen Qualifikation – gleicherweise als -schon- betroffene Teilnehmer und Experten reden können
- es ist das erste Mal, dass das *Bundesministerium für Bildung und Wissenschaft* Studien zur Frage der ‚*Sozialen Integration durch Weiterbildung*' in Auftrag gegeben hat
- es ist das erste Mal, dass alle Träger der Weiterbildung kooperativ bei dieser Studie zusammenarbeiteten (Volkshochschulen, kirchliche Träger, universitäre Weiterbildung, Berufsbildungswerke, Berufsförderungswerke, u. a.)
- es ist bemerkenswert, dass das Bundesministerium für Bildung und Wissenschaft solche Pionierarbeit auch schon vor dem Internationalen Jahr der Behinderten 1981 leistete, darum sei auch bei dieser Gelegenheit dem damaligen Initiator – Herrn Ministerialdirigent *Dr. Axel Vulpius* –

gedankt, insbesondere für sein anhaltendes Sachinteresse, gepaart mit Fairness, Offenheit und Solidarität.

Ich darf mich den Grußworten von Frau Ministerin *Dr. Wilms* und Herrn *Dr. Aengenendt* anschließen, Ihnen allen hier im Wissenschaftszentrum Bonn zugleich auch dafür danken, dass Sie sich trotz der relativ kurzfristigen Terminierung, zudem in einer Zeit, die gerade in Ihren Berufsfeldern von Terminen überhäuft ist, auf den Weg nach Bonn zu ‚*Schritte aufeinander zu*' aufgemacht haben. Ich bitte um Ihr Verständnis, wenn ich hier in zwei Rollen zu Ihnen spreche, zunächst in der Rolle als Tagungsleiterin, sodann in meiner Rolle als Berichterstatterin und Autorin.

Vermutlich – so denke ich mir – haben Sie sich zunächst über die Palette der Namen in unserem Programm gewundert. Der eine oder andere mag die Akzentsetzung erkannt haben: Damit, dass zur Erörterung von Fragen der ‚*Sozialen Integration Behinderter durch Weiterbildung*' alle drei Fachdisziplinen vereint sind, ist auch die Chance gegeben, von Seiten scheinbar separierter Fachdisziplinen Schritte aufeinander zu zu wagen. Die Vortragenden vertreten drei Disziplinen: Professor *v. Hentig* heute Abend mit ‚Gedanken über Leiden und Lernen' steht für die Allgemeine Erziehungswissenschaft, Professor *Bleidick* mit seiner ‚Diskussionseinführung' am Dienstagmorgen sowie Professor *Iben* als Moderator für die Sonderpädagogik, Professor *Tietgens*, der die Gruppenberichte erstattet, und Professor *Prokop* als Moderator repräsentieren die Erwachsenenbildung/Weiterbildung. In diesem Rahmen werden die Ergebnisse der zwei Forschungsprojekte des Bundesministeriums für Bildung und Wissenschaft zur *Sozialen Integration durch Weiterbildung* eingebracht: zum einen zur Situation in der Bundesrepublik durch mich, zum anderen zur Situation in ausgewählten Industriestaaten durch die Mitarbeiter des Marburger Instituts für Vergleichende Erziehungswissenschaft. Für den Bereich Bundesrepublik wird die Einführung dadurch ergänzt, dass die Präsentation der Praxis-Fallstudien durch zwei Initiatoren der Projekte erfolgt: es versteht sich von selbst, dass das nur exemplarisch erfolgen kann. Um Ihnen dennoch Gelegenheit zu geben, mit allen Initiatoren Kontakt aufzunehmen, können Sie leicht Schritte auf sie zu wagen, da sie durch leuchtende Karten mit Namen und Projekttiteln gekennzeichnet sind. Nicht zuletzt soll zu solchen Kontakten auch die gemeinsame Unterbringung in einem behindertengerechten Hotel beitragen, zu dem ein kostenloser Bustransfer heute Abend nach dem Vortrag und Diskussion und morgen früh nach dem Frühstück eingerichtet worden ist. Während der erste Kongresstag vorrangig mit den Fragestellungen zur Integration/Partizipation anhand der Projektergebnisse ausgefüllt ist, ist der zweite Kongresstag schwerpunktmäßig der Diskussion im Dialog der drei genannten eingeladenen Fachdisziplinen gewidmet.

Es gilt, im Verlauf dieses Kongresses die *ersten Schritte* bzw. Ansätze zu einer *integrierenden Pädagogik*, zur sog. Integrations-Pädagogik/-Andragogik – jetzt Krisen-Management-Pädagogik/-Andragogik – weiterzudenken, zu diskutieren und zu entwickeln. Was aber ist unter Integration/Partizipations-Pädagogik/-Andragogik zu verstehen?

Beispielsweise entdeckte die Sonderpädagogik die Grenzen einer medizinischen, schulischen und beruflichen Integration/Partizipation in Gestalt vielfältiger Barrieren, die vor einer sozialen Integration/Partizipation aufgerichtet sind. Wir alle kennen den bitteren Satz des erfolgreichen Rehabilitanden: *„Meine Integration/Partizipation endet am Fabriktor. Nach Feierabend spielt sich hier nichts mehr ab, da hauen alle nichtbehinderten Kollegen doch ohne uns ab."*

Die Erwachsenen-/Weiterbildung sieht Grenzen der *Zielgruppenarbeit* wegen der Gefahr eines Auseinanderfallens der Weiterbildung in immer neue Zielgruppen bis hin zu Auflösungserscheinungen. Wir denken an den ironischen Satz: *„Gesellschaftliche Probleme erkannt, neue Zielgruppe benannt, Gefahr gebannt"*. Die Palette unterschiedlicher Zielgruppen ist bunt, auffallend ist jedoch ihre fast ausschließlich negative Definierung durch Defizite, z. B. Alte, Asylanten, Analphabeten, Strafgefangene, Arbeitslose, Alleinerziehende bis hin zur Zielgruppe Frauen. (Anm. der Autorin: Es ist kein Zufall, dass anhand derartiger Negationen der Autorin rückblickend auf die damalige Zeit in der Doppelrolle als Abteilungsleiterin für Pädagogik, Psychologie, Philosophie, Medizin 1972 an der VHS Hannover wie als Diplomandin des Studiengangs Weiterbildung zweierlei einfällt: Die Platzierung der ‚Weiterbildung der VHS Hannover' im Haushaltsplan der Stadt Hannover noch hinter dem Denkmalsschutz und die Neugründung des ersten Lehrstuhls Erwachsenenbildung an der Universität Hannover).

Schließlich erkennt die Schulpädagogik Begrenzungen aufgrund reduzierter Erfahrungen durch Ausgliederung in gesellschaftlichen Konfliktfeldern bzw. sog. Problemfällen. Und die Allgemeine Erziehungswissenschaft selbst ist bei ihrer gegenwärtig starken Orientierung am Handlungsbegriff in diesem Zusammenhang bezeichnenderweise für die Formen des Leidens, für die Wahrnehmung von kritischen Lebensereignissen, sog. Krisen im Lebens-LAUF, in Lebens-BRÜCHEN, bislang noch nicht genügend aufgeschlossen. Schon in der Weisheit griechischer Denker – bereits bei *Aischylos* – wird in richtiger Erkenntnis der Erfahrung formuliert: ‚Durch Leiden lernen – *pathein mathos'* –. Der allgemein anerkannte Grundsatz der Pädagogik, ‚*durch Handeln zu lernen*', muss nach unser aller Erfahrung ergänzt werden durch den Grundsatz, ‚*durch Leiden zu lernen*'. Damit wird das Leiden, werden Krisenereignisse als konstitutives Ele-

517

ment für das Verständnis vom Leben als integraler Bestandteil des Lernens ernstgenommen. Gegenüber den angedeuteten Differenzierungstendenzen in den drei genannten Bereichen der Sonderpädagogik, der Erwachsenen- bzw. Weiterbildung und der Allgemeinen Erziehungswissenschaft, schlage ich die Konzeption einer Integrations-Pädagogik/-Andragogik vor.

Die integrierende Pädagogik, sog. Integrations-Pädagogik/-Andragogik, soll keine neue Wissenschaftsdisziplin, sondern *das* Teilgebiet einer Erziehungswissenschaft sein, in dem Verantwortung und Zuständigkeit sowohl für -noch nicht- betroffene (historisch als sog. ‚Norm' missverstanden) als auch – komplementär – für -schon- betroffene Menschen wiederentdeckt wird und Wege zur Verwirklichung dieses Zieles erforscht und erprobt werden – heute als ‚Krisen-Management-Pädagogik/-Andragogik' im Sinne von gesellschaftlicher Schlüsselqualifikation und Integral des Bildungssystems verstanden (s. Einführung Kap. 1.4) Die Stringenz der Theoriebildung belegen die damaligen Ansätze; der Vortrag führt weiter aus:

Wenn ich im Folgenden verkürzt von Integrations-Pädagogik spreche, denke ich auch an die Integrations-Andragogik; aus Gründen der sprachlichen Vereinfachung belasse ich es jedoch bei Integrations-Pädagogik.

Die Integrations-Pädagogik hätte die einschlägigen Wissenschaften daraufhin zu befragen, in welchem Ausmaß *allgemeinpädagogische* und *sonderpädagogische* Grundlagen stärker in *integrierte Bildungsangebote* eingebracht werden können, ohne dass die jeweils zu integrierenden Adressatengruppen darunter leiden.

Die unzweifelhaft erforderlichen Differenzierungen können nur in dem Maße Erfolg haben, wie sie von *Integrationsbemühungen* gehalten werden und *Solidarität* ermöglichen für die Formen des Leidens – durch lebenslauforientierte Krisen-Ereignisse der Lebensgeschichte an Schaltstellen als Lebens-LAUF-Krise und an ‚Rissen' als Lebens-BRUCH-Krise -, die im Untergrund unserer Gesellschaft an vielen Stellen deutlich zu verspüren sind.

Nach diesen Anmerkungen zur Intention einer Integrations-Pädagogik/ -Andragogik möchte ich noch einmal auf die schon erwähnten Ausstellungs-,Stolpersteine' am Eingang zurückkommen. Trotz des bei Ihnen vorhandenen Vorverständnisses haben wir die Stolpersteine zur Einstimmung aufgestellt – jeder von uns braucht das immer wieder. Meine Studenten haben versucht, Besucherreaktionen des Wissenschaftszentrums wahrzunehmen und aufzufangen. Im Verlauf der Mittagszeit sind ca. 100 Menschen daran vorbeigegangen – die Mehrzahl unvorbereiteter als Sie. Als typische Reaktion wurde beobachtet: *„Das ist makaber!"* – *„Das geht zu weit, das ist eine Zumutung!"* – oder: „Das hab 'ich *mir noch nie vorgestellt: Ich im Rollstuhl!"* –*"Mein Gott!* – Wenn das *ich wäre, wenn* das *mir passierte!" (s. Kap. 3.6 Ausstellung BMBW-Kongress – Begleitforschung).*

Wir alle brauchen solche Herausforderungen, um wachgerüttelt zu werden zu erweitertem neuen Sehen. Auch das Buch ‚*Schritte aufeinander zu'*, das Sie vorab zugeschickt erhielten, möchte solche Anstöße geben, aber es ist natürlich weit distanzierter als das Bild oder gar die Spiegel-Bilder – man kann das Buch schlichtweg weglegen, dem Spiegelbild aber nicht ausweichen.

Des Weiteren begegnen Sie in diesem ersten Weiterbildungs-Kongress neben dem Buch, neben den Ausstellungs-STOLPER-STEINEN vor allem Menschen, -schon- und -noch nicht- betroffen von unterschiedlichen Beeinträchtigungen/Behinderungen/Krisen: einerseits erwarten uns in der Pause junge Erwachsene mit geistiger Behinderung, die für alle die ‚*gesunde Erfrischung – alternativ: Kaffee-Buffet aus Obst und Saft'* – bereitet haben und uns persönlich mundgerecht anbieten wollen, andererseits dürfen wir alle ein Arbeitsergebnis aus der Werkstätte für Menschen mit einer Behinderung mitnehmen – jenen *Zettelkasten*, ein Anstoß zum Weiterdenken über ‚*Schritte aufeinander zu'*, ein ‚*Stolperstein auf unseren Schreibtischen'.* Überdies sind unter uns Kollegen, die – unabhängig von ihrer beruflichen Qualifikation – auch, was noch selten ist, zu uns aus ihrer Erfahrung mit eigener Betroffenheit sprechen können. Wir werden bemerken müssen, dass jene betroffenen Menschen unter uns nur selten in ihrem Sprachgebrauch vom ‚Um-Gang' mit -noch nicht- betroffenen Mitmenschen reden, sondern auffallend häufig von Möglichkeiten des ‚Zu-gangs' auf eine verständnislose Umwelt oder des ‚Ein-Gehens' auf unangemessene Argumente. Umgekehrt verrät uns -noch nicht- betroffene Menschen oft unsere Sprache, die ritualisiert vom ‚Um-Gang mit -schon- Betroffenen spricht oder gar von einem Kursangebot ‚Hilfe zum Um-Gang mit von Behinderung -schon- betroffenen Menschen und deren Begleiter', also ob es sich um einen ‚Um-Gang' mit Sachen (die man weglegen kann, zu denen man keine Beziehung aufbauen muss) handele, nicht aber um existente ‚Personen' mitten im Leben.

Sie erfahren aus alledem, dass der Weiterbildungs-Kongress nicht nur Überlegungen zur Integrations-Pädagogik/-Andragogik zum Gegenstand hat, sondern dass die Teilnehmer selbst weniger die ‚Objekte', sondern vor allem die ‚Subjekte' einer solchen Integrations-Pädagogik/-Andragogik sind, das heißt: Wir alle sollen diejenigen sein, die sich im Diskurs miteinander darum bemühen, den Konsens darüber zu finden, was unter Integrations-Pädagogik zu verstehen und praktisch daraus zu machen ist.

Im Folgenden wird ein leicht überarbeitetes Referat der Autorin über die Ergebnisse der Bestandsaufnahme in der Bundesrepublik vorgelegt.

5.3 Ergebnisse der Bestandsaufnahme Bundesrepublik Soziale Integration durch Weiterbildung

Vom *Bundesministerium für Bildung und Wissenschaft* wurde – wie schon erwähnt – bereits vor dem Internationalen Jahr der Behinderten 1981 die Frage nach dem Beitrag der Erwachsenenbildung/Weiterbildung zur Sozialen Integration/Partizipation von Krisen -schon- betroffener Mitmenschen an mich herangetragen. Die anvisierte Bestandsaufnahme der Weiterbildungsangebote sollte der erste Schritt sein: Weichenstellung auf dem Weg zur Entwicklung von Modellversuchen, möglicherweise sogar *Kontaktstudiengängen,* zugunsten einer ‚*Weiterbildung der Weiterbildner'* für eine integrierende Pädagogik, sog. Integrations-Pädagogik/-Andragogik, heute Krisen-Management-Interaktions-Pädagogik/-Andragogik.

Die Aufgabenstellung erforderte von Beginn an die Beteiligung von Mitarbeitern unterschiedlicher Weiterbildungsträger – Volkshochschulen, Kirchen, Universitäten, im weiteren Sinne auch Berufsbildungs- und Berufsförderungswerke – und interdisziplinärer Fachrichtungen, die einerseits den Theorie-Praxis-Bezug, andererseits die verstärkte Kooperation anstelle landläufiger Konkurrenz sicherstellen. Sie sollten, um mit Leithäuser zu sprechen (ich erinnere an seine Arbeiten ‚Entwurf zu einer Empirie des Alltagsbewusstseins', 1977 und ‚Anleitung zur empirischen Hermeneutik', 1979), die Interdependenz zwischen hermeneutischem Feld I und hermeneutischem Feld II gewährleisten.

Im Folgenden versuche ich, **in sieben Schritten in die Projektergebnisse einzuführen:** ich berichte in einem
- 1. Schritt über die Gewinnung der Fragestellungen, den Prozess der Hypothesengenerierung und -überprüfung; dem folgt in einem
- 2. Schritt die Skizzierung erster theoretischer Grundannahmen, die pädagogische Konzeption eines Lernprozesses zur sozialen Integration/Partizipation durch Krisenverarbeitung; im
- 3. Schritt wird ein didaktisch-methodisches Modell, damals die Zielgruppen-Interaktions-Konzeption, jetzt das sog. Krisen-Management-Interaktionsmodell, zur Umsetzung der pädagogischen Konzeption Krisenverarbeitung dargestellt; sodann wird im
- 4. Schritt die Entwicklung der Angebotsstruktur im Hinblick auf die Zielgruppen-Interaktions-Konzeption im Spiegel der Weiterbildungspraxis und im

- 5. Schritt im Spiegel ausgewählter Praxis-Fall-Studien aus den Bundesländern und ausgewählten Industriestaaten als ‚Best Practice International' exemplarisch geleistet; abschließend thematisiert der
- 6. Schritt eines der Kernprobleme, die Aus- und Fortbildung der Mitarbeiter; der letzte,
- 7. Schritt präsentiert je zwei ausgewählte Praxis-Fall-Studien aus den Bundesländern und dem Ausland.

- *Zu 1: Hypothesengenerierung und -überprüfung und Entwicklung der Untersuchungsverfahren*
  Ich beginne mit der Bildung der Hypothesen und der Entwicklung der Untersuchungsverfahren.

  Gemeinsam mit den gewonnenen ehrenamtlichen Mitarbeitern wurden 15 Hypothesen (H) entwickelt (vgl. Buch ‚*Schritte aufeinander zu'*, S. 344 ff.) und zwar zur Quantität der Angebote (H1), zur Zielgruppe der Adressaten (H 2), zu inhaltlichen Schwerpunkten (H 3), zu intendierten Zielsetzungen (H 4), zum Verhältnis von Zielsetzungen und Angeboten (H 5), zur Stellung des Angebotes im Weiterbildungsprogramm (H 6), zur didaktischen Orientierung (H 7); des Weiteren zu den Rahmenbedingungen, zur Qualifikation der Mitarbeiter (H 8), zur Quantität des Fortbildungsangebotes (H 9), zu intendierten Zielsetzungen der Fort- und Weiterbildung (H 10), zum Selbst- und Aufgabenverständnis der Bildungsarbeit (H 11), zur Effizienz der Arbeit (H 12), zur Kooperation der Weiterbildungs-Träger (H 13), zur Biographie der Mitarbeiter (H 14), zum Missverhältnis von gesellschaftlicher Akzeptanz und individueller Motivation (H 15).

Als Erhebungsinstrumente wurden sowohl empirisch quantitative als auch hermeneutisch qualitative Untersuchungsverfahren eingesetzt, was aus der *Abb. Karte:* **Bundesweite Erhebung an Volkshochschulen** *in den Jahren* • *1979* • *1981* • *1983* erkennbar wird.

Die landkartenartige Abbildung veranschaulicht die **repräsentative Erhebung** zur Weiterbildungs-Programmstruktur an Volkshochschulen in den Jahren 1979/1981/1983. Aufgrund einer Pilotstudie musste auf Volkshochschulen in den Orten unter 100.000 Einwohnern verzichtet werden, weil sich die zu erwartende Ausbeute als zu gering erwiesen hatte. Hingegen wurden alle Volkshochschulen in Orten über 100.000 Einwohnern, insgesamt 89, mittels **Fragebogenerhebung** (vgl. Symbol und s. im Buch ‚*Schritte aufeinander zu'* A., Anlage 3, Fragebogen, S. 351) und einer **Angebots-Arbeitsplan-Analyse** mittels Computer-Eingabemaske mit 20 Parametern untersucht (vgl. Symbol und s. im Buch ‚*Schritte aufeinander zu'* A., Anlage 2, S. 347ff). Die vorliegenden

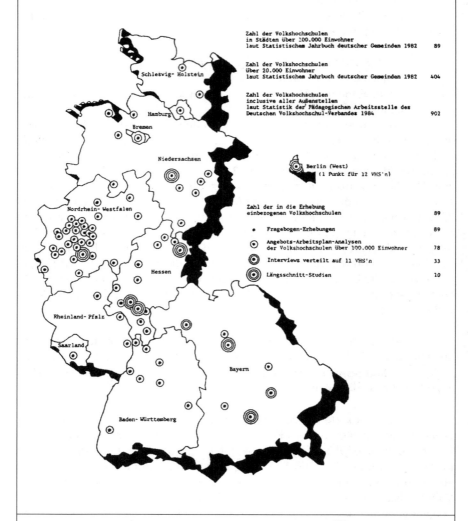

Ergebnisse beruhen auf einer Gesamtmenge von rund 45.000 Informationsdaten.

Komplementär dazu wurden zur Vertiefung der Untersuchungs-Hypothesen an allen in Frage kommenden Volkshochschulen, die über eine mehrjährige kontinuierliche Arbeit – zum Teil zehn Jahre – verfügten, **Längsschnitt-Studien** (vgl. Symbol) und **Interviews** (vgl. Symbol, und s. im Buch, ‚*Schritte aufeinander zu*' Anlage 4, S. 357 ff) durchgeführt.

- *Zu 2: Theoretische Grundannahme: Pädagogische Konzeption Lernprozess Krisenverarbeitung zur sozialen Integration/Partizipation*

Ich komme nun zur Skizzierung der theoretischen Grundannahmen, der pädagogischen Konzeption eines Lernprozesses zur wechselseitigen – komplementären – sozialen Integration/Partizipation durch Krisenverarbeitung.

Ein zentrales Ergebnis früherer Forschungsarbeiten wie auch der hier vorliegenden Bestandsaufnahme ist die Erkenntnis, dass Lernprozesse zu Krisenverarbeitung zur sozialen Integration/Partizipation weniger oder selten ein beiläufiges Ergebnis zufälliger Kontakte sind, sondern vielmehr einen mühselig langen Lernweg bedingen. Immer deutlicher wird der Zusammenhang zwischen ansteigender struktureller Versorgung in ausgegliederten Sondereinrichtungen und der damit einhergehenden abnehmenden mitmenschlichen Sorge erkennbar. Darum verstärkt sich in der Bundesrepublik seit Ende der 70er Jahre der Ruf nach **wechselseitigen gesellschaftlichen Lernprozessen** zur sozialen Integration/Partizipation -schon- und -noch nicht- betroffener Menschen.

Diese Erkenntnis beruht zum einen auf der Angebots-Analyse der Weiterbildungs-Praxis (vgl. Buch ‚*Schritte aufeinander zu*', Teil III), zum anderen auf empirischen Untersuchungen zur Erforschung der Lebenswelt -schon- betroffener Menschen und ihrer Bezugspersonen anhand einer Biographien-Analyse – damals über 500 Lebensgeschichten aus europäischen und außereuropäischen Ländern für den Zeitraum von 1900 bis 1987 (Anm. der Autorin: heute, 2003, über 6000 Lebensgeschichten aus einem Jahrhundert). Analysiert wurden interaktionsbedingte Bedeutungszuweisungen zur Verarbeitung der Lebenssituation ‚von Krisen -schon- betroffen sein/-werden'. Der dabei von der Autorin erschlossene Lernprozess Krisenverarbeitung in acht Spiralphasen (vgl. Buch ‚*Schritte aufeinander zu*', Teil 1, Kap. 5) besagt:

- ***Soziale Integration/Partizipation ist auch das Ergebnis von Lernen***, wie umgekehrt soziale Isolation/Separation das Ergebnis eines Lernabbruches bedeuten kann (dem entspricht die ‚Kontakthypothese' Cloerkes, nach der durch bloßes Sehen und Kennenlernen zwar die Möglichkeiten sozialen Verkehrs eröffnet, nicht aber die Vorurteile gegenüber von Krisen -schon- betroffenen Menschen abgebaut werden können). Solches Lernen vollzieht sich gleicherweise interaktionsbedingt bei von Krisen -schon- betroffenen wie auch bei von Krisen -noch nicht- betroffenen Menschen und durchläuft drei Ebenen des Lernens, vom ‚Kopf' über das ‚Herz' zur ‚Hand'lung. Der ‚Kopf', nämlich das kognitiv-fremdgesteuerten Eingangs-Stadium, geprägt durch die Tendenz zur Verleugnung: dies wird dargestellt in den ersten beiden Spiralphasen von der **Ungewissheit** (1) „Was ist eigentlich los ... ?" zur **Gewissheit** (2) „Ja, aber das kann *doch nicht sein* ... ?" Es folgt das emotionale Stadium des ‚Herzens', das affektiv-ungesteuerte Durchgangs-Stadium, mit den Spiralphasen der Aggression (3) „Warum gerade *ich* ... ?", der **Verhandlung** (4) „Wenn, dann muss aber ... ?" zur Trauerarbeit in der **Depression** (5)" *Wozu, ... alles ist sinnlos* ... ?" Der Prozess endet in der ‚Hand'lung, dem aktional-selbstgesteuerten Ziel-Stadium, mit den Spiralphasen der **Annahme** (6) *„ich erkenne erst jetzt..."*, der **Aktivität** (7) *„ich tue das..."*, bis zur **Solidarität** (8) „Wir handeln" *(vgl.* Doppel-Band 1: *Biographische Erfahrung und wissenschaftliche Theorie,* Teil II).

- ***Soziale Integration/Partizipation ist das Ergebnis angemessener Interaktion*** zwischen -schon- betroffenen und -noch nicht- betroffenen Mitmenschen, bei der alle drei Stadien des Lernprozesses der Krisenverarbeitung durchlebt bzw. erlernt worden sind.

- ***Soziale Isolation/Separation erweist sich als Ergebnis nicht existenter bzw. unangemessener Interaktion*** im Sozialisationsverlauf, insbesondere bei fehlenden oder unzureichenden Lernangeboten, so dass die Phasen des Lernprozesses Krisenverarbeitung nur unzureichend durchlebt bzw. vorzeitig im Eingangs- oder Durchgangs-Stadium abgebrochen werden oder stagnieren.

Was demzufolge im 20- bis 30-jährigen Sozialisationsverlauf – von Vorschule über Schule, Berufsschule und Berufsausbildung bis zur Hochschule nicht geleistet werden konnte, wird zwar immer schwerer erlernbar, aber es kann doch noch erlernt werden, wenn es als notwendiger Lerngegenstand erkannt und demzufolge durch Bildungswerbung und Veranstaltungs-Angebote, insbesondere vorrangig der Erwachsenenbildung, aber auch unterstützt durch gesamtgesellschaftliche Lernprozesse thematisiert wird.

- Zu 3: *Didaktisch-methodischer 3-Schritte-Prozess: Zielgruppen- bzw. Krisen-Management-Interaktionsmodell zur Umsetzung der ‚Lernprozesses Krisenverarbeitung' zu Integration/Partizipation*
Es wurde einsichtig, dass derartige Prozesse des Erlernens ‚sich der Krise zu stellen' zur Umsetzung auf didaktisch-methodische Modelle angewiesen bleiben. Die Weiterbildungspraxis in der Bundesrepublik weist – parallel zu ihrer Struktur – eine Vielzahl unterschiedlicher Konzeptionen der Weiterbildungsarbeit mit Menschen, von Krisen -schon- und -noch nicht- betroffen und bemerkenswerte Ansätze von Zielgruppen- bzw. Krisen-Management-Interaktionsmodellen auf, die sich didaktisch-methodisch als **wechselseitiger 3-Schritte-Prozess – 1. Stabilisierung – 2. Integration – 3. Partizipation** – erschließen lassen. Während bei bisherigen Ansätzen zur Zielgruppenarbeit vorrangig – zeitweilig ausschließlich – Lernprozesse der von Krisen -schon- betroffenen Menschen (der eingangs erwähnten eher als ‚defizitär' definierten Zielgruppen) im Zentrum standen, rücken jetzt komplementäre Lernprozesse der -noch nicht- betroffenen Menschen in den Blickpunkt der Weiterbildung. Zunehmend wird einsichtig, es geht um **wechselseitiges – komplementäres –** Lernen von -schon- und -noch nicht- betroffenen Lernenden. **Beide** durchlaufen vergleichbare Schritte, aber aufgrund unterschiedlicher Ausgangspositionen – einander bereichernd – in gegenläufiger Richtung (s. Abb.: Krisen-Management-Interaktionsmodell, s. Einführung Kap. 1.6).

Der **von Krisen -schon- betroffene Lernende** steht aufgrund seiner Befindlichkeit – oft allein auf sich gestellt – eher noch am Anfang des Lernprozesses Krisenverarbeitung und ist möglicherweise zunächst angewiesen auf Lernschritt 1 ‚Stabilisierung', bevor er sich konfliktfähiger auf die herausfordernde Auseinandersetzung mit -noch nicht- betroffenen Menschen auf den Lernschritt 2 ‚Integration/Interaktion' einlässt, um sich letztendlich im Lernschritt 3 ‚Partizipation' abzulösen. Daraus folgt: Die didaktisch-methodische Konzeption des Zielgruppen- bzw. Krisen-Management-Interaktionsmodells als *Brücke zur Bildung;* sie hat das Ziel, sich selbst überflüssig werden zu lassen. Am Beispiel der in Ausstellung und Buch ‚*Schritte aufeinander zu'* veröffentlichten sowie nachfolgend präsentierten Praxis-Fall-Studie': ‚*Vom Laienspiel zum* CRÜPPEL-CABARET *– Theaterarbeit zur Integration',* wird das von Peter Radke veranschaulicht werden (s. auch im Doppel-Band 2, Kap. 6.6).

Analog dazu verläuft der Lernprozess **-noch nicht- betroffener Lernender** – allerdings in gegenläufiger Richtung –, nämlich herausgerissen aus der gewohnten Partizipation über die Begegnung während einer Integration zum Bedürfnis nach Stabilisierung und eröffnet letzteren Lernchancen, wie den -schon- betroffenen Menschen eher unfreiwillig abgefordert werden.

Am Beispiel der ebenfalls in Ausstellung und Buch ‚*Schritte aufeinander zu*' veröffentlichten sowie nachfolgend präsentierten **Praxis-Fall-Studie** ‚*Begreifen lernen – Stationäre Anstalt* HEPHATA *als Lernfeld für Erwachsene*' wird dieser Lernprozess von Krisen -noch nicht- betroffener Lernender von *Helmut Thormann* präsentiert (s. auch im Doppel-Band 2, Kap. 6.5).

- *Zu 4: Entwicklung der Angebotsstruktur im Hinblick auf Zielgruppen- bzw. Krisen-Management-Interaktionsmodelle im Spiegel der Weiterbildungspraxis*

Vor dem Hintergrund theoretischer Vorannahmen kann der Versuch einer qualitativen Analyse der empirischen Daten geleistet werden. Die Erhebung – als exemplarischer Problemaufriss – verfolgte die Entwicklung Volkshochschul-Programmstruktur in den Jahren 1979/1981/1983. (s. Abb. '79, '81, '83).

Die **Abbildung VHS-Programmstruktur 1979** veranschaulicht die Entwicklung der Angebotsstruktur im Hinblick auf das Zielgruppen- bzw. Krisen-Management-Interaktionsmodell. Daraus wird ersichtlich, dass von insgesamt 798 (100 %) Angeboten zur Weiterbildung mit von Krisen -schon- betroffenen Menschen nur knapp ein Fünftel, das sind 153 (19 %), sich einem Zielgruppen- bzw. Krisen-Management-Interaktionsmodell zuordnen lassen, und zwar entfallen auf den 1. Schritt Stabilisierung 75 Angebote (9 %) und auf den 2. Schritt Integration 78 Angebote (10 %), während der 3. Schritt Partizipation in den Angeboten noch nicht erkennbar wurde. Auffällig ist, dass die verbleibenden vier Fünftel, das sind 645 Angebote (81 %), ausschließlich auf Veranstaltungen entfallen, die entweder separiert nur für von Krisen -schon- betroffene Lernende angeboten wurden oder Freizeitcharakter hatten (vgl. Abb. 1981 und Abb. 1983).

Die **Abbildung VHS-Programmstruktur 1981** zeigt den Entwicklungsstand der Angebote im Internationalen Jahr der ‚Behinderten' 1981; deutlich ist ein quantitativer Anstieg um fast 45 % auf 1.161 Angebote ablesbar und auch eine qualitative Differenzierung der konzeptionellen Angebote bis hin zum 3. Lernschritt Partizipation. Nach der Angebotserhebung 1981 entfallen auf Stabilisierung 69 Angebote (6 %), auf Integration 74 Angebote (6,4 %) und auf Partizipation 55 Angebote (4,7 %). Nicht übersehen werden darf demgegenüber der anhaltend überwiegende Anteil separierter Angebote ausschließlich für -schon- betroffene Menschen mit einem Anteil von über vier Fünftel (82,9 %),

Wie in den Hypothesen vermutet, zeigt die **Abbildung VHS-Programmstruktur 1983** – **nach** dem Internationalen Jahr der ‚Behinderten' – die Stagnation mit deutlich rückläufiger Tendenz der Weiter-Bildungsangebote. Das Gesamtangebot fällt auf 106 Angebote zurück, die konzeptionellen Integrationsangebo-

ENTWICKLUNG DER VHS-PROGRAMMSTRUKTUR IM HINBLICK AUF ZIELGRUPPEN-/KRISEN-INTERAKTIONS-KONZEPTIONEN • 1979

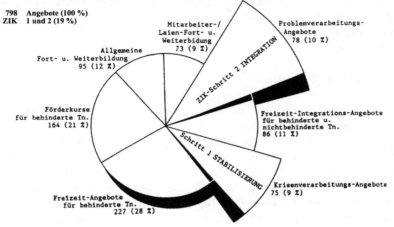

798 Angebote (100 %)
ZIK 1 und 2 (19 %)

• 1981

1181 Angebote (100 %)
ZIK 1, 2 und 3 (17,1 %)

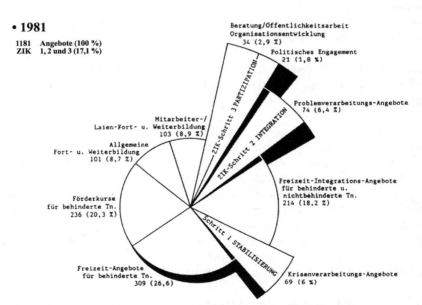

© Erika Schuchardt KRISEN-MANAGEMENT UND INTEGRATION wbv DIE 8·2003
 Band 1: Biographische Erfahrung und wissenschaftliche Theorie
Band 2: Weiterbildung als Krisenverarbeitung
DVD mit Jahrhundert-Bibliographien • AV Best Practice International

te machen nur noch einen Anteil von 15,2 %, das sind 163, gegenüber 85 %, das sind 942, gesonderter Angebote für -schon- betroffene Menschen aus. Diese Veranschaulichung der Angebotsentwicklung aus insgesamt 17 Abbildungen und 16 Tabellen mag exemplarisch veranschaulichen, wie es bundesweit um die Bildungsangebote zum Integrations-Lernen bestellt ist: der Euphorie zum Internationalen Jahr der ‚Behinderten' folgt Stagnation mit deutlich rückläufiger Tendenz. Es gilt, nach den Ursachen zu fragen.

Vorab sollten jedoch noch Anmerkungen folgen:

- *Zu 5: Zielgruppen- bzw. Krisen-Management-Interaktionsmodell im Spiegel der Praxis-Fall-Studien aus den Bundesländern*

  Jedermann offenkundig ist die Diskrepanz zwischen einem relativ geringen prozentualen Anteil von Angeboten zum Integrations-Lernen – nur knapp 20 % absinkend auf 15 % – im Rahmen der gesamten Bildungsangebote für sog. ‚Behinderte' und die dann überraschend relativ hohe Anzahl von Modellansätzen mit Innovationscharakter in der Bundesrepublik wie auch im Ausland, die vor allem von Volkshochschulen und kirchlichen Trägern, aber auch Berufsbildungswerken getragen werden – von denen der Forschungsbericht 14 ausgewählte dokumentiert. Bemerkenswerterweise lassen sie sich dem Zielgruppen- bzw. Krisen-Management-Interaktionsmodell zuordnen. –

  (An dieser Stelle verweise ich auf die graphischen Darstellungen, die kontinuierliche Weiterentwicklung wie systematisierte Zuordnung, aktualisiert in der Einführung Kap. 1.7 *Krisen-Management-Interaktionsmodell im Spiegel von BEST PRACTICE INTERNATIONAL).*

Damit komme ich abschließend

- *Zu 6: Ein Kernproblem: Die Aus- und Fortbildung der Mitarbeiter zum Integrations-Lernen durch Weiterbildung*

  Die BMBW/BMBF-Bestandsaufnahme Bundesrepublik Deutschland berichtet (vgl. Buch ‚Schritte aufeinander zu', Teil III: Exemplarischer Problemaufriss: Weiterbildung an Volkshochschulen) unter den Kapitelüberschriften ‚Quantität und Qualität der Fortbildungsangebote' und ‚Biographie der Mitarbeiter' über **zwei zentrale zukunftsweisende Ergebnisse**: die ‚unzureichende Fortbildung' und die ‚Motivation Betroffenheit'.

Zwei Hypothesen wurden dabei bestätigt:

ENTWICKLUNG DER VHS-PROGRAMMSTRUKTUR IM HINBLICK AUF ZIELGRUPPEN-/KRISEN-INTERAKTIONS-KONZEPTIONEN • 1983

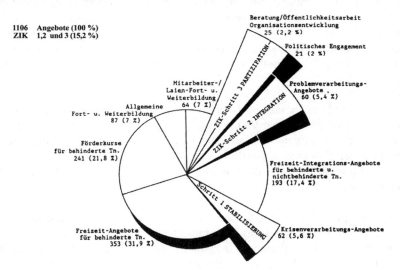

KRISEN-MANAGEMENT-INTERAKTIONSMODELL ZUM LERNPROZESS KRISENVERARBEITUNG ALS KOMPLEMENTÄRER 3-SCHRITTE-PROZESS

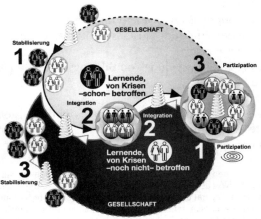

© Erika Schuchardt KRISEN-MANAGEMENT UND INTEGRATION wbv DIE [8].2003
Band 1: Biographische Erfahrung und wissenschaftliche Theorie
Band 2: Weiterbildung als Krisenverarbeitung
DVD mit Jahrhundert-Bibliographien • AV Best Practice International

- *Hypothese 10: Zu intendierten Zielsetzungen der Fort- und Weiterbildung*
Die Fort- und Weiterbildungsveranstaltungen scheinen den Bedürfnissen nur begrenzt zu entsprechen: Schwerpunktmäßig orientieren sie sich weitgehend traditionsgemäß an Förderkonzepten und Qualifikationen für den distanzierten ‚Um-Gang' mit -schon- betroffenen, sog. ‚behinderten' Lernenden, weniger an ‚interaktionsorientierten' Lernprozessen zur Krisen-Prävention und -Intervention; das gilt gleichermaßen für die WB-Teilnehmer wie für die WB-Mitarbeiter.

Das wird besonders anschaulich, wenn **Fortbildungswünsche** genannt werden. Dabei wird nicht die Vermittlung von Qualifikationen für Förderkurse und Freizeitaktivitäten gefordert, sondern es wird eindeutig der Ruf nach Konzeption laut, anscheinend um bisher noch nicht gewagte, aber unterschwellig als notwendig verspürte Verarbeitung der Krisensituationen anpacken zu können. Explizit werden genannt:

- Pädagogische Konzeptionen – Didaktik und Methodik zur Bildungsarbeit mit -schon- und -noch nicht- betroffenen Lernenden
- Elternbildung – allgemein und insbesondere mit Eltern sog. ‚behinderter' Kinder zur Verarbeitung der Krisensituationen behindert sein/-werden
- Kennen lernen angemessener Praxismodelle – Praxis-Fall-Studien, Längsschnittanalysen
- Begleitung – Supervision eigener Praxisarbeit
- Kontinuierlicher Erfahrungsaustausch auf regionaler, nationaler und internationaler Ebene
- Hilfestellung zur Entwicklung von Bildungsangeboten für -noch nicht- betroffene Lernende.

Zur Veranschaulichung der Anstöße, die Fortbildung geben kann, zwei **Berichtsausschnitte** (ausführlich vgl. Buch ‚*Schritte aufeinander zu*' S. 128 ff.) von VHS-Mitarbeitern, einer **Kursleiterin** und einem **VHS-Leiter**:

„In der Arbeit mit den Eltern der behinderten Kinder werde ich mit heftigen Gefühlen der Verzweiflung, der Wut oder auch der Resignation konfrontiert. Die modellhafte Darstellung der Krisenverarbeitung hat bei mir bewirkt, diese Äußerungen besser aushalten zu können, weil ich sie jetzt besser verstehen kann. Sie kommen mir jetzt ‚normaler' vor, ‚normaler' in dem Sinne, dass sie Teil eines Stadiums der Krise sind, das überwunden werden kann. Die Einsicht, dass es sich um acht mühsame und schwere Lernprozesse handelt, hat mich schon manchmal davor bewahrt, der Neigung, Eltern vorschnell zu Aktivität und Solidarität zu motivieren, nachzugeben. Sie hat mich, umgekehrt, aber auch misstrauisch gemacht gegen allzu glatte und reibungslose Problemregelungen."

Ein anderer hauptberuflicher Mitarbeiter, der **Leiter** der Volkshochschule Main-Taunus, berichtet:

„In der Arbeit war ein wichtiger Teil im Leben der Eltern bisher ausgespart. Wir Kursleiter waren unsicher, den emotionalen Bereich zu berühren, und wussten nicht, wie wir mit den Gefühlen der Eltern gegenüber ihren behinderten Kindern umgehen sollten. Wir hatten Angst davor, Reaktionen hervorzurufen, die zu Schäden führen, wenn sie nicht weiter bearbeitet werden können. Wir hatten in diesem Bereich keine Anleitung, keine Hinweise, mit welcher Methode, mit welchen Mitteln wir in diesem Bereich vorgehen sollten. Auch die Literatur, von der wir Kenntnis hatten (Sporken, Ross, Prekop), konnten wir für die praktische Arbeit im Kurs nicht verwenden. Nach der Ermutigung durch das Fortbildungswochenende mit Frau Schuchardt haben wir mit der Gruppe begonnen, das Thema ‚Bejahung und Annahme der Behinderung' zu bearbeiten. Wir haben als Einstieg einige Kurzbiographien aus dem Buch ‚Soziale Integration Behinderter' an die Teilnehmer verteilt und teilweise auch gemeinsam gelesen. Es war geradezu verblüffend, wie schnell die Teilnehmer beim Gespräch über die Biographien von den eigenen Gefühlen und der eigenen Lebenssituation sprachen, als seien plötzlich Schleusen geöffnet worden. Themenkomplexe wie ‚Aggressionen gegenüber dem Kind', ‚Todeswünsche', ‚Schock beim Bewusstwerden', ‚Vorwürfe der Umwelt', ‚Depressionen' kamen teilweise ohne Hemmungen zur Sprache. Für uns als Kursleiter war es möglich, mit diesen existentiellen Äußerungen der Teilnehmer umzugehen, da wir sie einordnen und in einen für die Teilnehmer transparenten Bezugsrahmen stellen konnten."

Auch ein Blick auf die quantitative Bestandsaufnahme veranschaulicht erneut die Rückläufigkeitstendenz des ohnehin schon geringen Anteils an Fort- und Weiterbildungsangeboten von 1979 (9 %) über 1981 (8,9 %) auf 1983 (7 %). Differenziert man überdies die Fortbildungsangebote nach Mitarbeitern und Laien, wird die ansteigende Tendenz der Qualifizierung der Laien und ehrenamtlichen Helfer offenbar, gegenüber der sinkenden Anzahl hauptamtlicher Mitarbeiter.

Fragt man auf anderer Ebene mittels Interviews nach dem möglichen Zusammenhang von Biographie der hauptamtlichen Mitarbeiter und Motivation zur Bildungsarbeit mit von Krisen -schon- und -noch nicht- betroffenen Menschen, bestätigt sich wieder einmal die folgende **Hypothese:**

- *Hypothese 14: Zur Biographie der Mitarbeiter*
Es scheint, dass der Faktor ‚unmittelbare' und ‚mittelbare' persönliche biographische Betroffenheit ursächlich ist für gesteigertes Interesse an Bildungsarbeit mit -schon- und -noch nicht- betroffenen Teilnehmern wie auch für überdurchschnittlich viele Angebote an Weiterbildungsmaßnahmen mit -schon- betroffenen Menschen.

Diese Hypothese, dass eine biographische Betroffenheit ein Faktor für die Motivation, möglicherweise gar zur Schlüsselqualifikation der Bildungsarbeit mit -schon- von Behinderung betroffenen Menschen wurde, bestätigt sich bei mehr als der Hälfte aller interviewten VHS-Mitarbeitern (50 % = 16). Dieser relativ hohe Anteil ist überzufällig und bestätigt den von uns behaupteten Zusammenhang zwischen dem individuellen Leiden am Riss der Schöpfung, der durch uns hindurchgeht, und dem dadurch ausgelösten leidenschaftlichen Engagement für eine neue Qualität des Lebens Betroffener durch die Verarbeitung des Erlebten, insbesondere unterstützt durch Bildungsangebote.

Die ‚**Betroffenheit**' lässt sich differenzieren, sie schlüsselt sich auf in:

- ‚**unmittelbare**' **Betroffenheit** durch eine eigene – erworbene wie angeborene – Behinderung oder durch die Geburt eines eigenen behinderten Kindes
- ‚**mittelbare**' **Betroffenheit** durch geteiltes Miteinander-Leben wie Voneinander-Lernen mit -schon- betroffenen Familienangehörigen, Verwandten und Freuden der eigenen sozialen Umwelt
- ‚**vermittelte**' **Betroffenheit** durch ein ‚Datum' bzw. ein punktuelles Erlebnis inmitten einer Lebens- und Lerngeschichte, das betroffen macht und eine Veränderung der tradierten Normen und Wertsetzungen auslöst.

Abweichend vom damaligen Vortrag füge ich exemplarisch Interviewausschnitte ein; ausführlich vgl. Buch ‚*Schritte aufeinander zu*', S. 128 ff.).

Einleitend machte ich gegenüber dem Interviewpartner darauf aufmerksam, dass wir in unserer bundesweiten empirischen Bestandsaufnahme nicht selten überraschend auf die Entdeckung stoßen, dass für den Mitarbeiter oft ein ihn ganz persönlich bewegendes Ereignis, ja eine Krise, das auslösende Moment war, sich für die Arbeit mit -schon- betroffenen Menschen zu entscheiden.

Darauf antwortete ein **‚unmittelbar' betroffener** VHS-Leiter:

> „… Mir sehen Sie es doch an. Ich stimme Ihnen zu … meine verlorenen Hände sind ein Kriegsandenken. Als ich sie 1944 verlor, habe ich mindestens 5 bis 7 Jahre gebraucht, um damit fertig zu werden … für viele sieht es immer noch schockierend aus.
>
> Ich bin gut rehabilitiert, aber die Hände sind nicht zu ersetzen (hygienischer Bereich). Ich bin in guten medizinischen Händen gewesen, aber in sehr schlechten, was die psychologische Verarbeitung angeht.
>
> 1974 war auch in der Erwachsenenbildung tabula rasa … die Grundlagen für Erwachsenenbildung fehlten ganz … Im Grunde verstehe ich mich als Pädagoge, der seine psychologischen Kenntnisse voll mit einbringen kann …, meine Lebenserfahrung ist in diese Konzeption (der VHS Nürnberg) voll mit eingeflossen …"
>
> Interview Nr. 82, Diplom-Psychologe

Immer noch stark emotional betroffen, berichten Mütter von Kindern mit Beeinträchtigungen/Behinderungen über ihre Motivation zur Bildungsarbeit mit -schon- betroffenen Teilnehmern. So heißt es in den Interviews:

„... unsere erste Reaktion seinerzeit war: ‚Warum wir, warum unsere kleine Tochter?' Das Selbstmitleid war natürlich so groß, dass wir eben nur daran denken konnten. Ich selbst hatte die Orientierung komplett verloren, und so konnte es wohl nicht weitergehen ...
Die andere Sache war die: ‚Was lernen wir eigentlich von ihr?'...
Sie hat uns gelehrt, in Krisen Um-Gehungswege zu meiden und Entscheidungen zu treffen. Sie hat unserem Dasein einen ganz neuen Inhalt gegeben ...
Denn die Tatsache war, dass eben die Ulrike so schwer geschädigt war, dass man uns im Krankenhaus gesagt hatte, wir sollten sie einfach irgendwo in ein Pflegeheim geben, da wäre sowieso nichts mehr zu machen, und das war eben damals der Grund, warum wir uns dagegen aufgelehnt haben. Daraufhin kam dann meine Ausbildung."

Interview Nr. 70

„Bei mir war es auf jeden Fall Betroffenheit durch das Kind (allergiekrank). Als Mutter eben dafür sorgen zu sollen, dass das Kind wieder gesund wird. Und dann merken, dass das vielleicht gar nicht so das Wichtigste ist. Am Anfang dachte ich immer, mit der anderen Tochter, da hatte ich immer so Schuldgefühle, dass sie zu kurz kommt, das halt dadurch, dass ich intensiveren Aufwand für die kleine, kranke Tochter betreibe ... Ich habe aber inzwischen gemerkt, dass das der älteren Tochter gar nicht geschadet hat, sondern dass die auch schon sensibel ist, sensibler als andere Kinder, eben dadurch, dass sie die Möglichkeit hat, in unserer Familie aufzuwachsen, nicht nur mit Normalität, sondern auch mit Ecken und Kanten, und auch Rücksicht nehmen muss, zu sehen, ihre Schwester ist krank."

Interview Nr. 64

Bei der Aufteilung der Befragten entfallen 10 % (3) der Mitarbeiter auf die Kategorie der ‚*mittelbaren' Betroffenheit*. Sie geben an, durch das langjährige gemeinsame Miteinander-Leben und Voneinander-Lernen mit Familienangehörigen, Verwandten oder Freunden aus der engeren sozialen Umwelt ihre Motivation zur Bildungsarbeit mit -schon- betroffenen Menschen gewonnen zu haben. Dazu drei Interviewausschnitte:

„... Ja, bei mir war das ganz einfach, dass ich in der Familie einen Fall von Behinderung hatte und daher für mich Arbeit mit sog. behinderten Menschen halt eine ganz natürliche Arbeit war, eine selbstverständliche Arbeit mit anderen Menschen ... Das war mir nicht bewusst, dass das jetzt etwas besonderes ist, was ich tue. Aber ich kann schon sagen, dass bei mir eine persönliche Erfahrung eine Rolle spielt und eine persönliche Qualifizierung durch diese Erfahrung ...
Persönlich diese frühen Erfahrungen, mit behinderten Menschen zusammen ein Stückchen zusammen zu leben, und auch ein Stückchen von ihnen zu lernen ...
... es hat sich ganz natürlich entwickelt. Schon als Kind mit dem Begriff, was Behinderung eigentlich heißt, lebendig konfrontiert worden zu sein ...
Ich habe einfach gesehen, dass ich schon einen Schritt weiter bin und mir nicht erst was antrainieren muss ...".
Interview Nr. 61, Soziologin

Eine Diplom-Pädagogin erklärt:
„... Die Motivation war die Betroffenheit, in der eigenen Familie zusehen zu müssen, wie die Großmutter an Altersautismus dahingesiecht ist. Da konnte ich nur im Nachhinein so in der Reflexion sehen, was da so passiert ist, dass man der alten Frau im emotionalen und sozialen

Bereich nicht helfen konnte und so ein Sprachverfall und geistiger Verfall stattfand. Ich habe mich dann erst zehn Jahre später dafür interessiert, über Sprachzerfall einerseits und Sprachentwicklung auf der anderen Seite, so dass ich dann ... als ich mit meinem Studium anfing ..., mich mehr mit Sprache und Sprachentwicklung, Sprachzerfall, aber auch emotionalem Zerfall beschäftigt habe ..."

Interview Nr. 58

Ein Berufsschullehrer erinnert sich:

„... Eigentlich reicht's mindestens fünfzehn Jahre zurück, in der Größenordnung. Es ist interessant zu wissen, dass also die Schwester meiner Frau ‚sog. Spastikerin' ist. Und von daher gesehen, kommt wahrscheinlich auch ... ist es für mich unter Umständen einfacher, mit -schonbetroffenen Menschen umzugehen, weil ich es ja in diesem Falle auch habe, in der Familie habe, als das für jemanden ist, der sich also gar nicht da ... noch gar keine Kontakte gehabt hat."

Interview Nr. 69

Daneben berichten 16 % (5) über ihre *‚vermittelte' Betroffenheit* durch ein punktuelles Erlebnis inmitten ihrer Lebens- und Lerngeschichte, das eine Veränderung ihrer bisher gültigen Normen und Wertsetzungen nach sich zog und die Bereitschaft zur Bildungsarbeit mit -schon- betroffenen Menschen auslöste. In den Interviews heißt es:

„... Ganz am Anfang war das bei mir einfach so, so eine Empörung war das erste, Empörung darüber, dass es irgendwie Leute gibt, die man an den Rand gestellt hat ...
... Aber es gibt schon eine Sache, die ist unheimlich lange her. Da ist mir nämlich klar geworden, dass so Einteilungen irgendwie nicht funktionieren.
Ich habe gegen einen sog. ‚Lernbehinderten' Schach gespielt und habe dreimal hintereinander verloren. Das hört sich komisch an, aber das hat mich total ins Rotieren gebracht, das habe ich überhaupt nicht verstehen können und habe dann angefangen, darüber nachzudenken, was diese Einteilung überhaupt soll, warum sog. ‚Lernbehinderte'? – Da stößt man automatisch auf andere ‚Behinderungen' – z. B. bei sich selbst".

Interview Nr. 59, Sonder- und Heilpädagogin

„... Ich hatte eine Ausbildung in der Landwirtschaft bei den Anthroposophen machen wollen, war dort in Kontakt zu verhaltensauffälligen und behinderten Kindern und Jugendlichen gekommen, die in der anthroposophischen Einrichtung lebten. Dann fand ich die Arbeit mit den Kindern und Jugendlichen so faszinierend, dass ich von meiner ursprünglichen Absicht, Landwirtschaft zu lernen, Abstand nahm, und eine heilpädagogische Ausbildung machen wollte."

Interview Nr. 52, Sozialpädagoge

Zusammenfassend lässt sich sagen, dass der überdurchschnittlich hohe Anteil biographisch betroffener Mitarbeiter in der Bildungsarbeit mit -schonbetroffenen Menschen darauf hindeutet, dass diese im Prozess ihrer Verarbeitung der Betroffenheit als Krisensituation das Ziel-Stadium – gemäß unserem Lernprozess Krisenverarbeitung in acht Spiralphasen – erreichten und dabei nach der Spiralphase (6.), der Annahme ihres Krisen-Ereignisses, z. B. sog. ‚Behinderung', in die Spiralphase (7.), die Aktivität, eintraten und sie in Bildungsangebote mit von Krisen -schon- betroffenen Menschen ebenso wie in wissenschaftliches Interesse an weiteren Studiengängen oder in politisches Engagement umsetzten; es folgte schließlich die Spiralphase (8.) der Solidarität, das heißt die geteilte Lern- und Lebenssituation als Miteinander-Leben und Voneinander-Lernen u. a. in Bildungsangeboten an der Volkshochschule. Die andere Hälfte, die durch Zufall, Interesse oder aus gesellschaftlichen Gründen in die Bildungsarbeit ‚unbetroffen' Hineingeratenen, bekunden in den Interviews, dass durch diese Arbeit bei ihnen eine veränderte Einstellung gegenüber -schon- betroffenen Menschen und daraus ein verändertes Verhalten, sichtbar geworden als längerfristiges Engagement in dieser Arbeit, erwachsen ist. Dazu ein Interviewausschnitt:

> „.... Ich kann in diesem Bereich einen sehr wichtigen Sinn sehen, im Vergleich zu meiner vorangegangenen Ausbildung, wo ich zwar wirtschaftlich besser gestanden habe als jetzt, aber irgendwie einen tieferen Sinn meiner Arbeit nicht abgewinnen konnte ... es bringt den Leuten was und es bringt auch mir was! ..."
> Interview Nr. 60, Sozialpädagoge

Mit dem Nachweis, dass 50 % der VHS-Mitarbeiter in der Bildungsarbeit mit -schon- betroffenen Menschen durch lebensgeschichtliche Erfahrungen zu *solidarischem Leben* und Lernen mit -schon- betroffenen Teilnehmern geführt worden sind, bestätigt sich auch unsere letzte Hypothese zum Missverhältnis zwischen gesellschaftlicher Akzeptanz und persönlichem Engagement.

- *Hypothese 15: Zum Missverhältnis von gesellschaftlicher Akzeptanz und individueller Motivation*

Das Defizit an Humanität – hier verstanden als solidarisches Leben mit -schon- betroffenen Menschen – wird durch den Faktor ‚biographische Betroffenheit' erneut belegt; das Ringen um Integration/Partizipation lastet primär auf denen, die selbst ‚unmittelbar' wie ‚mittelbar' davon Betroffene sind; und gleichzeitig verrät sich darin das hohe Lerndefizit der umgebenden Gesellschaft, die noch nicht bereit und fähig ist, sich – gemäß unserer Komplementär-Thesen – der wechselseitigen Herausforderung im solidarischen Miteinander Leben-Lernen zu stellen und Krisen als verborgenen Reichtum zu erschließen.

Aufschlussreich dokumentiert die repräsentative empirische Bestandsaufnahme aus der Bundesrepublik Deutschland das Defizit an Angeboten zur Qualifizierung und demgegenüber als gegenwärtig vorrangige Schlüsselqualifikation die biographische Betroffenheit. Damit komme ich auf meine einleitenden Ausführungen zur Integrations-Pädagogik/-Andragogik – heute Krisen-Management-Pädagogik/-Andragogik – zurück:

Zur Verbesserung der Situation von Krisen -schon- betroffener Menschen in der Bundesrepublik Deutschland ist eine Qualifikation der Mitarbeiter zur Krisen-Management-Pädagogik/-Andragogik unabweisbar erforderlich, wenn die Bereitschaft und die Fähigkeit zu gesamtgesellschaftlichen Lernprozessen sozialer Integration/Partizipation wachsen und gelingen sollen.

Lassen Sie mich daran erinnern, es war *Friedrich von Bodelschwingh*, der in der Zeit des Dritten Reiches 1933 in der sog. ‚Anstalt' *Bethel* während seiner Auseinandersetzung mit dem Abgesandten Hitlers, *Dr. Brand*, letzterem auf seine Definition der *Null-Punkt-Existenz* als die von ihm so bezeichnete ‚*Unfähigkeit, menschliche Gemeinschaft herzustellen*', entgegnet haben soll:

> „Herr Professor Dr. Brand, Gemeinschaftsfähigkeit ist zwei – seitig bedingt: Es kommt darauf an, ob ich auch gemeinschaftsfähig für den anderen bin. Mir ist noch niemand begegnet, der nicht gemeinschaftsfähig wäre."

(Hervorhebung von der Autorin)

Damit in Zusammenhang steht auch mein Vorschlag, im Hinblick auf die **wechselseitige – komplementäre – Lernbedürftigkeit** -schon- und -noch nicht- betroffener Menschen angemessener von ‚**Sozialer Integration durch Weiterbildung**', nicht länger aber ‚Sozialer Integration *Behinderter* durch Weiterbildung' zu sprechen!

Damals endete hier mein Vortrag über die Forschungs-Konzeption und -Ergebnisse des BMBW/BMBF-Projektes im Wissenschaftszentrum Bonn. Aus *heutiger* Sicht führen die Ausführungen nahtlos zu den im Einführungskapitel vorgestellten Leitgedanken meiner **Komplementär-These individuell:**

木癸෮鼻

Krisen – auch ein verborgener Reichtum!

Der von Krisen -schon- betroffene Mensch ist eine Hausforderung für die Gesellschaft, komplementär gilt:
Die Gesellschaft der -noch nicht- betroffenen Menschen
ist eine Herausforderung für den von Krisen -schon- betroffenen Menschen.

Im Folgenden wird die Einführung in Projektkonzeption und Ergebnisse der Bestandsaufnahmen in einigen anderen Ländern von *Viktor von Blumenthal* vom Marburger Institut für Vergleichende Erziehungswissenschaften wiedergegeben.

5.4 Einführung und Ergebnisse der Bestandsaufnahmen England, Frankreich, Italien, Schweden, USA

Wesentliches Ziel der Marburger Arbeiten war es, die **innovativen Ansätze** in der Erwachsenenbildung der von uns **untersuchten Länder** deutlich zu machen und zu zeigen:

- wie in anderen Ländern Menschen mit Behinderungen über das Programm von Erwachsenenbildungseinrichtungen informiert werden;
- welche räumlichen und technischen Voraussetzungen man schafft, um den Menschen mit Behinderung die Teilnahme an diesen Veranstaltungen zu ermöglichen, und
- welche Veränderungen in der inhaltlichen Ausgestaltung der Erwachsenenbildung dieser Prozess nach sich zieht.

Bei der **Auswahl der Fallbeispiele** sollten unterschiedlich strukturierte Einzugsbereiche dieser Einrichtungen wie etwa VHS in einer Großstadt oder im ländlichen Raum berücksichtigt werden. Es sollte außerdem geprüft werden, in welcher Weise die Einbeziehung von Menschen mit Behinderungen in die Arbeit der Erwachsenenbildungseinrichtungen durch Fortbildung des Personals gefördert bzw. ob hierfür speziell qualifiziertes Personal eingesetzt wird.

Auf der Grundlage des von *Erika Schuchardt* erarbeiteten und von uns modifizierten *Fragebogens* wurden von Ende September bis Ende Oktober 1984 die einzelnen Befragungen und Informationsgespräche (Ministerien, Verbände, Erwachsenenbildungseinrichtungen, Forschungsinstitute usw.) vor Ort durchgeführt. Voraussetzung hierfür waren neben der Aufarbeitung der in Marburg vorhandenen *Literatur* zur Erwachsenenbildung sowie zur Betreuung von Menschen mit Behinderungen in England, Frankreich, Italien, Schweden und den USA *Kontakte* zu Bildungsbehörden, Experten und Forschungseinrichtungen in den zu bearbeitenden Ländern, um die markantesten Beispiele für die Realisierung des Projekts ausfindig zu machen.

Die ausgewählten Beispiele waren – zusammen mit einer Dokumentation zur Bildungsarbeit mit von Krisen -schon- betroffenen Menschen in der Bundesrepublik Deutschland von *Erika Schuchardt* – Gegenstand einer *Arbeitstagung* zur Integration in der Erwachsenenbildung, die am 30. und 31. Mai 1985 in der Universität Marburg stattfand.

Die aus dieser Tagung mit Vertretern des Bundesministeriums für Bildung und Wissenschaft, der Heil- und Sonderpädagogik, der Volkshochschulen,

2 Forschungs-Publikationen
zu 5 +: Erster BMBW-Weiterbildungs-Kongress
zu 6.3 Soziale Integration: Wechselseitiges Lernen

© Erika Schuchardt

der evangelischen und katholischen Erwachsenenbildung sowie aus unterschiedlichen Praxisfeldern der Behindertenarbeit in der Bundesrepublik gezogenen Schlussfolgerungen wurden bei der Abfassung des Abschlussberichts berücksichtigt. Dies bedeutete insbesondere Einordnung der Fallbeispiele aus den einzelnen Ländern in den Kontext der jeweiligen Erwachsenenbildung und Darstellung der Rahmenbedingungen für die Betreuung von Menschen mit Behinderungen im jeweiligen Bildungswesen.

Es soll verdeutlicht werden, dass die aufgearbeiteten Fallbeispiele sich auf einen Zusammenhang beziehen, der in den untersuchten Ländern sowohl von der Ausdifferenzierung der Erwachsenenbildungseinrichtungen als auch davon bestimmt ist, wie die jeweiligen Gesellschaften insgesamt mit dem Problem der ‚Behinderung' umgehen. Entsprechend wurden in den Länderberichten einleitend das System der Erwachsenenbildung und anschließend die Rahmenbedingungen für die Begleitung von Menschen mit Behinderungen im Bildungswesen vorgestellt.

Für diese Untersuchung wurde weder eine bestimmte Form der Erwachsenenbildung noch eine solche der Begleitung von Menschen mit Behinderungen vorausgesetzt. Ausgangspunkt war die Frage, in welcher Form eine Gesellschaft – über welche Art der Erwachsenenbildung auch immer – sich der in ihr lebenden von Behinderung betroffenen Erwachsenen annimmt. Es erscheint uns sinnvoll, nachzuvollziehen, dass der bisher in der *Bundesrepublik Deutschland* beschrittene Weg einer vorrangig institutionellen, separierten Begleitung von Menschen mit Behinderungen – mit Blick auf die *Nachbarländer und die USA* – als ein zwar notwendiger, wenngleich auch problematischer Zwischenschritt anzusehen ist, dem eine Neuorientierung in Richtung auf eine weitgehende Einbeziehung betroffener Menschen in das ‚normale' Leben folgen muss und wird.

Im Rahmen eines solchen Prozesses können die in der Bundesrepublik Deutschland vorhandenen Ansätze zur ‚*Sozialen Integration*' -schon- betroffener Menschen sowohl als Indiz für eine solche Entwicklung als auch dafür genommen werden, dass es sich um einen *Entwicklungsprozess* handelt, der, wenn auch **phasenverschoben, in Westeuropa und den USA ähnlich** verläuft.

Die Rolle der Behindertenverbände war hierbei in den einzelnen Ländern sehr unterschiedlich. In den **USA** haben sie von jeher eine *aggressiv auf Integration gerichtete Politik* betrieben und haben grundsätzlich Separation abgelehnt. In **England** dagegen scheinen *Bedenken gegen die Integration* auf Seiten der Verbände zu bestehen, da sie jahrzehntelang Sondereinrichtungen aufgebaut und unterhalten haben und um den Fortbestand ihrer Arbeit fürchten.

Parallel zu dem Prozess einer zunehmenden Integration von Menschen mit Behinderungen wurde der traditionelle Begriff von ‚Behinderung' und die sich in ihm manifestierenden vorwiegend medizinisch technischen Betrachtungsweisen in Frage gestellt. In dem Begriff wurde zunehmend auch die soziale Dimension des Behindertseins in ihrer kausalen Beziehung zu den ihr zugrundeliegenden Defekten oder Mängeln miteinbezogen.

Die Diskussion um die *gesellschaftliche Integration* und die in ihrer Folge in allen Untersuchungsländern bereits eingeleitete Aufhebung der Separation und Isolation von Menschen mit Behinderungen hat zu einem *differenzierteren Verständnis* des Begriffs ‚Behinderung' geführt. ‚Behindertsein' wird zunehmend in Relation zu den jeweils aktuellen Lebensverhältnissen des schon von Krisen betroffenen Menschen gesehen: Die gesellschaftlichen Bedingungen, unter denen ein von Behinderung betroffener Mensch lebt und agiert, bestimmen das Maß und die Art seines Behindertseins. Ausdruck findet diese Sichtweise u. a. in der aus dem Sport entlehnten Bezeichnung ‚Handicap', die in die Begrifflichkeit der untersuchten Länder Eingang gefunden hat und die von der *Relativität und Veränderlichkeit* von Behinderungen ausgeht.

Mit der Veränderung des ‚Behindertenbegriffs' ist gleichzeitig seine Vereinheitlichung einhergegangen. In **Italien** hat dies insbesondere Ausdruck in der *Gesetzgebungsterminologie* gefunden, die die von Behinderung -schon-betroffenen Menschen als ‚portatori di handicaps' zusammenfasst oder die mit der Bezeichnung ‚disabili' den funktionalen Aspekt der Behinderung betont. Das heißt, es geht um Einschränkungen, die ein von Behinderung betroffener Mensch bei der Durchführung und Wahrnehmung ‚normaler' Funktionen erfährt.

Die verstärkte Berücksichtigung sozialer Folgewirkungen in der Person des Betroffenen hat die Terminologie dahingehend verändert, dass die spezifischen Bedürfnisse im Hinblick auf Hilfen und Förderung stärker zum Ausdruck kommen. In den **USA** hat die *Independent-Living-Bewegung* mit ihrer Forderung nach ‚Entmedizinisierung' einen neuen, auf stärkere Selbständigkeit und Selbstverwirklichung des von Behinderung betroffenen Menschen zielenden Rehabilitationsbegriff geprägt.

In verschiedenen Ländern hat sich diese Entwicklung vor allem im schulischen Bereich ausgewirkt. So hat der 1978 in **England** erschienene *Warnock Report* der traditionellen Definition von ‚Behinderung' im Sinne einer ‚*disability of mind or body*' eine klare Absage erteilt und an ihre Stelle den Begriff der ‚special educational needs' gesetzt.

Die an den Verschiebungen in der Begrifflichkeit für von Behinderung betroffenen Menschen erkennbare Tendenz, nicht mehr primär das Fehlen bestimmter Funktionen oder Abweichungen vom ‚Normalbürger' zu betonen, geht einher mit einer Einstellung, die ‚Integration von Menschen mit Behinderungen' *nicht mehr* vorrangig als ‚Anpassung' an vorgegebene Normen verstehen will. Sie geht davon aus, dass das *Recht* jedes Menschen *auf Bildung und Ausbildung* die ‚Anerkennung seiner Besonderheit' mit einschließt.

Diese Tendenz wird explizit in unterschiedlicher Weise aufgenommen. Letzten Endes, so kann gesagt werden, basieren die aus den einzelnen **Ländern** ausgearbeiteten Beispiele auf dem *Normalisierungsprinzip*. Sie wollen für Menschen mit Behinderung die Möglichkeit eröffnen, ihren Alltag so zu gestalten, wie es generell in der Gesellschaft, in der sie aufwachsen, wohnen und leben, üblich ist, und ihnen helfen, weitgehend selbständig wie jeder Bürger zu leben.

Ein Weg, dieses Ziel zu erreichen bzw. ihm näher zu kommen, besteht darin, Hemmnisse, die den -schon- betroffenen Menschen von der Teilnahme an Bildungs- und Freizeitangeboten ausschließen, zu beseitigen – z. B. konkret durch den Abbau architektonischer Barrieren, wie dies u. a. aus Italien und Schweden berichtet wird.

Einen damit verwandten Ansatz verfolgen Konzepte, die zwar zunächst auf die Beseitigung von Hindernissen als einen wesentlichen Schritt auf dem Wege zur Normalisierung begreifen, jedoch darüber hinaus eine Fülle verschiedener Hilfen bereitstellen, die es den -schon- betroffenen Menschen ermöglichen sollen, an den regulären Angeboten teilzunehmen. Man lehnt daher separierte Angebote für Menschen mit Behinderung ab und legt stattdessen von vornherein alles darauf an, *Trennendes,* soweit es nur irgend geht, *abzubauen.*

Versteht man in diesen Modellen die Integration noch als ‚natürliches' Resultat des Zusammenlebens und Arbeitens von -schon- betroffenen und -noch nicht- betroffenen Menschen, so wird in anderen Versuchen der *Integrationsprozess selbst zum Thema von Veranstaltungen* gemacht. Gruppen von -schon- und -noch nicht- betroffenen Lernenden werden bewusst zusammengebracht mit dem Ziel, über eine gemeinsame Tätigkeit wechselseitige Vorurteile abzubauen und zu einem angstfreien Miteinander zu kommen. Hier wird *Integration* weniger als das Ergebnis einer längerfristigen Entwicklung gesehen, sondern ist vielmehr von Anfang an *Gegenstand von Lernprozessen.*

Demgegenüber gibt es jedoch auch Einrichtungen, die vor allem in **Schweden** davon ausgehen, dass Menschen mit Behinderungen – als *Vorberei-*

tung auf das Zusammensein mit -noch nicht- betroffenen Menschen – zunächst in ihrer Berufsgruppe stabilisiert werden sollten (siehe *Erika Schuchardt Krisen-Management-Interaktionsmodell*: Schritt 1 Stabilisierung). Hier verläuft der Integrationsprozess über erste Ansätze einer räumlichen Integration durch das darauffolgende Zusammensein zwischen -schon- und -noch nicht-betroffenen Menschen im gleichen Gebäude, über eine Phase der sozialen Integration außerhalb der Kursarbeit (siehe *Erika Schuchardt Krisen-Management-Interaktionsmodell*: Schritt 2 Integration) bis hin zur funktionalen Integration im regulären Bildungs- und Freizeitprogramm der Volkshochschule (siehe *Erika Schuchardt Krisen-Management-Interaktionsmodell*: Schritt 3 Partizipation am Regelangebot der Bildungseinrichtung).

Insgesamt zeigt sich, dass die in das Projekt aufgenommenen Beispiele große Unterschiede aufweisen – **kennzeichnend für alle** ist jedoch, dass **Integration bzw. Normalisierung** die unbestrittene gesellschaftspolitische **Zielperspektive** der Bildungsarbeit mit von Krisen -schon- betroffenen Menschen darstellt, wobei das Normalisierungsprinzip jeweils unterschiedlich akzentuiert wird.

Zu den **Desiderata** unserer Untersuchung gehört die Frage, was mit denjenigen geschieht, die – aus welchen Gründen auch immer – für unfähig gehalten werden, an Weiterbildungsangeboten zu partizipieren, und die in geschlossenen Einrichtungen betreut werden. Nach wie vor gibt es in den untersuchten Ländern derartige Anstalten; nach wie vor gehen auch diejenigen, die in den verschiedenen Bereichen der ‚Behindertenarbeit' tätig sind, davon aus, dass es eine bestimmte Anzahl von Personen mit einer Behinderung gibt, die in den dargestellten Modellen nicht adäquat versorgt werden können. Allerdings wurde bei den Interviews deutlich, dass die Maßstäbe, mit denen man gerade auch schwere Behinderungen misst und beurteilt, sich in den letzten Jahren gleichfalls erheblich verändert haben. Personen, von denen man noch vor zehn Jahren gesagt hätte, dass sie gänzlich ungeeignet seien, an den von uns untersuchten Bildungs- und Freizeitveranstaltungen teilzunehmen, sind inzwischen in solchen Programmen durchaus zu finden, und die Ergebnisse der Arbeit haben zahlreiche negative Vorhersagen widerlegt.

Bei einer solchen Durchführung eines Forschungsprojekts kommt die **Situation der von Krisen -noch nicht- betroffenen Menschen** kaum zur Sprache. Wir hatten den Eindruck, dass über ihre Rolle und über das, was mit ihnen im Rahmen der verschiedenen Veranstaltungen geschieht, weniger nachgedacht wird bzw. dass sich das Interesse der Institutionen vorwiegend auf die Bedürfnisse der von Krisen -schon- betroffenen Menschen konzentriert. Integration ist jedoch –

so unsere Meinung – nicht nur die Angelegenheit der von Behinderung betroffenen Menschen, die befähigt werden sollen, in einer ‚normalen' Umgebung zu leben, sondern ebenso sehr das Problem der von Krisen -noch nicht- betroffenen Menschen, die lernen sollen, sich vorurteilsfreier und – wie *Erika Schuchardt* formuliert – zwar nicht als ‚unmittelbar', wohl aber als ‚mittelbar' bzw. ‚vermittelt' Betroffene zugleich mit ihren -schon- betroffenen Mitmenschen auseinander zu setzen. Wir unterstreichen damit die *Komplementär-These* von *Erika Schuchardt* des ‚*wechselseitigen Lernens'*.

Nachfolgend wird der von *Hans Tietgens* verfasste Abschlussbericht über den ersten Weiterbildungskongress wiedergegeben.

5.5 Abschluss-Bericht über den ersten Weiterbildungs-Kongress

Die nachfolgende Präsentation der Ergebnisse des Weiterbildungs-Kongresses gab *Prof. Dr. Hans Tietgens*, Direktor der damaligen Pädagogischen Arbeitsstelle des Deutschen Volkshochschulverbandes (DVV), des heutigen Deutschen Institutes für Erwachsenenbildung (DIE).

Der Weiterbildungs-Kongress ‚*Schritte aufeinander zu'* diente dazu, die Ergebnisse **zweier Bestandsaufnahmen** vorzustellen, die vom Ministerium gefördert worden waren und die einen Überblick geben sollten über das, was als Erwachsenenbildung mit von Krisen -schon- betroffenen Menschen geleistet werden kann. Mit dem Titel ‚*Schritte aufeinander zu'* war zugleich zum Ausdruck gebracht, dass mit der Anlage der Bücher und mit dem *Arrangement des Kongresses* mehr intendiert war als eine *Präsentation und Dokumentation* ..., gemeint war ein **beiderseitiges – komplementäres – Aufeinander-zu im Lernprozess**. Und wer diese Aufgabe bedenkt, wird kaum umhin können zu begreifen, wie schwierig dabei der Part derer ist, die als -noch nicht- Betroffene gelten. Zumindest wird dazu Unbefangenheit gehören. Die Selbstverständlichkeit des ‚Umgangs' – des Miteinander-Lebens und Voneinander-Lernens – die erreicht sein will, gerät aber nicht selten in Widerspruch zu der ebenfalls notwendigen Einsicht des auch Behindertseins. Herausgefordert ist also eine Problemverarbeitung durch ‚**Wechselseitiges Lernen'**.

Was wird dazu in den Büchern gesagt, was kam davon im **Kongress** zur Sprache? Erika Schuchardt, durch zahlreiche Veröffentlichungen zur Thematik bekannt ... hat jetzt den Forschungsbericht ‚Schritte aufeinander zu – Soziale Integration durch Weiterbildung – Zur Situation in der Bundesrepublik Deutschland' herausgegeben.

ZETTELKÄSTEN ALS DENK-ANSTOSS: STOLPER-STEINE ZUM UMDENKEN

zu 5 +: Erster BMBW-Weiterbildungs-Kongress
zu 6.3 Soziale Integration: Wechselseitiges Lernen

© Erika Schuchardt

Wenn sie mit einer **Erinnerung** beginnt, mit einem im Bethel-Archiv erhaltenen Wortwechsel zwischen einem NS-Beauftragten und dem leitenden Anstaltspfarrer Fritz von Bodelschwingh ‚Über die Vernichtung des sogenannten unwerten Lebens', so ist dies mehr als eine **historische Mahnung**. Diese unsere Vergangenheit ist noch gegenwärtig, darf nicht aus unserem Bewusstsein verdrängt werden. Nicht zuletzt sie trägt dazu bei, dass „wir uns mit dem Thema soziale Integration -schon- betroffener Menschen so schwer tun". Schwerer als in vielen anderen Ländern, so wurde es auch im Kongress betont. Dieser Zusammenhang aber sollte uns gerade davor warnen, perfektionistische Vorstellungen zu vertreten, wenn es um die soziale Integration -schon- betroffener Menschen und den Beitrag der Erwachsenenbildung dazu geht. Es kann sich immer nur um Annäherungsversuche durch ein prozesshaftes Denken und Verstehen handeln. Die Kategorie des Approximativen, seit Schleiermacher im pädagogischen Gespräch und dennoch selten realisiert, ist bei der Erwachsenenbildung mit -schonbetroffenen Menschen als Problemverarbeitung auf Gegenseitigkeit noch nachhaltiger als anderswo gefragt.

Dies will auch bedacht sein, wenn *Erika Schuchardt* in **ihrer ‚Situationsanalyse'** noch einmal die **Kernthesen** wiederholt, die als Prämissen für ein integratives Verständnis von Erwachsenenbildung mit -schon- betroffenen Menschen anzusehen sind: „Weniger die von Behinderung -schon- betroffenen Menschen sind unser Problem, vielmehr werden wir, die -noch nicht- betroffenen Menschen, ihnen zum Problem" (s. E. Schuchardt, 'Schritte aufeinander zu', S.14). *'Behinderung'* ist also nicht nur ein *physiologischer Zustand*, sondern vor allem auch eine *psychosoziale Krise der Person*. Betroffene Menschen sagen dazu deutlicher: „Es ist weniger die Behinderung, die lähmt, als vielmehr das tausendfache Behindertsein durch die Umwelt. Man ist nicht behindert, sondern man wird zum Behinderten gemacht" (s. E. Schuchardt, 'Schritte aufeinander zu' S. 24). Die verkürzte Argumentation, ‚der Behinderte braucht die Gesellschaft', allein aus der Sicht der Nichtbetroffenen, verdeckt die **Problematik** jeglicher Arbeit mit -schon- betroffenen Menschen: entweder kann der ‚Behinderte' als politisch-demokratisches ‚*Alibi'* oder als *'Objekt'* zur Humanisierung der ‚Nicht-Behinderten' missbraucht werden. Dabei gerät die Weiterbildungs-Einrichtung in Gefahr, die Rolle der scheinbar omnipotenten Institution zu übernehmen, die Bildungsangebote ‚für' -schon- betroffene Menschen als defizitäre Objekte bereithält. In diesem Ansatz scheint Integration missverstanden als bloße ‚*Anpassung'* oder zutreffender als ‚*Assimilation'* des ‚Behinderten' an die Normen und Werte der ‚Nicht-Behinderten.' Demgegenüber intendiert soziale Integration gerade die Erneuerung, das heißt, sie zielt auf *wechselseitige – komplementäre –* Einbindung von einzelnen oder Gruppen in (oder zu) einer gesellschaftlichen Einheit. Integration in einen sozialen Kontext bezeichnet demnach einen aktivkreativ dialogischen Lernprozess zu sich selbst, zur Gruppe, zur Umwelt und zur Gesellschaft, mit dem Ziel wechselseitiger Erneuerung ... So entdeckt der -noch nicht- betroffene Mensch möglicherweise auch sein Angewiesensein auf den -schon- betroffenen Mitmenschen als Korrektiv zur Infragestellung seiner eigenen leistungs- und produktionsorientierten Normen und Werte" (a. a. O., 38 f). Ich bringe dieses längere Zitat, weil es zugleich die Auffassung von Diskussionsteilnehmern des Kongresses wiedergibt. Etliche von ihnen meinten allerdings damit im Gegensatz zu dem Krisen-Interaktionskonzept, das von *Erika Schuchardt* vertreten wird, zu stehen. Worauf kann dieses Missverständnis zurückgeführt werden?...

Das **Praktiker-Selbst-Bewusstsein,** das sich beim Kongress bemerkbar machte, hatte eine eigene Rezeptionsform entwickelt, eine Art der Aufnahme bzw. Ablehnung von Modellkonzepten, die sich an ihrer unmittelbaren Verwendbarkeit orientiert. Das aber verschafft keinen angemessenen Zugang zu der ‚Krisenverarbeitung als Lernprozess in acht Spiralphasen', also dem **Problem-Erschließungsmodell,** das von *Erika Schuchardt* aus mehreren hundert Biographien herausgelesen und das in diesem Forschungsbericht noch einmal abgedruckt und erläutert worden ist. Ich habe ‚*Spirale*' immer als etwas Elastisches verstanden und insofern die **Krisenverarbeitung als ein Denkmodell,** das in seiner Übertragung ins Konkrete konzentriert oder gedehnt oder anderweitig variiert werden kann und in dem die einzelnen Phasen, je nach Art der Behinderung und je nach Individuallage einen unterschiedlichen Stellenwert erhalten können. Damit eröffnen sich dann sowohl *Interpretations- als auch Handlungsmöglichkeiten.* Eben darauf ist aber bislang weder in der berichtenden noch in der konzeptionellen Literatur eingegangen worden. Offenbar sahen einige Diskussionsteilnehmer auch keine Anknüpfungsmöglichkeiten, keine Brücke zwischen dem Grundmodell und den ihnen zugeordneten Einzelfällen, zwischen systematischem Entwurf und ihren eigenen konkreten Handlungsmöglichkeiten. **Das didaktische Modell der Krisenverarbeitung**, 'wechselseitiger 3-Schritte-Prozess Stabilisierung – Integration – Partizipation', kam so nicht hinreichend zur Sprache.

So viel zum Eindruck vom Kongress. Was aber enthalten die **Bände,** die ihm zugrunde lagen und die hier anzuzeigen sind, außer Grundthese und Interpretationsmodell? Da finden sich zuerst einmal ‚**bildungspolitische Dokumente'** (a. a. O., S. 28 – 35) in Kurzdarstellungen. Sie lassen erkennen, dass die Maßgaben, die *Erika Schuchardt* entwickelt hat, sich gleichsam auf einem international anerkannten Level bewegen. So kann von der ‚Initiativstellungnahme des Wirtschafts- und Sozialausschusses der europäischen Gemeinschaften' aus dem Jahre 1981 gesagt werden: **„Alle** Programmpunkte dienen der Bewusstseinserweiterung, der Verhaltensänderung (a. a. O., S.33). ‚Umdenken' angesichts ‚wechselseitig gestörter Beziehungsfähigkeit' wird also auch hier als Leitprinzip angesehen. Indessen fordert dies auch heraus, sich der Rahmenbedingungen für die soziale Integration zu vergewissern und sich zu fragen, wie die reale Erwachsenenbildung mit -schon- betroffenen Menschen derzeit aussieht. Zu der ersten Aufgabe bietet der Beitrag von *Ulrich Bleidick* (a. a. O., S. 50 – 84) abwägende Informationen, die darauf verweisen, inwiefern Differenzierungen angebracht sind, wenn Handlungsanregungen gegeben werden sollen. Dies gilt für die Definitionsfrage (Behinderung in ihrer Gradualität erkennen), für den Anspruch der Integration, der sich am überzeugendsten auf eine Abwandlung des kategorischen Imperativs stützen kann („-schon- betroffene so zu behandeln, wie man selbst behandelt werden möchte", a. a. O., S. 53), für das Komplizierte der Rehabilitationspolitik, die Modalitäten der schulischen und beruflichen Eingliederung, die nicht immer angemessenen Formen der öffentlichen Diskussion des Themas. Für die zweite Fragestellung wurden Erhebungen und Befragungen angestellt.

Im Falle der **Volkshochschulen** war eine **Längsschnittanalyse 1979-1981-1983** anhand von bundesweiten Arbeitsplatzanalysen aller Volkshochschulen mittels elektronischer Datenverarbeitung (über 45.000 verarbeitete Daten), Fragebogenerhebungen und 80 Interviews mit haupt- und nebenamtlichen Mitarbeitern der Weiterbildung möglich (a. a. O., S. 85 – 136). Was darüber berichtet wird, erscheint in mehrfacher Hinsicht *symptomatisch*. Der beherrschende Eindruck ist die in der Erwachsenenbildung sattsam bekannte Diskrepanz zwischen anerkannter Notwendigkeit und sporadischer Realisierung ... Wer die Arbeitsverhältnisse bei Volkshochschulen kennt, die unzureichende Zahl hauptberuflicher pädagogischer Mitarbeiter, den verwundert es nicht, wenn Kontinuität in der Erwachsenenbildung mit -schon- betroffenen Menschen kaum zustande kommt. Sie erfordert eine Zeit für die Hinwendung, für die Kontaktpflege, die bei der Punktualisierung des Arbeitshandelns, wie sie empirische Studien deutlich gemacht haben, nicht aufgebracht werden kann ... Es kann auch nicht als Zufall angesehen werden, dass ein Ausbau des Arbeitsbereichs am ehesten da gelungen ist, wo ein Engagement von -schon- betroffenen Menschen selbst möglich war.

Eine solche Beobachtung trifft nicht weniger auf das **zweite Untersuchungsfeld** zu, auf die **Aktivitäten in kirchlicher Trägerschaft,** wobei sich die Untersuchung zudem weitgehend auf Gespräche in Bildungshäusern konzentrieren musste. Insofern bleiben die Ergebnisse hinter den Erwartungen zurück. Bis zu einem gewissen Grade wird sich dies mit der Nähe zur Diakonie erklären lassen. Gravierender erscheint aber auch hier die Sorge, eine Aufgabe angehen zu sollen, die bei ihrer Schwere einen kompetenten Mitarbeiterstab voraussetzt, der nur gelegentlich aufgrund glücklicher Zufälle gegeben ist. So kann von Tagungsthemen in evangelischen Akademien berichtet werden und von ‚kirchlichen Bildungsangeboten mit Modellcharakter'. Dazu finden sich dann auch eindrucksvolle und perspektivenreiche Darstellungen von ‚Praxis-Fall-Studien'... unter dem Motto 'einfach anfangen – Anstöße zur Weiterbildung' (s. a. a. O., S. 150 – 294). Die Frage, die sich aber durchweg stellt, ist die nach dem **Übertragbaren.** Sie kam denn auch im Kongress mehrfach auf. Es lässt sich schwerlich übersehen, dass jeweils günstige Konstellationen nötig waren bzw. geschaffen werden konnten, um etwas aus dem Alltag sich Heraushebendes zu Wege zu bringen. Wenn dies aber als Modell bezeichnet wird, kann es als eine Überforderung für andere verstanden werden, die Abwehr hervorruft. Derartige Reaktionen sind aus ‚Modellversuchen', ‚Projekten', die besonders gefördert worden sind, nur allzu bekannt. Bei allen Vorbehalten sollte im Falle der Bildungsarbeit mit -schon- betroffenen Menschen allerdings der **Signalcharakter** für das, was möglich sein kann, nicht übersehen werden. Unter diesem Aspekt sollte gerade auch der letzte Beitrag der **Praxis-Fall-Studien** Aufmerksamkeit finden, mit dem *Erika Schuchardt* ihren ‚Versuch zu einem integrativen Projektstudium an der Universität Hannover' als Ergebnis langjähriger Lehrtätigkeit (vgl. a. a. O., S. 287 – 295) vorstellt.

Der Band über die Situation in der Bundesrepublik erhält des weiteren noch einen hart an der Sache bleibenden Bericht **über ‚Rehabilitation:** Grundlagen, Entwicklungen und Perspektiven' (a. a. O., S. 295 – 336). Er wurde verständlicherweise im Kongress nicht näher diskutiert, vervollständigt für die Außenstehenden aber das Gesamtbild. Ebenso undiskutiert blieb weitgehend auch der **zweite Bericht,** der von Mitarbeitern der **‚Forschungsstelle für Vergleichende Erziehungswissenschaft'** der Universität Marburg „zur Situation in England, Frankreich, Italien, Schweden, USA" vorgelegt worden war. Immerhin stellen sich hier auch die Probleme des Transfers noch in verstärktem Maße ... Der **Gesamteindruck** ist immerhin, dass man in den genannten Ländern um einige Grade unbefangener zu Werke geht, dass aber auch die Personallage um einiges besser zu sein scheint. Das Personal und seine Qualifizierung stand denn auch zweifellos im Mittelpunkt des Kongress. Was dabei zur Sprache kam, ist, aus der nachträglichen Distanz betrachtet, nicht so divergierend, wie es auf den ersten Blick erschien. Ob nun **Zusatzstudium oder Fortbildung,** darüber lässt sich im Vagen streiten, so lange nicht versucht wird, die einen oder anderen Vorschläge zu konkretisieren. Dabei stellt sich aber wiederum die Frage, wo die spezifische Lehrkompetenz zu finden ist…. Noch problematischer wird die Aufgabe dann, wenn der Bereitschaft und der Fähigkeit zur Selbstreflexion eine bestimmende Bedeutung zugesprochen wird. Dies ist bei einer Orientierung am Krisenverarbeitungsmodell geradezu zentral, aber auch dann nicht von der Hand zu weisen, wenn man fallorientierte Ansätze bevorzugt, wozu die Praktiker neigen, wenn sie Wünsche für ihre Fortbildung äußern. Dahinter steht allerdings eine Problematik, die selbst weiterer Reflexion bedürfte.

Um dies zu begründen, ist noch einmal weiter auszuholen. Wer **35 Jahre Diskussion um Erwachsenenbildung** miterlebt hat, dem musste dieser Kongress als eine Art Wiederholungsschnellkurs erscheinen. Probleme, die für die Erwachsenenbildung seit Jahren und Jahrzehnten kennzeichnend sind, traten hier noch einmal in besonderer Deutlichkeit auf. Wenn einmal gesagt wurde, ‚Behinderung' wirke als Vergrößerungsspiegel für menschliches Bedrohtsein, so entspricht dem, dass Erwachsenenbildung für -schon- betroffene Menschen ein Vergrößerungsspiegel der Spannungsmomente ist, mit der es Erwachsenenbildung durchweg zu tun hat. Ihre Schwierigkeiten erhalten mit den Ansprüchen auch der Bildungsarbeit mit von Behinderung -schon- betroffenen Menschen verschärftes Profil, ihre Widersprüchlichkeiten werden besonders deutlich sichtbar. Das verhindert dann die Zusammenarbeit auch da, wo sie nahe zu liegen scheint, wo der Konsens über die Zielvorstellungen sich aufdrängt, wo allerdings auch die **Variabilität des methodischen Vorgehens** anzuerkennen wäre. Es machen **sich vielmehr Kommunikationsstörungen** bemerkbar. Indes ist auch dies aus der Geschichte der Erwachsenenbildung wohlbekannt. So sollte sich lohnen **aufzulisten, was als repräsentativ an der Kongressdiskussion,** an ihren Inhalten und ihren Modalitäten, ebenso aber auch an ihren Klagen und Forderungen anzusehen ist:

- Da ist vor allem anderen das Leitprinzip der Teilnehmerorientierung. Es muss in der Erwachsenenbildung mit -schon- betroffenen Menschen als eine noch dringendere Maßgabe gelten als anderwärts. Zugleich wird auch der mit ihm verbundene Selbstanspruch mit seinen schwer erfüllbaren Konsequenzen offenkundiger. Was plausibel erscheint, ist deshalb noch nicht leicht realisierbar.
- Da ist die aus der Teilnehmerorientierung folgende Lebensweltorientierung zu bedenken. Versteht man Lebenswelt im ursprünglichen Sinn des Wortes als Deutungsentwurf des Seinsverständnisses, dann wird an -schon- betroffenen Menschen überdeutlich, wie schwer es fallen muss, das, was hier antizipiert werden soll, zu vollziehen.
- Da kommt mit aller Schärfe das Dilemma der Zielgruppenorientierung zum Tragen, die einerseits die Motivation stützen soll und andererseits doch transzendiert werden will, wenn es um das geht, was wir gemeinhin als Bildungsprozess bezeichnen. Mit gutem Grund zitiert hier *Erika Schuchardt Wilhelm Mader,* dass Zielgruppenarbeit sich über-

flüssig machen sollte, indem sie vom „teilnehmerorientierten zum teilnehmerproduzierten Lernen" führt (a. a. O., S. 47).
- Damit kommt auch die Frage auf, wie denn Interventionen zu legitimieren sind, die zu veranstaltetem Lernen gehören. Formeln dafür sind immer zur Hand. Sie werden auch problematisch, wenn nicht bedacht wird, wie die Horizonterweiterung verarbeitet werden kann.
- Da muss die allgemein in der Erwachsenenbildung zu beobachtende Diskrepanz zwischen Konzepten, die Zusammenhänge betonen, und Praktiken, die erfahrungsbedingt symptombezogen sind, besonders drastisch erfahren werden.
- Da erhalten die Kontroversen darüber, welchen Stellenwert Mentalitäten haben und welche Strukturen eine Pointierung, eine Bitterkeit, die Übereinkünfte über geeignete und vorrangige Vorgehensweisen noch mehr belasten, als dies schon sonst der Fall ist.
- Da lässt sich weniger als sonst überdecken, wie schwer es fällt, eine Verschränkung von Identitätslernen und inhaltlichem Lernen zu bewirken, die vom Grundsätzlichen her als das Entscheidende anzusehen ist, was es zu erreichen gilt.
- Da lässt sich zwar leichthin als Motivationskern für Erwachsenenbildung die existentielle Lebenssituation benennen, zugleich sollte jedoch bewusst sein, dass damit immer auch Krisensituationen verbunden sind, die blockierend wirken können, auf jeden Fall aber unterschiedlich verarbeitet werden, wobei gerade diese Unterschiede das Menschliche ausmachen.
- Da will schließlich beachtet sein, dass begreiflicherweise bei -schonbetroffenen Menschen die gleiche Tendenz wie in der Erwachsenenbildung generell festzustellen ist: eine selektive Beteiligung auf der Basis relativ günstiger Voraussetzungen.

Dies alles sind Probleme, die in der Aufgabe begründet sind und die sich unabhängig von Personen immer wieder stellen werden. Hinzu kommen aber noch Verständigungsprobleme, deren Herkunft umstritten ist. Dazu gehört das in der Erwachsenenbildung weit verbreitete **Denkmuster vom Theorie-Praxis-Gegensatz**. Auch beim Kongress war es herauszuhören. Auf der einen Seite steht dann die bewährte Improvisation, das situationsbezogene Reagieren, auf der anderen die Tendenz zur Verallgemeinerung, womit zwar stringent erscheinende Systematisierungen hervorgebracht werden, denen aber Handlungsrelevanz abgesprochen wird. Auf diese Weise werden Gespräche blockiert. Unbedacht bleibt dabei, dass der Erwachsenenbildung die gemeinsame Erkennungssprache fehlt. Diese ist aber ohne Wissenschaft nicht zu entwickeln. Insofern ist die Abneigung gegenüber einem wissenschaftlichen Zugriff alles andere als praxisdienlich ... Darunter leidet auch die Erziehungswissenschaft. Aber sie kann sich immerhin noch am institutionellen Gewicht der Schule orientieren. Ein solches Gewicht aber fehlt in der Erwachsenenbildung. Damit wird sie zum Verfügungsstil partieller Interessen. Auch Erwachsenenbildung mit -schon- betroffenen Menschen kann sich dem nicht entziehen. Um so dringlicher wäre eine Reflexion auf das eigene Tun, das sich in einem gesamtgesellschaftlichen Kontext versteht, zugleich aber darum bemüht ist, die ihr eigenen spezifischen Probleme in einer Weise zu identifizieren, die den Transfer der Erfahrung erst ermöglichen. Das ist aber nicht ohne **zeitweiliges Generalisieren** zu erreichen, das den Stellenwert des Erlebten erkennbar machen kann.

Die Fähigkeit, zwischen Konkretem und Abstraktem in bestimmten Arbeitsbereichen zu vermitteln, das ist aber das, was **Professionalität** ausmacht. Was dafür gelernt sein will, ist in den Fällen das Generelle und im Generellen das fallweise Relevante zu erkennen. Dass eine solche Fähigkeit in der Erwachsenenbildung in der Bildungsarbeit mit -schon- betroffenen Erwachsenen besonders gefragt ist, wenn sie zwischen Qualifizierung und Therapie ihre eigenen Konturen gewinnen will, sollte einleuchtend sein. Gerade die Lektüre der hier zu besprechenden Veröffentlichung sollte dies bestätigen. Dass dies dennoch nicht immer so gesehen wird, zeigen die **Transferprobleme,** die im Kongress angesprochen wurden. Von schwerwiegendem Nachteil wird dies insofern, als damit auch die **Funktion der Professionalität** unbeachtet bleibt. Es nimmt da nicht Wunder, wenn Fortbildung vornehmlich als Ort des Erfahrungsaustauschs angesehen wird. Dieser bleibt aber eklektisch, wenn keine Verständigung über die Kategorien des Tauschwerts zustande kommt, wenn die dafür notwendige Begrifflichkeit fehlt. Außerdem sollte nicht vergessen werden, dass zur Professionalität auch die Präsenz eines Spezialwissens gehört, das derzeit bestenfalls gelegentlich und fragmentarisch vermittelt wird, ja das, schlimmer noch, erst zu produzieren wäre, wofür indes bislang weitgehend die Voraussetzungen durch Ressourcen für Forschung und Lehre fehlen.

Den Wert der Professionalität zu unterstützen, daran bekundet sich eine unheilige Allianz von Konservativen und Pseudo-Progressiven. Der Aufruf zur Ehrenamtlichkeit und die Neigung zum Spontanen finden in der **Abwertung der Professionalität** ihre Gemeinsamkeit. Das hat bislang der Erwachsenenbildung allgemein Qualitätsgrenzen gesetzt. Für eine Erwachsenenbildung mit -schonbetroffenen Lernenden bedeutet es ein Abschieben in die Zufälligkeit. Deshalb reicht der Ruf nach Fortbildungsmöglichkeiten, der in Bonn laut wurde, allein nicht aus. Auch wenn beispielsweise in der Supervision eine besonders adäquate Möglichkeit gesehen wird, sollte nicht übersehen werden, dass die Fallbesprechung der Zuordnungskategorien bedarf, die nicht allein aus subjektivem

Empfinden abzuleiten sind. Es gibt also gute Gründe, dafür zu plädieren, die **Möglichkeiten eines Zusatzstudiums zu entwickeln** im Sinne einer, um es mit *Erika Schuchardt* zu formulieren, **Integrations-Pädagogik/-Andragogik.**

Selbstverständlich kann ein entsprechendes Konzept nicht aus dem Nichts heraus konstruiert werden. Bei der gegebenen Lage wird mit praxisnaher Fortbildung begonnen werden müssen. Sie verfehlt aber ihre entscheidende Aufgabe, wenn sie selbstgenügsam angelegt wird, wenn nicht eine weiterreichende Zielorientierung dahinter steht. Es gilt, Bausteine zu schaffen, die situationsbezogen entstanden, forschungsunterstützt weitergeführt werden. Dafür sollte das **Krisen-Verarbeitungs-Modell** als ein Ansatz der Biographie-Forschung verstanden werden (vgl. a. a. O., S. 26). Es wäre dann Grundmuster und Einzelfallanalyse so miteinander zu verbinden, dass situationsspezifische und sozialisationsbedingte Typisierungen möglich werden, die das Deuten der Deutungen, also was den Kern des Verstehens ausmacht, anregen und zu angemessenen Problemsichten führen können. Darüber hinaus wird für ein **Studienkonzept** zu prüfen sein, wie inhaltlich interdisziplinäre Bestandteile zusammenzufügen sind. Dafür erscheint es nicht angemessen, nur dieses oder jenes aus der **Sonderpädagogik** zu übernehmen. Es muss im Blick bleiben, dass es um **Erwachsene** geht und um die Unterstützung einer Integration -schon- betroffener Menschen, die nicht aus einem Anpassungstraining bestehen kann, sondern die zur eigenen Identitätsfindung beizutragen vermag. Das erfordert auch, worauf vor allem *Ulrich Bleidick* hingewiesen hat, die Beschäftigung mit existenzbestimmenden Inhalten, die zur praktischen Lebensbewältigung beitragen ... Insofern Erwachsenenbildung mit -schon- betroffenen Lernenden auf den Lebensweltbezug achten muss, ist eine durch **anthropologisches Grundwissen** gestützte Sensibilisierung für die spezifische Problemverarbeitung unentbehrlich. Das heißt aber auch, dass die Methoden der Selbstreflexion zu thematisieren sind. Im Interesse der sozialen Integration, die von der Respektierung des Andersseins ausgeht, kommt es darauf an, eine **Kompetenzerweiterung der Mitarbeiter** zu vermitteln. Sie ist insbesondere dann wichtig, wenn hauptberufliche Mitarbeiter nicht allein aus dem Kreis der direkt oder indirekt Selbstbetroffenen gewonnen werden können. Diese Kompetenzerweiterung, wie sie das *Drei-Schritte-Modell* Stabilisierung – Integration – Partizipation als Zielgruppen-/Krisen-Interaktions-Konzeption (vgl. a. a. O., S. 28) zu vermitteln vermag, ist letztlich auch eine Voraussetzung dafür, dass sich Bildungsarbeit mit -schon- betroffenen und -noch nicht- betroffenen Lernenden nicht elitär entwickelt.

Bei der gegebenen Lage wird auf die Mitarbeit in der Arbeit mit -schon- betroffenen Menschen, auch wenn sie diese als eine pädagogische verstehen, die Aufgabe zukommen, für das **Meinungsklima in der Öffentlichkeit** wirksam zu werden. Noch herrschen weitgehend tradierte Zuschreibemechanismen, und der teils auf Sensationelles, teils auf Idyllisches abzielende Gestus der Publizistik und die Modalitäten des Verbands-Selbstbewusstseins tragen nicht ohne weiteres zu einem verständigen Erschließen und Einschätzen der Probleme von -schon- betroffenen Menschen bei. Schon gar nicht stellt sich ihnen die Frage der kritischen Selbstreflexion: Wieweit kann und muss ich mich ändern, damit sich die Situation -schon- betroffener Menschen bessert. In einer Gesellschaft, die von Konkurrenzmaßstäben bestimmt ist, mag eine solche Selbstreflexion zeitweilig als ein hoffnungsloses Beginnen erscheinen.... Das war auch der Hintergrund, gegenüber integrativen Konzepten Realismus anzumahnen. Nur wäre es verhängnisvoll, wenn dieser in der Tat notwendige Realismus Energien und Impulse lahm legen würde. Es gilt, nach dem **Prinzip Hoffnung** einer sich weitgehend sperrig zeigenden Umwelt durch mutmachende Beispiele die Erweiterung von Bildungsprogrammen gemeinsam für -schon- betroffene und -noch nicht- betroffene Menschen abzuringen. Das wird auf die Dauer nur auf der Basis der Kompetenzerweiterung derer gelingen, die sich dafür einsetzen. In diesem Sinne können die hier zitierten Veröffentlichungen und kann der Bonner wissenschaftliche Kongress als bahnbrechend verstanden werden.

Versucht man ein **Resümee** zu ziehen, so fällt es sicherlich ambivalent, aber doch nicht ohne Perspektive aus. Ich würde es so formulieren: Der ‚Umgang', das Miteinander-Leben und Voneinander-Lernen mit -schon- betroffenen Menschen ist im Zuge der immer differenzierteren gesellschaftlichen Arbeitsteilung mehr und mehr als Problem empfunden worden. Anfangs meint man, es ließe sich durch *sozialpädagogische Versorgung* lösen. Damit bleiben aber die sozialpsychologischen Zusammenhänge verdrängt. So erwies sich eine solche Orientierung an *Symptomen* sehr bald als unzureichend. Schrittweise wurde bewusst, dass mit Betreuung das Mögliche und das Notwendige nicht getan ist. An ersten Beispielen der Bildungsarbeit zeigte sich, zu welcher Entfaltung -schon- betroffene Menschen fähig sind. Es war die Herausforderung zu einem Umdenken. Dazu gehört die Einsicht, dass Integration im Falle -schon- betroffener Menschen als '**wechselseitiges Lernen**' verstanden werden muss. Ihre äußere Einbeziehung reicht nicht aus. Es bedarf der inneren Annahme durch die -noch nicht- betroffenen Lernenden. Sie müssen begreifen, inwiefern ihr Verhalten behindernd wirken kann. Die Erfahrungen einer reflektierten Bildungsarbeit verweisen darauf, wie ausschlaggebend die Bewusstseinserweiterung und Verhaltensänderung der -noch nicht- betroffenen Lernenden ist. Denn es geht um ein Voneinander- und Miteinanderlernen.

Ansätze dazu sind, wie Berichte aus der hier vorgestellten Veröffentlichung zeigen, vorhanden. Noch fehlt es jedoch an einer Breitenwirkung. Sie erfordert eine neue Einstellung, ein Wiedergewinnen der ‚Unbefangenheit des Umgangs' mit von Krisen -schon- betroffenen Menschen. Ihnen mit Vertrauen zu begegnen, setzt aber heute eine selbstkritische Reflexion derer auf ihr eigenes Verhalten voraus, die sich frei von Behinderung fühlen. Das, was als ‚Helfer-Syndrom' bezeichnet wird, erweist sich dabei eher als hinderlich, lässt die eigenen Beschädigungen vergessen. Unbeabsichtigt wird der Tendenz des Ausgrenzens Vorschub geleistet. Demgegenüber gilt es, eine **Öffentlichkeitsarbeit** zu betreiben, die bewusst werden lässt, dass die Situation der -schon- betroffenen Menschen keine Ausnahmesituation ist, dass sich vielmehr in ihr Bedrohungen ausdrücken, von denen jeder betroffen werden kann. Diese Erscheinung des Alltags darf nicht Anlass des momentanen Mitleids oder der Irritation bleiben, sondern will als Chance zur Entdeckung noch kaum geahnter Entfaltungsmöglichkeiten erkannt sein. Einer solchen Einschätzung der Lage steht das öffentliche Meinungsklima noch entgegen. Dem entspricht es, wenn integrative Bildungsangebote bislang selten sind.

Auf diesem Hintergrund und angesichts der Herausforderung, die die Lebensexistenz von -schon- betroffenen Menschen darstellt, erscheinen in **zweifacher Hinsicht Konsequenzen für das politische Handeln** an der Zeit. Sollen Menschen mit Behinderungen nicht in der Rolle der Randständigen bleiben, sind mehr **Transparenz in der sozialpolitischen Unterstützung** und verstärkte **Förderung einer integrativen Bildungsarbeit** erforderlich. Es stellt eine außerordentlich beeinträchtigende und zudem unnötige Belastung von -schon- betroffenen Menschen und ihren Angehörigen dar, in einem Gestrüpp verzweigter Regelungen den auf sie passenden Kostenträger für die Beteiligung an einer langfristigen Qualifizierungsmaßnahme zu finden. Dies ist aber nur ein Aspekt, der sich aus der dem Kongress vorgelegten Untersuchung ergeben hat. Gravierender noch ist der pädagogische: die Abhängigkeit der Bildungsaktivitäten von lokalen und personellen Zufällen. So kann keine Kontinuität entstehen. Diese aber ist unentbehrlich, soll Erwachsenenbildung mit -schon- betroffenen Menschen nicht eine Randerscheinung bleiben, soll vielmehr etwas im Sinne der Integration durch 'wechselseitiges Lernen' erreicht werden.

Mit der Hinwendung zur Zielgruppenarbeit in den letzten beiden Jahrzehnten hat sich die Erwachsenenbildung auch der Menschen mit Behinderungen angenommen. Indessen sind die Ansätze kaum über das Gelegentliche hinausgekommen. So bleibt vieles im Rahmen der Freizeitbeschäftigung und vereinzelt kommt es zum Gespräch zwischen -schon- betroffenen und -noch nicht- betroffenen Menschen. Eindrucksvolle Versuche, wie sie beim Kongress vorgestellt wurden, sollten nicht darüber hinwegtäuschen, dass sie aufgrund besonderer Projektintensität zustande gekommene Ausnahmen sind. Insbesondere wenn das Ziel in der *Förderung der Krisenverarbeitung* gesehen wird, zeigen sich die Grenzen des unter den gegebenen Bedingungen Realisierbaren. Die Qualität des Angebots ist abhängig von der **Qualifikation der Mitarbeiter.** Hier fehlt es an personellen Ressourcen. Fast durchweg muss die zwangsläufig zeitaufwendige Planungsarbeit, die ein überdurchschnittliches Ausmaß an Vorabkontakten erfordert, neben vielen anderen Aufgaben geleistet werden. Vor allem wenn von Politik und Verwaltung zur Kooperation der Einrichtungen, Träger, Verbände und Gruppen aufgerufen wird, muss daran erinnert werden, dass sie eine Mehrarbeit mit sich bringt und nicht, wie offenbar gemeint wird, eine zeitliche Entlastung. Vor allem fehlt es aber auch an einer Vorbereitung auf die spezifischen Anforderungen eines integrativen Bildungsansatzes. Die **Konsequenz** kann nur sein, **Fortbildungsmöglichkeiten** für schon vorhandene Mitarbeiter zu schaffen und **Ausbildungsmöglichkeiten** für solche, die in diesem Bereich tätig werden wollen. Dafür bietet es sich an, ein **Zusatzstudium** – wie schon erwähnt – der **Integrations-Pädagogik/-Andragogik** zu entwickeln. Es sollte eine Sensibilisierung für die Chancen und Notwendigkeiten einer integrativen Bildungsarbeit mit -schon- betroffenen Menschen zum Ziel haben. Sie muss von der **Kernfrage** ausgehen: „Wie bauen -schon- betroffene Menschen und ihre Bezugspersonen aus ihren typischen Deutungsmustern und Situationsdefinitionen ihre Identität auf?" Dafür ist eine wissenschaftlich fundierte Erfahrungsgrundlage zu schaffen, die eine problemangemessene Tätigkeit im Interesse der von Krisen -schon- betroffenen Menschen erlaubt. Denn diese setzt eine *Revision eingewöhnter Vorstellungen* voraus. Allein auf dieser Basis wird sich etwas von dem ausbreiten und kontinuierlich weiterführen lassen, was mit dem **Forschungsbericht** '*Schritte aufeinander zu*' und mit den **Präsentationen im ersten Weiterbildungs-Kongress Soziale Integration beispielhaft** vorgestellt worden ist.

zu 6.1: Interview mit den Initiatoren der ersten Stunde
Dr. Ekkehard Nuissl von Rein, Direktor des Deutschen Instituts für Erwachsenenbildung (DIE) Nachfolger von Dr. Hans Tietgens (PAS),
Dr. Erika Schuchardt, Dr. Axel Vulpius, Ministerialdirigent a.D. im Bundesministerium für Bildung und Wissenschaft

© Erika Schuchardt

6. Erhebung, Dokumentation, Analyse von BEST PRACTICE INTERNATIONAL zur Evaluation des Krisen-Management-Interaktionsmodells zum Lernprozess Krisenverarbeitung <KMIzLPK> • 1981, • 1986 und • 2003

Die mit den nachfolgenden Kapitelüberschriften 6.0 bis 6.2 annoncierten Projekte – Examensarbeit Scharffenoth sowie Interviews mit Initiatoren der ersten Stunde und der Autorin – sind vollständig auf der Band 1 beiliegenden DVD dokumentiert und werden hier nicht zusätzlich erläutert. Die Leserinnen und Leser sind herzlich eingeladen, sich diese Dokumente wie auch die weiteren Film Dokumente zu den Kapiteln 6.3 bis 6.17 audiovisuell zu erschließen.

6.0 Examensarbeit Alexandra Scharffenoth
Krisen-Management und Integration ist lehr- und lernbar

6.1 Interview mit Initiatoren der ersten Stunde
Min. Dirg. Dr. A. Vulpius BMBW, Dr. H. Tietgens PAS, Dr. E. Nuissl, DIE, Dr. Erika Schuchardt, Autorin

6.2 Interview mit der Autorin, Dr. Erika Schuchardt

6.3 Ausstellung und BMBW-Kongress: STOLPER-STEINE ZUM UMDENKEN

Erster Weiterbildungs-Kongress *Soziale Integration: Wechselseitiges Lernen* im Wissenschaftszentrum Bonn:
- Ausstellung BEST PRACTICE INTERNATIONAL: An-Stöße
- Kongress Soziale Integration: Schritte aufeinander zu
- Begleitforschung: Interviews mit Besuchern/Experten

Zur Einführung des innovativen Themas *Soziale Integration durch Weiterbildung* wurde der damals als „bahnbrechend" bezeichnete erste Kongress am 8./9. Dezember 1986 im Wissenschaftszentrum Bonn zur sozialen Integrati-

Ausstellungs-Prismen
als Denk-Anstöße

• im Foyer
• am Casino-Eingang

zu 6.3:   Austellung und BMBW-Kongress Stolper-Steine zum Umdenken
zu 5 +:   Erster BMBW-Weiterbildungs-Kongress
          Soziale Integration: Wechselseitiges Lernen

© Erika Schuchardt

on von Krisen -schon- und -noch nicht- betroffener Menschen im Bereich der Erwachsenenbildung/Weiterbildung gemeinsam mit Experten und Adressaten im Blickfeld breiter Öffentlichkeit und Medienresonanz durchgeführt (s. Kap. 5.2.: Einführung und Dokumentationen von ZDF sowie Fern-Uni Hagen auf DVD).

Der Initiator, das Bundesministerium für Bildung und Wissenschaft BMBW (1986)/ BMBF (1994) in Person von Ministerialdirigent *Dr. Axel Vulpius*, hatte neben der Vergabe des Forschungsauftrages an die Autorin dieses Doppel-Bandes und an das Marburger Institut für Vergleichende Erziehungswissenschaft die Präsentation der Forschungsergebnisse im Rahmen des wissenschaftlichen Kongresses, begleitet von einer Ausstellung STOLPER-STEINE ZUM UMDENKEN, sichergestellt.

Die auf Wunsch des Ministeriums für den Eingangsbereich zusammengestellte Ausstellung verfolgte *zwei* Intentionen: Zum einen sollte sie erste Modell-Lösungsansätze zur Integration/ Partizipation noch anschaulicher machen, zum anderen gab sie Gelegenheit zu erfahren, welche Reaktionen einerseits eine herausfordernde *optische Darstellung,* andererseits eine *personale Interaktion* zwischen -schon- und -noch nicht- betroffenen Besuchern auslösen kann.

6.3.1 Idee der Ausstellung STOLPER-STEINE ZUM UMDENKEN

Ausgehend von *J.W. von Goethes* Satz an *Eckermann* vom 12. Mai 1825:

> „Überall lernt man nur von dem, den man liebt"! folgte die Konzeption der Ausstellung der **These**: ‚Inter-Aktion hat Vorrang vor Information', konkreter: ‚Begegnung – unmittelbar oder mittelbar – hat Priorität vor Kenntnisvermittlung', bewirkt langfristige Motivation ausgelöst durch ‚vermittelte' Betroffenheit

Dazu wurden Ausstellungs-Bausteine – **STOLPER-STEINE ZUM UMDENKEN** – als Prismen entwickelt, deren Frontseiten jeweils in Türgröße als Spiegel konzipiert waren: So wurde der Besucher jeweils *mit sich selbst konfrontiert* inmitten einer Gruppe von Krisen -schon- betroffener und -noch nicht- betroffener Menschen in ihn unterschiedlich herausfordernden Alltagssituationen:

- mit sich selbst im Rollstuhl
 ‚Schritte aufeinander zu .... aber wer wagt den ersten Schritt?'
- beim gemeinsamen Theaterspielen
 ‚Vom Laienspiel zum CRÜPPEL-CABARET'
 vgl. BEST PRACTICE INTERNATIONAL
- beim Besuch heranwachsender und erwachsener HEPHATA-Bewohner
 ‚An-Stoß und Appell Begegnungszentrum HEPHATA: TUE DICH AUF!'
- beim gemeinsamen Spiel von -schon- und -noch nicht- betroffenen Kindern in der Kinder- und Jugend-Akademie
 ‚Wenn Du spielst, spiel' nicht allein!'

Ausstellungs-Prismen
als Denk-Anstöße

• an der Rezeption
• in der Cafeteria

zu 6.3: Austellung und BMBW-Kongress Stolper-Steine zum Umdenken
zu 5 +: Erster BMBW-Weiterbildungs-Kongress
Soziale Integration: Wechselseitiges Lernen

© Erika Schuchardt

Es war Stolpern über die ‚Denk-An-Stöße', die STOLPER-STEINE ZUM UM-DENKEN, die die Autorin bewusst intendierte, indem sie Ausstellungs-Bausteine / Prismen unvermittelt in den Weg stellte und nicht in separaten Ausstellungsräumen, vielmehr an Knotenpunkten der Kommunikation platzierte:

- **Foyer**, Eingangszonen im Innen- und Außenbereich
- **Casino**, Speiseräume, Cafeteria, Automaten
- **Telefonzellen**, Informationsstände, Anmeldung.

Des Weiteren begegneten sich in diesem Wissenschaftlichen Kolloquium *neben* Buch, *neben* Ausstellungs-Stolper-Steinen vor allem auch Menschen -schon- und -noch nicht- betroffen von Krisen, von ‚Behinderungen'.

- In der **Lunch-Pause** erwarteten die Kolloquiums-Besucher junge Erwachsene mit geistiger Behinderung, die für alle die gesunde Erfrischung – ‚*Alternativ-Kaffee-Buffet aus Obst und Saft*' – bereitet hatten und sie persönlich mundgerecht anboten.
- Als PR-Idee der **Zettelkasten als ‚Denk-An-Stoß STOLPER-STEINE'**. Zum Mitnehmen erhielt jeder Kolloquiums-Teilnehmer aus der Werkstatt für Menschen mit Behinderung ein Arbeitsergebnis, nämlich den von der Verfasserin konzipierten STOLPER-STEIN des An-stoßes zum Umdenken, der zukünftig auf jedem Schreibtisch, Infoplatz oder gar als Geschenkidee jeden Tag neu, aber alltäglich an ‚*Schritte aufeinander zu – aber wer tut den ersten Schritt ...*' erinnern und dazu ermutigen sollte.
- **Unter den Referenten-Kollegen, auch von Krisen -schon- betroffene**, die unabhängig von ihrer beruflichen Qualifikation auch, was noch selten ist, zu allen Kolloquiumsteilnehmern aus ihrer Erfahrung mit eigener Betroffenheit sprechen konnten. Es sollte jedem erfahrbar werden, dass jene betroffenen Menschen unter uns *nur selten* in ihrem Sprachgebrauch vom ‚Um-Gang mit uns nicht Behinderten' reden, sondern auffallend häufig von Möglichkeiten des ‚Zu-Gangs' auf eine verständnislose Umwelt oder des ‚Ein-gehens' auf unangemessene Argumente. Umgekehrt verrät uns, -noch nicht- betroffene, unsere Sprache, die ritualisiert vom ‚Um-Gang' mit behinderten Menschen spricht oder sogar von einem Kursangebot ‚Hilfe zum Umgang mit behinderten Menschen und ihre Begleiter', als ob es sich um einen ‚Um-Gang' mit Sachen (die man nach Beliebigkeit weglegen kann, zu denen man keine Beziehung aufbauen muss) handele, nicht aber um existente Personen mitten im Leben, mitten unter uns.
- **Erfahrbare Interdependenz**: Das Kolloquium hatte nicht nur Überlegungen zur Integrations-Pädagogik/-Andragogik zum **Gegenstand**, viel-

mehr waren die Teilnehmer selbst nicht nur die ‚Objekte', sondern **zugleich** auch die ‚**Subjekte**' einer solchen Integrations-Pädagogik/-Andragogik, d. h.: Gemeinsam sollten alle im Diskurs miteinander den Konsens darüber finden, was unter Integrations-Pädagogik/-Andragogik zu verstehen und in lebendige Praxis umzusetzen und selbst zu initiieren ist im Sinne von STOLPER-STEINE ZUM UMDENKEN.

Ergänzend dazu animierten *Studierende der Universität Hannover* zu Gesprächen und Interviews (vgl. anschließendes Kap. 2: Begleitforschung: Interviews mit Ausstellungsbesuchern/Experten).

Nach dem erfolgreichen Verlauf des Wissenschaftlichen Kongresses wurde von verschiedenen Verbänden Interesse an der Ausstellung bekundet. In einem von der Projektleitung einberufenen Spitzengespräch mit Vertretern der Weiterbildungsverbände in Freiburg war zum Ausdruck gebracht worden, dass neue Wege zur Öffentlichkeitsarbeit gesucht werden müssten – gemäß den von Staatssekretär *Piazolo* BMBW/BMBF, gezogenen ‚*Bildungspolitischen Schlussfolgerungen*' –, um Bewusstseinserweiterungen als Voraussetzung zur Einstellungs- und Verhaltensänderung gegenüber sogenannten Randgruppen, von Krisen -schon- betroffenen Menschen zu verbessern; konkret: -schon- betroffene Mitmenschen sollten von ihrer Umwelt nicht nur kognitiv akzeptiert werden (vgl. gelungene medizinische, schulische und berufliche Rehabilitation), sondern v o r allem solidarisch emotional angenommen, als gleichwertige Partner partizipieren (vgl. Diskrepanz zwischen Anspruch und Wirklichkeit in der sozialen Rehabilitation/Integration/ Partizipation 2003). Die Spitzenverbände kamen übereinstimmend – unter ausdrücklicher Bereitschaft zur eigenen finanziellen Beteiligung in Zusammenarbeit mit dem Bundesministerium für Bildung und Wissenschaft – zu folgender Empfehlung:

> „Die Forschungsergebnisse aus dem BMBW-Projekt sollten – neben der schriftlichen Buchverbreitung – auch durch eine **Wander-Ausstellung** visualisiert werden, um Denk-An-Stöße zur Veränderung gesellschaftlichen Bewusstseins herauszufordern und neue Verhaltensweisen im angstfreien Raum einer Ausstellungs-Öffentlichkeitsarbeit anzuregen. Dazu sollten zu den entwickelten vier exemplarischen Bausteinen, STOLPER-STEINE ZUM UMDENKEN, weitere Modelle – heute als Best-Practice bezeichnet – kontinuierlich hinzutreten."

6.3.2 Begleitforschung zur Ausstellung STOLPER-STEINE ZUM UMDENKEN Interviews: mit Besuchern/Experten

Die Ausstellungs-‚Stolper-Steine' im Foyer des Bonner Wissenschaftszentrums anlässlich des Weiterbildungs-Kongresses ‚Soziale Integration' sollten erste Modell-Lösungen zur Frage aufzeigen:

- Wie kann eine Ausstellung An-Stöße zu „Schritten aufeinander zu" bewirken?

Um erste Auswirkungen auf Besucher zu erfahren, führte eine Gruppe von Studierenden der Universität Hannover Interviews mit Ausstellungs-Besuchern durch. Die Auswertung ermutigte zu ersten Versuchen einer Besucher-Typisierung, die nachfolgend in Auswertung von exemplarischen Gedächtnis-Gesprächsprotokollen der Studierenden wiedergegeben wird; es ist nachdrücklich darauf hinzuweisen, dass auf die wissenschaftlich an sich erforderliche ‚kommunikative Validierung', also u. a. auf die Überprüfung/Evaluation der Gedächtnis-Gesprächsprotokolle im Dialog mit allen Beteiligten, in systematisierter Form verzichtet werden musste.

Fragestellung:

- Wie kann wissensreiche, eher kognitive *Buch*-Information an den primär multi-medial orientierten *Bild*-Konsumenten gebracht werden?
- Gibt es im Bildungsbereich und in der Öffentlichkeitsarbeit typische Ausstellungswirkungen bzw. Typen von Ausstellungs-Besuchern/-Lernenden?

Wirkungstypen:

- *Typ I: Ausstellung als An-Stoß zur Provokation*
  Der durch die Ausstellung provozierte Besucher artikuliert – unterstützt bzw. angeregt durch Äußerungen von Mitbesuchern der Ausstellung – unterschwellig unverarbeitete Probleme; er beginnt, neu nachzudenken, weiterzulernen. – Vgl. Gesprächsprotokoll 1–

- *Typ II: Ausstellung als An-Stoß zur Biographie-Verarbeitung*
  Der biographisch betroffene Besucher wird durch die Ausstellung angerührt und dadurch angeregt, über die eigene biographische Erfahrung zu sprechen; er beginnt, sich zu stellen, sich mit dem Gezeigten auseinander zu setzen. – Vgl. Gesprächsprotokoll 2 –

- *Typ III: Ausstellung als An-Stoß zum Vorurteils-Angst-Abbau*
  Der zufällig vorbeigekommene Besucher – mitgenommen, begleitend, mitlaufend – fühlt sich unerwartet angesprochen und sucht nach Antwortmöglichkeiten; er beginnt, seine vorläufigen Urteile als Vorurteile zu erkennen. – Vgl. Gesprächsprotokoll 3 –

- *Typ IV: Ausstellung als An-Stoß zur Solidaritätserfahrung*
  Der von der Ausstellung angesprochene Besucher öffnet sich der Begegnung, erlebt Solidarität, setzt neue Ziele; er will handeln. – Vgl. Gesprächsprotokolle 4 und 5 –

  Die Gesprächsprotokolle sind Arbeiten meiner Forschungsgruppe ‚Biographie- Forschung' an der Universität Hannover und werden, auf Wunsch der Studierenden nur auf Nachfrage, aus den Gesamtforschungsarbeiten herausgegeben.

- *Beispiel zu Typ I: Ausstellung als An-Stoß zur Provokation*
  Gesprächsprotokoll 1:

  Zur Situation: Mich als Studentin (Stud. W) hatte die Reaktion der Dame (D) im Plenum (Begleiterin des von der Krise Behinderung betroffenen Herrn P.) hellhörig gemacht; sie äußerte dazu: *„Ausstellungs-Stolper-Steine, das sind dann Werkzeuge der Angst, das ist dann wie billige Sex-Reklame, das ist einfach zu viel... usw."* Der von ihr begleitete Mitarbeiter – der blinde Herr P. – hatte im Plenum ein Plädoyer gegen jegliche Art der Professionalisierung zur Integration schon von Krisen betroffener Menschen gehalten, er wollte das ausschließlich und allein in der Verantwortung der schon von Krisen Betroffenen belassen, *„ohne jede Einmischung von außen"*. Darum suchte ich das Gespräch, das wollte ich klären:

    Stud. W. 1: „Entschuldigen Sie bitte, mich beschäftigt noch immer Ihre (Frau D.s) Reaktion auf die Stolper-Steine. Ich verstehe das nicht. Können wir noch mal darüber reden!"
    Für die begleitende Dame (D) antwortet stellvertretend sofort der behinderte Herr P.

    P. 1: „Kommen Sie doch mit uns in die Cafeteria. Sonst reicht die Zeit nicht für einen Kaffee."

    Begl. D. 1: Sie nickt zustimmend.

    P. 2: „Was darf ich Ihnen mitbringen, Kaffee?"

    Stud. W. 2: „Ja, gern."

    Die Dame bleibt mit mir am Tisch zurück. Ich musste nun meine Frage erneut formulieren. Ich kann mich nur schwer konzentrieren – in Gedanken gehe ich mit dem blinden P. die Schritte bis zum Selbstbedienungsautomaten. Wer ist denn hier eigentlich behindert? Wer hätte denn normalerweise den Kaffee zu holen? Die Frage – was wollte ich bloß fragen? Bin völlig durcheinander – in diesem Moment setzt P. das Tablett auf den Tisch ab.

    P. 3: „Seid Ihr schon weitergekommen?"

    Begl. D. 2: „Nein, Frau W ist ziemlich nachdenklich."

    P. 4: „Wir haben doch sehr deutlich im Plenum unsere negative Meinung zu diesen Ausstellungs-Stolper-Steinen formuliert."

Stud. W. 3: „Ja, richtig, ich sehe das ganz anders. Ein Grund, mit nach Bonn zu fahren, waren für mich diese Anstöße durch Ausstellungs- Bau-/Stolper-Steine. Wenn ich mir vorstelle: ‚Schritte aufeinander zu' – da ist j e d e r Teil eines Ganzen, wirklich jeder, dann macht mich das sehr froh."

Begl. D. 3: „So ist es doch total verkehrt. Hier wird mit der Angst der sogenannten Nichtbehinderten gearbeitet ... morgen kann es Dich schon packen! Wie mich das anödet! Wo ist denn da die Gemeinsamkeit? Wo bleibt denn da das Eigentliche, der Mensch? Es macht mich so wütend. Außerdem gibt es unter den Behinderten auch Scheißkerle; die Behinderten haben keinen liebevollen Heiligenschein. Ich habe nichts gegen diese Frau Schuchardt, die sich das hat einfallen lassen, wirklich nichts, verstehen Sie doch -, das hängt mit meiner persönlichen Geschichte zusammen, dass ich so reagiere, ich kann da nicht anders, das sitzt noch so tief..."

P. 5: „Ich kann das immer noch nicht fassen, dass Sie uns angesprochen haben. Sie hielten es für wichtig, nachzuhaken. Eigentlich wären das ja die ‚Schritte aufeinander zu'...!" – (lächelt) -

(Ich denke: die Stolpersteine wurden verinnerlicht, also erfasst, sie zeigen ihre Wirkung. Ich hatte das Gefühl: Jetzt hat er es für sich selbst begriffen).

Begl. D. 4: „Wir müssen wieder rüber."

P. 6: „Ja, aber darüber sollten wir unbedingt weiter miteinander sprechen."

Für mich – Studentin W. – war dieses Gespräch die wichtigste Erfahrung des wissenschaftlichen Kolloquiums: Ich wage den ersten Schritt! Soziale Integration hat begonnen – : und zwar bei uns allen drei Beteiligten: bei mir, der Studentin, als sog. Noch-Nichtbetroffenen (Nichtbehinderter), bei ihm, dem ‚unmittelbar' Betroffenen, dem blinden Herrn P. (Behinderter), und nicht zuletzt bei der zwar unbehinderten, aber doch ‚mittelbar' Betroffenen, seiner Begleiterin D. (Nichtbehinderte), die ihre Aggressivität gegen die Anstöße der Ausstellung als Problem ihrer bisher unbewussten persönlichen Geschichte entdeckt und genau darauf – auf ihre unverarbeitete Biographie – durch die als Provokation erlebte Ausstellung stößt. Jetzt kann sie weiter daran arbeiten. Nicht zuletzt widerruft dadurch der von ihr begleitete Herr P. sein Plenums-Plädoyer gegen jegliche Art von Professionalisierung; er selbst muss lächelnd eingestehen, vgl. P.5: *„Eigentlich wären das ja die ‚Schritte aufeinander zu* – ich füge hinzu: -*... und zwar durch Professionalisierung!"*

- *Beispiel zu Typ II: Ausstellung als An-Stoß zur Biographie-Verarbeitung Gesprächsprotokoll 2:*

Zur Situation: Gespräch mit dem Ehepaar Tanja und Tim. Tanja hat Diplomarbeit extern bei Frau Schuchardt – auf Anfrage von der Universität Marburg – geschrieben.

Tanja fragt mich (Studentin E.), woher ich komme.

Bei den Themen Universität Hannover, Diplomarbeit, Theologie, Paul Tillich entdecken wir gemeinsame Interessen.

Stud. E. 1: „Warum seid Ihr eigentlich hier?"

Tanja und Tim sehen sich kurz an, und dann blicken sie auf den Boden. Habe ich was falsch gemacht? Peinlich – dieses Nichts-Sagen? Ich halte es äußerst angespannt aus.

Mutter T. 1: „Ich habe Dir vorhin von meiner Diplomarbeit erzählt. Dass ich über eine Behinderung geschrieben habe, war kein Zufall. Mein Kind – unser Kind – ist behindert geboren. Ich wollte es erst nicht wahrhaben, aber die Gewissheit sickerte langsam durch. – Auf meine Diplomarbeit habe ich eine 1 bekommen von Frau Schuchardt. Komisch, das hat es aber auch nicht gebracht. Ich habe mich nicht gefreut. Ich wollte eigentlich andere Dinge mit Frau Schuchardt bereden; aber es ging nicht. Es ging mir nicht um die gute Zensur. Irgendwie bin ich enttäuscht."

Stud. E. 2: Mir fällt spontan der Schuchardt-Satz ein: „Wir lernen vom ‚Kopf' durchs ‚Herz' zur ‚Hand'-lung, – aber es dauert oft Jahre, von einer Ebene in die andere zu kommen."

Ich möchte ihr die Krisen-Spirale aufzeichnen, ich sage es Tanja.

Mutter T. 2: „Ja. genau, d a s ist es! In diesem Bereich liegt der Fehler. Ich glaube, sie sieht alles zu theoretisch, kann sich nicht reindenken. Na ja, irgendwie verstehe ich es, wenn da jeder kommen würde..."

Stud. E. 3: An dieser Stelle bin ich in Gefahr, Tanja vorzuhalten, dass das ja gerade ihr eigener Fehler, zutreffender ja gerade ihre gegenwärtig noch andauernde Unfähigkeit ist, nämlich von ihrer ‚Kopf'-Erkenntnis (Examensarbeit) überhaupt in die mühselige emotionale Verarbeitung des ‚Herzens' vorzudringen, sie überhaupt erst einmal zuzulassen. Ich wollte sagen: „Am Ende Deiner Diplomarbeit wolltest Du das Problem, Dein behindertes Kind, ‚gelöst' haben – ‚erlöst' von ihm sein. Aber Du steckst ja noch immer im Lernprozess, noch mitten im Eingangs-Stadium der Abwehr fest, Du arbeitest noch immer mit dem Kopf; Du musst wagen, Deine Gefühle und damit das Durchgangs-Stadium ‚Herz' zuzulassen, um irgendwann zum Ziel-Stadium der ‚Hand'-lung zu finden."
Aber ich sage nur: „Warum sprichst Du nicht noch mal mit ihr darüber? Sag ihr deutlich, was Du erwartest."

Mutter T. 3: „Weißt Du, Eva, diese neue Erfahrung mit der Behinderung hat Tim und mir gezeigt, dass wir uns nur von Betroffenen richtig verstanden fühlen. Wir haben in unserem Ort auch eine Gruppe mit Betroffenen gegründet. Die verstehen uns wirklich. Das beste Beispiel ist doch dieses Kolloquium – hast Du den Eindruck, dass Behinderte und Nichtbehinderte die gleiche Sprache sprechen? Ich jedenfalls nicht."

Stud. E. 4: Ich erzähle etwas vom Anfang meiner eigenen Erfahrung in der Krebsgruppe (Selbsthilfegruppe), in der ich arbeite, von meinen Schwierigkeiten, mich auf etwas auch emotional einzulassen – vom langsamen Zusammenwachsen Betroffener und Nichtbetroffener.

Vater T. 1: Tim fragt nach den ‚Regeln', die man einhalten muss, damit so was klappen kann – nach einem ‚Raster' -. Er sagt lautstark: „Man kann doch nicht einfach so ins Wasser springen, ohne zu wissen, wie das ausgeht".

Stud. E. 5: Ich spüre erneut Tims Angst vor den ‚verstandesmäßig' begriffenen, aber ‚emotional' noch nicht zugelassenen Durchgangs-Stadien mit den Phasen der Aggression, Verhandlung und Depression. Charakteristisch sagt er und teilweise auch noch distanziert in der unpersönlichen 3. Person:

Vater T. 2: „Ich als Pastor kann mich auf dem Dorf nicht hilflos geben. Da ist man wer, die wollen wissen, wo's langgeht. Ich habe Dich nun schon dreimal gefragt, welche Strategien/Regeln Du anwendest, damit die Leute das Gefühl bekommen, Du hast Ihnen etwas gegeben."

Stud. E. 6: „Wir versuchen einfach gemeinsam Worte für das sonst Unaussprechliche zu finden. Mit Strategien läuft das nicht."

Nach diesem Gespräch bin ich für Tim nicht mehr vorhanden. Wenn wir uns treffen, blickt er zur Seite. Ich fühle mich ‚behindert'. Hier müsste jetzt während und nach der Ausstellung ein Seminar-Angebot ‚*Wege aus der Krise*' oder ‚*Krise als Chance zum Neuanfang*' für jedermann offen stehen.

- *Beispiel zu Typ III: Ausstellung als Anstoß zum Vorurteils-Angst-Abbau Gesprächsprotokoll 3:*

    Zur Situation: Gespräch mit einer Jugendlichen, Tochter eines leitenden Mitarbeiters in einer Einrichtung für Menschen mit Behinderung.

    Stud. A. 1: „Sie schauen sich dieses Ausstellungs-Prisma ‚Wir sitzen alle in einem Boot' besonders eindrücklich an."

    Jugdl. M. 1: „Ja, ich informiere mich, was in diesem Bereich so läuft. Mein Vater arbeitet als Leiter einer Bildungsstätte für Behinderte, er arbeitet da als Programmdirektor solche Programme aus" (dreht sich um und ruft ihren Vater).

    Stud. A. 2: „Guten Tag. Wir unterhalten uns gerade über diese Ausstellung."

    Mitarb. V. 1: „Ja, finde ich gut, dass man etwas für die Behinderten macht. Wir versuchen auch gute Programme zu erstellen, z. B. Schach mit Behinderten und Nichtbehinderten. Es läuft ganz gut."

    Stud. A. 3: „Treffen Sie diese Entscheidungen für die Behinderten, wenn ein neues Programm erstellt wird?"

    Mitarb. V. 2: „Nein, das bestimmen auch Behinderte mit. Ich bin auch hier, weil es besonders interessante Referenten gibt, von Hentig z. B."

    Wir verabschieden uns. Nach einiger Zeit spricht mich das Mädchen noch einmal an.

    Jugdl. M. 2: „Ich habe solche Angst, auf die Behinderten zuzugehen. Meistens gucke ich weg. Ich bemühe mich auch, immer alles richtig zu machen. Ich denke oft, die sind ganz anders als ich ..."

    Stud. E. 4: Was meinen Sie mit ‚richtig' machen?"

    Jugdl. M. 3: „Es ist schwer herauszufinden, wann muss ich helfen, und wann lass ich es lieber bleiben."

Stud. A. 5: „Ich denke, die Behinderten haben ähnliche Ängste."

Jugdl. M. 4: „Ja, aber die können mit der Situation viel besser umgehen. Auf mich wirken die immer so sicher, so ohne jede Angst."

Stud. A. 6: „Wie wäre es denn, wenn Sie mit Herrn Tank (ein Student unserer Forschungsgruppe im Rollstuhl) über diese Fragen einmal selbst sprechen würden? Er sitzt dort neben dem ersten Ausstellungs-Prisma – direkt am Eingang, dort sehen Sie ihn!"

Jugdl. M. 5: „Nein, nein, ich bin nur mit meinem Vater mitgekommen und meinem Vater ist alles klar. Der hat keine Fragen."

- Pause – Nach einer längeren Gesprächspause nimmt die Jugendliche M. den Faden – für mich überraschend – wieder auf.

„Wissen Sie, Sie sind so locker, mit Ihnen kann man echt gut reden. Machen Sie öfter solche Interviews?"

Stud. A. 7: „Nein, in dieser Form mach ich das offiziell das erste Mal."

Jugdl. M. 6: „Haben Sie denn gar keine Angst? Ich habe Sie beobachtet, Sie reden mit vielen Menschen. Also, ich könnte das nicht."

Stud. A. 8: „Na klar habe ich Angst. Allerdings ertrage ich es noch schlechter, wenn ich etwas nicht verstehe. Deshalb sind meine Fragen Bemühungen zu verstehen."

Ich überlege gerade noch, ob ich sie noch ‚über die Schwelle' ziehen sollte – sie also selbst zu meinem Kommilitonen *Helmut Tank*, einem Studenten im Rollstuhl, begleiten sollte -; ich spürte ja deutlich ihre Schwellen-Barriere, dann hätte sie ihr Vor-Urteil, zutreffender ihre Angst ‚*Behinderte sind doch ganz anders*' selbst abbauen müssen. Durch diesen ersten Erfahrungs-Schritt: ‚*Ich wage den ersten Schritt*' hätte ihre Angst ein anderes Gesicht – oder eine andere Dimension – gewinnen können. Ich hatte das Gefühl, dass sie nach dieser ersten ‚begleiteten' Begegnung ‚anders' (als ihr professioneller Vater) mit behinderten Menschen in Zukunft leben und arbeiten könnte; aber dazu kam es nicht mehr, da stand schon wieder der Vater, um seine Tochter abzuholen. Als er uns so ins Gespräch vertieft sah, drängte er zur Eile, plötzlich war dazu hier keine Zeit mehr und auch nicht der passende Ort. Aber die Tochter zögerte noch wegzugehen ... wollte bleiben, konnte es jetzt aber noch nicht durchsetzen.

- *Beispiel zu Typ IV: Ausstellung als An-Stoß zur Solidaritätserfahrung Gesprächsprotokoll 4:*

    Zur Situation: Eine Mitstudentin *Marisa* und ich gehen langsam auf den Informations-Counter des Wissenschaftszentrums zu. An der Seite sitzt eine Dame (Besucherin B.) und betrachtet das Ausstellungs-Prisma – ‚*Wir sitzen alle in ei-*

nem Boot'; es steht direkt neben der Eingangstür zum Casino. Ich rede auf Marisa provozierend ein, so laut, dass es die Besucherin B. hören muss:

Stud. S. 1: „Also Marisa, ich finde die Stolper-Steine nicht ausdrucksstark genug. Das habe ich mir alles ganz anders vorgestellt!"

Stud. M. 1: „So, was gefällt Dir denn nicht?"

Stud. S. 1: „Schau Dir doch bloß mal die gebrochene Wirkung des Spiegels an. Ich kann mich gar nicht richtig erkennen, nur verschwommen. Wie gut kann ich mich da verstecken!"

Besuch. B. 1: „Entschuldigen Sie, dass ich mich in Ihr Gespräch einmische. Ich höre gerade, Sie finden diese Ausstellungs-Bilder nicht stark genug?"

Stud. S. 3: „Ja, genau, alles ist so verschwommen – und außerdem stehen die Prismen- oder Stolper-Steine – nicht auffällig genug."

Besuch. B. 2: „Sie sehen, ich bleibe hier sitzen. Ich kann das gar nicht aushalten, da näher ranzugehen."

- *(hält sich die Hand vor den Mund)*

„Es ist so stark. – Es steht richtig. – Ich werde wahrscheinlich noch was machen – irgendwie neu anfangen, das lässt mich nicht los!"

-*(überlegt, schweigt)*

„Vielleicht jetzt noch nicht sofort. – Stärker ist es unerträglich. ..."

(Marisa schaltet sich in das Gespräch ein)

Später treffe ich die Besucherin im Waschraum wieder.

Besuch. B. 3: „Sind Sie morgen auch noch da?"

Stud. A. 4: „Ja, bis etwa 13. 00 Uhr."

Besuch. B. 4: „Ich möchte morgen gern mit Ihnen noch mal reden. Wäre das möglich?"

Stud. A. 5: „Ja gern, wir sehen uns sicher in der Vorhalle."

Besuch. B. 5: „Bis morgen!"
(sie nimmt meine Hand)

Stud. A. 6: „Auf Wiedersehen!"

- *Beispiel zu Typ IV: Ausstellung als An-Stoß zur Solidaritätserfahrung Gesprächsprotokoll 5:*

Zur Situation: Student *Helmut Tank*, Rollstuhlfahrer nach Polio im 15. Lebensjahr; z. Zt. cand. paed. Universität Hannover, berichtet:

Es fiel mir nicht leicht, einen geeigneten Platz ausfindig zu machen, an dem ich meine Mitarbeit in Form von Gesprächen, narrativen Interviews nach

Leitfragen, aufnehmen konnte. Der Platz unmittelbar gegenüber der Eingangstür im Foyer des Wissenschaftszentrums hinter einer Säule neben dem Wegweiser zwang viele Leute, sich zumindest für einen kurzen Augenblick in meiner Nähe aufzuhalten. Trotz der günstigen Position gelang es vielen immer wieder, mich unbeachtet – den Rollstuhlfahrer als nicht existent, gemäß der Irrelevanzregel ‚so zu tun als ob...' – zu passieren, obwohl ich sie mit „Hallo, haben Sie einen Moment Zeit?" oder „Darf ich sie etwas fragen?" mehrfach ansprach. Das lag sicher auch daran, dass ich im ‚unbeweglichen' Schiebewagen anstelle eines Elektrorollstuhles stand und damit nicht den ‚ersten Schritt' auf die Anwesenden hin tun konnte. Es geht eben nicht immer nur verbal. Zum anderen mag ich auch viel Unsicherheit bei den Besuchern ausgelöst haben. Von den etwa 15 persönlich angesprochenen Personen hat nur die Hälfte mit vorwiegend sehr knappen, ausweichenden und verlegenen Antworten reagiert, es bestätigte sich der alte Angstabwehrmechanismus. Ergiebig scheint mir lediglich ein Gespräch mit einem Mitarbeiter des ZDF, der zu einer Tagung von Museumsfachleuten gehörte; hier erlebten wir so etwas wie Solidarität.

> Stud. T. 1: „Wie gefällt Ihnen unsere Ausstellung?"
>
> ZDF 1: „Gut, sehr gut! Sehr informativ. Sie macht mich nicht mehr so betroffen; ich arbeite ja selbst mit Behinderten zusammen. Die sind ganz fit, für mich gleichberechtigte Mitarbeiter geworden; aber diese Ausstellung kann aufwecken, wachrütteln, betroffen machen; man geht nicht so wieder weg wie man gekommen ist, etwas muss man danach tun!"
>
> Stud. T. 2: „Was machen Sie beruflich?"
>
> ZDF 2: „Ich bin Datenverarbeiter, da braucht man nur einen guten Kopf. Und was tun Sie?"

Danach hatten wir ein intensives, gutes, persönliches Gespräch, hoffen wir, dass die Begegnung anhält, es war ein neuer Erfolg von Solidarität –, aber er war der Einzige von 15 Angesprochenen. Schließlich noch ein Zitat aus dem Bericht der Studentin Christiane; sie schildert die Reaktion eines Mannes – Museumspädagogen – auf die Ausstellung

> Mus. Päd. 1: „Gutgemacht – wirklich gut gemacht! – Das setzt Anstöße, man sieht ja, wie hier ‚Schritte aufeinander zu' gewagt werden. Hoffentlich ist dies nur der Anfang! Wohin geht die Ausstellung dann?"

Reaktion eines Studenten auf die Ausstellung im Wissenschaftszentrum Bonn
Vorbereitung und Realität waren nicht zu vergleichen.
Die Ausstellung in DIN-A4-Größe auf Papier (vgl. Anlage Foto-Serie) war für mich wie die Betrachtung einer erkenntnisreichen Information – Theorie. Ich habe mir etwas angeeignet.

Die Ausstellungs-Prismen, primär der leere Rollstuhl – provozierend einladend – auf dem Riesen-Spiegel, auf den man unausweichlich zugehen musste, da er in der Eingangszone des Wissenschaftszentrums mitten im Weg stand, hatten etwas Bedrohliches für mich. Da wurde ich ganz persönlich angesprochen, meine Belastbarkeit erprobt – ich musste reagieren – Abwehr – Angst – Ja-sagen – Nein-sagen; ich hatte verschiedene Möglichkeiten.

Ohne Begleittext wäre es für mich bei der Bedrohung geblieben. Mit Text kam es zum Dialog:

- zwischen den Ausstellungsbildern und mir
- zwischen der Gruppe und mir
- zwischen Kolloquiumsteilnehmern und mir
- zwischen Besucheröffentlichkeit und mir.

Alle waren sich einig: Das ist ein Anfang, so mutig muss es weitergehen, das muss jeder überall so deutlich – so hautnah – in unserem Land erfahren.

Vermisst hat jeder, dass er keine Idee zum Vorzeigen und Weitergeben mit nach Hause nehmen konnte. Gewünscht wurde: noch mehr Ideen sehen, noch mehr selber ausprobieren dürfen, noch mehr Zeit zum Gespräch.

6.3.3 Medien/Medienecho zur Ausstellung STOLPER-STEINE ZUM UMDENKEN

- *Vier Fernsehsendungen*
    - Bildungsmagazin An-Stöße:
      Schritte aufeinander zu
      Zweites Deutsches Fernsehen
      14. Januar 1987, 22.15 Uhr.

    - Fern-Uni im Dritten:
      Weiterbildungs-Kongress
      'Soziale Integration durch Weiterbildung I' – Best Practice
      14. März 1987, 11.00 Uhr.

    - Fern-Uni im Dritten: Weiterbildungs-Kongress
      'Soziale Integration durch Weiterbildung II' – Interviews
      23. Mai 1987, 11.00 Uhr.

    - Gesundheitsmagazin: Die Sprechstunde
      Bayerisches Fernsehen, 21. Dezember 1986.
      Hessisches Fernsehen, 28. Dezember 1986.
      ARD / NDR , 06. Januar 1987.

- *Presse*

  - ... kann die Veröffentlichung ‚Schritte aufeinander zu' – unterstützt durch den Wissenschaftlichen Kongress im Wissenschaftszentrum Bonn und seiner Dokumentation ‚Wechselseitiges Lernen' – als bahnbrechend ...verstanden werden.

    Internationales Jahrbuch der Erwachsenenbildung 1987

  - ... so dass die Veröffentlichung ‚Schritte aufeinander zu' durch ihre gelungene Kombination von theoretischen Überlegungen, Fallbeispielen und Praxisberichten besticht.

    Das Parlament 1987

  - .... kann man Soziale Integration Behinderter erlernen, vermitteln? Diese Frage hat das Bundesministerium für Bildung und Wissenschaft am Beispiel der Erwachsenenbildung prüfen lassen.
    5 Jahre wurde an der Untersuchung gearbeitet, die in Bonn die Professorin Dr. phil. habil. Erika Schuchardt aus Hannover in einem Kolloquium im Bonner Wissenschaftszentrum vorstellte.
    Die Sterbeforscherin Kübler-Ross fragte: „Wie kann man sterben lernen?" Diesem Satz stellte Erika Schuchardt die Frage entgegen: „Wie kann man leben lernen, unter Bedingungen, die nur scheinbar nicht mehr lebbar sind?" ...

    Frankfurter Allgemeine Zeitung 1986

  - Frau Professor Dr. Schuchardt untersuchte über 600 Lebensgeschichten aus mehreren Ländern ... Die Folgerung der Professorin heißt: Notwendig ist vor allem die Weiterbildung sowohl der Schul- als auch der Erwachsenenbildungspädagogen. Es müsse zu einer Integrations-Pädagogik/-Andragogik kommen, die behinderten und nicht behinderten Menschen hilft, miteinander und voneinander leben zu lernen.

    Frankfurter Allgemeine Zeitung 1987

- *Quellen:*

  - Schuchardt, Erika: Schritte aufeinander zu. Soziale Integration durch Weiterbildung. Zur Situation in der Bundesrepublik Deutschland.
    Forschungsauftrag des Bundesministeriums für Bildung und Wissenschaft (BMBW), Bad Heilbrunn 1987, 380 S.

  - Schuchardt, Erika: Wechselseitiges Lernen – wissenschaftliches Kolloquium Weiterbildung. Dokumentation des BMBW-Kolloquiums und der Ausstellung. Forschungsauftrag des Bundesministeriums für Bildung und Wissenschaft. BMBW Schriftenreihe: Studien Band 58, Bonn 1988, 136 S.

  - Schuchardt, Erika: Zur Situation in der Bundesrepublik Deutschland. Soziale Integration durch Weiterbildung. In: Blumenthal, Victor von: Soziale Integration Behinderter durch Weiterbildung. Zur Situation in Frankreich, Großbritannien, Italien, Schweden, USA. Bad Heilbrunn, 1987, 395 S.

  - Schuchardt, Erika: Unterrichtswerk der BZGA: Menschen mit Behinderungen – Menschen wie du und ich. In: Jeder ist ein Teil des Ganzen. Der alte, der behinderte, der kranke Mensch. Unterrichtseinheiten der Bundeszentrale für Gesundheitliche Aufklärung (BZGA) im Auftrage des Bundesministers für Familie, Frauen, Jugend und Gesundheit (BMFFG). Ruprecht, H.; Schuchardt, E.; Schütte, W. (Hrsg.), Klett-Verlag, Stuttgart 1988.

  - www.exist.de

6.4 Weltweite Ausstellung DIALOG IM DUNKELN

- Unsichtbares komplementär entdecken
- Arbeitsplätze schaffen und teilen

> Wenn es einen Bereich gibt, in welchem die Blindheit uns zum Experten macht, dann ist es der Bereich des Unsichtbaren.
>
> Jacques Lusseyran

Ein Szenario aus alltäglichen Geräuschen, Gerüchen und Texturen entfaltet sich vor dem inneren Auge: Vogelgezwitscher, ein Wasserfall, das Rauschen des Straßenverkehrs oder der Motor eines Bootes sind zu hören, die Hände ertasten Baumrinden oder Autokarosserien, die Füße erspüren unterschiedliche Bodenbeläge wie Sand, Kies, Wiese oder Pflastersteine. Wind ist auszumachen; unterschiedliche Düfte liegen in der Luft. Wenig beachtete Alltagsdinge werden zu Koordinaten einer inneren Landkarte und zu fast unvermeidlichen Orientierungspunkten. Die Reise endet in einer Bar, in der getrunken und geplaudert und das soeben Erlebte vertieft werden kann ... Das klingt soweit nicht ungewöhnlich, wäre nicht das Augenlicht während der gesamten Reise ausgesperrt.

6.4.1 Die Idee: Dialog – ‚Interaktion hat Vorrang vor Information'

DIALOG IM DUNKELN heißt diese Reise und beschreibt das Grundmotiv einer Ausstellung, in der es garantiert nichts zu sehen gibt, aber um so mehr zu entdecken.

In vollkommen lichtlosen Räumen sind unterschiedliche Motive wie beispielsweise eine verkehrsreiche Straßenkreuzung, eine erholsame Parklandschaft oder ein belebtes Café szenisch gestaltet und auf überraschend eindringliche Weise erfahrbar.

Die Lebenswelt, die den von Behinderung -schon- betroffenen wie auch den – noch – nichtbetroffenen Menschen im Alltag begleitet, wird möglichst authentisch nachgestellt, nur dass dem -noch nicht- betroffenen Menschen eine Sinneswahrnehmung, das Sehen, verschlossen wird. Der -noch nicht- betroffene Ausstellungs-Besucher wird dabei – fast wie von selbst – aus der vertrauten Partizipation an seiner bisher weitgehend von Krisen unbetroffenen eher unberührten Welt herausgeholt. Die belastende Erfahrung des plötzlich gar nicht Sehen-Könnens führt ihn, den Ausstellungs-Besucher, durch Verunsicherung aus der bisher gewohnten Partizipation zu dem Wunsch, vertraute Stabilisierung zurück zu erlangen, in die unumgängliche Interaktion mit dem -schon- betroffenen blinden Experten, nämlich dem im Dunkeln ‚sehenden' Betroffenen. Er muss den Weg des komplementären 3-Schritte-Prozesses unabweisbar gehen, auf ihn eingehen, sich der Interaktion stellen.

zu 6.4: Start mit den Dialogisten
Dialog im Dunkeln

© Erika Schuchardt

Die Besucher werden dabei nie allein gelassen. Vielmehr werden sie in kleinen Gruppen von -schon- betroffenen blinden oder stark sehbehinderten Menschen mit schlafwandlerischer Sicherheit durch das Dunkel geführt.

Eine Welt ohne Bilder und visuelle Reize entsteht, eine Gesellschaft, in der *Kommunikation/Interaktion* das Bindeglied zwischen den Menschen bildet und nicht der schöne Schein. Nur wer spricht, ist existent. Wer schweigt, verliert seine Kontur im undurchdringlichen Dunkel.

Existenz heißt hier also *Interaktion*. Das Instrument der verbalen Kommunikation führt stärker zur Interaktion und schließlich zur *Integration/Partizipation* als das bloße Sich-Betrachten oder gar Aneinander-Vorbeisehen, möglicherweise Hindurch-Sehen. Das Miteinander-Sprechen birgt notwendigerweise das intendierte Eingehen auf den Anderen in sich.

Ein Rollentausch setzt ein: Die -schon- betroffenen blinden Menschen sind aufgrund ihrer Alltagssituation gewohnt, sich nichtvisuell zurechtzufinden, sind nicht behindert an diesem lichtlosen Ort. Die sehenden Besucher werden ihres zentralen Wahrnehmungsorgans beraubt und sind sehr schnell mit eigenen Grenzen konfrontiert. Sie sind von seiner Sekunde auf die andere die -schon- betroffen ‚Behinderten', müssen Vertrauen zu einem wildfremden Menschen entwickeln, sind auf die soziale Bindung innerhalb der Gruppe angewiesen und durchlaufen ganz elementare Erfahrungen. Ist der Ausstellungsbesuch am Anfang von Unsicherheit, Angst und Beklommenheit bestimmt, so wandelt sich das Erleben sukzessive in ein Abenteuer der Sinne und führt zu vorurteilsfreien Gesprächen. Integration als Weg und Ziel wird lebendige Wirklichkeit.

Ein *Perspektivenwechsel* setzt ein, so dass nichtvisuelle Elemente in die Konstruktion von Welt miteinbezogen werden. -schon- betroffene Menschen mit Sehschäden und Blindheit werden neu betrachtet und bewertet und nicht länger über ihre Defizite definiert. Von der Krise Behinderung -schon- betroffene Menschen generieren komplementäre Potenziale, über die man sich im Rahmen der Ausstellung mit -noch nicht- betroffenen Besuchern austauschen kann. Spielerisch, unpädagogisch, unterhaltend, überraschend, unverkrampft, humorvoll und offen.

Eine Plattform zur Kommunikation entsteht zum Austausch von Mensch zu Mensch, zwischen von Krisen -schon- betroffenen und –noch nicht- betroffenen Ausstellungsbesuchern über alltägliches Dies und Das, über unterschiedliche Lebenssituationen, Perspektiven, Notwendigkeiten und Kulturen. Durch das Nicht-Sehen entsteht eine neue Sicht – ein unvergessliches Erlebnis für Men-

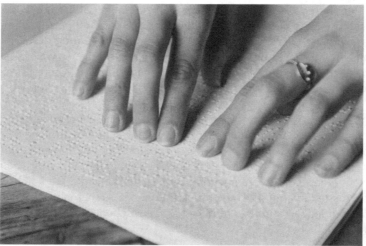

zu 6.4: Fortsetzung des Dialogs zwischen Autorinnen:
Sabrina Tersteegen und Erika Schuchardt
Dialog im Dunkeln

© Erika Schuchardt

schen jeglicher Couleur. DIALOG IM DUNKELN – ein sozialer Lernort zur Akzeptanz von Unterschiedlichkeit, ein Beitrag zu mehr Respekt und Toleranz im Umgang mit sonst an den Rand gedrängten Minderheiten.

6.4.2 Der Initiator: (K)ein -schon- Betroffener, aber einer, der die Kompetenz, ‚vermittelte' Betroffenheit durch Interaktion weiter zu vermitteln, zuvor *selbst erlernt hat*

DIALOG IM DUNKELN ist von *Dr. Andreas Heinecke* während seiner Tätigkeit für die Stiftung Blindenanstalt Frankfurt im Jahr 1988 entwickelt worden. Ihn störte die rein Defizit-orientierte Diskussion um sog. behinderte Menschen, das falsche Mitleid sowie die Berührungsängste der sog. normalen Bevölkerung mit Menschen, die einer Minderheit angehören. Der Gedanke reifte, einen positiven Begegnungsort zwischen -schon- betroffenen und -noch nicht- betroffenen Menschen über eine Ausstellung anzubieten. An diesem Ort werden die Potenziale unterstrichen, die aus der Lebenssituation einer Behinderung entstehen können. -Schon- betroffene Menschen werden zu Experten und vermitteln in ihrer Sprache und vor ihrem Hintergrund den Zugang zu einer Welt, die nicht ärmer, aber anders ist; wir erinnern an das Einführungskapitel im Band 1 dieses Doppel-Bandes: ‚*Krisen – auch ein verborgener Reichtum*'.

6.4.3 Die Ziele: Komplementär *sehen, verstehen, begegnen, annehmen lernen*

DIALOG IM DUNKELN möchte nicht den pädagogischen oder moralischen Zeigefinger erheben, sondern vielmehr ein Begegnungsfeld für viele Menschen sein, allen komplementäres Sehen-, Verstehen-, Begegnen-, Annehmen-Lernen ermöglichen.

Das Krisen-Management-Interaktionsmodell zum Lernprozess Krisenverarbeitung veranschaulicht dazu den Lernweg als komplementären 3-Schritte-Prozess, auf den sich von Krisen -noch nicht- betroffene Ausstellungsbesucher gemeinsam mit -schon- betroffenen Ausstellungsbegleitern begeben zur gelungenen Integration/ Partizipation:

- *Schritt 1: Herauslösung -noch- sehender Ausstellungsbesucher aus vertrauter Partizipation*
Durch Fernsehauftritte, Flugblätter, Plakate, Mund-zu-Mund-Propaganda, Information der Öffentlichkeitsreferate von Land, Stadt, Bildungseinrichtungen, Behörden können -noch- sehende Bürger und Bürgerinnen, Schüler und Schülerinnen, Arbeitgeber von Management-Seminaren wie Arbeitnehmer im Rahmen von Bildungsurlaubsmaßnahmen dazu animiert werden, sich aus ihrer altvertrauten Umgebung, aus der **Partizipation** an ihrer eigenen Welt, für den

Ausstellungsbesuch DIALOG IM DUNKELN herauszulösen, über das *Eigen-Experiment ‚Rundgang durch die Ausstellung'* ihre nichtvisuellen Wahrnehmungsmöglichkeiten zu erfahren und diese mit Gästen und Mitarbeitern zu erörtern. Dem -noch nicht- betroffenen Ausstellungsbesucher werden mit Hilfe der -schon- betroffenen Dialogisten zusätzliche Welten zu seinen eigenen Sinnen geöffnet. Genauer genommen ist der -schon- betroffene Dialogist immer mindestens einen Schritt voraus, er hat diese Sinne bereits entdeckt und weiß mit ihnen umzugehen, der -noch nicht- betroffene Ausstellungsbesucher wird zum für ihn besten geführt, nämlich auf dem Weg zu sich selbst begleitet. Hier bewahrheitet sich die philosophische Weisheit, dass *‚der Weg zu sich selbst über den anderen führt'*.

- *Schritt 2: Herausforderung -noch- sehender, aber hier in der Ausstellung ‚blinder' Besucher zur Integration mit dem ‚sehenden' Experten/ ‚Dialogisten'*
  Die Führer durch die Ausstellung, die sog. *Dialogisten*, von Sehbehinderung und Blindheit -schon- betroffene Menschen, verfügen im Projekt allein über die Kompetenz zur Assistenz, sie haben aus ihrer alltäglichen nichtvisuellen Orientierung eine Vielzahl an Techniken und Methoden erworben und verinnerlicht, die hilfreich sind, das Nichtsehen auszugleichen. So entsteht Kommunikation: Interaktion zwischen temporär während des Ausstellungsrundgangs ‚Erblindeten' und -schon- betroffenen sehbehinderten und blinden Menschen, so dass gegenseitige Vorurteile überprüft, relativiert und abgebaut werden können. Die *Umkehrung der Vorzeichen* wechselt radikal sämtliche sozialen Bezüge: Die *‚bemitleidenswerte Kreatur'* wird zum interessanten Gesprächspartner und eröffnet eine Sicht auf die Dinge, die dem Augenlicht verborgen sind. Neue Annäherungen an den Mitmenschen müssen erprobt und neue Wertevorstellungen zur Einschätzung des Gegenüber gefunden werden. Dieser interessante Prozess – der komplementäre 3-Schritte-Prozess im Krisen-Management-Interaktions-Modell zum Lernprozess Krisenverarbeitung – entwickelt sich spielerisch und selbstverständlich, so dass alle Besucher/innen unabhängig von Alter, Geschlecht, Herkunft oder Bildung an diesem nachhaltigen Erlebnis *partizipieren* können.

- *Schritt 3: Herausforderung zur Suche nach neuer Stabilisierung für -noch- sehende Ausstellungsbesucher*
  Es kann nicht ausbleiben, dass -noch- sehende Ausstellungsbesucher teilweise bereits während des Ausstellungsbesuches, spätestens aber danach erschüttert vor ihren eigenen Wahrnehmungs-Defiziten stehen gegenüber der Kompetenz jener von Blindheit -schon- betroffenen Menschen, die sie hier als *Dialogisten* so ganz anders als in ihrer einschlägigen Vorstellung erlebten: stark,

kompetent, souverän, ihnen über physische wie psychische Schwächen, Ausfälle, Barrieren einfach ganz selbstverständlich hinweghelfend, ihnen beistehend, ihre Angst im Dunkeln, ihre Orientierungslosigkeit auszuhalten und zu überwinden.

Zu ihrem Erstaunen nehmen sie die unübliche Umkehrung der vertrauten Verhaltensmuster dankbar an: Sie, die -noch nicht- betroffenen Ausstellungsbesucher haben in ihrem *Dialogisten* ihren Lehrmeister gefunden, der ihnen das Miteinander-Leben-Lernen leicht wie ein Spiel werden lässt. Das zu erfahren, darüber nachzudenken muss verkraftet werden: *Schwäche ist Stärke*. Dieser Prozess führt vorübergehend in die eigene De-Stabilisierung, die nach mühselig erfolgter Stabilisierung in gewandelte Einstellungs- und Verhaltensweisen einmündet. Im komplementären 3-Schritte-Prozess des Krisen-Management-Interaktionsmodells sind Ausstellungsbesucher und *Dialogist* zu lebendiger Integration/Partizipation ‚*ver-führt*' worden.

6.4.4 Die Wirkung: Ansteckung und Neugier auf mehr Miteinander-Leben-Lernen

Dieses Konzept konnte in den letzten 14 Jahren reifen. Ob als dreistündiges Management-Training oder als dreijähriges Beschäftigungs-Projekt, ob als Theater-Performance mit aktivem Publikum oder sensorischem Parcours, ob in den Metropolen in anerkannten Museen oder in Kleinstädten als Bestandteil der Öffentlichkeitsarbeit von Selbsthilfegruppen, ob als Tournee in einem Boot oder in der Speicherstadt in Hamburg, wo DIALOG IM DUNKELN nun schon seit drei Jahren das Publikum bindet.

DIALOG IM DUNKELN ist zu einem sozialen Lernort geworden, hat sich zu einer anerkannten und vielbeachteten Ausstellung entwickeln können, welche hohe ethische Werte wirksam machen und nachhaltig an ein breites Publikum vermitteln kann.

Die Gesamtbilanz dieser Ausstellung ist beachtlich: DIALOG IM DUNKELN wurde in vierzehn Ländern und in über 90 Städten präsentiert. 2.000.000 Besucher wurden von ca. 1.500 von Sehbehinderung und Blindheit -schon- betroffenen Menschen, Dialogisten, geführt. Die Ausstellung hat ungezählte Personen und Organisationen zur Nachahmung angeregt, so dass zahlreiche mit unterschiedlichem Namen firmierende Dunkel-Erlebnisse national wie international angeboten werden.

6.4.5 Das Publikum: Herausforderung an alle Menschen unterschiedlichen Alters, sozialer und kultureller Herkunft, gesellschaftlicher Funktion

Die Besucher decken ein weites Spektrum ab, sei es in Bezug auf das Alter, die Bildung oder den beruflichen Hintergrund. Die Motivation ist breit gefächert, wobei soziale Argumente nicht allein im Vordergrund stehen. Die Attraktion liegt im Eigen-Experiment und im Erfahren eigener Wahrnehmungen sowie der spielerischen Art und Weise, miteinander ins Gespräch zu kommen.

DIALOG IM DUNKELN wird sehr stark von Schulen frequentiert. Das Angebot lässt sich in allen Klassenstufen in unterschiedliche Bezüge setzen. So sind ungefähr zwei Drittel der Besucher Schüler, Auszubildende und Studenten. Ein knappes Drittel setzt sich aus jüngeren Erwerbstätigen zusammen.

6.4.6 Die Mitarbeiter: ‚Dialogisten' – Kollegen, Partner, Experten wie jeder andere auch

Im Verlauf der vergangenen 14 Jahre wurde DIALOG IM DUNKELN für ca. 1.500 von Sehbehinderung und Blindheit -schon- betroffenen Frauen und Männern als Dialogisten zum Arbeitsplatz. Aus geburtsblinden, sehbehinderten, späterblindeten und mehrfachbehinderten Menschen wurde temporär ein Team gebildet. Viele hatten einen unterschiedlichen beruflichen und privaten Hintergrund: Akademiker, Studenten, Schüler, Rentner, Handwerker und Angestellte arbeiteten zusammen und übernahmen mit Interesse die Vermittlungstätigkeit, nämlich die Animation zum DIALOG IM DUNKELN. Viele waren arbeitslos und auf der Suche nach einer neuen sozialen und beruflichen Perspektive. Einige brauchten ganz einfach Geld und waren froh, einen ‚guten Job' bekommen zu haben.

Doch neben dem reinen Broterwerb und einer Unterbrechung der Arbeitslosigkeit besaß das Engagement beim DIALOG IM DUNKELN entscheidende andere Qualitäten, die vor allem im psycho-sozialen Bereich angesiedelt sind. Alle von Sehbehinderung und Blindheit -schon- betroffenen Mitarbeiter wurden durch DIALOG IM DUNKELN mit einem starken Interesse an ihrer Person konfrontiert und erhielten positive Rückmeldungen seitens der -noch- sehenden Besucher.

Über diese Rückmeldung entsteht ein äußerst positives Arbeitsklima. Die *Dialogisten*, im ‚realen' Leben häufig am Rande der Gesellschaft, befinden sich in intensiven Bezügen mit den Besuchern, knüpfen täglich Kontakte und bauen Beziehungen auf, die auch über die reine Ausstellungsdauer hinausreichen. Diese Erfahrung stärkt das Selbstwertgefühl und geht nicht selten mit einem Einstellungs- und Bewusstseinswandel einher: sie sind Kollegen, Partner, Experten wie jeder andere auch.

Bedenkt man die psychologischen Auswirkungen von Diskriminierung und die negativen Effekte der Arbeitslosigkeit, so ist leicht nachvollziehbar, dass bei DIALOG IM DUNKELN ein Arbeitsumfeld geschaffen wird, welches -schon- betroffene und oft benachteiligte Mitarbeiter motiviert, ihre persönliche und berufliche Situation zu überdenken. Sie sind aus dem sozialen Abseits herausgenommen und kommunizieren im Spiegel der Öffentlichkeit täglich acht bis zehn Stunden. Dies erfordert ein hohes Maß an Ausdauer, Geduld, Offenheit, Flexibilität und Anpassungsfähigkeit.

Negativfaktoren wie Stress (bei lauten Schulklassen), Krisen (Auftreten von Angstzuständen, Klaustrophobien) oder Konflikte (Randalierer, Störenfriede) können hinzukommen, die bewältigt bzw. gelöst werden müssen. Die *Dialogisten* übernehmen Verantwortung für die im Dunkeln verunsicherte und orientierungslose Gruppe. Dies geschieht auch unter Zeitdruck. Ein gutes Zeitmanagement ist erforderlich, um den Durchlauf der unterschiedlichen Besuchergruppen zu gewährleisten. Die Mitarbeiter arbeiten im Team und müssen die Arbeitsschritte absprechen.

6.4.7 Das Hamburger Modell Speicherstadt: Sprung-Schanze/ -Chance zum ersten Arbeitsmarkt

Hamburg hat die Chancen, die DIALOG IM DUNKELN als innovatives Beschäftigungsprojekt bietet, erkannt. Seit April 2000 ankert die Ausstellung in einer bislang einmaligen Größe und Ausstattung in der Hamburger Speicherstadt.

Dies ist der *Behörde für Soziales und Familie* zu verdanken, die mit einer 3-jährigen Finanzierung der Ausstellung erstmals eine langfristige Perspektive ermöglichte.

Projekt ist Teil des *Aktionsprogramms zur Integration* von Menschen mit Behinderungen in den ersten Arbeitsmarkt und wird auf der Grundlage von § 11 Abs 3 Schwerbehindertengesetz in Verbindung mit § 29 Abs. 1 und 2 Schwerbehindertenausgleichsabgabe-Verordnung gefördert.

Wesentliche Unterstützung erfolgt durch das *Arbeitsamt,* welches auf der Basis von ABM oder SAM alle Mitarbeiter finanziert. Das Beschäftigungsprojekt ist in Kooperation mit dem Beschäftigungsträger *Arbeit und Lernen Hamburg* realisiert worden. Maßgebliche Unterstützung in der Antragsphase erfolgte durch den *Blinden- und Sehbehindertenverein Hamburg e.V.*

Die außergewöhnliche Verbindung einer Qualifizierungsmaßnahme für Menschen mit Behinderungen mit einem ungewöhnlichen Ausstellungsprojekt stellt alle Beteiligten vor enorme Anforderungen:

In exaktem Viertelstunden-Takt wollen Gruppen von max. acht Besuchern durch die lichtlosen Erlebnisräume geführt werden; Besucher, die Wochen vorher telefonisch reservieren müssen, um noch einen Platz in einer der Gruppen zu bekommen. Doch wie sich heute zeigt, meistern die -schon- betroffenen, teilweise schwerbehinderten Mitarbeiter, die *Dialogisten*, alle mit dem Ausstellungsbetrieb verbundenen Aufgaben mit Bravour.

Wie ausgeführt sind alle *Dialogisten* auf der Basis von Förderprogrammen angestellt und werden neben ihrer Tätigkeit im DIALOG IM DUNKELN mittels Qualifizierung, Praktika und Bewerbungs-Training auf die Erfordernisse des ersten Arbeitsmarktes vorbereitet.

6.4.8 Die Bilanz: An-Stoß zur Innovation – lokal, regional, national, international

Die Projekt-Laufzeit von zweieinhalb Jahren macht deutlich, dass mit DIALOG IM DUNKELN eine Plattform geschaffen wurde, die zur Arbeitssituation von Sehbehinderung und Blindheit -schon- betroffener Menschen erfolgreiche Aufklärungsarbeit leistet. Mehr als 180.000 Besucher fanden bisher den Weg in die *Speicherstadt der Hansestadt Hamburg* und haben selbst optimistische Erwartungen übertroffen. Die Ausstellung ist über Monate hinweg ausgebucht und findet sehr viel Anklang. Fast jede Woche finden Veranstaltungen mit betrieblichen Funktionsträgern statt. Unternehmen buchen die attraktiven Räume in der Speicherstadt, nutzen die Ausstellung als Impulsgeber für ihr Personal und zur Prüfung der Beschäftigungsmöglichkeiten von Krisen schon betroffener Menschen. So fanden 41 % der ausscheidenden Kollegen im Jahr 2001 einen unbefristeten Arbeitsplatz. Eine einzigartige Vermittlungsquote für ein Beschäftigungsprojekt!

Das *Hamburger Projekt Speicherstadt* wurde aufgrund des großen Erfolges von der *Behörde für Soziales und Familie* bis 2005 verlängert. Andere Projekte werden folgen.

So hat die Vision *Miteinander-Leben-, Arbeiten- und Dienen-Lernen* in der weltweit beachteten Ausstellung DIALOG IM DUNKELN ein Modell gefunden, das vom *Vor*machen übers *Mit*machen zum *Nach*machen verlockend an-stößt.

- *Quellen:*
  - Gespräch mit der Projekt-Leiterin *Klara Kletzka*, 2003
  - NDR-Interview mit dem Initiator *Dr. Andreas Heinecke*, 2003
  - Texte, Bilder, Materialien für die Öffentlichkeit aus dem Archiv DIALOG IM DUNKELN

- *Schuchardt, E.: Warum gerade ich? – Leben lernen in Krisen,* Kap. 3.3 Jacques Lusseyran, Göttingen 12. Auflage 2003
- www.dialog-im-dunkeln.de

6.5 An-Stoß und Appell Begegnungszentrum HEPHATA: TUE DICH AUF

- 100 Jahre Tag- und Nacht-Adresse
- Miteinander leben, einander begegnen und be-greifen lernen

6.5.1 An-Stoß: Von der Jahrhundert-Anstalt zum Begegnungs-Zentrum

HEPHATA – das heißt auf deutsch TUE DICH AUF! – Der griechische Name „ηφατα" ist damals wie heute mehr als nur Name; er ist – ‚nomen est omen' – Programm, An-Stoß, Appell und immer auch Handlungs-Maxime ‚Tue dich auf!': Seit über 100 Jahren ist HEPHATA Tag- und Nacht-Adresse.

Ein ganzes Jahrhundert lang stößt HEPHATA: TUE DICH AUF! Reformen zum Miteinander-Leben-Lernen *vor Ort* an. Vor Ort, das ist in Schwalmstadt/Treysa bei Kassel, darüber hinaus in den Ländern Hessen, Bayern und Thüringen, in der Bundesrepublik Deutschland und selbst bis nach Indien (s. ZDF-Dokumentation DVD).

Was damals mit nur sechs von Krisen -schon- betroffenen Menschen am 01.10.1894 durch den gerade 26-jährigen Theologen, Pfr. Dr. D. Hermann Schuchard[384], – dem Vorfahren der Autorin – begann, der entscheidungsfreudig den Mut fand, eigenen Karriere-Aussichten entsagend, aus Überzeugung 1901 die damals eigenständige sog. ‚Anstalt' HEPHATA: TUE DICH AUF! zu gründen, um erstmalig ein Lebens-Zentrum mit von Krisen -schon- betroffenen Menschen aufzubauen, und dem dann nur knapp zehn Jahre bis zum Ausbruch des Ersten Weltkrieges 1914 zum gigantischen Auf- und Ausbau HEPHATAS um das 20-fache verblieben, um **drei bahnbrechende Weichenstellungen** für die **Kirche**, für die **Innere Mission**, für die **Erwachsenenbildung** zu bewirken – was damals also begann, ist heute mit 20 Straßen, 120 Gebäuden, rund 2.500 -schon- und -noch nicht- betroffenen Menschen integrierter Stadtteil der mittleren Kleinstadt Schwalmstadt mit ihren 20 000 Einwohnern. So hat sich gemäß ‚nomen est omen' HEPHATA: TUE DICH AUF! immer weiter aufgetan, ist heute ein Stadtviertel *wie jedes andere auch.*

Pfr. Dr. D. Hermann Schuchard öffnete bereits damals, 1896, beispielhaft für integrierende Öffentlichkeitsarbeit, HEPHATA: TUE DICH AUF! zum 1. *Jahresfest* schon für 200 -noch nicht- betroffene Besucher der näheren und weite-

Schuchard, Schuchardt

zu 6.5: Begründer: Pfr. Dr. D. Hermann Schuchard
Anstoß und Appell Begegnungszentrum Hephata: Tue dich auf!

© Erika Schuchardt

ren Umgebung, und er weitete **diese Öffentlichkeitsarbeit** kontinuierlich aus: Als er 1906 zum 10. Jahresfest einlud, konnte er bereits die 40-fache Anzahl, also 8.000 -noch nicht- betroffene Besucher der Umgebung und aus der ganzen Welt begrüßen.

Für diese Lebensgemeinschaft verfasste und verschickte Hermann Schuchard in zehn Jahren insgesamt 135 Rundbriefe (also mehr als jeden Monat einen) als Gesprächsfäden in alle Welt, gesammelt und publiziert in ‚*Bilder und Geschichten aus* HEPHATA', den letzten noch am Vorabend seines innerlich akzeptierten Sterbens im Alter von 55 Jahren.

In nur zehn Jahren war es Pfr. Schuchard gelungen, *erstens* das **Lebens-Zentrum** HEPHATA: TUE DICH AUF! zum *Miteinander-Leben-, Arbeiten-, Dienen-Lernen* zu öffnen, sodann *zweitens* das erste Hessische **Diakonen-Bruderhaus** zu gründen, analog der vertrauten Diakonissen-Mutterhäusern (damals war HEPHATA 1894 – 1901 Zweiganstalt des Kasseler Diakonissen-Mutterhauses) – man bemerke den umgekehrten Gleichstellungsansatz für ‚Brüder' vor 100 Jahren – und *drittens* infolge des Krieges HEPHATA: TUE DICH AUF! als Lazarettstadt und dadurch zur **Wiege der Hessischen Erwachsenenbildung** zu machen.

Darüber hinaus übertrug man dem Begründer und Vorsteher, *Dr. D. Hermann Schuchard*, das schwere Amt des *Politik-Beauftragten im Reichs-Ernährungsausschuss* zur Vertretung aller kirchlichen Anstalten gegenüber dem Kriegsamt: So erfocht, erbat, ja erbettelte *Hermann Schuchard* das ‚tägliche Brot' für alle von Krisen -schon- betroffenen Menschen und konnte viele vor dem Hungertod retten. Die zehn Jahre später einsetzende tragische ‚Verlegung', ‚Verfolgung', ‚Vernichtung' des sog. ‚lebensunwerten Lebens' im Dritten Reich hat er nicht mehr erlebt, aber den Wurzeln hat er sich schon 1914 bis 1920 entschieden entgegengestellt. In der Literatur wird er mit *Friedrich von Bodelschwingh* und *Otto von Bismarck* verglichen. Mit *Bodelschwingh* wegen ‚der Vereinigung großer Willenskraft und zarter Güte', an *Bismarck* erinnert ‚das ‚übergroße Organisations-Talent, die Kunst der Menschenführung und die Hingabe für sein Volk'.

Das Kaiserpaar Wilhelm II. ehrte Schuchard mit seinem Besuch und stiftete aus Anlass seiner Silberhochzeit auf Beschluss des Kommunal-Landtages vom 25.02.1905 die HEPHATA-Kirche, die am 15.09.1906 mit ‚unserer geliebten Kaiserin, ihrer Majestät Auguste Viktoria' im Rahmen des 10. Jahresfestes gemeinsam mit Tausenden von Menschen eingeweiht wurde, ein Novum und eine Sensation in der damaligen Zeit. Zum 100-jährigen Jubiläum 2001 öffnete sich HEPHATA für Hunderte von Besuchern; die Medienwirksamkeit ließ sich allerdings

„Zur Erinnerung an die Gegenwart Ihrer Majestät der Kaiserin am 15. Aug. 1906 vollzogene Einweihung. – Gedenk-Postkarte"

zu 6.5:   Anstoß und Appell Begegnungszentrum Hephata: Tue dich auf!

nicht mit der von 1906 vergleichen: Eine Herausforderung für die Zukunft (siehe Beitrag zur Festschrift: „100 Jahre HEPHATA – Begründer Dr. D. Hermann Schuchard: Leuchtfeuer für Kirche, Innere Mission, Erwachsenenbildung"; siehe auch DVD, Band 1).

Chronologisch: Vor über 100 Jahren also haben vom christlichen Glauben inspirierte Frauen und Männer im nordhessischen Schwalmstadt/Treysa bei Kassel von Krisen -schon- betroffenen Menschen, Jugendlichen mit besonderen Auffälligkeiten, einen Ort zum Leben geschaffen, um ihnen die Begleitung und Förderung zukommen zu lassen, die sie für ihr tägliches Leben benötigten.

Seit den 70er Jahren im Zuge der Integrations-Bewegung und basierend auf dem Appell des Gründers, Pfr. Dr. D. Hermann Schuchard, hat sich HEPHATA: TUE DICH AUF! verstärkt als Begegnungs-Zentrum zum Miteinander-Leben-Lernen wieder entdeckt. Natürlich ist es herkömmlicherweise kein typischer Ort der Erwachsenenbildung, doch Menschen ‚mit' und ‚ohne' Krisen haben wie jeder andere auch ein Anrecht auf lebenslanges Lernen, und die -schon- betroffenen Bewohner von HEPHATA schaffen zugleich einzigartig durch ihr Miteinander-Leben-, Arbeiten-, Dienen-Lernen das Angebot eines auf andere Weise kaum herstellbaren Begegnungs-Zentrums als Lernort. Es gilt, künftig **beide Aspekte** für die Weiterbildung neu zu entdecken, damit komplementäres Voneinander-Lernen und Miteinander-Leben zugunsten eines angemesseneren gegenseitigen Verstehens in unserer solidarischen Gesellschaft gefördert wird.

Bereits in den 70er Jahren stellte man in HEPHATA durch eine breit angelegte Untersuchung ‚Meinungsumfrage zur Situationsanalyse 1974' fest, wie wichtig die Kommunikation zwischen von Krisen -schon- betroffenen und -noch nicht- betroffenen Menschen ist. Unter anderem zeigte die Befragung von mehreren tausend Besuchern, dass der Begriff ‚Anstalt', der damals noch üblicherweise für HEPHATA benutzt wurde, stark negativ besetzt war, obgleich ursprünglich positiv verstanden, nämlich als erstmalige und einzigartige ‚Verortung' von bis dahin ‚**un**-verorteten', **aus**-gestoßenen Menschen. Das war nach der langen Pause, bedingt durch zwei Weltkriege, einerseits die Fortsetzung der bereits 1894 begonnenen Arbeit, und andererseits der Beginn eines eigenständigen **Öffentlichkeits-Referates**.

Wollte HEPHATA: TUE DICH AUF! Soziale Integration initiieren, durfte es sich nicht schon mit der Sprache eine Barriere aufbauen. Andererseits nutzen auch ausgetauschte Begriffe nichts, wenn sie nicht zugleich einhergehen mit didaktisch-methodischen Bemühungen, gemeinsam mit den dort lebenden von Krisen -schon- betroffenen Menschen das Leben so zu gestalten, dass sich alle im Alltag wohlfühlen und weiter entwickeln können; und das eben auch in einer

zu 6.5: Ein monatlicher Rundbrief
Anstoß und Appell Begegnungszentrum Hephata: Tue dich auf!

© Erika Schuchardt

‚stationären' Einrichtung; dies lässt sich – wie es hier aufzuzeigen gilt – durch wechselseitiges Lernen ermöglichen.

HEPHATA: TUE DICH AUF!, dessen Anfänge in das Jahr 1894 zurückgehen und das am 1. April 1901 als eigenständige Institution beurkundet wurde, gliedert sich heute in *fünf diakonische Handlungsfelder*: Es fördert Menschen mit einer Behinderung und gibt ihnen Heimat, es bietet verhaltensgestörten und lernbehinderten Jugendlichen Erziehungshilfen, es begleitet neurologisch und von seelischen Krisen -schon- betroffene sowie an einer Suchterkrankung leidende Menschen. Darüber hinaus bildet HEPHATA für sozialpädagogische und diakonische Berufsfelder aus – sowohl an seiner Fachschule als auch als Studienstandort der Evangelischen Fachhochschule in Darmstadt. Mit rund 701 Plätzen in diesen fünf Handlungsfeldern und über 1.500 Mitarbeitern, die als voll- und teilzeitbeschäftigtes Personal in den Bereichen Pädagogik, Handwerk, Technik, Therapie, Versorgung und Ausbildung tätig sind, ist HEPHATA die größte diakonische Einrichtung in Hessen.

Bemerkenswert bleibt, dass HEPHATA – aus der Historie betrachtet – schon im Jahre 1919 als sog. erste ‚*Einrichtung der Erwachsenenbildung*' in Hessen Beachtung fand, weil es bereits während des Krieges, als Lazarett benutzt, für die Soldaten Seminare der Erwachsenenbildung kontinuierlich entwickelte und Miteinander-Leben-, Arbeiten-, Dienen-Lernen in der Lebensgemeinschaft von Kriegsversehrten und HEPHATA-Bewohnern gestaltete.

6.5.2 Ausgangslage und Konzeption: Von der Besichtigung über die Begegnung hin zu Familien-Besuchen, Paten- und Partnerschaften

Gekennzeichnet war die Situation HEPHATA als diakonische Einrichtung dadurch, dass schon immer bestimmte Gruppen innerhalb der Öffentlichkeit Interesse zeigten, einmal hierher zu kommen, um Diakonie als kirchliches Handlungsfeld zu erleben und vor allem Menschen zu ‚sehen', die im gesellschaftlichen Alltag nicht auftauchten. Man kam zur ‚Besichtigung'. Der allbekannte Zoo-Effekt blieb kaum vermeidbar, ein schwer erträglicher Zustand, der sich im Laufe der Geschichte – entgegen dem Ursprungsgedanken des Begründers *Hermann Schuchard* – verselbstständigte. Ausschlaggebend für die dann folgende Veränderung der Konzeption von der ‚Besichtigung' zur ‚Begegnung' wurden drei Faktoren:

- die **Erkenntnisse aus der Kommunikationsforschung**, nämlich der **These**: *Interaktion hat Vorrang vor Information*, demzufolge die *personale* Informationsvermittlung gegenüber der *medialen* ein Höchstmaß an

Intensität ermöglicht und damit stärker zu Bewusstseinswandel und Bewusstseinsbildung führt.

- die **Entwicklungen in der ,Integrations'- und Sozialpädagogik**, die den Adressatenkreis nicht mehr eigenständig für sich, vorrangig als Symptomträger und isoliertes Objekt, sondern vielmehr im Kontext seines sozialen Umfeldes erkannten, basierend auf dem von der Autorin so bezeichneten ,*Folge-Strukturplan des Deutschen Bildungsrates 1973'*.

- die **Ergebnisse der wissenschaftlichen Studie** ,*Meinungsumfrage zur Situationsanalyse der internen und externen Kommunikationsbasis und die Image-Faktoren des Hessischen Diakoniezentrums* HEPHATA', die HEPHATA 1974 – unterstützt von der *Diakonischen Akademie* und dem *Deutschen Jugendinstitut* – durch das *Institut für Kommunikationsforschung* (IFK) erstellen ließ (5 Bände).

Integration heißt seither nach dem Verständnis HEPHATA: TUE DICH AUF!: Eine Einrichtung wird so verändert, dass sie wieder zu einem Lebensraum wie für jeden anderen auch wird. Sie hat sich an den Bedürfnissen der HEPHATA-Bewohnerinnen und -Bewohner zu orientieren und Hilfestellungen in der vollen Bandbreite anzubieten, zu denen selbstverständlich der Kontakt und das Zusammenleben mit Außenstehenden gehören. Sie muss ein *Zentrum der Begegnung* werden, in dem sich jeder, der dort lebt, arbeitet, dient, lernt, wohlfühlen und entfalten kann.

So versucht HEPHATA: TUE DICH AUF! *Integration* als *two-way-communication* zu leben, d. h.: Die Gesellschaft der -noch nicht- betroffenen Menschen muss eingeladen werden, durch attraktive Angebote sich der Herausforderung zur Begegnung mit -schon- betroffenen Menschen zu stellen. HEPHATA wollte *Integration* nicht verordnen, sondern selbst *Lernfeld für Integration* werden. Die Zielvorstellung lautete: Wir müssen den -schon- betroffen und -noch nicht- betroffenen Menschen ihre bereichernde Komplementarität wieder erfahrbar werden lassen, und zwar so, dass sie sich im wahrsten Sinne des Wortes neu ,*begreifen'* lernen. HEPHATA wurde, gespeist aus der geistig-geistlichen Quelle seines Gründers *Hermann Schuchard*, wegweisend für ein neues Konzept von Öffentlichkeitsarbeit, für neue Wege, *einander verstehen zu lernen*.

War die bis in die 70er Jahre vorherrschende Praxis der ,*Besichtigung'* eher von einer sozialen Distanz bestimmt, die nur geringe Kenntnisse über den -schon- betroffenen Menschen vermittelte und kaum zu langfristigen Einstellungsänderungen führen konnte, kann es jetzt bei der intendierten *Begegnung* zu sehr persönlichen Kontakten kommen. Der entscheidende Aspekt bei dieser Konzeption der *Begegnung* ist, dass der Besucher sich selbst existentiell in einer Randgruppensituation vorfindet, in der er sonst immer nur den -schon- betroffenen Menschen sieht bzw. unbewusst selbst ihn in die Distanz zu sich hineinstellt. Zur Erreichung dieses Zieles wird die Besuchergruppe – in der Regel nicht mehr als 25 Personen – bewusst aufgelöst, so dass der Besucher jeweils *allein* – nur in Ausnahmefällen zu zweit – Gast in einer Gruppe mit -schon- betroffenen HEPHATA-Bewohnern ist, zumeist im Bereich unterschiedlicher Arbeitsplätze in den HEPHATA-Werkstätten. Die Erfahrungen, als Besucher mehrere Stunden in einer Gruppe mit -schon- betroffenen Menschen zu verbringen, schafft ein hohes Maß an persönlicher ‚*vermittelter' Betroffenheit*. Sie wird zum wichtigsten Anknüpfungspunkt des Besuches und dient allen weiteren und vertiefenden Gesprächen, die das Menschenbild, Vorurteile und Bewusstseinsbildung betreffen. Kurzfristig wird eine Bewusstseinserweiterung, langfristig eine Einstellungs-, nicht selten gar die angestrebte Verhaltensänderung als Ergebnis ermöglicht.

Ein Beweis für die erfolgreiche Konzeption der gemeindenahen Öffentlichkeitsarbeit sind die HEPHATA-Sonntage in Kirchengemeinden, bei denen -schon- betroffene Menschen aus HEPHATA Gast in einzelnen Familien sind und nach einem gemeinsamen Gottesdienst entweder integriert am Familienleben teilhaben oder gemeinsam an Kirchengemeinde-Veranstaltungen teilnehmen. Diese noch tiefergehende Form der Begegnung zwischen -schon- betroffenen und -noch nicht- betroffenen Menschen schafft nicht nur neues Bewusstsein, sondern baut auf intensivere Weise Vorurteile gegenüber den -schon- betroffenen Menschen ab und führt nicht selten zu dauerhaften Beziehungen, zu Paten- und Partnerschaften: Hier wird die *Ein-*Bahnstraßensituation von Gemeinde zu Einrichtung unterbrochen. Die Gemeinde befindet sich nicht einseitig in der Rolle der Gebenden hin zur Einrichtung, sondern wird *Ort von Begegnung*, ja, die Gemeindeglieder werden sogar zu Beschenkten, weil die Freude des Gebenwollens sich sofort auswirkt und in der Zuwendung des Menschen zurückstrahlt.

6.5.3 Methodisches Vorgehen: Komplementärer 3-Schritte-Prozess: Krisen-Management Interaktionsmodell zum Lernprozess Krisenverarbeitung

- herausgerissen aus der Partizipation (Schritt 1)
- konfrontiert in der Interaktion/Integration (Schritt 2)
- umlernend in der reflektierenden Stabilisierung (Schritt 3)

HEPHATA: TUE DICH AUF! entwickelte verschiedene Informations- und Interaktions-Programme, die alle auf der Erkenntnis basierten, dass Bewusstseinserweiterung, möglicherweise auch Bewusstseinswandel, pädagogischer An-Stöße und Begleitung bedarf. Ein Punkt, den der Gesetzgeber im BSHG zwar honoriert, indem er auf die Informationspflicht von Trägern sozialer Einrichtung gegenüber der Gesellschaft hinweist – analoge Aussagen finden sich in der Empfehlung 1973, dem von der Autorin so bezeichneten **Folge-Strukturplan des Deutschen Bildungsrates** ‚Zur pädagogischen Förderung Behinderter und von Behinderung bedrohter Kinder und Jugendlicher' -, dem aber die Kostenträger bis zum heutigen Tage nicht Rechnung tragen.

Das *Begegnungs-Konzept* oder – alltagssprachlich – *Besuchsprogramm* wird in Zusammenarbeit mit den Gruppen, die Besucher bei sich aufnehmen, entwickelt. Begegnungs-Konzepte folgen entsprechend der Zielsetzung dem **Krisen-Management-Interaktionsmodell** zum Lernprozess Krisenverarbeitung als **komplementärer 3-Schritte-Prozess** für Lernende, hier für von Krisen -noch nicht- betroffene HEPHATA-Besucher (siehe Abb.):

- *Schritt 1: An-Stoß zur Motivation, Information, Angstüberwindung: Herausforderung zum Aufbruch aus vertrauter* Partizipation
  Motivation: Wozu kommen wir ‚Gesunde'/ -noch nicht- betroffene Besucher nach HEPHATA?
  Zunächst wird besprochen, warum ein solcher Besuch überhaupt geplant wurde. Es wird auf die defizitäre Situation in unserer Gesellschaft verwiesen, in der -noch nicht- betroffene Menschen noch immer nicht als komplementärer Teil unserer Lebensgemeinschaft gesehen werden. Das Interesse, nach HEPHATA zu kommen, wird als Positivum bezeichnet, weil dadurch eine Bereitschaft des Besuchers signalisiert wird, sich der Herausforderung der Begegnung zu stellen und sich mit ihnen auseinander zu setzen. Nach Absprechen des Tagesverlaufes wird dem Besucher verdeutlicht, dass seine Angst vor der Interaktion berechtigt ist und vor allem mit Informationsmangel zusammenhängt. Vor ihm ist es allen anderen vergleichbar ähnlich ergangen; es liegt also kein moralisches Fehlverhalten vor.

  Information: Wem begegnen wir in HEPHATA, was sind hier Aufgaben und Ziele?
  Es folgt die Informationsphase über Arten der Beeinträchtigung/ Behinderung generell, Ursachen, Schädigungen, mögliche Hilfen sowie simple Hinweise für die erste Begegnung mit -schon- betroffenen Menschen und Hilfen zum besseren Verständnis der zu besuchenden Gruppe. Es wird besprochen, wer zu wem geht und was ihn dort erwartet. Zur Auswahl stehen Wohngruppen, Therapien, biolandwirtschaftliche Betriebe, Schulen und Werkstätten.

  Nach einer kurzen Pause werden ergänzend die Aufgaben und Ziele HEPHATAS vorgestellt. Es geht darum, Hintergrundinformationen zu vermitteln, die dazu beitragen, den -schon- betroffenen Menschen in seiner Situation angemessener verstehen zu lernen. Medial wird anschließend über einen HEPHATA-Film versucht, die bei den Besuchern nach wie vor vorhandene Hemmschwelle zu verringern.

- *Schritt 2: Integration: Einander begegnen und be-greifen lernen – In der Rolle des ‚Außenseiters' allein unter ‚Außenseitern'*
  Angstreduzierung: Wenn ich allein zu einem -schon- betroffenen Menschen gehen muss, dann ...?

Das Mittagessen und die damit verbundene Gesprächspause dienen dazu, eine zwanglose Phase zwischen dem ersten Motivations-/ Informationsteil und dem zweiten Interaktions-/Reflexionsteil einzureihen, was sich nicht nur gut bewährt hat, sondern als notwendig erwies, sodass von der alternativen Planung, die *Interaktion* schon durch ‚gemeinsames' Essen zwanglos einzuleiten, aus Gründen der Überforderung -noch nicht- von Krisen betroffener Besucher abgesehen werden musste.

Wie schwierig es die -noch nicht- betroffenen Besucher haben, sich auf den -schon- betroffenen HEPHATA-Bewohner einzustellen, zeigen ihre Reaktionen, wenn sie, nachdem sie in HEPHATA angekommen sind, erfahren, dass sie nicht zu zweit, sondern wohlüberlegt *allein* die nächsten Stunden in einer Klasse mit geistigbehinderten Schülern, einer Gruppe im Heim, einer Gruppe in der Werkstatt oder auch im Therapiebereich zusammen sein sollen. Tausend Ängste tauchen da plötzlich auf: ‚Was werden die -schon- betroffenen HEPHATA-Bewohner mit mir machen?' ‚Wie gehe ich mit ihnen um?' – Fragen über Fragen stellen sich bei den Besuchern ein. ‚Ich, ganz allein? – Mit acht, zehn oder gar fünfzehn -schon- betroffenen HEPHATA-Bewohnern zusammen? – Nein, das geht nicht, das kann ich nicht!' – So geht es den meisten, ob jung oder alt, Konfirmand oder Student, Fachmann oder Laie, Frau oder Mann.

Interaktion/Integration: „Ich ganz allein besuche 15 -schon- betroffene HEPHATA-Bewohner ..."

Die Besucher gehen in die Gruppen. Dort liegt es nun vor allem in den Händen des jeweils zuständigen Mitarbeiters, den Schritt in die Gruppe gelingen zu lassen. Die langjährige Erfahrung zeigt, dass der didaktische Dreh- und Angelpunkt in der Person der pädagogischen Fachkraft liegt, sie bleibt der Schlüssel: Wenn es gelingt, die Mitarbeiter in den Gruppen dafür zu gewinnen, dass sie die Notwendigkeit dieser Aufgabe erkennen und sich persönlich dafür einsetzen, gelingt auch diese Interaktionsphase fast immer. Die -schon- betroffenen Menschen in den Gruppen tragen ihrerseits einen entscheidenden Teil dazu bei, dass der Besucher seine Ängste sehr schnell vergisst. Der Besucher wird entweder in den Gruppenprozess einbezogen oder wendet sich speziell einem -schonbetroffenen Menschen in der Gruppe zu. Anregung und An-Stöße dazu hält der Mitarbeiter bereit. Es ist erstaunlich, dass fast jeder Besucher die Fähigkeiten der -schon- Betroffenen kennen und schätzen lernt. Am Ende der Interaktionsphase geht der Besucher allein oder in der Gruppe zurück zum Tagungsraum.

- *Schritt 3: Stabilisierung: Verkehrte Welt – welche Stärke in der Schwäche!*
  Reflexion: „Wer bin ich, wer ist eigentlich hier -schon- betroffen ..., und was folgt jetzt daraus für mich ...?"

Zunächst berichten hier die Besucher über ihre Erlebnisse, wobei die Vielfalt der Eindrücke dominiert. Sehr wichtig ist, dass hier der Weg aus der De-Stabilisierung wieder zur Stabilisierung angebahnt wird, dass die Besucher den Eindruck gewinnen, entscheidend selbst mit ihrer Situation fertig geworden zu sein, die sie vorher als so bedrohlich ansahen. Aufmerksam wird die Situation noch einmal durchgesprochen, wobei den Besuchern deutlich wird, dass sie sich während der Interaktionsphase ausnahmsweise in der komplementären Situation, der ‚Randgruppensituation', befanden, in der sich die -schon- betroffenen Menschen in unserer Gesellschaft trotz veränderter Rechtslage noch immer regelmäßig, tagtäglich wiederfinden.

Überlegt wird nun, was aus den Erkenntnissen evtl. in konkrete Handlungsschritte unmittelbar am Wohnort der Gruppe, also unmittelbar zum Miteinander-Leben-Lernen in die Tat umgesetzt werden kann. Zum Schluss wird von jedem Besucher ein Auswertungsbogen über den Besuch ausgefüllt, der neben statistischen Angaben zu spontanen Assoziationen über die Begegnung herausfordert.

6.5.4 Auswirkungen: Bewusstseinserweiterung – Wer hat den An-Stoß gegeben, mutig den ersten Schritt zu gehen?

Für die Besucher ist diese Art der *Begegnung* eine doppelt tiefgehende Erfahrung. Sie treffen ja nicht nur auf einen -schon- betroffenen Menschen, sondern sie sehen sich – wie schon erwähnt – als -noch nicht- betroffene Besucher plötzlich in der Minderheit gegenüber einer Gruppe -schon- betroffener HEPHATA-Bewohner, finden sich selbst in der Randgruppensituation vor. Hinzu kommt, dass die -schon- betroffenen Menschen nicht dem alltäglichen, von der Werbung suggerierten Bilderbuch-Menschen, der jung, hübsch, gesund, vital und leistungsstark ist, entsprechen. Diesen Widerspruch in seinem Menschenbild muss der Besucher austragen. Außerdem verunsichert ihn die fremde Umgebung, und er weiß zunächst nicht, wie er sich dem -schon- betroffenen Menschen gegenüber verhalten soll. Durch diese Situation muss der Besucher unausweichlich hindurch. Die typischen Reaktionsweisen der Irrelevanz-Regel, so zu tun, als sei der -schon- betroffene Mensch nicht existent (ignorieren, übersehen, abwenden, weggucken), sind ausgeschlossen. Und er macht dabei die Erfahrung, dass es meistens der -schon- betroffene Hephata-Bewohner ist, der ihm in dieser Situation hilft, indem er ihm durch seine direkte Art, auch mit fremden Menschen relativ schnell zu kommunizieren, entgegenkommt. Hier setzt die Erfahrung mit -schon- betroffenen Menschen ein, die auf der Ebene der zwischenmenschlichen Begegnung gefunden wird und tiefgehende lebensverändernde Spuren hinterlässt.

Dadurch, dass der Besucher in Hephata sich so direkt mit den -schonbetroffenen Menschen auseinander zu setzen hat, er sich selbst in der Randgruppensituation erfährt, sich als -noch nicht- betroffener Besucher plötzlich in der Minderheit sieht, ist er konfrontiert mit den vielfältigen Fähigkeiten der -schonbetroffenen Hephata-Bewohner und sieht sich unvorbereitet vor die Frage gestellt: *Wer ist hier eigentlich der -schon- betroffene Mensch?* In dieser Situation findet er alles andere, nur gewiss keine Zeit, den -schon- betroffenen Bewohner zu bemitleiden. Im Gegenteil, er erfährt ihn in gewisser Weise sogar als Partner, der ihm geholfen hat, sich in dieser schwierigen Situation, in der er sich als Besucher zunächst sah, zurechtzufinden, denn er war ja verunsichert, wusste nicht, wie er sich zu verhalten hatte, wie er auf den -schon- betroffenen Menschen zugehen oder reagieren sollte. Nicht umsonst wird von den Besuchern immer wieder betont, wie froh sie darüber waren, dass die -schon- betroffenen Hephata-Bewohner es waren, die auf sie zukamen, die Kontakte mit ihnen aufnahmen.

Da die *Begegnungs-Besuche* in Hephata: Tue Dich Auf! für die Besucher zu solch tiefgreifenden Erlebnissen wurden, war es für die begleitenden pädagogischen Fachkräfte – als Gruppenleiter der Besucher – plötzlich einfach, Themen wie z. B. ‚Wie schaffen -schon- betroffene Menschen ihr Leben mit ihrer Behinderung?', ‚Diakonie und Kirche', ‚Fragen der Integration: nicht über uns ohne uns' zu behandeln. Jetzt wurden diese Themen auf einmal lebendig, hatten sie realen Hintergrund.

Es sind diese Begegnungen zwischen -schon- betroffenen und -noch nicht- betroffenen Menschen, die nachhaltiger als alle anderen Informationsmöglichkeiten neue Einstellungen gegenüber von Krisen -schon- betroffenen Menschen und Veränderungen des Bewusstseins in unserer Gesellschaft bewirken. Vielfältige Impulse sind bisher auf diesem Wege von Hephata aus nicht nur in Kirchen- und Ortsgemeinden gegangen, sondern haben sich vielmehr innovativ belebend auf regionaler, überregionaler und internationaler Ebene ausgewirkt.

Jährlich erreicht HEPHATA: TUE DICH AUF! auf diese Weise nahezu **3.000 Menschen.** Es lässt sich im einzelnen nur bedingt verfolgen, welche Wirkungen sich auf Dauer zeigen. Wie stark jedoch die **vermittelte Betroffenheit** ist, lässt sich sowohl an nachfolgenden Besucheräußerungen – Tausende lauten so – ablesen als auch an der Tatsache, dass es im Verlauf der erneuerten 30-jährigen gemeindenahen Öffentlichkeitsarbeit in ständig steigender Anzahl zu Einzel- wie auch zu Gruppen-Einladungen an von Krisen -schon- betroffene Menschen durch Besucher gekommen ist, kurz- und langfristige Paten- und Partnerschaften gewachsen sind:

„... In der Werkstattgruppe in HEPHATA ist es uns einfach gutgegangen. Ich hätte nicht geglaubt, dass die Menschen dort so gut mit ihrer Arbeit zurecht kommen. Die wissen, was sie zu tun haben, und fallen nicht aus der Rolle. Sie finden sich mit dem zurecht, das dort ist, und sind mit sich selbst zufrieden. Dort wollen alle mit dem anderen Freundschaft schließen. Ich glaube, sie wollen mit keinem Feindschaft machen, sie sind froh, wenn sie jemanden haben, mit dem sie sich unterhalten können. Die Menschen dort sind nicht weit von den ‚normalen' Menschen entfernt."

„... Meine ersten Eindrücke waren die, dass HEPHATA mehr eine Aufenthaltsstätte als eine Klinik ist. Ich jedoch hatte eine Klinik erwartet, in der Heilungsmethoden angewandt werden. Ich hatte mehr mit Leuten gerechnet, mit denen man nichts anfangen kann. Diese Meinung wurde jedoch nicht bestätigt ..."

„... Ich fand die Menschen in HEPHATA wirklich in Ordnung. Mit manchen konnte man sich unterhalten, als ob sie ganz ‚normal' und ‚gesund' wären. Bei manchen merkte man zwar, dass sie auf Hilfe angewiesen sind, aber es gibt eben doch auch Menschen in HEPHATA, die den Besucher beeindrucken ..."

„... Mir ist aufgefallen, dass die Menschen den Kontakt zu den Besuchern sehr schnell herstellen können. Ich bin der Meinung, dass noch mehr solche Besuche stattfinden sollten, um evtl. einen noch größeren Kontakt zwischen Behinderten und Außenwelt herzustellen. Da diese auch Vorurteile bei uns abbauen können ..."

„.... Am Anfang war in mir ein Angstgefühl aufgestiegen, als ich hörte, dass ich mit HEPHATA-Bewohnern zusammen sein sollte. Doch als ich sie dann sah, wie aufgeweckt und freundlich sie waren, war ich sehr überrascht. So fiel es mir dann auch nicht schwer, mich mit ihnen zusammenzusetzen und mit ihnen zu sprechen. Ich merkte, dass sie den menschlichen Kontakt zu mir suchten ..."

„... Ich fand es gut, dass die HEPHATA-Bewohner dort so freundlich waren. Man konnte sich mit ihnen gut unterhalten. Ich hatte es mir ganz anders vorgestellt und war dadurch überrascht ..."

„... Ich hatte zuerst eine andere Vorstellung von HEPHATA. Ich glaube, nach dem Besuch hat jeder von uns eine andere Einstellung zu den Menschen dort bekommen ..."

„... Ich hatte mir HEPHATA irgendwie anders vorgestellt. Als ich dann Kontakt mit den Bewohnern dort aufgenommen hatte, war alles nur noch halb so schlimm. Da waren plötzlich meine Hemmungen vor behinderten Menschen verschwunden ..."

„... wie kann man vor Menschen, die man so gut kennt, Angst haben... Die sind doch ganz ‚normal' wie jeder andere auch ...." (siehe O-Ton DVD/CD)

„... die Behinderten haben sich selbst erzogen, die haben sich gegenseitig gesagt, was sie tun sollen – die konnten ganz toll alles erklären, auch uns..."

Erfahrungen mit Besuchern in HEPHATA haben entscheidend mit dazu beigetragen, dass HEPHATA als ‚stationäre' Einrichtung nicht nur zu einem differenzierten Lern- und Lebensfeld wurde, sondern sich von der ‚Anstalt' zum *Lebens- und Begegnungs-Zentrum* entwickelte.

Die unter städtebaulichen Gesichtspunkten geplante und z. T. bereits verwirklichte Erweiterung HEPHATAS (die nicht die Platzzahl erhöht, sondern nur eine territoriale Erweiterung und Öffnung ist) schafft zunehmend mehr den Stadtteilcharakter, dem Namen entsprechend, ‚nomen est omen' – ‚HEPHATA: TUE DICH AUF!', der zum Spazierengehen einlädt, in dem Feste gefeiert werden, Konzerte und Kunstausstellungen stattfinden, so zum Beispiel im Jahr 2001 die von der AKTION ‚MENSCH und dem *Deutschen Hygiene-Museum* in Dresden initiierte *Fotoausstellung ‚Bilder, die noch fehlten'*, im Jahr 2002 das *Jahrhundert-Jubiläum* mit einem facettenreichen Programm neuer An-Stöße.

- Miteinander-Leben-, Arbeiten-, Dienen-Lernen gelingt nicht, ohne *einander zu verstehen.*
- *Einander verstehen* entwickelt sich aber am besten durch *eigene Erfahrung.*
- Eigene Erfahrung *erfordert* wiederum die *unmittelbare Begegnung* mit dem, was erfahren werden soll.
- W/Sollen von Krisen -schon- betroffene und -noch nicht- betroffene Menschen einander begegnen, dann im Sich-Nahekommen – zum ‚Be-Greifen' Nahekommen, um komplementär ihren verborgenen Reichtum zu entdecken.

- *Quellen*
  - Gespräch mit der Leitung des Hessischen Diakoniezentrums, Pfarrerin Barbara Eschen 2003, Pfarrer Dr. Karl Biskamp 1987
  - G*espräch* mit dem Öffentlichkeitsreferenten *Dr. Thomas Vogt* 2003, *Helmut E. Thormann* 1987

- *Veröffentlichungen:*
  - *Schuchardt, Erika: 100 Jahre* HEPHATA *–* Begründer Dr. D. *Hermann Schuchardt:* Leuchtfeuer der Kirche, der Inneren Mission, der Erwachsenenbildung. In: Festschrift 100 Jahre HEPHATA 2003

- *Thormann, Helmut E.:* Öffentlichkeitsarbeit einer diakonischen Einrichtung. In: *H. Tremel* (Hrsg.): Öffentlichkeitsarbeit der Kirche, Frankfurt 1984.
- *Fenner, P., Wohlhüter, H.:* Akademiekurs Öffentlichkeitsarbeit in der Behindertenhilfe. In: Diakonie 75. Jahrbuch des Diakonischen Werkes, Stuttgart 1975.
- Deutsches Jugend-Institut/ Institut für Kommunikations-Forschung *(Hrsg.)* HEPHATA-*Untersuchung: Meinungsumfrage zur Situati*onsanalyse der internen und externen Kommunikationsbasis und die Image-Faktoren des Hessischen Diakoniezentrums HEPHATA (5 Bände), Wuppertal 1974.
- *Schuchard, Hermann:* Geschichten und Bilder aus HEPHATA. HEPHATA-Schriftenreihe für Öffentlichkeitsarbeit seit 1914. Hrsg. vom Begründer der Anstalt HEPHATA in Treysa bei Kassel, Pfarrer Dr. D *Hermann Schuchard.*
- www.hephata.de

6.6 Vom Laienspiel zum CRÜPPEL-CABARET
Theaterarbeit und Projektstudiengang zur Integration

6.6.1 Parallelen zum theoretischen Ansatz von E. Schuchardt

Der Initiator des CRÜPPEL-CABARET , *Peter Radtke,* erläuterte auf dem Kongress des Bundesministeriums für bildung und Wissenschaft:

> Ich darf im Folgenden einen kurzen Abriss unseres Projektes Vom *‚Laienspiel zum Crüppel-Cabaret'* geben ..., möchte jedoch deutlich die Parallelen ziehen, die zwischen dem *theoretischen Integrationsmodell* von *Frau Dr. Erika Schuchardt* und unserer damaligen Volkshochschularbeit bestanden. Dabei ist allerdings zu betonen, dass ich das Modell zu jener Zeit weder kannte – es war ja damals auch noch nicht so ausgearbeitet – noch durch unsere Aktivität den Beweis für eine wie immer geartete Theorie der Integration antreten wollte. Vielmehr entwickelte sich unser Projekt in einer Art Eigendynamik nach Stufen, die ich später überraschenderweise in den Begriffen ‚Stabilisierung', ‚Integration' und ‚Partizipation' von *Frau Dr. Schuchardt* wiederfand (vgl. Abb. Krisen-Management-Interaktionsmodell KMI-zLPK Einführung, Kap. 1.6).

6.6.2 Behinderten-Referat' an der Volkshochschule München – keine Ein-Bahnstraße

Als ich 1977 die Aufgabe der Weiterbildung von Behinderung betroffener Erwachsener an der Münchner Volkshochschule übernahm, war – teilweise verständlich – der Widerstand gegen Sondereinrichtungen jeglicher Art entbrannt. So glaubte man, die Öffnung ‚regulärer Kurse' für -schon- betroffene behinderte Teilnehmer und die Schaffung architektonischer Voraussetzungen zum Besuch der Unterrichtsstätten reichten aus, um das nie in Frage gestellte Ideal der Integration von Krisen -schon- und -noch nicht- betroffener Menschen in die Bildungsgesellschaft zu verwirklichen. Dabei wurden jedoch wesentliche Faktoren übersehen, die gerade die Bildungsarbeit mit von Krisen -schon- betroffenen Menschen beeinflussen. Aufgrund ihres mitunter ungenügenden Sozialisationsprozesses, des schulischen Defizits in Sonderschulen und Einrichtungen und generell negative Erfahrungen mit der Umwelt galt es, diese Menschen zunächst

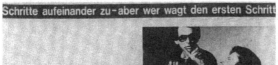

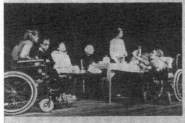

zu 6.6: Vom Laienspiel zum Crüppel-Cabaret:
Theaterarbeit und Projektstudiengang zur Integration

© Erika Schuchardt

vorsichtig an das heranzuführen, was wir Bildung, Kultur, Persönlichkeitsentwicklung nennen. Mochten die technischen Gegebenheiten relativ leicht ‚behinderten'-gerecht gemacht werden, die psychischen Barrieren waren um ein Vielfaches höher.

Die meisten Veranstaltungen waren gemäß dieser Ausrichtung von vornherein als ‚gemischte Gruppen' angelegt. Allerdings unterschied sich das Integrationsbemühen der Münchener Volkshochschule in einem wesentlichen Punkt von ähnlichen Unternehmungen anderer Träger. ‚Eingliederung in die Gesellschaft' wurde nicht als eine ‚Ein-Bahnstraße' verstanden. Teilnehmer mit Behinderungen sollten sich einerseits nach und nach in ‚normale' Kurse einschreiben, -noch nicht- von Behinderung betroffene Volkshochschulbesucher andererseits für sog. ‚Behindertenkurse' interessiert werden. Damit wurde der Auffassung Rechnung getragen, dass Integration eine Wechselbeziehung sein muss, wenn sie fruchtbar werden soll. Zwar wird der -schon- von Behinderung betroffene Bürger nicht umhin können, allmählich zu lernen, sich in einer Umwelt zurechtzufinden, die nicht auf seine Bedürfnisse hin konzipiert ist, doch kann im Gegenzug der -noch nicht- betroffene Mensch angesichts der Existenz des -schon- betroffenen Menschen für sich selbst eine neue Standortbestimmung gewinnen und zu einer Hinterfragung unreflektiert übernommener Wertvorstellungen gelangen.

In dieser Aufgabenstellung wurde von den Verantwortlichen frühzeitig die Bedeutung des *Theaters als Hilfsinstrument* erkannt. Dies galt in *doppelter* Hinsicht: Theater ist *einerseits rezipierbares Kunstobjekt, andererseits Medium*, in dem sich eigene Bedürfnisse der betroffenen Menschen einer größeren Öffentlichkeit nahe bringen lassen. Für beide Bereiche richtete das damalige ‚Behindertenreferat' Kurse ein.

6.6.3 Erster Schritt im KMIzLPK: Stabilisierung
Doppelter Integrationsansatz – Theater-Besuch und
Theater-Spiel

Was bedeutet zum Beispiel ‚Theater' für einen Menschen mit einer ‚durchschnittlichen' Behinderung, falls es einen solchen gibt? Zunächst einmal ‚exotischstes Ausland'. In der Regel war man noch nie in eine Theateraufführung gegangen. In der Schule hatte man sich vielleicht auf das Erlernen von Schreiben und Lesen konzentriert, den Bereich Kunst-Kultur hatte man, wenn überhaupt, nur peripher gestreift. War der von Behinderung betroffene Mensch erst später, durch Krankheit oder Unfall, ‚beeinträchtigt' worden, hatte er sich zunächst mit wichtigeren Problemen, etwa seiner beruflichen und medizinischen Rehabilitation, zu beschäftigen. Hinzu kamen die technischen Schwierigkeiten, die einen Theaterbesuch oft geradezu unmöglich machten. Stufen und Treppen, Transportprobleme, Fragen der Kartenbestellung – kurzum zusätzliche Barrieren, die in dieser Menge und Dimension nicht einmal für -noch nicht- betroffene Interessenten bestehen. Das Ziel musste also lauten:

Heranführen von Menschen mit einer Behinderung an die Welt des Theaters durch
1. Erschließung des Bereichs ‚Theater' mittels theoretischer Vorbereitung, Erklärung, Interpretation.
2. Verringerung der technischen Hindernisse, die den praktischen Besuch einer Veranstaltung erschweren.

Wir boten also den Kurs ‚Wir gehen zusammen ins Theater' an.

‚Wir gehen ins Theater' hieß also das erste Angebot, das sich primär auf rezeptive Weise mit dem Medium Bühne auseinandersetzte. Wie in fast allen Kursen des ‚Behindertenprogramms' legte man hier größten Wert auf eine gemischte Zusammensetzung der Teilnehmer – ja mehr noch, das Funktionieren des Kurses hing nicht unwesentlich von der ausgewogenen Beteiligung von -schon- und -noch nicht- betroffenen Theaterinteressenten ab. In ein oder zwei Doppelstunden wurde die jeweilige Inszenierung aufbereitet. Den eigentlichen Theaterbesuch unternahmen dann die Teilnehmer individuell in Kleinstgruppen zu zweit oder zu viert. Dies entsprang weniger ihrem eigenen Wunsch oder einem besonderen pädagogischen Konzept als vielmehr der Tatsache, dass ein Theater nur selten mehr als zwei Rollstuhlstellplätze aufweist. Abschließend wurde in einer weiteren Doppelstunde das Gesehene gemeinsam besprochen. Dabei erwies sich immer wieder, dass der Blickwinkel, aus dem Interpretation und Kritik erfolgten, nicht zuletzt vom jeweiligen Erfahrungshorizont abhing, den der Einzelne mitbrachte. Das Gespräch über Theater führte somit nicht nur zu einem Austausch unterschiedlicher Auffassungen, sondern auch zu einem Einblick in die oft anders strukturierte Welt des Gegenübers. Ohne die Problematik ‚mit Behinderung leben' als solche zu ‚verkaufen', war sie doch stets gegenwärtig und prägte die fruchtbaren Diskussionen. -Noch nicht- von Krisen betroffene Teilnehmer des Kurses wurden sensibilisiert für die Frage: ‚Wie muss ein behinderter Zuschauer diese oder jene Passage verstehen?' Das ‚Sich-in-die-Rolle-des-anderen-Versetzen', das Mitdenken für den Partner, wurde auf diese Weise ohne moralisch erhobenen Zeigefinger angebahnt.

Die Ausrichtung des Lehrangebotes war deutlich auf die Belange der von Behinderung betroffenen Menschen abgestimmt. Ihnen sollte ein Zugang zum Theater geschaffen werden. Dafür bedurfte es allerdings der Hilfe von – noch nicht- betroffenen Menschen. Obwohl selbstverständlich auch die -noch nicht- betroffenen Teilnehmer von diesem Angebot profitierten, z. B. durch verbilligte Eintrittskarten und preisgünstige Einführungen in den Theaterabend, konnte man sie sicher nicht als gleichrangige Partner der von Behinderung betroffenen

Menschen sehen. Sie standen noch weit eher in der Funktion von Betreuern und Helfern, die dem beeinträchtigten Menschen etwas ermöglichen sollten. Durch diesen äußeren Rahmen der Sicherheit konnte sich der von **Behinderung -schon- betroffene Volkshochschulbesucher** in seinem Verhältnis zum Theater aber auch zum -noch nicht- betroffenen Begleiter ‚**stabilisieren'**. Umgekehrt ‚stabilisierten' sich aber auch die -noch nicht- betroffenen Beteiligten, die oft genug mit ihrem eigenen Ängsten zu diesem Lehrangebot gekommen waren. Sie verloren die Scheu vor dem Umgang mit von Behinderung -schon- betroffenen Menschen und waren nun zu einem weiteren Schritt in der Interaktion befähigt.

Man muss ein Medium kennen, um zu wissen, ob man es selbst betreiben möchte. Man muss Vertrauen zu seinen Mitmenschen haben, um zu wissen, ob man mit ihnen zusammen etwas unternehmen will. So steht vor jedem **Entschluss zum gemeinsamen Tun** – in der Terminologie von *Frau Dr. Schuchardt zur ‚Integration'* – diese Phase der Selbstfindung, der ‚Stabilisierung'. Beispiele regen zur Nachahmung an. Bald entstand der Wunsch, selbst *Theater zu spielen*. Teilweise kamen die Interessenten aus dem soeben skizzierten Kurs ‚Wir gehen ins Theater', teilweise hatten sie sich in anderen Lehrangeboten des Referates für von Behinderung betroffene Menschen der Münchner Volkshochschule ‚stabilisiert', um nun den **zweiten Schritt** der Emanzipation durch Weiterbildung zu wagen, **die ‚Integration'**.

6.6.4 Zweiter Schritt im KMIzLPK: Integration
Gemeinsam Theaterstücke schreiben und aufführen

‚Wir spielen Theater' hieß das Kursangebot, das diese zweite Etappe kennzeichnete. War das **gemeinsame Agieren** von -schon- und -noch nicht- betroffenen Darstellern **auf der Bühne** bereits **‚Integration'** in dem hier beschriebenen Sinne gewesen, so zeichnete sich unser Projekt noch zusätzlich dadurch aus, dass auch **der Inhalt** des gemeinsam Dargebotenen zusammen erarbeitet wurde. Die eigenen Probleme, die psychischen und technischen Schwierigkeiten, gemeinsam ein Stück einzuüben, bildeten die Handlung des wahrscheinlich ersten authentischen ‚Behindertenstücks' auf deutscher Bühne: ‚*Licht am Ende des Tunnels'*. Mit dem jungen Schauspieler *Michael Blenheim* vom Münchner ‚*Theater der Jugend'* stand ein engagierter Regisseur zur Verfügung. Er machte aus der Not eine Tugend und schrieb ein eigenes Stück, ‚*Licht am Ende des Tunnels'*. Zum Thema hatte es das Dilemma der Gruppe, eben jenen Mangel an geeigneten Texten für von Behinderung betroffene Schauspieler. Anhand der Geschichte einer Partnerschaft zwischen einer jungen ‚nichtbehinderten' Frau und einem Rollstuhlfahrer wurde dem Zuschauer demonstriert, wie schwierig es für sog. Minderheiten ist, ‚das Schicksal' tatkräftig in die Hand zu nehmen, wenn die äußeren Gegebenheiten dem entgegenstehen. Der Text wurde schrittweise mit der Gruppe erarbeitet, Erfahrungen der einzelnen Kursteilnehmer wurden unmittelbar in den Handlungsablauf integriert.

1979 hatte das Stück am Münchner ‚Theater der Jugend' Premiere. Es war der erste Versuch in Deutschland, mit ‚authentischen Darstellern' auf der Bühne Öffentlichkeitsarbeit für Menschen mit Behinderung zu machen und dabei den üblichen ‚Gemeindehausrahmen' zu sprengen. ‚Licht am Ende des Tunnels' hatte einen überwältigenden Erfolg bei Publikum und Kritik. Ausschlaggebend dafür war sicher nicht zuletzt, dass hier von Behinderung -schon- betroffene Menschen frech, und dennoch nicht ohne Selbstironie, ihre Bedürfnisse offensiv vortrugen. Vorstellungen in überfüllten Häusern zeigten die Richtigkeit des eingeschlagenen Weges. Das Stück erhielt im *Internationalen Jahr der Behinderten* 1981 einen Anerkennungspreis im Theaterwettbewerb ‚Behinderte Menschen unter uns'. Besonders jugendliche Zuschauer fühlten sich angesprochen. Theater blieb nicht Kunstraum, sondern wirkte auf das Alltagsleben zurück. So besuchte eine 9. Volksschulklasse geschlossen eine Aufführung. Als Resultat des Theaterbesuchs wurden zwei von Behinderung betroffene Jugendliche von den 14- bis 15-Jährigen eingeladen, als Gast der Klasse eine geplante Abschlussfahrt in den Bayerischen Wald mitzumachen.

Ein gemeinsames Ziel festigte die Gruppe. Man besuchte nicht mehr einen Kurs, um einem ‚Behinderten zu helfen' oder auch ausschließlich eigenen Interessen nachzugehen; die Arbeit am Stück hielt zusammen – die Interaktion war logische, natürliche Begleiterscheinung.

Das Theaterspiel von -schon- und -noch nicht- betroffenen Darstellern ist schon in sich eine Form von Integration. Jeder Mitwirkende erfüllt die ihm übertragene Rolle. Es bleibt dabei gleichgültig, ob er -schon- oder -noch nicht- betroffen ist. Im Augenblick des Agierens steht er im Mittelpunkt des Interesses, nicht als von Behinderung Betroffener, sondern als Träger einer Handlung. Er wird voll für ernst genommen. Im besten Fall – und dies war eine häufige Erfahrung – vergisst der Zuschauer die Tatsache, dass er einen von Behinderung betroffenen Darsteller vor sich hat. Gleichzeitig ist der einzelne, unabhängig von einer etwaigen ‚Behinderung', auf das Zusammenspiel mit den anderen Mitwirkenden angewiesen. Er kann seine Rolle nur erfüllen, wenn ihm die Stichworte zugesagt werden, wenn die Kollegen auf ihn eingehen. Ein -noch nicht- betroffener Darsteller ist genauso verloren wie ein -schon- betroffener, wenn er von seinem Partner ‚hängengelassen' wird. Gleichberechtigung und Gleichwertigkeit, ungeachtet der Größe der Rolle, ist das entscheidende Prinzip jedes Theaterspiels. Durch diesen Charakterzug erhält das Theater seine spezielle Bedeutung in der Erwachsenenbildung zum Einüben von Integrationsmustern.

Über allem hielt jedoch noch immer die Volkshochschule ihre schützende Hand. Noch war der Schonraum einer Ausnahmesituation nicht verlassen.

6.6.5 Dritter Schritt im KMIzLPK: Partizipation
Überflüssigwerden des VHS-Lehrangebots –
Verselbstständigen des Cabaret-Ensembles

Während der Begriff der ‚Integration' noch stark *auf das Binnenverhältnis* von Gruppenmitgliedern untereinander hinweist, zielt die **oberste Stufe des *Schuchardt*'schen Interaktionsmodells, die ‚Partizipation'** über die Grenzen dieser Gruppe hinaus auf die *Einwirkung nach draußen. Sich selbst festigen, miteinander umgehen lernen,* das sind die *zwei Schritte,* die einer ‚Partizipation' vorausgehen müssen. Dabei sind die drei Stufen jedoch nicht als bloße mechanische Abfolge zu verstehen. Jede Stufe enthält immer auch die davor liegenden Prozesse, reaktiviert sie. Durch die ‚Integration' in einer Gruppe ‚stabilisiert' sich jeder Einzelne; durch das Wirken für andere, die ‚Partizipation', festigt sich das interne ‚Integrationsverhältnis'.

Deutlich wurde dies bei der Verselbständigung der Theatergruppe in Form *des ‚Münchner-Crüppel-Cabarets'.* Stand zunächst nur die Erfüllung eigener Wünsche, das Abdecken individueller Defizite im Vordergrund, wurde im Miteinander-Spielen das ‚WIR' entdeckt. Das ‚Ich' erfuhr im ‚Wir' seine Bestätigung. Nun aber erkannte das ‚Wir' sein Ungenügen. Es entdeckte das ‚Ihr' als Adressaten seiner zur Entfaltung drängenden Kräfte. Im Kontakt mit dem ‚Ihr' schöpfte das ‚Wir' neue Energien, erlebte das ‚Ich' Selbsterfüllung. Dies mag sich philosophisch-theoretisch anhören. In der Praxis bedeutete es die Vorgabe einer klaren Zielrichtung der Theatergruppe, in der sie Kraft und Selbstbestätigung gewann. Es ging ihr nun nicht mehr um die Tatsache des Theaterspielens an sich und die Freude daran, sondern um eine **gesellschaftsverändernde Komponente.** Eigene Probleme anderen deutlich zu machen, damit den Zuschauern aber auch gewissermaßen einen Spiegel vorzuhalten, dafür schien das **Medium Kabarett** bestens geeignet. Dass dies notwendigerweise den Rahmen eines Volkshochschulkurses sprengen musste, lag auf der Hand.

Die Gründung einer halbprofessionellen Gruppe mit weitgehend homogenem spezialkritischem Ansatz war die logische Folge der Entwicklung.

1983 trat die Gruppe unter dem Namen ‚**Münchner Crüppel Cabaret'** zum ersten Mal an die Öffentlichkeit. Ihr Programm mit dem Titel ‚***Soziallästig'*** bildete eine lose Abfolge von Sketchen, Slapsticknummern, Rollstuhlballetteinlagen und Songs. Fünf von Körperbehinderung betroffene und ein von geistiger Behinderung betroffener und weitere fünf -noch nicht- betroffene Teilnehmer gestalteten eine Zweieinhalbstundenaufführung, die das Publikum zu Begeisterungsstürmen hinriss. Wenngleich manchem Zuschauer bei einzelnen Szenen das Lachen im Halse stecken blieb, verstand es die Gruppe dennoch überzeugend, den Theaterbesuchern ernste Inhalte auf heitere Weise nahe zu bringen. Wie die

Presse später bestätigte, bestachen Inhalt und Form des Dargebotenen in gleicher Weise. Durch die Überpointierung gewisser Tatbestände wurde auf Alltagsdiskriminierungen hingewiesen, wie sie in unserer Gesellschaft – oft ohne bösen Willen – gang und gäbe sind. Darüber hinaus stellte die Art des Vortrags das überlieferte Bild des von Behinderung betroffenen Menschen als ein zu betreuendes Objekt in Frage. Von Behinderung Betroffene traten hier nicht als bittende, demütige Almosenempfänger auf, sondern selbstbewusst, mitunter sogar aggressiv. Sie erkannten sich als vollwertige Glieder in der Gesellschaft und pochten dementsprechend auch auf ihre Rechte. Solche neuen Töne provozierten natürlich mitunter gewisse Abwehrmechanismen. Doch konnte man diese durchaus positiv werten. Wo etwas aufbricht, geht es nicht ohne Verletzungen ab. Gleichzeitig schärften bestimmte Reaktionen das Bewusstsein der Gruppe, ihrer -schon- und -noch nicht- von Behinderung betroffenen Mitglieder. **Der Prozess der Solidarisierung,** der sich schon in der Probenarbeit abgezeichnet hatte, wurde noch weiter verstärkt. Das Team wuchs allmählich zu einer Gemeinschaft zusammen, die über den Rahmen bloßer Theaterbegeisterung hinausreichte.

Noch bevor die zweite Produktion des ‚*Münchner Crüppel Cabarets'* in Angriff genommen wurde, **etablierte sich das Ensemble als eingetragener gemeinnütziger Verein.** Auf diese Weise konnte u. a. ein Mindestmaß an finanzieller Unterstützung durch die Stadt München erlangt werden. Doch entsprach die Entwicklung auch durchaus dem Selbstverständnis der Gruppe. Sie sah sich *nicht mehr als ein ‚Lehrangebot'* irgendeines Bildungsträgers. Sie hatte sich vielmehr emanzipiert und verstand sich *als Gemeinschaft von gleichberechtigten Partnern* mit dem Spielleiter als ‚primus inter pares'. Auch das zweite Programm, ‚Schlagzeilen-krüppeldick', fand erfreulichen Widerhall. Seither hat das ‚*Münchner Crüppel Cabaret'* zwölf Theater-Produktionen herausgebracht und einige Fernsehsketche: Gastspiele im In- und Ausland, darunter auch ein Auftritt in Moskau, belegen das inzwischen erreichte Renommee des Ensembles. Bisher wurde die Produktion rund ein Dutzend Mal in München aufgeführt; Gastspiele in Nürnberg, Neuburg/Donau, Wasserburg, Bochum, Frankfurt, Reutlingen und weiteren Orten sind geplant oder bereits absolviert. Wenngleich der Kern der Gruppe weitgehend konstant bleibt, gibt es immer wieder kleinere Fluktuationen, die der Gemeinschaft neue Impulse verleihen.

Nicht nur für die Gruppe, auch für die künstlerische Landschaft brachte das Wirken des ‚*Münchner Crüppel Cabarets'* einen Fortschritt. Eines Mitglieder begann eigene Theaterstücke zu schreiben, die mittlerweile aufgeführt wurden oder als Hörspielfassungen existieren. Nachdem es sich dabei um die Verarbeitung von Problemen, mit ‚Behinderten' zu leben handelte, gelang es, das Thema ‚Behinderung' – oft ein Tabu in den Medien – auch über Rundfunk und Theater dem Publikum zu vermitteln.

Gleichzeitig wurde im Frühjahr 1985 erstmals ein ‚authentischer' Schauspieler mit ‚Behinderung' in einer Produktion der Münchner Kammerspiele eingesetzt, sofern man von Nebenrollen absieht oder von Darstellern, die früher einmal Schauspieler waren und erst später durch einen Unfall von einer Behinderung betroffen wurden. Er hat inzwischen eine erfolgreiche Bühnenkarriere gemacht, die ihn an Bühnen wie das Wiener Burgtheater oder das Züricher Schauspielhaus brachte.

Schließlich wirkte sich die Theaterarbeit auch auf jedes einzelne Gruppenmitglied positiv aus. Deutlich erkennt man z. B. den Unterschied zwischen jenen Mitwirkenden, die erst relativ neu im Team sind, und den sog. ‚alten Hasen'. Dabei geht es nicht allein um komödiantische Fähigkeiten, die sich verständlicherweise durch regelmäßiges Üben steigern lassen. Vielmehr betrifft es einfachste Grundsituationen wie Bewegungen und Gespräche im Alltagsleben. Darsteller, die schon lange der Truppe angehören, sind häufig in der Lage, ihre Gefühle direkter und unverkrampfter zu äußern als jünger Hinzugekommene. In der Regel wird unbefangener über Probleme diskutiert, und auch der Umgang mit Fremden, mit vom Thema Unbetroffenen gestaltet sich freier als bei jenen. So ist die Theaterarbeit letztlich doch, wenngleich indirekt, eine individuelle Therapie, die jedem einzelnen in der Gruppe zugute kommt.

6.6.6 Integrative/partizipative Auswirkungen:
Theater als Beruf – Projektstudiengang: Gemeinsam für
-schon- und -noch nicht- betroffene Partner

Aus dieser Erkenntnis heraus wird augenblicklich in München ein Projekt auf seine Realisierung hin überprüft, das die Ausbildung von Menschen mit einer Behinderung zu Berufen im künstlerischen Bereich zum Gegenstand hat. Bühne, Film und Fernsehen bieten heute kreative Möglichkeiten, die sich besonders für intellektuell leistungsfähige Menschen mit Behinderung eignen. Allerdings gilt es, Vorurteile abzubauen und ein Klima zu schaffen, in dem solche Betätigungen denkbar werden. Das Projekt zielt auf mehrere Ebenen gleichzeitig ab. Zum einen geht es darum, Menschen mit einer Behinderung neue Berufsfelder zu eröffnen, die ihnen bis dato verschlossen sind. Zum anderen wird eine Persönlichkeitsentfaltung angestrebt, die, wie eben skizziert, gerade durch künstlerische Betätigung ihre Triebkräfte erhält. Sicher wird eine solche Ausbildung keine Vollbeschäftigung garantieren. Doch bieten auch andere Berufe, zu denen Menschen mit Behinderung ausgebildet werden, nicht immer bessere Zukunftsperspektiven. Während jedoch jene Berufsgänge oft lediglich Frustration erzeugen, kann der künstlerische Bereich zumindest einen persönlichen inneren Gewinn mit sich bringen. Es müsste versucht werden, **die Ausbildung gemeinsam** für -schon- und -noch nicht- von Behinderung betroffene Interessenten durchzuführen. Nur so kann einem unnatürlichen ‚Ghettogefühl' entgegengewirkt werden. Auch benötigen die integrativen Prozesse, von denen zuvor berichtet wurde und die für das Experiment wichtig sind, natürlicherweise die Form des gemischten Unterrichts. Die *Bundesanstalt für Arbeit* wird für dieses Projekt ebenso Ansprechpartner sein müssen wie Behindertenorganisationen, Filmgesellschaften, öffentlich-rechtliche Rundfunkanstalten, Schauspielschulen oder staatliche und private Organisationen. Der vor uns liegende Weg ist nicht einfach, doch die erfolgreichen Ansätze der Theaterkurse der Münchner Volkshochschule beweisen, dass er wert ist, gegangen zu werden.

- *Quellen:*
  - Gespräche mit Dr. Peter *Radtke,* Geschäftsführer der Arbeitsgemeinschaft Behinderte in den Medien.
  - Zwei Manuskripte zur Theaterarbeit von Herrn Dr. P. *Radtke: Vom Laienspiel*
  - CRÜPPEL-CABARET, veröffentlicht in: *Schuchardt, Erika: Schritte aufeinander zu,* Klinkhardt Verlag, 1986, S. 178-185 sowie in: *Schuchardt, Erika: Wechselseitiges Lernen,* S. 38-41.

6.7 INTEGRATIVES PROJEKT-STUDIUM Bethel zum Krisen-Management-Interaktionsmodell Hannover im Fachbereich Allgemeine Erziehungswissenschaften

6.7.1 Vorbemerkung: Alltagssituationen: ‚Dafür ist die Zeit zu knapp!' oder ‚Das ist Ausbeutung!'

Allerorts redet jüngst seit dem Europäischen Jahr 2003, längstens seit dem Internationalen Jahr 1981 jedermann über die Soziale Integration, seltener, eher sonntäglich und nur als Ausnahme denn als Regel, lebt jemand mit Betroffenen, erlebt und erlernt er selbst soziale Interaktion. So steht der Tatbestand jenes Frankfurter Urteils – zwischenzeitlich widerrufen – aus dem Jahr 1980, das auf Verweigerung von Gemeinschaft mit von der Krise Behinderung -schon- betroffenen Menschen hinauslief, auch heute noch keinesfalls als Einzelfall da.

Solche Überlegungen gaben der Autorin an der Universität Hannover Anlass dazu, seit 1975 im Fachbereich *Allgemeine Erziehungswissenschaft* – wohlgemerkt nicht im Fachbereich Sonderpädagogik – dem INTEGRATIVEN PROJEKT-STUDIUM Priorität zu geben. Ein persönliches Erlebnis der Verfasserin führte zu dem Entschluss, im Rahmen dieser Studienwochen auch ein Seminar in *Bethel* durchzuführen: 1978 tagte die *Synode der Evangelischen Kirche in Deutschland* zur Veranschaulichung des Themas ‚Leben und Erziehen wozu?' in Bethel und wurde dort mit einem beachtlichen Programm für Begegnungen mit Mitarbeitern und mit von Krisen -schon- betroffenen Menschen während des Ablaufs der Synodalverhandlungen erwartet. Die Synode hatte sich Bildungsarbeit, insbesondere mit sog. Randgruppen, zur Aufgabe gestellt. Aber angesichts der konkreten Angebo-

Deutscher Bundestag
Referat Öffentlichkeitsarbeit (Herausgeber)

Enquete-Kommission
Recht und Ethik der modernen Medizin

Stammzellforschung
und die Debatte des Deutschen Bundestages
zum Import von menschlichen embryonalen Stammzellen

	Bethel-Forum Enquete-Kommission des Deutschen Bundestages
	‚Recht und Ethik der modernen Medizin'
zu 6.7:	Integratives Projektstudium Bethel
	zum Krisen-Management-Interaktionsmodell Hannover

© Erika Schuchardt

te ‚Besuche bzw. Begegnungen mit Bethelbewohnern' sahen sich die Synodalen mit einer persönlichen Herausforderung konfrontiert, die sie so nicht erwartet hatten; sie waren in ihrer Identität infrage gestellt. Die Synodalen reagierten darauf zunächst mit mehr oder weniger rationalisierten Abwehrmechanismen, z. B.: „Die Zeit ist dafür einfach zu knapp!"; „Was verstehe ich schon davon, das sieht dann so neugierig aus" oder „Ich gestehe, ich weiß nicht so recht, wie ich mich da verhalten soll, kämen Sie mit?", „Ich ginge wohl gerne ‚mit' Ihnen dahin, aber ich habe so etwas noch nie gesehen, was muss ‚man' denn da tun?"

Es war vorauszusehen und führte dennoch zu neuen Erkenntnissen, dass ein Jahr später meine Studierenden im INTEGRATIVEN PROJEKT-STUDIUM in Bethel trotz theoretischer Vorarbeiten vergleichbare Abwehrreaktionen zeigten, allerdings z. T. drastischer, nämlich in Form offensiver Kritik. Sie mokierten sich zunächst über die Ghettosituation: „Wie kann man überhaupt eine ganze Stadt voll Behinderter gründen?", sodann über die angebliche Ausbeutung der Bethelbewohner: „Wie kann man selbst sein Geld annehmen, wenn die Menschen, die dort Arbeit tun, für 100 Schnellhefter nur 1 Pfennig bekommen und nie mehr als 30 DM Taschengeld erreichen?"

Schließlich reagierten sie anlässlich der ausdrücklich auf ihren Vorschlag hin arrangierten Besucher-Begegnung mit -schon- betroffenen Bethelbewohnern (im Haus ‚Dankort', der Zentralstelle für die Briefmarken-, Kleider- und Brocken-Sammlung) mit stillschweigendem Protest, sie verließen als Kleingruppe die Briefmarkenstelle genau zu dem Zeitpunkt, als für sie nach der allgemeinen ‚Information' die persönliche ‚Interaktion' im Gespräch mit Bethelbewohnern an deren individuellen Arbeitsplätzen begann. Diese Situation beschreibt Jörg Zink sehr anschaulich:

> „Es ist eine Tatsache: In uns Gesunden rührt sich die Angst. Wir könnten ja, so ahnen wir, auch wie ‚sie' unsere Gesundheit verlieren, unseren aufrechten Gang, unsere Sicherheit und Leistungskraft, unsere Freiheit und am Ende unsere Selbstachtung.
> Und da rührt sich eine Urangst, die sehr tief heraufkommt. Wir schließen die Augen, die Ohren und schließlich den Mund und gehen vorbei. Aussparen und verdrängen, das ist alles, was dann noch gelingt.
> Damit aber schiebt sich zwischen Gesunde und Behinderte ein ganzes Gebirge von Unmenschlichkeit."

6.7.2 Ausgangslage und Konzeption: INTEGRATIVE PROJEKT-STUDIUM: ‚Wir – die Studierenden – sind beziehungsbehindert!'

Ernstsituation als Lernsituation: Der Protestauszug am Dankort Bethel als Ausgangspunkt für reflektierte Lernerfahrung, das ist Thema und Ziel des INTEGRATIVEN PROJEKT-STUDIUMS. Anders, eben existenzieller als eine experimentelle Laborsituation im sterilen Universitätsseminar, zwingt hier die Situation vor Ort unaufschiebbar zur Handlung, die vor allem nicht nur punktuell, sondern wegen des Zusammenlebens kontinuierlich und verantwortlich über einen längeren Zeitraum hinweg gefordert wird. Charakteristisch für das projektorientierte Studium ist ja gerade das Ineinandergreifen von realer Erfahrung und theoretischer Reflexion des Widerfahrenen. Demzufolge lebte das INTEGRATIVE PROJEKT-STUDIUM, analog zum Modell des ‚*Clinical-Pastoral-Training/Education*' (CPT), aus der Verzahnung von Theorie und Praxis. Das brachte bereits der methodische Ablauf eines jeden Studientages mit sich: Zunächst am Vormittag praktische Erfahrung in der Zusammenarbeit zwischen Studierenden und erwachsenen Bethelbewohnern in unterschiedlichsten Arbeitsfeldern der einzelnen Häuser; darauf folgte über Mittag die theoretische Reflexion erlebter, eigener Interaktionsprozesse mit -schon- betroffenen Bethelbewohnern anhand schriftlich fixierter *Gesprächs-Gedächtnis-Protokolle*, denen jeder seine spezifischen Fragen an das eigene Verhalten zuzuordnen versuchte; diese Gesprächsprotokolle wurden am Nachmittag Gegenstand der theoretischen Seminare, in denen die Gruppenmitglieder gemeinsam nach theoretischer Begründung ihres Handelns suchten, um daraus Erkenntnisse für mögliche Alternativen zu gewinnen. Die wichtigsten *Schlussfolgerungen der Studierenden* lauteten:

> „.... nicht die von Krisen -schon- betroffenen Bethelbewohner, die uns Beziehungsbrücken bauen, sind behindert, sondern wir, die noch nicht betroffenen ‚Gesunden', sind beziehungsbehindert; wir scheuen uns vor trennenden Gräben, brechen Brücken ab oder finden sie erst gar nicht (z. B. Auszug am ‚Dankort');"

> „.... nicht die Bethelbewohner sind Ausgebeutete an ihrem Arbeitsplatz in den Werkstätten, denn sie erleben dort einen Sinn ihres Tuns und ihrer Zusammenarbeit; wir, die -noch nicht- betroffenen Menschen, sind viel eher Opfer unserer eigenen Vorstellung, dass primär Leistung und Profit uns Lebenssinn erschließen könnten; weil wir uns den Zwängen ökonomischer Ziele fügen, bleibt unser Handeln sinnentleert;"

> „.... nicht allein die Bewohner hier müssen integriert werden in die menschliche Gemeinschaft, sondern gleicherweise sind auch die Leistungsfähigen und Tüchtigen darauf angewiesen; wir, die scheinbar -noch nicht- betroffenen Studierenden müssen befreit werden von unseren falschen Zielsetzungen und einseitigen Normen; wir brauchen das kritische Korrektiv der -schon- betroffenen sog. Behinderten, um gemeinsam neue Lebensmöglichkeiten zu finden."

Auch wenn in *Gegenüberstellung* zu den Studierenden von den Synodalen keine Zeugnisse der Selbsteinschätzung vorliegen, darf aus deren Verhalten und Reaktionen abgeleitet werden, dass die meisten sich erkannten als innerlich unvollkommen vorbereitet und darum verunsichert. Es waren beide Male die gleichen Erfahrungen, die zu der These führten:

> „Nicht der von Krisen -schon- betroffene Mensch ist unser Problem, sondern wir, die von Krisen -noch nicht- betroffenen Menschen, werden ihm zum Problem!"

Diese Beziehungsfähigkeit der von Krisen -schon- betroffenen Bethelbewohner, die von *Synodalen* ebenso wie von *Studierenden* entdeckt wurde, hat Pastor *Friedrich von Bodelschwingh* als schärfste Waffe im Kampf gegen den *Abgesandten Hitlers, Dr. Brand* eingesetzt, als dieser unter der damals propagierten ‚*Nullpunkt-Formel*' mit Bethel zu verhandeln hatte. Was ist das Merkmal dafür, so wurde in diesem Gespräch gefragt, dass der Nullpunkt erreicht ist? Die Antwort von *Dr. Brand* soll – wie in der Einleitung bereits zitiert – gelautet haben:

„Es ist dieses, dass es nicht mehr möglich ist, eine menschliche Gemeinschaft mit dem Kranken herzustellen."

Hierauf soll *Pastor v. Bodelschwingh* erwidert haben:

„Herr Professor Dr. Brand, Gemeinschaftsfähigkeit ist z w e i seitig bedingt: Es kommt darauf an, ob *ich* auch gemeinschaftsfähig für den a n d e r e n bin. Mir ist noch niemand begegnet, der nicht gemeinschaftsfähig wäre". (Hervorhebung von der Autorin)

6.7.3 Methodisches Vorgehen: Wechsel von Erfahrung und Theorie: ‚Dieses INTEGRATIVE PROJEKT-STUDIUM hat für mich eine Schlüssel-Funktion!' oder ‚Interaktion vor Information!'

Studierende wie zuvor schon Synodale gewannen also – übereinstimmend mit den in der *Psychiatrie-Enquete* der Bundesregierung dargestellten Erfahrungen – die Erkenntnis: Soziale Integration ist weniger eine Frage der Information als vorrangig eine solche der Interaktion, das heißt, der Bereitschaft und Fähigkeit, miteinander umgehen und handeln lernen zu wollen. Daraus folgt: Wenn Menschen, -noch nicht- betroffen, sich durch Erfahrungen erst einmal selbst auch als Problem -schon- betroffener Menschen erkennen, können sie ihre Einstellungen und ihr Verhalten verändern. Die Beziehungsstörungen lassen sich dann schrittweise überwinden. Das aber geschieht nicht aufgrund von kognitiver Informationsvermittlung, sondern vorrangig durch sozial-affektives gemeinsames Erleben und Handeln. Daraus folgt des weiteren für jede pädagogische Begleitung von -schon- betroffenen Menschen vor Ort:

Interaktion hat Vorrang vor Information.
Erfahrung muss der angestrebten Erkenntnis vorausgehen.

Wie die Studierenden das Gemeinte aufgrund ihrer Lebenserfahrungen schilderten, soll im folgenden berichtet werden; gemeinsam ist dabei allen Stellungnahmen das unerwartete Auftauchen einer *Schlüsselerfahrung*.

„Dieses INTEGRATIVE PROJEKT-STUDIUM brachte mir viele neue Erfahrungen, (es hat) eine Schlüsselfunktion in bezug auf meine Einstellungen zu meinen Mitmenschen, ob mit oder ohne ‚Behinderung', sowie zu mir selbst und meinem Glauben. Inwiefern gerade die Fähigkeit zur Kommunikation ein Miteinander, die Integration -schon- und –noch nicht- betroffener Menschen erst ermöglicht, habe ich in dieser Woche erfahren, wenn auch anders, als ich es erwartet hatte.

Beginnen möchte ich mit einem Erlebnis in Bethel, das uns Studierenden konkret Integration /Partizipation von -schon- betroffenen Bethelbewohnern erfahren ließ:

Meine Freundin Julia und ich arbeiteten in den letzten Tagen dieser Woche in zwei nahegelegenen Häusern Groß-Bethel und Nebo. Unser Spaziergang dorthin war darum ein besonderer, weil zwei weitere Menschen teilnahmen: Bethelbewohner, jeweils eine Patientin aus dem Haus, in dem wir arbeiteten. Meine Patientin heißt Maria und ist 36 Jahre alt ... Im Café guckten die Leute neugierig, wandten sich aber bald wieder zurück, keiner stand auf und ging weg. Wir halfen Maria und Ursula beim Ablegen ihrer Mäntel und ließen sie Kuchen auswählen. Während wir auf das Bestellte warteten, machten wir es uns am Tisch bequem. Ursula und Maria saßen Julia und mir gegenüber. Wir waren unsicher, ob wir damit nichts verkehrt gemacht hatten, aber die beiden überraschten uns: sie strichen mit der Hand über den Arm der anderen, lobten die Kleidung mit Gesten und Worten, Maria fragte Ursula teilnahmsvoll: „Warum sprichst du nicht? Bist du traurig? ... Macht aber nichts, dass du nicht sprechen kannst" ... Mir hat dieser Ausflug auch gezeigt, wie viel wir von einem -schon- betroffenen Menschen lernen können, z. B. uns an scheinbar kleinen Dingen zu freuen und das zu achten, was uns so selbstverständlich erscheint: eine andere Sicht, die Welt zu sehen, eine Alternative zum leistungsorientierten Leben".

Die Problematik der *eigenen* ‚Behinderung', der sozialen Beziehungsstörung oder Beziehungsunfähigkeit, wird anschaulich von den *Studierenden* beschrieben, z. B.:

„In diesem Studiensemester ist mir immer deutlicher geworden, dass das eigentliche Problem in meiner Auseinandersetzung mit von Behinderung betroffenen Menschen bei mir selbst liegt ... Ich habe die gleichen Kontaktschwierigkeiten wie zu -noch nicht- betroffenen Menschen, nur dass ich sie vor Menschen mit Behinderung nicht verstecken oder retuschieren kann."

„Wie wir in der Gruppe festgestellt haben, gingen die Unsicherheiten meistens von uns aus; sie wurden von uns in die -schon- betroffenen Personen projiziert."

„Zusammenfassend möchte ich sagen, dass für mich die Erfahrung meiner eigenen Kommunikations-‚Behinderung' wichtig war und darüber hinaus auch die Möglichkeit zu sehen, wie ich damit umgehen kann, nämlich Schwierigkeiten, Barrieren, Hemmungen, Ängste selbst zum Thema zu machen ..."

Dazu ein Berichtsausschnitt aus dem Seminarverlauf:

„Der Vormittag gehörte der Praxisphase, und der Nachmittag war zur Reflexion vorgesehen. An den Gesprächs-Gedächtnisprotokollen ... wurde immer deutlicher, dass es sich dabei um Schwierigkeiten handelte, die dieselben sind, wie wir sie mit -noch nicht- betroffenen Menschen haben. Wie gelingt es, ein Gruppenerlebnis, ein Gemeinschaftsgefühl zu schaffen, so dass sich jeder dazugehörig fühlt ...?

> ... in einer Gesprächssituation kam es dazu, dass ich mich von der isolierten Situation einer Patientin so betroffen fühlte, dass ich meine eigenen Gefühle zur Gruppe nicht mehr zurückhalten konnte und endlich darüber sprach ..., so konnte die Auseinandersetzung über mein eigentliches Problem beginnen ... Mit diesem Gespräch war die Grundlage geschaffen für eines meiner schönsten Gruppenerlebnisse: durch Offenlegen eigener Gefühle auch Offenheit zu erfahren ... Inhaltlich ist dann alles einfach zu bewältigen, wenn die Beziehungsebene geklärt ist. Auf diese Weise ist es mir möglich, ‚mit' den anderen zu leben und nicht ‚neben' ihnen, denn ohne meine Gefühle wirkt jeder Inhalt wie eine Mauer."

In diesem Zusammenhang sei noch auf eine andere Gefahr der -noch nicht- betroffenen Menschen hingewiesen, nämlich das viel zitierte ‚*Helfersyndrom*', „*die zur Persönlichkeitsstruktur gewordene Unfähigkeit, eigene Gefühle und Bedürfnisse zu äußern, verbunden mit einer scheinbar omnipotenten, unangreifbaren Fassade im Bereich der sozialen Dienstleistungen*". Auch in dem erwähnten Seminar in Bethel trat es auf. Eine selbst *von spasmischer Körperbehinderung -schon- betroffene Studentin* untersuchte anhand ihrer Gesprächsanalyse ihre Beziehungsprobleme bzw. ihre Kontaktschwierigkeiten zu Bethelbewohnern und erkannte parallel dazu ihre Kontaktstörungen zu -noch nicht- betroffenen Mitmenschen:

> „Ich brauche von Behinderung betroffene Menschen, um mein eigenes ‚Behindert-Sein' zu vergessen, weil sie mir zeigen, dass sie mich brauchen. Genauso ergeht es mir mit von Behinderung nicht betroffenen Menschen: Wir können prima zusammen in Gruppen arbeiten, da kann ich immer etwas aus meiner Praxis einbringen (vorherige Erziehertätigkeit, Zweiter Bildungsweg); sie kommen wohl auch alle gern zu mir mit ihren Problemen, aber wie ist das, wenn ich nichts einbringe, meine Rolle nicht spiele? Dann ist da nichts, dann ist da totale Leere ..."

Später nahm sie die Beobachtung dieser Leere in einem persönlichen Gespräch wieder auf und erzählte:

> „Mir ist eingefallen, wenn ich allein bin, sehe ich mir oft stundenlang gerade die Fernsehsendungen an, wo ich so richtig weinen kann., da hab ich keine Rolle, da bin ich nur noch ich: die ‚behinderte' A. B., mit ihren Wünschen nach Nähe und auch mal nach dem ‚ganz Menschsein'; nach dem Weinen geht es mir meistens besser; aber das kann ich nur für mich allein, die anderen wissen das gar nicht, dass ich das auch bin."

Zum Abschluss des Seminars ergänzte sie in der Gruppe:

> „Ich erkenne jetzt erst, dass ich selbst als von der Krise ‚Behinderung' -schon- betroffene genauso mit anderen von ‚Behinderung' -schon- betroffenen Menschen ‚um-gehe' – also drumherum gehe –, wie ich es gerade n i c h t möchte, dass andere so mit mir ‚um-gehen'. Ich bin dann oft nicht ich selbst, A. B., mit ihren Bedürfnissen, sondern ich spiele eine Rolle, ‚A. B. tut so, als ob ...' – Irrelevanz-Regel; aber ich habe jetzt auch erfahren, wie ich das ändern kann: ich kann mich mit meinen Problemen neben sie stellen, statt nur scheinbar problemlos meine Hilfe sozusagen ‚von oben' anzubieten."

Eindrucksvoll analysiert so die -schon- von körperlicher Behinderung betroffene Studierende ihre *Doppel-Rolle*, einerseits als ‚behinderte' Studentin gegenüber -noch nicht- betroffenen Kommilitoninnen in ihrer Rolle als Lernende, andererseits als sog. ‚nichtbehinderte' Behinderte gegenüber anderen -schon- von Behinderung betroffenen, z. B. hier Bethel-Bewohnern, in ihrer Rolle als pädagogische Fachkraft; sie erkennt den Preis ihrer eigenen Integration auf Kosten erneuter Isolation anderer, weil die eigene Krisenverarbeitung noch nicht abgeschlossen ist.

Hierzu sei ein kurzer Ausflug in die *wissenschaftliche Theorie* erlaubt. Zu nennen wären die interdisziplinär unterschiedlichen Deutungen der Beziehungsunfähigkeit zwischen -schon- und -noch nicht- betroffenen Menschen, u. a. die soeben thematisierte *psychoanalytische Deutung*, z. B. *H. E. Schmidbauers* ‚Helfersyndrom', *H. E. Richters* Angstabwehrmechanismus, die *soziale Deutung T. Brochers* gemäß seiner These von der ‚Krankheit der Gesunden', die *menschliche Deutung*, siehe *M. Fischers* gemäß seiner entlarvenden Umkehr von der ‚Ballastexistenz Nichtbehinderter', schließlich die *geschuldete Deutung*, theologisch und philosophisch belegt z. B. bei *J. Moltmann* sowie *D. Sölle* und *C. F. v. Weizsäcker* als ‚Wiederentdeckung der Leidensbereitschaft und Leidensfähigkeit zur Wiedergewinnung der fast verlorenen Dimension von Mitmenschlichkeit', schließlich die *erziehungswissenschaftliche Deutung*, wie z. B. *E. Schuchardts* ‚Lernprozess Krisenverarbeitung' – erschlossen aus einer Analyse von nahezu 6.000 Biographien – als pädagogische Lernchance zur Beziehungs- und Leidensfähigkeit, der Voraussetzung zur Mitmenschlichkeit (vgl. Abbildungen und Grafiken im vorliegenden Doppel-Band, Band 1: *Biographische Erfahrung und wissenschaftliche Theorie*; Teil II *Erschließung des Lernprozesses Krisenverarbeitung*).

6.7.4 Auswirkungen: Von Krisen -noch nicht- betroffene als Problem der -schon- betroffenen Menschen: ‚Die Erfahrung meiner eigenen Kommunikations-‚Behinderung' hat mich zum eigentlichen Lernen/Leben herausgefordert!'

Die Studierenden des Projektseminars haben an sich selbst unsere Kernthese erfahren: Wir, als Gesellschaft -noch nicht- betroffener, sind eine Herausforderung für den von Krisen -schon- betroffenen Menschen, in gleicher Weise, wie der von Krisen -schon- betroffene eine Herausforderung für die Gesellschaft ist.

Als Ergebnis unserer Überlegungen stellen wir auf der einen Seite das *offen-sichtliche* Angewiesensein der von Krisen wie Behinderung oder Krankheit -schon- betroffenen Menschen auf die -noch nicht- betroffenen fest, das erstere von sich schieben können, auf der anderen Seite das *un-sichtbare* Angewiesensein der von Krisen -noch nicht- betroffenen, sog. Gesunden, auf die -schon- betroffenen, das diese lebenslang verdrängen können, indem sie dem ‚*Lernprozess der Verarbeitung von Krisen*' ausweichen. Allerdings geschieht dies dann um den Preis, dass sie ihre Identität nicht finden und damit auch ihre Erlebnisfähigkeit schwächen oder verkümmern lassen.

Um diesem ‚*Tod der Beziehungslosigkeit*' entgegenzuwirken, müssen wir – so die Studierenden – uns einerseits mit dem Ergebnis der Analyse der Biographien von Krisen -schon- betroffener Menschen auseinandersetzen, andererseits uns selbst inmitten der ‚gelebten' Auseinandersetzung stellen. So erkannten sie – wie eingangs in der Basis-These (vgl. im vorliegenden Doppel-Band Einführungskapitel ‚Krisen – auch ein verborgener Reichtum') und in der Umkehr-These (vgl. Band 1, Teil I) erwähnt –:

Der von Krisen -schon- betroffene Mensch
ist eine Herausforderung für die Gesellschaft
und
die Gesellschaft der -noch nicht- betroffenen Menschen
ist eine Herausforderung für den -schon- betroffenen Menschen –
analog der Komplementarität im Symbol des chinesischen Yin Yang.

Diese Komplementär-These veranlasste sie, die Aufgabe menschlicher Begleitung neu zu durchdenken. Sie erkannten, dass wir in unseren Krisen Partner brauchen, die andere, von uns verdrängte Formen des Menschseins verwirklichen, die Grenzen annehmen und warten können, die durchhalten in Ausweglosigkeit und dadurch Gaben entwickeln, die Menschlichkeit ermöglichen.

Die Methode der ‚Hilfe zur Selbsthilfe', nach der noch heute in den sozialen Berufen gearbeitet wird, vermittelt noch nicht die Erkenntnis, dass in der Begleitung von Krisen betroffener Menschen – recht verstanden – die *Rollen des Lehrenden und des Lernenden komplementär ständig vertauscht werden*: Auch Fachkräfte können ‚Hilfe zur Selbsthilfe' von den Menschen erfahren, denen sie sich zuwenden, wenn sie sich über eigene Schwächen nicht täuschen. Die Studierenden erkannten weiter: ‚*Was uns weithin fehlt, ist die entscheidende Dimension menschlicher Begleitung, die Beziehungsfähigkeit*.' Damit aber stellte sich ihnen die Frage nach der Bedeutung des Leidens im menschlichen Leben. Mitmenschlichkeit wird nur dort real, wo Menschen wieder leidensbereit und leidensfähig werden. Dazu kann das INTEGRATIVE PROJEKT-STUDIUM ein An-Stoß sein.

- *Anmerkungen*
  1. Klee, E.: Das Frankfurter Urteil. Reinbek b. Hamburg 1985.
  2. Zink, Jörg: Vorwort. In: Habel, L.: Herrgott, schaff die Treppen ab! Stuttgart 1978, S. 5.
  3. Zijlstra, W.: Klinisch pastorale vorming. Assen 1969. Clinical-Pastoral-Training / Education. München/Mainz 1971.
  4. Bodelschwingh, F. v.: Bote von Bethel. Sonderdruck 1981.
  5. Schuchardt, E.: Warum gerade ich? Behinderung und Glaube. Pädagogische Schritte mit Betroffenen und Begleitenden. Burckhardthaus Verlag, Gelnhausen/Berlin 1981, 4. erw. Auflage 1986. (Kap. 4: Die Begleiter als Problem der Betroffenen). Fremdsprachige Übersetzungen und Übertragung in Blindenpunktschrift. – Neu: 12. Auflage 2003, s.u.
  6. Schmidbauer, H.E.: Die hilflosen Helfer. Über die seelische Problematik der helfenden Berufe. Reinbek b. Hamburg 1977.
  7. Richter, H. E.: Flüchten oder Standhalten. Reinbek b. Hamburg 1980.
  8. Brocher, T.: Vortrag auf dem 17. Deutschen Evangelischen Kirchentag 1977. In: Kirchentag. Dokumentarband. Stuttgart 1978.
  9. Fischer, M.: Das Geheimnis des Menschen. Theologische Überlegungen zur Zielsetzung der Behindertenhilfe. In: Diakonie. Jahrbuch des Diakonischen Werkes 1975. Stuttgart 1975.
  10. Moltmann, J.: Neuer Lebensstil, Schritte zur Gemeinde. München 1977.
  11. Sölle, D.: Leiden. Stuttgart 1973.
  12. Weizsäcker, C. F. v.: Der Behinderte in unserer Gesellschaft. In: Der Garten des Menschlichen. Beiträge zur geschichtlichen Anthropologie. München, Wien 1977.
  13. Schuchardt, E.: Jede Krise ist ein neuer Anfang. Aus Lebensgeschichten lernen. Düsseldorf 1984, 4. Auflage 1993.
  14. Schuchardt, E.: Krise als Lernchance. Analyse von 331 Lebensgeschichten. Düsseldorf 1985.

- *Quellen:*
  - Gespräche in Kontinuität mit Leitungsteam, Schwesternschaft, Mitarbeitenden und -schon- betroffenen Bethelbewohnern seit 1969.
  - Archiv-Materialien der von Bodelschwingh'schen Anstalten
  - Symposium der Enquete-Kommission des Deutschen Bundestages ‚Recht und Ethik der modernen Medizin' im Betheler Assapheum in der 14. Legislatur-Periode des Deutschen Bundestages 2002
  - Schuchardt, Erika: Warum gerade ich…? – Leben lernen in Krisen, Leiden und Glaube, Fazit aus Lebensgeschichten eines Jahrhunderts, Gemeinsames Leitwort der Generalsekretäre des Weltkirchenrates und des Lutherischen Weltbundes Genf, 12. überarb. und erw. Auflage, Jubiläumsausgabe Vandenhoeck & Ruprecht 2003, 377 Seiten mit 13 Abb. und 11 Grafiken, übertragen in Blindenpunktschrift und Übersetzung in mehrere Sprachen, ausgezeichnet mit dem Literaturpreis.

6.8 Service Learning – ‚HELP' ZEIT-SPENDE junger Leute: Vom Service Learning Center an Hoch-/Berufs-/Schulen zur Krisen-Management-Pädagogik

Service Learning – darunter versteht man in den USA nicht bürgerschaftliches Engagement an sich, sondern einen *von der Universität organisierten, freiwilligen Einsatz*, der *die Studierenden in ihrem Fachgebiet weiterbringt* und auch die so genannten *soft skills* wie Konfliktmanagement und soziale Kompetenz fördert.

Der Trend an amerikanischen Hochschulen setzt nur fort, was in den Highschools bereits begonnen wird. Eine Studie von 1999 belegt, dass die Hälfte aller US-Highschools bürgerschaftliches Engagement sinnvoll in ihre Lehrpläne integriert.

Am *Massachusetts Institute of Technology* etwa, der amerikanischen Technologie-Kaderschmiede, wird nicht nur streng akademisch gearbeitet. Studenten können in Service Learning-Projekten ‚gute Taten' mit Lerneffekten verbinden. Das MIT Public Service Center (*http://web.mit.edu/mitpsc*) eröffnet dafür Möglichkeiten. Ein Beispiel: Angehende Ingenieure wenden ihr soeben erlerntes Wissen an, indem sie ein elektronisches Gerät entwickeln, das bei der Therapie von sprachgestörten Kindern hilft.

Auch in Deutschland existieren bereits einige Programme für Schüler/innen im Bereich Soziales Lernen, eine Einbindung in die Hochschulbildung fehlt allerdings noch. Hier möchte HELP e.V. ansetzen. Der Aachener Verein ist die *erste deutsche Freiwilligenagentur für junge Leute – Schüler/innen, Studierende und junge Berufstätige*, die freiwillige Hilfe vermittelt und organisiert. Dafür erhielt HELP e.V. im Jahre 2002 in Berlin den ersten Projektpreis des Transatlantischen Ideenwettbewerbes ‚USable' der *Körberstiftung* (*http://www.USable.de*), die seit 1998 Preise für vorbildliche Ideen und Initiativen in den USA vergibt, die auch bei uns nützlich, also ‚USable' sind.

Mit den Worten der Leiterin des Transatlantischen Ideenwettbewerbs USable, *Karin Haist*:

> „Unsere USable-Teilnehmer zeichnen ein Land, das wider alle Klischees von Ellbogenmentalität und Konsumgesellschaft einen ausgeprägten Bürgersinn hat – und auf dem sozialen Sektor ungeheuer innovative und kreative Ideen bietet. Gerade die deutschen USable-Teilnehmer sind dabei begeistert und regelrecht ‚infiziert' vom zupackenden Pragmatismus und von der hohen Eigenverantwortung, die das Helfen auf Amerikanisch so stark prägen. Amerikanische Initiativen setzen weniger auf die Verantwortung der ‚zuständigen Stellen' als vielmehr auf Selbsthilfe und auf die Aktivierung von Bürgern ... allesamt vorbildliche Initiativen aus den USA, die auch bei uns die Lösung gesellschaftlicher Defizite anstoßen können (s. USable Ideenarchiv 3,2002)."

zu 6.8: Wechselseitige Zeit-Spende
Service Learning ‚Help' Zeit-Spende junger Leute

© Erika Schuchardt

In der Aussage des Vorstandes der Hamburger Körber-Stiftung, Dr. *Wolf Schmidt:*

„Die Körber-Stiftung versteht sich als ein Forum für Impulse. Wir stellen die Plattform zur Verfügung, auf der engagierte und kompetente Bürgerinnen und Bürger ihre Kenntnis, ihre Ideen und ihre Tatkraft einbringen können – und der Transatlantische Ideenwettbewerb USable ist innerhalb der Körber-Familie das Forum für Impulse aus dem deutsch-amerikanischen Austausch".

HELP e.V. kooperiert mit den *Aachener Hochschulen, vor allem mit der Rheinisch-Westfälischen Technischen Hochschule (RWTH)*, bei der Rekrutierung von Freiwilligen. Gerade für Technikstudenten ist das soziale Engagement eine willkommene Abwechslung zum sehr rationalen, kühlen Studium. Dass solches Engagement lohnend ist, haben bereits viele Teilnehmende erfahren: Die eigenen Probleme werden dadurch relativiert, Berührungsängste abgebaut und es wird sogar als Erholung vor Prüfungsstress erfahren. Deshalb bemühen sich die Aachener Initiatoren verstärkt um eine bessere Anbindung an die Hochschulen der Stadt. Anfangs konnten sie mit ihrer Idee beim Rektorat der Universität nicht auf große Resonanz stoßen. Soziales Engagement, so wurde ihnen mitgeteilt, habe mit den akademischen Zielen einer Hochschule nichts zu tun.

Heute, schon vier Jahre später, sind bereits 1.600 *sog. Service Learner* -noch nicht- von Krisen betroffene Menschen, im freiwilligen Einsatz, sie werden nun auch in den akademischen Spitzengremien ernst genommen, erhalten für ihre Info-Veranstaltungen Hörsäle und vom Rektor nicht nur Empfehlungsschreiben, sondern auch die Übernahme der Schirmherrschaft seit 2002.

Aber dem Gründer, Ingenieur *José Pons*, geht das noch nicht weit genug: Visionär erkennt er die gesellschaftliche *Schlüsselqualifikation Krisen-Management* als konstitutiv für Aus-, Fort- und Weiterbildung. Darum fordert er:

„Mein Ziel ist es, dass HELP Teil des Curriculums wird. Dass Direktoren entdecken, dass **soziales Engagement Teil der Ausbildung** wird. Studierende sollen die Möglichkeit bekommen, über den Tellerrand zu schauen. Das ist die Idee des Service Learning: Wie kann sich eine Hochschule als Körperschaft oder als Studentenschaft lokal engagieren. Dafür sind Gespräche notwendig zwischen Hochschul-Verwaltung, Stadtverwaltung, Sozialamt. Es gibt viele Möglichkeiten, da Sinnvolles zu tun."

Damit setzt der Gründer *Pons* mit HELP ein weiteres Beispiel für die **These** der Autorin:

Sozial engagierte junge Leute lernen motiviert besser, für sie tritt neben das fach- auch das lebens- und gesellschaftsorientierte Lernen; so erfahren und erkennen sie: Leben heißt ein Ziel haben.

6.8.1 Die Gründungsidee: Zeit verschenken – Zeit-Spender sein

Die Gründung von HELP e.V. in Deutschland geht auf eine Initiative junger Berufstätiger zurück, die sich Anfang 1998 zum ersten Mal unter dem Motto „Zeit verschenken" trafen. Aus den anfänglich acht Helfern sind inzwischen ca. 75 aktive freiwillige Mitglieder geworden.

HELP e.V. hat in dieser Zeit Kontakte zu 15 sozialen Einrichtungen in Aachen aufgenommen und gemeinsam mit den Einrichtungen Möglichkeiten für ehrenamtliche Einsätze geschaffen. Freiwillige begleiten und unterstützen von Krisen -schon- betroffene Menschen mit *Behinderung, in Obdachlosigkeit, im Älterwerden, im Gefängnis, in Heimen, in kritischen Lebenssituationen.*

Exemplarische Partnereinrichtungen von HELP e.V.: ‚Behindertenheime' (Vinzenz-Heim Aachen, Verein zur Förderung Körper- und Mehrfachbehinderter e.V.), Krankenhäuser (Marienhospital, Haus Cadenbach), Altenheime (Seniorenzentrum Franziskuskloster Lindenplatz), Kinderheime (Kinder- und Jugendheim Burtscheid, Kinder- und Jugendheim Maria am Tann), Anlaufstellen für Obdachlose (Café Plattform für Obdachlose, Bahnhofsmission Aachen) und diverse andere Einrichtungen.

Enger Kontakt zu den Einrichtungen wird in erster Linie durch so genannte **Koordinatoren,** häufig Studenten oder wissenschaftliche Assistenten der Rheinisch-Westfälischen Technischen Hochschule, gewährleistet. Koordinatoren sind Mitglied bei HELP e.V. und stehen in direkter Verbindung zu den einzelnen Einrichtungen. Sie stehen als Ansprechpartner bei Problemen zur Verfügung, organisieren gemeinschaftliche Einsätze und vertreten die Interessen der Freiwilligen gegenüber den Einrichtungen. Die Koordinatoren geben HELP e.V. regelmäßig einen Überblick zu Art und Umfang des freiwilligen Engagements sowie zu eventuell auftretenden Problemen. Der enge Kontakt mit den sozialen Einrichtungen stellt sicher, dass Hilfe auch dort ankommt, wo sie am dringendsten benötigt wird. Dies wiederum ist für viele Interessierte ein starkes Motivationsmoment bei der Entscheidung für ein freiwilliges Engagement.

Seit der Gründung im Jahr 1998 **expandiert das Service Learning** beispielgebend: mehr als 250 Freiwillige haben – neben den 75 aktiv freiwilligen Mitgliedern – an den Aktivitäten von HELP e.V. regelmäßig teilgenommen. HELP-Freiwillige führten im Jahr 2001 bei den Partner-Einrichtungen von HELP e.V. 1.600 Besuche bei -schon- betroffenen Menschen durch. Das sind etwa 4.800 Stunden im Jahr. Bei HELP e.V. sind Menschen aus 23 Ländern freiwillig tätig, so dass der Verein einen Beitrag zur Integration von ausländischen Mitbürgern und Mitbürgerinnen in unserer Gesellschaft leistet. HELP e.V. ist politisch, konfessionell und ideologisch unabhängig.

Der Schwerpunkt der Arbeit mit von Krisen -schon- betroffenen Menschen in entsprechenden Einrichtungen besteht in einer *langfristigen Begleitung und Betreuung*. Gleichermaßen werden aber auch Projekte angeboten, die sich auf einen kurzfristigen Einsatz beschränken, z. B. bei einer Ferienmaßnahme. Dabei versteht sich HELP *nicht* als eine Art ‚*Datenbank'* zur Vermittlung von Einsätzen, vielmehr *begleitet* und unterstützt die Organisation *dauerhaft* einerseits -schon- betroffene Menschen, andererseits -noch nicht- betroffene junge Leute im Projekt Service Learning.

HELP e.V. betreibt aktive **Öffentlichkeitsarbeit** (Internet, Presse, Plakate, Flyer, Videomaterial) [*http://helpev.de/fotoalbum/Videos/help-lan.ram*], Informationsveranstaltungen, Feste, Besuche in Vorlesungen und im Schulunterricht) und dringt so ins Bewusstsein der Öffentlichkeit vor. Mehr als 40 Artikel in der lokalen Presse, wiederholte Radiointerviews und mehrfache Fernsehberichte über das Engagement von HELP e.V. in den letzten drei Jahren belegen dies.

Durch **Aktionen** wie den „**Freiwilligentag**" im *Internationalen Jahr des Ehrenamtes* leistet HELP einen wichtigen Beitrag, die Hemmschwelle vor sozialem Engagement zu senken. Interessierten wurde an diesem Tag die Möglichkeit gegeben, unverbindlich und ohne weitere Verpflichtung etwas Praktisches und Sinnvolles zu tun (z. B. ältere Menschen zu einer Veranstaltung begleiten). Nebenbei wurde über die Möglichkeiten der freiwilligen Mitarbeit informiert.

Fazit: Hieß es im Abschlussbericht der *Enquete-Komission des Deutschen Bundestages „Zukunft des bürgerschaftlichen Engagements"* vom 13.6.02 noch, dass „die Jugendlichen und jungen Erwachsenen unter 30 Jahren von den Angeboten der Freiwilligenagenturen bislang selten erreicht werden" (S.148), ist dies durch die erste Freiwilligenagentur in Deutschland HELP, die sich gezielt an Studierende, junge Berufstätige und Schüler wendet, aus der Überzeugung, dass gerade dort ein ‚unentdecktes' Potenzial an Freiwilligen vorhanden ist, in einem großartigen Schritt widerlegt worden.

6.8.2 Komplementäres Service Learning: 3-Schritte-Prozess im Spiegel der Stimmen junger Leute

HELP beweist, dass es viele junge Menschen gibt, die sich sozial engagieren möchten. Es zeigt auch, dass es einen großen Bedarf an Informationen für Studenten über soziales ehrenamtliches Engagement gibt. Junge Menschen suchen eine *kalkulierbare* Einsatz-Bereitschaft, die sie flexibel und gemäß ihrer Fähigkeiten und Kompetenzen gestalten können. Sie suchen nach sinnvoller Tätigkeit. HELP ist eine Alternative zu einer verbreiteten Gleichgültigkeit und Vereinsamung.

HELP bringt Menschen, die Hilfe brauchen, mit jungen Menschen in Verbindung, die helfen möchten.

Durch HELP lernt man, sich in die Lage der anderen zu versetzen, bevor ein Urteil gefällt wird, sich über kleine Gesten wieder zu freuen, die eigenen Probleme zu relativieren, festzustellen, dass es mehr Freude macht zu geben als zu nehmen. Bei HELP übernehmen die Freiwilligen die überhaupt größte denkbare Verantwortung: Verantwortung für Menschen.

Am besten kommt der Lerneffekt freiwilliger junger Menschen, -noch nicht- betroffener Studierender und Schüler/innen sowie junger Berufstätiger, aus ihrer eigenen Sicht als HELP-ZEIT-SPENDER zum Ausdruck:

„Mir ist noch einmal aufgefallen, wie wichtig **Freundschaft** ist, und dass es dabei keine Rolle spielt, ob dein Freund behindert ist, alt oder jung usw."

„Es ist ein so großes Geschenk für uns, studieren zu können und Bildung zu erhalten. Dem durchschnittlichen deutschen Studenten geht es finanziell nicht schlecht. In anderen Teilen der Welt verdienen Familienväter nicht einmal ein Zehntel davon, was ein Student in der westlichen Welt zur Verfügung hat. Ich denke, dass ich das viel zu selten schätze, und all zu oft mit mir selbst und der nächsten Klausur beschäftigt bin. Um ein bisschen von dem Geschenk zurückzugeben, möchte ich Menschen, die es nicht so gut haben wie ich, eine Freude machen. Und das schöne daran ist, dass dieses **Geschenk eine Kettenreaktion** auslöst, da ich ebenfalls durch mein ‚HELP Engagement' etwas zurückbekomme."

„Wenn wir das Wort **Altenheim** hören, denken wir an die vielen alten, einsamen Menschen, die gemeinsam auf den Tod warten, nachdem sie jahrelang gelebt und geliebt haben... Aber sind wir ... in dieser „Außenwelt" nicht genauso isoliert? Wir leben nur mit jungen Menschen zusammen... Wir brauchen Kontakt zu den Menschen in **allen** Lebensphasen."

„Ich wollte seit vielen Jahren mit **Gefangenen** arbeiten. Irgendwie hatte ich das Bedürfnis, sie näher kennen zu lernen und ihnen zu helfen. Ich bin seit einem Jahr Ehrenamtliche. Diese Arbeit ergänzt mich als Mensch und gibt mir die Möglichkeit, mich mit der anderen Realität zu konfrontieren. Ich mache die Besuche (habe Einzelbetreuung) sehr gerne und lerne nicht nur von den Jugendlichen, sondern auch von mir selbst. Die Aktivitäten oder Gespräche führen zu einer gemeinsamen Entwicklung. Ich wünsche mir, meinen Beruf aus der ehrenamtlichen Arbeit zu machen."

„Kostet doch nichts, denkt man, ein bisschen Zeit. Aber die ist heute so wertvoll. Da nimm sich jemand Zeit für jemanden, immer wieder. Und diese Erfahrung der Treue ist heute etwas Besonderes."

In allen Einrichtungen, in denen junge Leute sich freiwillig engagieren, erhalten sie Fortbildungsangebote, u. a. über Gespräche mit Sterbenden sowie über Ursachen von ‚Behinderung', von Kinderkriminalität oder von Strafvollzug.

Für das Engagement – Bürotätigkeit, sozialer Einsatz – erhalten die jungen Leute Bescheinigungen und Zeugnisse, die später bei ihren Bewerbungen unterstützend beigefügt werden können.

6.8.3 Kontakte zur Wirtschaft

Für HELP e.V. ist die Zusammenarbeit mit Wirtschaftsunternehmen von großer Wichtigkeit. Sie engagieren sich für HELP e.V. als Förderer und Sponsoren:

> „Soziale Kompetenz ist eine Schlüsselqualifikation. Darum unterstützen wir HELP und die jungen Freiwilligen, die ihre Freizeit widmen und Erstaunliches dabei erzielen. Das Konzept funktioniert und bringt für alle Beteiligten einen Gewinn", so *Maria L. Medrano*, Unternehmenssprecherin bei Ericsson.

> „Die BiSo AG unterstützt als Business- Spezialist den HELP e.V. auf dem Sektor Internet. Die Idee des HELP e.V. begeistert unser Unternehmen in der Art, dass es eine Selbstverständlichkeit ist, sowohl die Webseiten als auch die Connectivity kostenlos zur Verfügung zu stellen", so *Max Groh*, Unternehmenssprecher.

> „Wir unterstützen HELP e.V., weil wir als Dienstleister für Studierende gerade die jüngeren Menschen auf die Botschaft von HELP e.V., nämlich nicht nur für sich selbst, sondern auch für andere da zu sein, aufmerksam machen möchten", sagt Anja Elsen, Vertriebsleiterin des Studentenwerkes Aachen.

6.8.4 Ausblick – Vision

Neben dem Haupt-Ziel, möglichst viele Beziehungen zwischen von Krisen -schon- und -noch nicht- betroffenen Menschen herzustellen, verfolgt HELP e.V. langfristig zwei Ziele:

- *Soziales Engagement soll auch an deutschen Hochschulen als akademischer Inhalt verstanden werden.*

Unter anderem wäre es wünschenswert, wenn die Hochschulen in Verbindung mit dem Abschlusszeugnis eine offizielle Möglichkeit anbieten würden, das Soziale Ehrenamt nachzuweisen. Für Schulabgänger ist dies im Land Nordrhein-Westfalen bereits möglich. Die Kontakte von HELP zu den Ministerien zeigen erste Erfolge, wie durch einen Zwischenbericht aus dem Ministerium für Schule, Wissenschaft und Forschung NRW zu erkennen ist:

> „... auf Ihre Anregung plane ich, den Hochschulen eine Würdigung des Ehrenamts entsprechend der im Schulbereich getroffenen Regelung freizustellen. Bitte haben Sie Verständnis, wenn die Umsetzung (Abstimmung mit anderen Ministerien und dem Landessportbund) noch etwas Zeit in Anspruch nehmen wird. Ich werde Sie dann über die gegenüber den Hochschulen getroffene Regelung informieren."

Das wäre ein erster Schritt zur *dauerhaften Implementierung* dieser zusätzlichen gesellschaftlichen Schlüsselqualifikationen Krisen-Management und Integration in die Curricula.

Außerdem bedarf es eines *Auffassungswandels an deutschen Universitäten und Hochschulen*, der durch intensive Kontakte und Gespräche mit den Rektoren und den zuständigen Gremien eingeleitet werden soll. Häufig fehlt dort noch das Bewusstsein dafür, dass der Nachweis von ‚*sozialer Kompetenz*' immer mehr Bedeutung bei der Suche nach einem Arbeitsplatz gewinnt. Weil die deutschen Hochschulen meist keine Möglichkeiten haben, diese Art von Kompetenz zu vermitteln, kann die Einrichtung von *Freiwilligenagenturen* an den Hochschulen hier neue Wege eröffnen.

- *In anderen Städten sollen nach dem Vorbild von* HELP *e.V. Freiwilligenagenturen für junge Menschen gegründet werden.*

Weil soziale Missstände und Unzulänglichkeiten in der gesellschaftlichen Ordnung ehrenamtliche Einsätze zu einer Notwendigkeit machen und sich die Dringlichkeit des Problems in der Zukunft noch verschärfen wird, soll das HELP-Konzept auf die Bundesebene ausgedehnt werden. Nach den positiven Erfahrungen und Resultaten, die in der Stadt Aachen trotz anfänglicher Vorbehalte gemacht werden konnten, soll das Konzept des ehrenamtlichen Engagements nun auf andere Städte übertragen werden. Zur bundesweiten Ausbreitung von HELP ist eine weitere Professionalisierung des Vereins erforderlich, wobei das Grundkonzept der Freiwilligkeit aber nicht aufgegeben werden soll. Die Professionalisierung ist Bestandteil eines Beraterstipendiums, für das HELP e.V. durch die „Startsocial"-Initiative (http://www.startsocial.de) ausgesucht wurde.

HELP bzw. das Service Learning will bundes- und weltweit An-Stöße geben, nämlich zu:

- Service Learning – better learning
- knowing how to live and learn
- finding a purpose in life.

- *Quellen:*
    - Gespräch mit José Pons 2002
    - Gespräch mit Mitarbeitern des HELP-Projektes 2002
    - Manuskript HELP-Handbuch 2002
    - Pressemappe USable Ideen-Wettbewerb 2002
    - Körber-Stiftung: Ideenarchiv 3,2002
    - http://web.mit.edu/mitpsc
    - http://www.USable.de
    - http://helpev.de/fotoalbum/Videos/help-lan.ram
    - http://www.startsocial.de

6.9 30 Jahre FID – FREIWILLIGE SCHULE FÜRS LEBEN
Bürger-Engagement für eine menschlichere Stadt

6.9.1 Lernen durch Begegnung und Erfahrung in der Ernstsituation

Freiwillige Schule fürs Leben - diese Idee, vor drei Jahrzehnten, 1972, unter dem richtungsweisenden Namen „freiwillige Integrations-Dienste" ins Leben gerufen, steht stellvertretend für Namen, die pädagogische Geschichte schrieben:

- *Janusz Korczak* mit seiner Konzeption einer Schule fürs Leben
  aus dem *Salon-Kind* (siehe autobiographischer Roman) und Salon-Arzt *Henrik Goldschmid* wird
  der Ghetto-Arzt, *Janusz Korczak*,
  Autor des weltberühmten Kinderbuches ‚König Hänschen',
  Initiator des Kinder-Parlaments sowie
  Friedenspreisträger des Börsenvereins des Deutschen Buchhandels für seinen Verzicht auf Leben beim letzten Gang mit seinen Waisenhauskindern ins Ghetto Treblinka und in den Tod.
- *Tvind,* die wegweisenden Ansätze der dänischen Tvind-Pädagogik.
- *Hermann Lietz,* Konzeption der Landerziehungsheime
- *Kurt Hahn,* Kurzschulen mit Seenot- und Bergrettungsdienst.

Alle verbindet das *pädagogische Prinzip*:

> Lernen durch Begegnung und Erfahrung
> in der unausweichlichen Ernstsituation.

Die Mitarbeiter der Freiwilligen Schule fürs Leben beschreiben das so:

> „Lernen durch Tun in einem exemplarischen Arbeitsfeld heißt: Erfahrungen machen in intensiver Konzentration auf einen kleinen Ausschnitt menschlicher, sozialer Wirklichkeit, der stellvertretend Bedeutung für viele andere menschliche und soziale Probleme hat. Tun, konkretes Zupacken, verantwortliches Handeln führt näher an die Wirklichkeit heran als bloßes Zuschauen oder gar nur Lesen. Tun erfordert mehr konzentrierten Einsatz, Erprobung und Übung der eigenen Kräfte als eine distanzierte Beschäftigung. Tun führt zu ganz neuen, anders nicht zu gewinnenden Erfahrungen, z. B. zu der Erfahrung, dass ich selbst Wirklichkeit schöpferisch verändern kann, dass dies Verantwortung mit sich bringt, aber auch viel Spaß machen kann."

Lernen durch verantwortliches Tun in einem exemplarischen Praxisbereich, das ist es, was ein *Freiwilliges Soziales Jahr* oder ein *Jahrespraktikum* im Projekt ‚Integrationshilfen' gegenüber lebensfernerem Schul- und Ausbildungsbetrieb auszeichnet. Es erfasst vor allem jene Menschen, die im Praxisfeld mit

Stufe um Stufe gemeinsam, das bringt uns einander näher.

Unsere doppelte Freude durch gemeinsamen Erfolg.

Du kannst nicht sprechen; kaum verstehbar sind Deine Zeichen.

Laß mich lernen, Deine Sprache zu verstehen.

zu 6.9:   FID – Freiwillige Schule fürs Leben

© Erika Schuchardt

von Behinderung betroffenen Menschen Erfahrungen machen und später keinesfalls immer in eine pädagogische oder pflegerische Arbeit gehen, sondern viel häufiger in anderen Berufsfeldern gesellschaftliche Verantwortung übernehmen und ihre Erkenntnisse dort einbringen.

Begleitet wird dieses verantwortliche Tun durch kontinuierliche Teamsitzungen, Freizeit-Spiel-Nachmittage, Einzelgespräche sowie Fort- und Weiterbildungsangebote vom Einführungs- bis zum Abschlussseminar.

6.9.2 Konzeption und Ausgangslage: Von Familien-Entlastungsdiensten zu wechselseitiger Integration

Auf der Grundlage eines Elterninitiativkreises hat sich aus relativ bescheidenen Anfängen vor knapp 30 Jahren, 1977, ein Integrationsdienst für Kinder, Jugendliche und Erwachsene mit ‚Behinderung' im Lebensraum Familie entwickelt, der wesentlich dazu beiträgt, das Familiesein mit einem schon von Krisen betroffenen Familienmitglied möglichst gleichberechtigt für alle lebbar zu machen.

Die Aufgabenfelder der freiwilligen Mitarbeiter ‚*Integrationshelfer*' umfassen:

Unterstützung der Familie mit einem schon von Krisen betroffenen Kind in ihrem Familiesein und in ihrer Funktion als Kerngruppe aller sozialen Integrationsbemühungen und Weiterführung der sozialen Integrationsleistung, die sie als Familie mit einem ‚behinderten' Kind ohnehin aufbringt;

- Förderung des ‚behinderten' Kindes – in Ergänzung der Sonderschule o.a. und ggf. in Weiterführung (Wiederholungsübungen) spezieller therapeutischer Dienste, um zur Realisierung vorhandener Entwicklungsmöglichkeiten, zur Vermeidung zukunftsbelastender Entwicklungsdefizite beizutragen;
- Hilfen zur Integration im Umfeld der Familien, in Nachbarschaft, Gemeinde, Stadtteil: Kontaktvermittlung, Freizeitclubarbeit, Gemeinwesenarbeit;
- Vorbereitung und Hilfestellung zur Loslösung aus dem Elternhaus ohne den Druck einer akuten Notsituation, d. h. auf einen Zeitpunkt hin, zu dem es für die Familie und die/den schon von Krisen betroffene/n Tochter/Sohn sinnvoll ist, ein ‚zweites Zuhause' zu finden;
- Weiterführung der Integrationshilfen in anderen Lebensbereichen

Als Lernfelder der komplementären *Freiwilligen Schule fürs Leben* erschließen sich:

- Selbsterprobung im praktischen, verantwortlichen Tun: Erprobung und Entwicklung der eigenen Fähigkeiten und Erfahrung der eigenen Grenzen;
- Berufsorientierung: Vermittlung von Einblicken in die Praxis verschiedener Berufe im Bereich der Arbeit mit von Behinderung betroffenen Menschen und angrenzender Sozialarbeit;
- Wertorientierung, Vertiefung der eigenen Lebenseinstellung: vielfältige Erfahrung des gleichen Menschseins bei Verschiedensein einerseits und Erkenntnis der Begrenztheit allen menschlichen Vermögens andererseits;
- Erkenntnis der eigenen sozialen Mitverantwortlichkeit und der Möglichkeit, auch selber etwas zur Veränderung, zur Verbesserung der Lebensbedingungen benachteiligter Menschen beitragen zu können.
- Erkenntnis sozialer und politischer Zusammenhänge.

Neben dem Ziel, freiwillig hilfreiche Dienste zu schenken als ‚Assistenz' -schon- betroffener Menschen, steht komplementär das gleichgewichtige Ziel, durch offene Arbeit junge Menschen – im *Freiwilligen Sozialen Jahr* wie auch im *Zivildienst* – dafür zu gewinnen, sich für die Dauer eines Jahres sozialen Erfahrungen zu stellen, um in einem gesellschaftlichen Bereich Verantwortung zu übernehmen.

Konzeptionell beginnt die Arbeit mit einem Einführungsseminar, das mit den Rahmenbedingungen der Arbeit vertraut macht und zur vertieften Motivationsklärung der einzelnen Mitarbeiter beiträgt. Danach sind die Mitarbeiter – begleitet durch Fort- und Weiterbildung – in den Familien auf sich selbst gestellt und damit Lernende der -schon- betroffenen Partner.

Unterstützend dazu gehören neben wöchentlichen Teamsitzungen, die der reflexiven Vergewisserung und Verarbeitung einer vorangegangenen Praxis dienen, die Freizeit-Spielnachmittage, bei denen sich die Mitarbeiter mit den ihnen anvertrauten -schon- betroffenen Partnern aus den unterschiedlichen Familien sowohl zur gemeinsamen Freizeitgestaltung als auch zum gegenseitigen Erfahrungsaustausch mit anderen -schon- und -noch nicht- betroffenen Menschen treffen.

Zur Halbzeit folgen das Seminar *Zwischenbilanz* und gegen Ende das Abschlussseminar gemeinsam mit ehemaligen Mitarbeitern im Ausblick auf zukunftsorientiertes Handeln als gesellschaftliche Verantwortung.

6.9.3 Methodisches Vorgehen: • *Partizipation* • *Integration* • *Stabilisierung*

Die *Praxisanleiter* beschreiben die bisherigen Erfahrungen der Mitarbeiter in der *‚Freiwilligen Schule fürs Leben'* skizzenhaft als Lernprozesse. Es ist bemerkenswert, dass sie selbst den Lernprozess als vergleichbaren 3-Schritte-Prozess, aber exakt gegenläufig zu -schon- Betroffenen in umgekehrter Abfolge erleben (vgl. Schuchardt, Erika: Schritte aufeinander zu, Teil I, Kap. 6, 1986, sowie Schuchardt, Erika: Krise als Lernchance, 1985).

Die *Praxisanleiter* berichten:

In einem **ersten Schritt** erleben sich die Mitarbeiter als freiwillig herausgetreten aus ihrem normalen Leben, aus der sog. **Partizipation** voller Begeisterung für das Neue, Unbekannte, erfüllt von erfolgssicherem Tatendrang.

In einem **zweiten Schritt** erfahren sie die direkte, oft hautnahe **Interaktion** mit -schon- betroffenen behinderten Menschen in der Familie, im Heim, in der Bürgeraktion; sie lernen Anpassung an die vorgefundenen Verhältnisse, ohne dass jedoch eine vertiefte Reflexion der eigenen Praxis und der Betroffenheit durch den so direkten Umgang mit ‚Behinderung' feststellbar wäre. Offenbar lassen die konkreten Anforderungen, die die neue Erfahrungswelt an die Lernfähigkeit der Mitarbeiter stellt, zunächst noch wenig Zeit für über die unmittelbare Handlungsebene hinausgehende Lernprozesse.

Wenn dann die Anfangsschwierigkeiten gemeistert sind, lässt sich häufig eine *Euphorie-Phase* beobachten, d. h. ein volles ‚Zur-Schau-Stellen' der gerade erst erworbenen Kompetenzen im Umgang mit von Behinderung -schon- betroffenen Menschen. Später erklärten dazu viele freiwillige Mitarbeiter, dass diese Phase für sie etwas wie mit ‚Exotik' zu tun habe, fast mit der Lust an der Normabweichung, Lust an Tabuverletzungen, Abenteuerlust, um vorzeigen zu können, dass man selbst überhaupt keine Probleme im Umgang mit dem anderen Menschen, -schon- betroffen von Behinderung, habe. Diese Phase ist möglicherweise in erster Linie aus der lebensgeschichtlichen Umbruchsituation der noch jungen freiwilligen Schüler, jungen Berufstätigen, Studierenden erklärbar. Sie machen gesellschaftlich akzeptierte und notwendige Arbeit, können sich gleichzeitig aber gerade in dieser Arbeit von den herrschenden Normen distanzieren, ohne Sanktionen erwarten zu müssen.

In einem **dritten Schritt** zeigen sich bei der Mehrzahl der Mitarbeiter gewisse depressive Stimmungen und Verunsicherungen, sog. ‚**De-Stabilisierung'**. Sie nehmen das Aushalten der täglichen Belastung, das Leben mit einer Behinderung auch als Leiden wahr, und sie drohen ein Stück Orientierung zu verlieren. Die Schwere der Leidenskonfrontation hat sie z. T. völlig desorientiert. Sie suchen nach Wiedergewinnung ihrer Sicherheit, nach ‚*Stabilisierung'*. In den pädagogischen Arbeitsbesprechungen wird nun nicht mehr so viel und so begeistert geredet; der Reiz des Neuen, des ‚Exotischen' hat sich verflacht, und Ansätze der Artikulation der eigenen Betroffenheit werden sichtbar. In diesem *3. Schritt* existentieller Verunsicherung kommt es sehr darauf an, dass Fragen nach Möglichkeiten sinnerfüllender Gestaltung des Lebens *mit* einer Behinderung, Probleme eigener Angst, selbst behindert sein zu können oder später mit einem schon von Krisen betroffenen Kind zu leben, nicht verdrängt werden. Existentiell erleben die freiwilligen Mitarbeiter unerwartet den -schon- betroffenen Partner als ihren Lehrmeister: Er hat den 3-Schritte-Prozess längst erfolgreich vollzogen, er erkämpfte sich aus der existentiellen Verunsicherung – ausgelöst durch Eintritt der Behinderung – über den 1. Schritt der ‚Stabilisierung' seine ‚Integration' als 2. Schritt und schließlich die ‚Partizipation' als 3. Schritt.

Fazit: Entscheidend ist es festzustellen, dass sich hier die Lernprozesswege aufteilen. Die weitaus meisten Mitarbeiter durchlaufen diese kritische dritte Phase als für sie positiv, d. h. sie sind offen für weitere Lernprozesse auf dem Gebiet des sozialen Lernens. Nicht nur, dass sie ein tieferes Verständnis für die von Krisen -schon- betroffenen Mitmenschen entwickeln, sie sind durch die erworbene, sog. ‚vermittelte' Betroffenheit durch den freiwilligen Dienst in der Lage, die Situation der oft gestressten Eltern besser zu verstehen und lebensgeschichtlich fundierte Solidarität mit ihnen zu leben.

Es kommt aber auch vor, dass Mitarbeiter ihre restliche Dienstzeit eher distanziert, routiniert abzuwickeln scheinen. Gleichwohl bemühen sich die Initiatoren besonders darum, diese scheinbar ‚abgebrochenen' Lernprozesse aufzunehmen und gemeinsam weiterzugeben.

6.9.4 Zwischenbilanz:
Freiwillige lernen von ihren -schon- betroffenen Partnern

Die Auswirkungen der *Freiwilligen Schule fürs Leben* sollen aus *dreifacher Perspektive* dargestellt werden: Gruppenleiter, Mitarbeiter, Eltern.

Die **Gruppenleiter** berichten:

„Diese ‚Freiwillige Schule fürs Leben' hat nach unseren Erfahrungen gezeigt, dass die weitaus meisten Mitarbeiter – auch die weniger freiwilligen Zivildienstleistenden – nach ihrer Dienstzeit gleichsam als Brückenköpfe in der Gesellschaft zur Verfügung stehen. So sind aus dieser Arbeit Urlaubsgemeinschaften und Wohntrainingsfreizeiten hervorgegangen, die ohne die Vorerfahrungen aus dem Familienentlastungsdienst so nicht realisiert worden wären. Für die zukünftige Arbeit ergeben sich daraus für uns folgende Überlegungen:

- *Die Arbeit in den Integrationshelferdiensten erhält eine besonders starke Akzentuierung des Integrationsgedankens.*
- *Künftig werden Mitarbeiter neben Familien verstärkt auch in Kindergärten und Schulen eingesetzt, um behinderten Kindern den Besuch von Regelkindergärten und Regelschulen zu ermöglichen.*
- Die integrative Praxis im Freizeitbereich wird ausgebaut durch den *regelmäßigen Besuch öffentlicher Freizeiteinrichtungen."*

Die **Mitarbeiter** berichten:

„Das könnte ich nie! So sagen mir heute viele ... Doch ich selber habe durch die intensive Praxis Behinderte besser kennen gelernt; ich habe in ihnen Menschen entdeckt, die mir auch heute, nachdem ich nicht mehr offiziell mitarbeite, noch nahe stehen ... Inzwischen ist es auch für meine Freunden und Bekannten selbstverständlich, dass ich sie (das anvertraute behinderte Mädchen) hin und wieder mitnehme, wenn wir etwas für uns unternehmen. Und sie fragen auch nach ihr, wenn sie einmal nicht dabei ist."

„Eigentlich habe ich durch die Freizeitgestaltung zusammen mit behinderten Menschen erst denken gelernt. Davor ging ich allem aus dem Weg, was fremd war ... Wir maßen uns an,

Menschen anhand irgendwelcher Maßstäbe, die wir an sie anlegen, zu klassifizieren. Um einen Menschen kennen zu lernen, muss man die Maßstäbe umgehen – wir müssen miteinander umgehen."

Die **Eltern** berichten:

„Wir haben mehrere Kinder, darunter einen schwer behinderten 16-jährigen Sohn. Es gab Zeiten, da war ich mit meinen Kräften ziemlich am Ende ... In diese Zeit fiel die Gründung der Freiwilligen Schule fürs Leben.. Dadurch änderte sich bei uns einiges. Nachmittags kam nun zweimal wöchentlich ein junges Mädchen – jung, fröhlich, ausgeruht, ausgeglichen, unverbraucht, voller Tatendrang... Da unser Sohn nicht spricht, war sie auf ihre Beobachtungsgabe angewiesen und musste, wie auch wir, seine Reaktionen selbst deuten und interpretieren. Wenn das misslang, bekam er heftige Aggressionen. Sie war geduldig und beharrlich und brachte die nötige Ruhe auf, die wir kaum noch besaßen. Es war kaum zu glauben, mit welchem Einfühlungsvermögen, welcher Hingabe, welchem Einsatz und welcher Energie dieses junge Mädchen ihre neue Aufgabe erfüllte.

So wurde es uns leicht gemacht, zeitweise ein Stück Verantwortung abzugeben. Uns waren zwei Nachmittage und Abende in der Woche geschenkt, an denen wir eigenen Interessen nachgehen konnten ...

War vorher die einzige Antwort der Fachleute immer gleichlautend: ‚Geben Sie ihn doch weg ins Heim. Bei der Schwere der Behinderung haben Sie doch ein Anrecht auf einen Heimplatz!' – nun dies! Plötzlich kam da jemand zu uns von der Kirche und ohne Bürokratie. Jetzt fühlten wir uns nicht mehr so im Stich gelassen. Die Auswegslosigkeit unserer Situation hatte sich plötzlich geändert. Da gab es also wirklich Menschen, auf die wir zählen konnten, wenn wir am Ende unserer Kräfte waren. Diese Tatsache allein gab und gibt uns auch heute noch die nötige Zuversicht und Hoffnung für die leider immer noch ungewisse Zukunft unseres Sohnes...

Nicht unwesentlichen Anteil haben die Mitarbeiter an den Fortschritten unseres Sohnes. So hat er gelernt, sich in außerhäuslichen Situationen zurecht zu finden; er geht jetzt häufig auf andere zu, seine Ängste haben nachgelassen, Vertrauen wurde aufgebaut. Unser Sohn zeigt deutlich seine Freude, wenn die Mitarbeiter ins Haus kommen. Gern und erwartungsvoll besucht unser Sohn heute gemeinsam mit den Mitarbeitern Veranstaltungen ...

Dann gibt es noch die Wochenenddienste. Einmal im Monat haben die Eltern ein ‚freies' Wochenende. Vielleicht ist es für jemanden, der mehrmals jährlich in den Urlaub fahren kann, nicht vorstellbar, was es für uns bedeutet, ein Wochenende lang ohne ‚Pflichten' zu sein ... Natürlich freuen wir uns auf den Sonntagabend, wenn wir alle wieder zusammen sind. Wir merken dann, dass unser Sohn zwar froh ist, uns wiederzusehen, aber er ist auch glücklich und zufrieden beim ausschließlichen Zusammensein mit den Mitarbeitern und er fühlt sich in ihrer Gesellschaft wohl ...

Obwohl wir dem Familienentlastungsdienst viel verdanken, so glauben wir, dass auch wir den Mitarbeitern einiges zu geben haben. Die Mitarbeiter bekommen einen Einblick in das gesamte Familienleben und in das Umfeld mit allen großen und kleinen Schwierigkeiten und Konflikten. Daraus kann eine ganz andere Einstellung erwachsen, als sie z. B. ein meist sehr theorieorientiertes Studium vermitteln kann ..."

Soweit der Bericht über die ‚*Freiwillige Schule fürs Leben*' aus dem Jahr 1986, über die Ausgestaltung sozialen Lernens in der Praxis der ‚*Offenen Behindertenarbeit in Essen*'.

6.9.5 Stand 2003 und Vision

Auch nach fast 30 Jahren ist die ‚*Freiwillige Schule für Leben*' gefragter denn je. Zu den nicht professionellen Mitarbeitsformen: ehrenamtliche Mitarbeit, Freiwilliges Soziales Jahr und Zivildienst ist als neue Mitarbeitsform das *Bürgerjahr* hinzugekommen. Das Bürgerjahr baut auf das Freiwillige Soziale Jahr und den Zivildienst auf, ist eine ganztägige ‚hauptberufliche' Freiwilligenarbeit mit existenzsichernder, sozialversicherungspflichtiger Bezahlung und führt als solche die Möglichkeiten des sozialen Lernens in der Praxis in intensiver, vertiefender Weise weiter.

Das Praxislernen im *Bürgerjahr* vollzieht sich schwerpunktmäßig in Praxisfeldern der Integration:
- Integrative Freizeitgruppen und integratives Jugendhaus
- Integrative Ferienfreizeiten und Urlaubsgemeinschaften
- Integrationshelferdienste in Regelkindergärten und Regelschulen
- Integrative Arbeitsprojekte, u. a. in Stadtteil-Cafés
- Integrierte Wohnprojekte, u. a. Arche-Wohngemeinschaften

Die praktische Arbeit mit von Behinderung betroffenen Menschen ist exemplarisch für jede Arbeit mit Menschen in kritischen Lebenssituationen, z. B. im Alter, bei Obdachlosigkeit, bei Ausgrenzung und Isolation u. a.

Von entscheidender Bedeutung für das Gelingen des Lernens bzw. des Weiterentwickelns von mehr Menschlichkeit untereinander ist es, dass Integrationshelfer entdecken, welch ein verborgener Reichtum sich ihnen aus der neuen Partnerschaft in der ‚Schule fürs Leben' erschließt. Umgekehrt ist aber auch darauf zu achten, dass Menschen mit Behinderung nicht für die Zwecke des Lernens instrumentalisiert werden.

Es ist beabsichtigt, auf der Basis der 30-jährigen ‚*Freiwilligen Schule fürs Leben*' die Weiterentwicklung einer ‚*Praxisschule der Menschlichkeit*' als Modellprojektphase auszubauen.

Unsere Angebote offener integrativer Arbeit mit von Behinderung -schon- betroffenen Menschen wurden seit 1989 unter das Leitmotiv ‚*Miteinander für eine menschlichere Stadt*' gestellt. Die Vision der Initiatoren:

Die Aktion ‚*Menschlichere Stadt*' nicht als exklusives Markenzeichen der Essener Arbeit zu verstehen, vielmehr als verbindendes Gütesiegel, das sich viele andere Organisationen, Institutionen, Projekte zu eigen machen können mit der folgenden Konzeption und Zielvorstellung:
- Integrative Projekte und ambulante Dienste einrichten
- Praxisschule der Menschlichkeit und Beiträge zur Stadtentwicklung initiieren

- Kommunikation in Verschiedensein einüben
- Miteinander leben in Vielfalt
- ‚Den Wärmestrom in der Gesellschaft verbreiten' (Adorno, Negt)
- Für eine Kultur des Zusammenlebens von Menschen, von Krisen -schon- und -noch nicht- betroffen, eintreten, die einander komplementär bereichern in einer ‚menschlicheren Stadt'.

- *Quellen:*
    - Gespräche mit Herrn K. v. *Lüpke* und Dr. E. *Herrmann,* Leiter des FID-Projektes im Evangelischen Stadtkirchenverband Essen.
    - Gespräche mit Mitarbeitern des FID-Projektes.
    - Gespräche mit Eltern des FID-Projektes.
    - Manuskript von Herrn v. *Lüpke* und Dr. *Herrmann*

6.10 Wo man sich trifft: Im Café Lahr; wo man wohnt, wie jeder andere auch – Integration im Alltag erlernen

(K)ein Wiener Café: Der Treffpunkt Café Lahr

Am Anfang stand die Initiative eines ‚*Vereins der Freunde der Lahrer Werkstätten*' , der sich aus Bürgern und Bürgerinnen der Stadt Lahr und ihrer Umgebung zusammenfand. Diese Gruppe von ca. 150 Mitgliedern suchte nach Möglichkeiten, gemeinsam mit den damals etwa 200 Beschäftigten der Lahrer Werkstätten sich in das gesellschaftliche Leben zu integrieren.

Die zündende Idee des Vereins, einen zentralen Treffpunkt zu initiieren, führte zur Gründung: *Treffpunkt Café Lahr* – *(k)ein Wiener Café.*

Außergewöhnlich war die Doppelfunktion dieses Cafés: Gleicherweise *Treffpunkt und Laden.* In der nun jahrzehntelangen Geschichte war die Arbeit im Treffpunkt zwar Schwankungen ausgesetzt, aber die Konzeption des Begegnungstreffs blieb unerschütterlich lebendig, siehe Film-Dokumentation DVD.

Im *Treffpunkt Café Lahr* können Bürger und Bürgerinnen der Stadt im gelungenen Ambiente einander begegnen, selbstgebackene Kuchen und Torten der Bewohner der Lahrer Einrichtung genießen und im Laden die Eigenprodukte der Lahrer Werkstätten einkaufen. Die Ursprungsidee stammt nicht zuletzt aus der relativen Abgeschiedenheit von Wohnheim und Werkstätten und der daraus resultierenden unzureichenden Möglichkeiten alltäglicher, natürlicher Begegnung.

Der Treffpunkt Café Lahr stützt sich auf vier *konzeptionelle Grundlagen*:

zu 6.10: Wo man sich trifft im Café Lahr – Integration im Alltag erlernen

© Erika Schuchardt

1. den pädagogisch-therapeutischen Aspekt:
Der *Treffpunkt Café Lahr* sollte zur Schaffung kreativer Arbeitsplätze für Menschen mit Behinderung beitragen und anders als die Lahrer Werkstätten keine industrielle Ausprägung haben. Im Bereich Küche, Service und Verkauf wurde den von Behinderung -schon- betroffenen Mitarbeitern die unmittelbare Identifikation mit ihrer Arbeit erleichtert; die Arbeit fand in kleineren überschaubaren Gruppen statt und war abwechslungsreicher und von größerer Eigen-Verantwortung geprägt. Ferner gab es eine Palette von Möglichkeiten der Begegnung mit -noch nicht- betroffenen Lahrer Bürgern ohne jeden Besucher-/‚Zoo'-Effekt. Die *Produkt-Herstellung* war geprägt durch die Erfahrung der Ganzheitlichkeit – vom Material-Einkauf über die Herstellung bis hin zum Verkauf der Waren – und trug so entscheidend zur erhöhten Sinnstiftung des eigenes Tuns bei. Kreativität, Flexibilität und Solidarität konnten angebahnt und gefördert werden und darüber hinaus erlebten die -schon- betroffenen Menschen die unmittelbare Anerkennung ihres Könnens. Umgekehrt fühlten sich die -noch nicht- betroffenen Bürger und Bürgerinnen unerwartet bereichert und beschenkt, täglich freuten sie sich auf das persönliche Verwöhnt-Werden: das begann mit der herzlichen Begrüßung, dem Genuss von Kaffee und Kuchen aus eigener Herstellung und nicht zuletzt in der Erfahrung, dass die eigenen Bedürfnisse von den Augen abgelesen wurden.

2. den gesellschaftlichen Aspekt:
Durch die Bereitstellung von alltäglichen ‚natürlichen' Kontakt-Möglichkeiten konnte bei allen Beteiligten wechselseitig ein zunehmender Abbau von Vorbehalten und Vorurteilen bewirkt und das öffentliche Bild von Menschen mit Behinderungen neu erfahren werden und Gestalt annehmen. Das Angebot des Café Lahr und des ihm angegliederten Ladens richtete sich sowohl an alle Einwohner der Stadt Lahr und darüber hinaus durch Mund-zu-Mund-Propaganda an die Umgebung. Besondere Akzeptanz fand es bei Jugendlichen, bei umliegenden Betrieben und Kirchengemeinden, also bei Menschen, die für Begegnungen aufgeschlossen waren und dabei ein neues Engagement für soziale Arbeit – bisweilen – unerwartet entdeckten. ‚Sozialarbeit' wurde hier als partnerschaftliches Geben und Nehmen verstanden und praktiziert.

3. den wirtschaftlichen Aspekt:
Der Treffpunkt Café Lahr wurde als Ergänzung zu den Lahrer Werkstätten verstanden, nicht aber als ein wirtschaftlich abhängiger Faktor. Durch den eigenen Verkauf von Produkten wurde er zu einem weiteren finan-

ziellen Standbein der Einrichtung, vor allem, da die Anteile für den Zwischenhandel entfielen. Der wirtschaftliche Erfolg steht und fällt mit der Attraktivität des Cafés, die durch das Motto ‚*Wo man sich trifft: im Café Lahr*' sprichwörtlich wurde. Es galt eben als ‚*in*', sich dort zu treffen und einzukaufen.

4. *den kulturellen Aspekt:*
Durch ein umfassendes zielgruppenorientiertes Rahmenprogramm unter dem Motto ‚*Torten- und Kultur-Genuss*' wurde die Attraktivität gesteigert. So gab es Angebote aus den Bereichen Literatur, Bildende Kunst und Musik, wurde die Einrichtung zum Geheimtipp.

- *Wo man wohnt wie jeder andere auch: In Gruppe, Familie, Partnerschaft*

Die dazu gehörigen Lahrer Werkstätten sind seit 1974 Einrichtung der Johannes-Anstalten Mosbach, somit Mitglied im Diakonischen Werk Baden. In den Lahrer Werkstätten arbeiten zur Zeit 273 Menschen mit geistiger Behinderung, wohnen derzeit 156 Bewohner/Bewohnerinnen in verschieden ‚*gestuften Wohnformen*', abhängig vom Hilfebedarf und der Lebensphase der -schon- betroffenen Bewohner.

Zielvorstellungen – zum ‚*Wohnen wie jeder andere auch*' – basieren auf dem Grundgedanken der weitestgehenden Verselbstständigung von -schon- betroffenen Menschen durch die Förderung im sog. ‚*Betreuten Wohnen von -schon- betroffenen Menschen mit einer Behinderung*' (BWB), seit 1999 eine Wohnform zwischen Außenwohngruppen/-Wohngemeinschaften einerseits und dem völlig selbständigen Wohnen ohne Betreuung sowie durch das sog. ‚*Begleitete Wohnen in Familien*' (BWF), seit 2002 eine Wohnform als Mitglied einer Familie, die durch Mitarbeiter im Prozess des Zusammenlebens begleitet wird.

Die Zielvorstellungen sind wie folgt:
- Die angebotenen Wohnformen sollen -schon- betroffenen Menschen eine ihren Bedürfnissen und Fähigkeiten entsprechende Lebensform ermöglichen.
- Die Durchlässigkeit aller Wohnformen soll gewährleistet sein, um flexibel auf Veränderung des Versorgungs- und Betreuungsbedarfs jedes Einzelnen einzugehen.
- Die Sicherstellung der Pflege ist in je spezifischen Wohnformen bei vorhandenem Fachpersonal zu gewährleisten.
- Freiräume zur Eigengestaltung bei gleichzeitigem Hilfsangebot sind ausreichend zur Verfügung zu stellen. Bisherige Grundsätze wie Selbst-

versorgung, lebenspraktisches Handeln, Integration im sozialen Umfeld, Förderprogramme sind fortzusetzen.
- Förderziele und Inhalte aus den Anfängen der Arbeit sind kontinuierlich anzustreben:
Wertevermittlung wie Eigentumsverständnis, Umgang mit Geldangelegenheiten, Rechte und Pflichten als Bürger und Bürgerinnen der Bundesrepublik, u. a. Ausübung des Wahlrechts, Freizeitgestaltung als Regeneration, Urlaubsplanung und -Gestaltung, Selbst- und Mitbestimmung u. a. in Heimbeiräten, Akzeptanz des Anderen in gemeinsamen Wohngruppen, in Partnerschaften, in der Gemeinschaft. Evaluierung der Arbeit erfolgt über kontinuierliches Qualitätsmanagement. Öffentlichkeitsarbeit durch Aktionen zur Transparenz und Präsenz in der Öffentlichkeit.

Erforderliche Schritte zur Realisierung der Zielvorstellungen in Wohngemeinschaften sollen exemplarisch anstoßgebend dargestellt werden:
6. Motivierter, verantwortlicher Mitarbeiter (Gruppenleiter) wohnt bereits in dörflicher Gemeinschaft oder Wohngegend, verfügt somit über notwendige Kontakte zum Umfeld, Mitgliedschaft in Vereinen, Aktivitäten in Kirche und Kommunalgemeinde. So wird er zum Kristallisationspunkt für eine Wohngemeinschaft.
7. Suche nach geeigneten, individuell zu gestaltenden Mietobjekten, dadurch Möglichkeit zur Wohngruppendifferenzierung.
8. Gruppenfindungsprozess und ‚Trainings'-Wohnen zur Vorbereitung.
9. Motivierung des gesellschaftlichen Umfeldes, Gewinnung von Multiplikatoren.
10. Aufbau von Nachbarschafts-Kontakten, z. B. durch Initiierung von Festen; Aufbau von Nachbarschaftshilfe.

Die Entwicklung des gestuften Wohnangebotes seit den Anfängen in den 70er Jahren zeigt nicht nur eine breite Palette differenzierter Wohnformen, sondern wachsende Zufriedenheit der -schon- betroffenen Bewohner sowie der -noch nicht- betroffenen Nachbarn, parallel zu erkennbarem Zugewinn von wachsender Sicherheit und Selbständigkeit.

- *Das Fazit im Spiegel der am Projekt Beteiligten:*

Die Zufriedenheit der Betroffenen mit ihrer Wohnsituation hat sich erheblich verbessert. Aussagen von -schon- betroffenen Bewohnern:

„Wir sind vorwärts gekommen" – „Wir haben ein eigenes Zuhause" – „Wir leben mit unseren Tieren" – „Wir ernten aus unserem Garten" – „Wir fahren mit dem Bus zur Arbeit und kommen abends wieder heim" – „Wir machen einen Küchenplan, kaufen selbst ein und kochen unser Essen selbst" – „Wir laden ein zu Festen und haben eigene Gäste" – „Wir wohnen mit Freund und Freundin zusammen und haben gute Nachbarn".

- *Quellen:*
  - Gespräche mit Heilerziehungspfleger *Karl-Heinz Schaller,* dem Wohnheimleiter der ‚Lahrer Werkstätten', zugleich im Stadtrat der Stadt Lahr und Ortsvorsteher des Stadtteils Langenwinkel.
  - Gespräch mit *Rolf Kopf,* Vorsitzender der ‚Aktion Treffpunkt' e.V.
  - Gespräch mit *Thomas Fick,* Gesamtleiter der Lahrer Werkstätten der Johannes-Anstalten Mosbach.
  - Manuskript von Karl-Heinz *Schaller* u. a.

6.11 Von der Aktion ‚Sorgenkind' zur Aktion ‚Mensch' Aufklärung durch TV-Spots, Ausstellungen, Aktionen

Die Aktion ‚Mensch', uns allen bekannt durch ihre professionelle Öffentlichkeitsarbeit wie Ausstellungen, Kampagnen, Fernsehspots, versteht es in besonderer Weise, die Bevölkerung emotional anzusprechen, aufzuschließen und die Situation von Menschen, -schon- betroffen von Behinderung, deutlich zu machen.

So lauten die Fernsehspots:
- aus Aktion ‚Sorgenkind' wird Aktion ‚Mensch'
- aus Teilnahme wird Leidenschaft
- aus Rücksicht wird Respekt
- aus Ideen werden Visionen
- aus Gegenwart wird Zukunft

so titeln die Ausstellungen:
- der ‚im'-perfekte Mensch – vom Recht auf Unvollkommenheit, Deutsches Hygiene Museum, Leipzig, 2001/2002
- Bilder, die noch fehlten – Zeitgenössische Fotographie, Deutsches Hygiene Museum, Leipzig 2000

Von größtem Interesse sind in unserem Zusammenhang die Ausführungen des langjährigen Vorsitzenden und ZDF-Intendanten *Dieter Stolte* anlässlich der Namensänderung von ‚Aktion Sorgenkind' in ‚Aktion ‚Mensch', ausgerichtet auf die Haltung und das Verständnis der zur Hilfe aufgerufenen -noch nicht- betroffenen Menschen:

„Und schließlich: Wenn es um behinderte Menschen geht, dann geht es zugleich auch um die nicht behinderten. Wenn man etwas über eine gesellschaftliche ‚Minderheit' erfahren

zu 6.11: Von der Aktion Sorgenkind zur Aktion Mensch
Aufklärung durch TV-Spots, Ausstellungen, Aktionen

möchte, dann sollte man sich auch die Mehrheit anschauen. Wer sich mit ‚Behinderung' auseinandersetzen möchte, muss sich auch mit unseren Begriffen und Vorstellungen von ‚Normalität' auseinandersetzen.

Über das Wesen des Menschseins machen sich die Menschen schon seit Jahrtausenden ihre Gedanken. Es ist das stete Ringen um den rechten Umgang miteinander. Und es ist kein Zufall, dass der Soziologe Carl Schmitt – ein Wegbereiter des Nationalsozialismus – dafür eintrat, dass der Begriff ‚Mensch' in der Verfassung gestrichen und durch ‚exaktere' Begriffe wie Volksgenosse, Reichsbürger, Ausländer, Jude usw. ersetzt werden müsse.

Wir haben keine abschließende Antwort darauf, was ‚Menschsein' bedeutet und wir haben auch nicht die Absicht, ein bestimmtes Menschenbild festzuschreiben oder eine daraus abgeleitete neue Moral zu etablieren. Wir möchten aber mit unserem neuen Namen zum Ausdruck bringen, dass wir uns jedem menschlichen Leben als Gleiches unter Gleichen verpflichtet fühlen."

Die weiteren Ausführungen von Intendant *Stolte* sind ein hervorragendes Beispiel in Parallele zum Paradigmenwechsel in der Erziehungswissenschaft (s. Einführung in diesem Band):

„Die Aktion Sorgenkind ändert ihren Namen. Denn wer etwas verändern will, muss bei sich selbst anfangen. Für die Aktion Sorgenkind ist die Namensänderung allerdings nicht erst der Beginn, sondern der vorläufige Höhepunkt und die notwendige Konsequenz eines Veränderungsprozesses. Er wurde vor einigen Jahren eingeleitet und seitdem systematisch und erfolgreich in allen Bereichen der Aktion Sorgenkind umgesetzt.

Es begann 1995 mit der Logoänderung beim alten ‚A' in das neue, Ihnen allen bekannte Aktionslogo. Damals hatte die Aktion Sorgenkind mit einer Kampagne für Aufmerksamkeit gesorgt, die unter der Überschrift ‚Ich will kein Mitleid, ich will Respekt' die Öffentlichkeit mit einem realistischen, zeitgemäßen Bild von Menschen mit Behinderungen konfrontiert hat. 1996 führte die Aktion Sorgenkind das neue Superlos ein, dem ein so nachhaltiger Erfolg beschert ist, dass sich die Jahresumsätze mittlerweile verdreifacht haben. Die Zukunft der Aktion Sorgenkind und neuen AKTION ‚MENSCH ist wirtschaftlich gesichert. Die Jahre 1997 und 1998 schließlich standen unter dem Zeichen einer großangelegten Bürgerrechtskampagne, der ‚Aktion Grundgesetz', die von der Aktion Sorgenkind initiiert, organisiert und begleitet wurde. Über hundert Verbände der Behindertenhilfe und -selbsthilfe haben sich an der Kampagne beteiligt und dafür gesorgt, dass der erst 1994 in die Verfassung geschriebene Satz ‚Niemand darf wegen seiner Behinderung benachteiligt werden' mittlerweile einem großen Teil der Bevölkerung geläufig ist. Auch in der Förderpolitik hat sich die Aktion Sorgenkind kontinuierlich weiterentwickelt. Die neuen Förderprogramme sind Ausdruck dieser innovativen Förderung.

Im Juni 1999 hat die Mitgliederversammlung der Aktion Sorgenkind beschlossen, dass die Aktion Sorgenkind ab 1. März 2000 ‚AKTION ‚MENSCH' heißen soll!

Wir haben natürlich versucht herauszufinden, was die Öffentlichkeit mit dem Begriff ‚Mensch' verbindet und sind zu dem – für einige vielleicht überraschenden – Ergebnis gekommen, dass die meisten Menschen mit ‚Mensch' etwas sehr Positives verbinden: Familie, Freundschaft, Nähe, Menschlichkeit. Die negativen Aspekte der Menschheit wie die Fähigkeit, Krieg zu führen, werden als ‚unmenschlich' bezeichnet.

Wir haben auch herausgefunden, dass mit dem Namen ‚AKTION ‚MENSCH' unmittelbar eine Organisation assoziiert wird, die im sozialen Bereich tätig ist. Auch das war uns wichtig.

Am wichtigsten aber war und ist die dem Begriff Mensch eingeschriebene Programmatik: Sich als Menschen zu begegnen heißt, sich auf derselben Augenhöhe zu begegnen. Men-

zu 6.11: Von der Aktion Sorgenkind zur Aktion Mensch
Aufklärung durch TV-Spots, Ausstellungen, Aktionen

© Erika Schuchardt

schen als Menschen ernst zu nehmen heißt, sie so zu respektieren, wie man selbst respektiert werden möchte. Wer zuerst die Behinderung sieht, sieht nicht den Menschen ..."

In der Namensänderung und ihrer Begründung spiegelt sich der Paradigmenwechsel in der Erziehungswissenschaft wider, der auf andere Bereiche ausstrahlte. Entspricht ‚Aktion Sorgenkind' bei seiner Gründung vor 36 Jahren zeitbedingt der Orientierung am normativen Paradigma der 70er Jahre, wandelte sich dies im Verlauf einer gesellschaftlichen Bewusstseinserweiterung in den 90er Jahren gemäß dem neuen interpretativen Paradigma in eine differenziert erkennende Wahrnehmung gesellschaftlich bedingter Konstruktion von Wirklichkeit, derzufolge die Aktion Grundgesetz die Absage von Mitleid und die Ansage von Gleichheit intendierte, und die Entwicklung mündete gegen Ende des Jahrzehnts/Jahrhunderts/Jahrtausends gemäß dem komplementären Paradigma in der Erkenntnis des ‚sich als Mensch begegnen', also im neuen Logo ‚AKTION ‚MENSCH'.

Aus der Sicht der Erwachsenenbildung/Weiterbildung bedarf es nach dem 1. Schritt des Anstoßes und des 2. Schrittes der Integration nun noch eines neuen 3. Schrittes der Partizipation, das heißt, das Erleben und Erlernen von Solidarität durch die von der ‚AKTION ‚MENSCH' angesprochenen Mit-Bürger im Rahmen einer ‚Inter-AKTION ‚MENSCH'.

- *Quellen:*
  - Gespräche mit Intendant *Dieter Stolte*
  - Gespräche mit Geschäftsführer Herr *Gutschek*
  - Gespräche mit Pressereferentin Frau *Zirbek*
  - s. auch www.aktion-mensch.de

6.12 Niedersachsen-Initiative: DEMOKRATIE LEBEN, RECHTE NUTZEN LERNEN ‚Nichts über uns ohne uns – wir wählen mit!'

‚*Nichts über uns ohne uns!*' Das ist nicht nur *Motto* des gegenwärtigen Europäischen Jahres der Menschen mit Behinderungen, es ist zugleich *Titel und Programm* einer Initiative des Landes Niedersachsen, der Stadt Hannover, durch die das Land Niedersachsen zum Schrittmacher für die Umsetzung des *Gleichstellungsgesetzes des Bundes* geworden ist.

Ende Februar 2002 hatte der *Deutsche Bundestag* das *Gleichstellungsgesetz* für von Krisen -schon- betroffene, ‚behinderte' Menschen, insgesamt 6,6 Millionen von insgesamt ca. 82,5 Millionen Bürgern in Deutschland, beschlossen. Damit ist ca. jeder zwölfte Bürger unmittelbar angesprochen. Fokussiert haben Verantwortliche auf allen Ebenen, insbesondere die Weiterbildungs-Träger, den Anteil von beinahe 10 % -schon- betroffener Menschen der Gesamtbevölkerung in den Blick genommen und als vorrangige Weiterbildungsaufgabe erkannt: DEMOKRATIE LEBEN, RECHTE NUTZEN LERNEN. Das Gleichstellungsgesetz stärkt die selbstbestimmte Lebensführung von ‚Behinderung' -schon- betroffener Menschen. Es verbessert ihre gleichberechtigte Teilhabe am gesellschaftlichen Leben und am politischen Geschehen. Die Botschaft lautet: Teilhabe und Selbstbestimmung stärken. Es ist entscheidend, dass von der Krise ‚Behinderung' -schon- betroffene Menschen das demokratische Recht auch nutzen lernen. Die Broschüre ‚*Wie man wählt*' unterstützt dabei die Möglichkeit, das Wahlrecht wahrnehmen zu können wie jeder andere auch. So gesehen ist sie ein weiterer bedeutsamer Schritt auf dem Weg aus der Isolation über die *Stabilisierung* (Schritt 1) zur *Integration* (Schritt 2) hin zur *Partizipation* (Schritt 3).

Der *An-Stoß* dazu ging von -schon- betroffenen Bürgern, insbesondere dem Sprecher des Heimbeirates einer Diakonischen Einrichtung aus, der in seiner Funktion den Beauftragten des Landes Niedersachsen für Fragen schon von Krisen betroffener Menschen nach einer Informationsbroschüre befragte.

Der Telefonappell lautete:

> „Herr Finke, Sie sind doch unser Behindertenbeauftragter. Sie geben doch immer so viele Broschüren und Materialien heraus. Haben Sie auch eine Broschüre zur Wahl? Wir wollen ohne unsere Betreuer und Eltern wählen."

Direkt nach Neujahr 1998 vor der Landtagswahl in Niedersachsen gab diese Anfrage eines Mitglieds eines Heimbeirats Anlass zu Recherchen. Das Ergebnis: Entsprechende Materialien in leicht lesbarer Form existierten noch nicht. Eine Kollegin von der Volkshochschule in Hannover erinnerte sich, so etwas in Schweden gesehen und mitgenommen zu haben. Auf der Basis ihrer Übersetzung und der Materialien aus Niedersachsen entstand noch rechtzeitig zur Landtagswahl die erste leicht lesbare Wahlhilfebroschüre ‚nicht nur' für Menschen mit ‚Behinderung' mit dem Titel: ‚*Wie man wählt*'. Sie wurde im Schnellverfahren erstellt und im Schnelldruck *gemeinsam* vom Büro des Behindertenbeauftragten, der Lebenshilfe Niedersachsen und der VHS Hannover der Öffentlichkeit vorgestellt. Die Auflage von 3.000 Exemplaren war in Kürze vergriffen. Der Sozialverband Reichsbund (jetzt Sozialverband Deutschland e. V., abgekürzt SoVD) meldet sich und bot sich an, diese Broschüre zur Bundestagswahl im selben Jahr bundesweit zu verbreiten.

Im Rahmen der ‚*Aktion Grundgesetz*', die 1998 von ‚*Aktion Sorgenkind*' – seit 2000 umbenannt in ‚AKTION ‚MENSCH' – initiiert wurde, wurde eine bundesweite Aufklärungskampagne zur Wahlbeteiligung nicht nur -schon- betroffener ‚behinderter' Menschen gestartet. Neben den ca. 360.000 von ‚geistiger Behinderung' schon betroffener Menschen sollten auch die 800.000 unter Betreuung stehenden Personen und etwa vier Millionen von Analphabetismus sowie 250.000 von Gehörlosigkeit betroffene Menschen ermutigt werden, ihre Stimme bei der bevorstehenden Bundestagswahl abzugeben. Das Vormundschaftsrecht war 1992

Niedersachsen

Niedersachsen

zu 6.12: Niedersachsen-Initiative: Demokratie leben, Rechte nutzen lernen
‚Nichts über uns ohne uns – wir wählen mit!'

© Erika Schuchardt

durch das neue Betreuungsgesetz wesentlich verändert worden. Hiernach können alle unter Betreuung stehenden Personen, bis auf diejenigen, die ausdrücklich für alle Lebensbereiche unter Betreuung gestellt sind, ihr aktives Wahlrecht nutzen. Mit einer Übergangsfrist von zehn Jahren sollten alle Vormundschaften überprüft werden. Das demokratische Grundrecht zu wählen ist in der Bundesrepublik Deutschland ein Recht für jeden Bürger, für jede Bürgerin. Von daher galt es, Maßnahmen zu treffen, dass solche erstrittenen demokratischen Rechte – Gleichstellungsgesetz 2002 – von jedem einzelnen Bürger zu nutzen gelernt werden, und zwar selbstbewusst, angstfrei, geheim. Vielen Bürgerinnen und Bürgern, unabhängig ob -schon- oder -noch nicht- betroffen, war gar nicht bewusst, dass der genannte Personenkreis seit der Gesetzesänderung wahlberechtigt ist. Zum Teil wurde es mit Unbehagen zur Kenntnis genommen. Früher entmündigten Bürgerinnen und Bürgern durch Aufklärung behilflich zu sein, aktive mündige Bürgerinnen und Bürger neu zu gewinnen und im Rahmen ihrer Möglichkeiten Politik zu gestalten, war das anzustrebende Ziel. Dabei ging es um zweierlei: Einerseits die eine Hälfte der -schon- betroffenen Menschen zu erreichen, die in Verbänden, Heimen oder Werkstätten organisiert ist, andererseits die andere Hälfte, die allein, in Familien oder in betreuten Wohngemeinschaften lebt. Hierzu bedurfte es eines breiten Bündnisses. Wichtigster Partner wurde die Vereinigung ‚Aktion Grundgesetz', die sowohl den wesentlichen Teil der Finanzierung als auch eine erhebliche ideelle Unterstützung einbrachte. Die großen Wohlfahrtsverbände, aber auch wichtige Organisationen wie die Lebenshilfe unterstützten dieses einzigartige Projekt – in einem bundesweit beispielhaften Beschluss. Die Volkshochschule Hannover verfasste in der Person von *Ulrike Ernst* in Anlehnung an die schwedische Vorlage sowohl die Texte zum Wahlvorgang als auch zur Briefwahl in einfacher Sprache. Die begleitenden Cartoons, die die Seiten der Broschüre in anregender Form illustrierten, wurden von dem Kooperationspartner der ‚integ-Jugend' im SoVD in Person von *Matthias Herrndorff* erstellt. Um möglichst viele Menschen mit Behinderung und deren Assistenten bzw. Betreuer zu erreichen, blieb man auf breite Medienunterstützung angewiesen. Dies ist gelungen, nicht nur wegen der freundlichen Präsentation, sondern auch wegen des breiten Bündnisses und wegen des gemeinsamen demokratischen Anliegens, allen Bürgerinnen und Bürgern das Wählen zu ermöglichen. Begleitet wurde die Broschüre von gezielten Bildungsangeboten zur bevorstehenden Bundestagswahl, nämlich Angeboten etlicher großer Einrichtungen sowie auch von Weiterbildungseinrichtungen wie der Volkshochschule Hannover selbst. Erschien die Auflage von 150.000 anfänglich recht hoch, musste bald festgestellt werden, dass sie gerade eben ausreichte.

Die breite Resonanz und der breite Personenkreis, die mit dieser Broschüre erreicht wurde, veranlasste die Initiatoren, zur Bundestagswahl 2002 eine überarbeitete Auflage zu erstellen. Die bisherigen Kooperationspartner signalisierten, dass sie sich auch künftig beteiligen wollten. Orientierung über den Wahlvorgang benötigen nicht nur von geistiger Behinderung betroffene Menschen, sondern viele Gruppen, die wenig oder gar nicht lesen können oder eine große Schrift brauchen, unter anderem auch Senioren. Viele Schulklassen griffen ebenfalls gern auf das attraktive comicähnliche Material zurück. Rechtzeitig zur Bundestagswahl 2002 wurde die neue Broschüre konzipiert. Menschen, -schon- betroffen von geistiger Behinderung, waren selbst bei Organisation, Planung und Umsetzung punktuell beteiligt. Der Kreis der Kooperationspartner wurde erweitert. Die Bundesarbeitsgemeinschaft Werkstätten für Menschen mit Behinderung, aber insbesondere das Netzwerk People First, ein Netzwerk für Menschen mit Lernschwierigkeiten, und der Deutsche Volkshochschulverband waren mit im Boot. Der Vertreter von People First hat die neue Broschüre Satz für Satz und Bild für Bild mit erstellt und die Schriftgröße und das Layout mit entschieden. Die Mitwirkung des Deutschen Volkshochschulverbandes wurde einhellig begrüßt, weil hiermit der integrative Aspekt dieser Broschüre ‚Wie man wählt' unterstrichen und ein Signal gesetzt wurde für Bildungsangebote an die Adresse von Personen mit Lernschwierigkeiten auch als Bildungsauftrag für die Volkshochschulen. Die positive Resonanz bei der Bundestagswahl hat alle ermutigt, jetzt auch entsprechende Broschüren zu den unterschiedlichen Wahlen vorzulegen. Es werden also Broschüren zu allen Landtags-, Europa- und Kommunalwahlen erscheinen, die dann in einer Sammelmappe mit der Broschüre zur Bundestagswahl hoffentlich lange von Nutzen sein können.

‚Nichts über uns ohne uns', so lautet das Motto des Europäischen Jahres der Menschen mit Behinderung. Der schon erwähnte Heimbeirat der Diakonischen Einrichtung hat diese Aussage bereits vorweggenommen und deutlich gemacht: ‚Wir wollen das politische Leben mitgestalten. Hierzu bedarf es einer Assistenz'. Ein Mittel hierfür sind die vorliegenden Broschüren ‚Wie man wählt'. Mindestens ebenso wichtig ist es, dass die Bildungseinrichtungen in Heimen und Werkstätten zusammen mit ihren Heim- und Werkstattbeiräten *Angebote politischer Bildung* einrichten. Sie sollten in Kooperation mit großen Weiterbildungseinrichtungen erbracht werden, um den Beschäftigten in Werkstätten und Bewohnerinnen und Bewohnern von Heimen Ängste vor Bildungseinrichtungen zu nehmen. Es wird sie dazu ermutigen, deren Kursangebote für Menschen mit Behinderung, aber auch allgemeine Angebote zu nutzen. Die kooperierenden Bildungseinrichtungen sollten vor Ort Menschen mit Behinderung selbst als Kursleiterinnen bzw. Kursleiter einsetzen und ihnen die erforderliche Assistenz gewähren. Sie können dann später auch selbst Dozenten in der Bildungseinrichtung werden und so bestehende Vorurteile abbauen. An der VHS Hannover finden seit zwei Jahren auch Bildungsurlaubsseminare für Menschen aus sog. ‚Behindertenwerkstätten' statt, deren Kursleiter selbst Personen mit Lernschwierigkeiten sind – aktive Mitglieder von People First, dem schon erwähnten Netzwerk für Personen mit Lernschwierigkeiten. Die Kurse sind zielgruppenorientiert auf den Personenkreis zugeschnitten und erfreuen sich zunehmender Resonanz, seit in den 70er Jahren im Zuge des integrativen Umdenkens erste Modelle Vorreiter in der Bundesrepublik waren (siehe in diesem Doppel-Band Band 2, Teil III, Kapitel 3: ‚Erste' Konzeptionen von Zielgruppenarbeit an Volkshochschulen nach der Bildungspolitischen Zäsur 1970).

In diesem Sinne ist die Kompetenz aller Menschen weiterhin vorrangige Aufgabe der Erwachsenenbildung gemäß dem Motto des Europäischen Jahres der Menschen mit Behinderung:

- ‚Nichts über uns ohne uns'
- ‚Menschen mit Behinderung bereichern das Leben aller' ist die Aussage des Beauftragten für Fragen der Behinderten im Land Niedersachsen, *Karl Finke*
- ‚Es lebe die Vielfalt' ist der Spot der ‚AKTION ‚MENSCH'
- ‚Krisen – auch ein verborgener Reichtum' die Komplementär-These der Autorin *Erika Schuchardt*

- Quellen:
  - Gespräch mit dem Beauftragten des Landes Niedersachsen für Fragen der Menschen mit Behinderung, *Karl Finke*
  - Gespräch mit der Abteilungsleiterin der Volkshochschule Hannover, *Ulrike Ernst*
  - Gespräch mit dem Beauftragten der Bundesregierung für Fragen der Menschen mit Behinderung, *Ernst Haack*
  - Broschüre ‚Wie man wählt: Bundestagswahl', hrsg. Pressestelle der Landeshauptstadt Hannover 2002

6.13 Schuchardts Culture Parade: Integrations-Gipfel im Berliner Reichstag – Dialog in der Werkstatt der Demokratie und an den Kulturstätten der Bundeshauptstadt • seit 2000

Gipfel im Berliner Reichstag, in der Reichstags-Kuppel über dem Plenarsaal des Deutschen Bundestages; hatte es seit dem Umzug des Deutschen Bundestages von Bonn nach Berlin in vielfältiger Ausprägung gegeben, alljährlich lud ich dazu ein – öffnete ich als Abgeordnete die Türen zur Werkstatt der Demokratie –, z. B. zum:

zu 6.13: Schuchardts Culture Parade – Integrations-Gipfel im Berliner Reichstag

© Erika Schuchardt

- Politik-Gipfel,
- Kultur-Gipfel,
- Wirtschafts-Gipfel,
- Wissenschafts-Gipfel,
- Handwerks-Gipfel,
- Bildungs-Gipfel,
- Ehrenamts-Gipfel,
- Medien-Gipfel,
- Kirchen-Gipfel,
- Jugend-Gipfel

(siehe DVD/CD: Blitzlichter einer Bundestagsabgeordneten und *www.prof-schuchardt.de*).

Neu, unerwartet für das politische Umfeld, war die Veranstaltung des *Integrations-Gipfels* im Berliner Reichstag, das war ungewöhnlich, fremd, genehmigungspflichtig wie gewöhnungsbedürftig ..., brachte mir den etwas schillernden Ehrentitel ‚Mutter Theresa des Deutschen Bundestages' ein, nicht etwa weil ich, wie manch anderer unter den Abgeordneten, Menschen mit Behinderungen den Bundestag öffnete, vielmehr weil ich mit dem unnachgiebigen Anspruch auftrat, dass das Miteinander-Leben-Lernen sowohl für eine breite Öffentlichkeit von Bürgern und Bürgerinnen als auch vorrangig für die Gesamtheit des Deutschen Bundestages, seiner Verwaltungs-, Sicherheits-, Dienstleistungs-Stäbe als Chance jedes Einzelnen für erweiterte Einstellungs- und Verhaltensweisen anzusehen war.

Alle Jahre wieder fand in Berlin, u. a. im Berliner Reichstag unter der berühmten Reichstagskuppel, ein sog. ‚*Integrations-Gipfel*' statt. Meiner Einladung folgten jeweils 500 von Krisen -schon- betroffene und 500 -noch nicht- betroffene Teilnehmer aus Braunschweig, Hannover, Hildesheim und aus etlichen weiteren Städten der Bundesrepublik, um Stätten von Politik und Kultur zu besuchen und sich währenddessen und anschließend miteinander auszutauschen, einander zu begegnen.

- Was aber soll ein Integrations-Gipfel bewirken?
- Wem soll ein Integrations-Gipfel vorrangig dienen?
- Wozu kann ein Integrations-Gipfel kurz- und langfristig innovativ anstoßen?

Nach wie vor vertrete ich meine Komplementär-These zur Integration/ Partizipation:

Krisen – auch ein verborgener Reichtum

Der von Krisen -schon- betroffene Mensch ist eine Herausforderung für die Gesellschaft

zu 6.13: Schuchardts Culture Parade – Integrations-Gipfel im Pergamon Museum

© Erika Schuchardt

komplementär gilt:

Die Gesellschaft der -noch nicht- betroffenen Menschen
ist eine Herausforderung für den -schon- betroffenen Menschen
analog der Komplementarität im Symbol des chinesischen Yin Yang.

Das heißt konkret, es geht um nicht mehr und nicht weniger als um

Angebote von Raum und Zeit,
Animation -noch- offener Menschen, Bürger und Bürgerinnen,
An-Stoß zum Miteinander-Leben-Lernen
im wechselseitigen Bezogensein gelebter Integration/Partizipation.

Wo aber kann dies unter anderem besser erfahren, bedacht, erlernt werden als unmittelbar vor Ort – am ‚Tat-Ort der Politik' selbst – in der Werkstatt der Demokratie im Deutschen Bundestag?!

Bei einem solchen Treffen, Schuchardts Culture-Parade und Integrations-Gipfel, entfaltet sich das Miteinander-Leben-Lernen gleich auf drei interdependenten Lern-Ebenen:

Auf der *Meta-Lernebene* der Stäbe in allen Bereichen des Systems Deutscher Bundestag:
- in den Verwaltungsstäben,
- in den Sicherheitsstäben,
- in den Dienstleistungsstäben.

Auf der *Makro-Lernebene* der Professionals wie der Multiplikatoren:
- Bei den Verantwortlichen in allen Institutionen von Politik und Kultur und in den Stätten der Culture-Parade.
- Bei den Multiplikatoren als Begleitende in allen Gruppen.

Auf der *Mikro-Lernebene* der unmittelbaren Kommunikation der wechselseitig füreinander offenen Teilnehmer am Integrations-Gipfel:
- zwischen von Krisen -schon- betroffenen Teilnehmern mit mannigfaltigen Beeinträchtigungen (mit Sinnes-, Körper-, geistiger, psychischer Beeinträchtigung/Behinderung sowie chronischer Erkrankung oder kritischen Lebensereignissen)
- und von Krisen -noch nicht- betroffenen Interessenten (Bürgern und Bürgerinnen aus Niedersachsen und der Bundesrepublik Deutschland).

Das heißt, die zwischenmenschlichen Türen untereinander – weg vom Drehtür-Effekt oder der Ein-Bahnstraße hin zur Zwei-Bahnstraße, also als two-way-communication, – zwischen von Krisen -schon- und -noch nicht- betroffenen Bürgern und Bürgerinnen neu aufzustoßen, möglicherweise für kurz- oder langfristige Paten- und Partnerschaften.

Interessant ist dabei das diametral gegensätzliche Interesse zwischen den beiden Zielgruppen einerseits und der Initiatorin andererseits:

Die *Teilnehmer* verfolgten primär die Motive:
- Events,
- Sightseeing,
- Image-Aufwertung,
- Political Touch, Kultur,
- No Education, – um es gleich vorauszuschicken, ohne Unterschied bei -schon- oder -noch nicht- betroffenen Teilnehmern.

Die *Initiatorin* hat vorrangig die Intentionen:
- das Interaktions-Motiv Miteinander-Leben-Lernen,
- wechselseitiger Anstoß,
- wechselseitige Begegnung,
- wechselseitige Interaktion,
- Partner-/Patenschaften,
- Integration / Partizipation,
- Lehr- und Lern-Arrangements durch Angebote offener Räume, offener Zeiten durch Animation – noch – offener Teilnehmer
- Anstoß zum Miteinander-Leben-Lernen.

Beides legitime, gleichwertige Zielsetzungen, jedoch aus unterschiedlichem Blickwinkel, bei gutem Willen mit Engagement und Leidenschaft – in der Praxis sich beflügelnd – miteinander vereinbar, wie die Statements der Evaluation anschaulich verdeutlichen.

War es doch kein anderer als der berühmte Kommunikationswissenschaftler *Paul Watzlawick* – vielen bekannt durch sein Buch ‚Anleitung zum Unglücklichsein' –, der in seinen grundlegenden Axiomen gelungener Kommunikation / Interaktion erkannte: Der Beziehungs-Aspekt hat immer Vorrang vor dem Inhalts-/Sach-Aspekt und präjudiziert demzufolge die gelungene Interaktion.

Für den Teilnehmer zunächst sekundär wahrnehmbar, geschweige denn intendierbar, war es das vorrangige Ziel der Initiatoren, diese Beziehungs-/Interaktions-Ebene zu fokussieren, und zwar auf allen genannten Ebenen: Meta-, Makro- und Mikro-Ebene.

Angesichts der dargestellten unterschiedlichen Motive der Teilnehmer ließ sich unter dem Dach Integrations-Gipfel im Berliner Reichstag auch hier methodisch das Krisen-Management-Interaktionsmodell zum Lernprozess Krisenverarbeitung als *komplementärer 3-Schritte-Prozess* beobachten und verfolgen:

Für den -schon- betroffenen Teilnehmer
- verwirklichte sich der erste Schritt *Stabilisierung*
  mit der Aufforderung, jeweils einen von Krisen -schon- betroffenen vereinsamten Menschen der nahen Umgebung und der weiteren Umwelt – ich erinnere an mein Einführungskapitel, an Ludwig van Beethoven, der sich selbst als ‚Verbannter' ausgestoßen, menschenfeindlich, lebensmüde erlebte – einen derart isolierten Menschen persönlich aufzusuchen, anzusprechen oder anzumailen und durch kurz- oder langfristige Animation – nicht auszuschließender Re-Animation – anzustoßen zum Mitmachen beim Integrations-Gipfel im Berliner Reichstag. Damit war der Prozess der Stabilisierung untereinander in den bestehenden Gruppierungen wie in der Öffnung für -noch nicht- aktivierte, aber -schon- betroffene Menschen neu in Gang gesetzt.

- der zweite Schritt *Integration*
  ereignete sich ‚vor-programmiert' durch Angebote, Animation, An-Stöße vom Zeitpunkt des Starts unseres Integrations-Gipfels morgens in aller Frühe in den Städten Niedersachsens Hannover, Braunschweig, Hildesheim sowie anderen Städten innerhalb der Bundesrepublik Deutschlands bis zur Heimkehr nach Mitternacht: Nonstop gab es
  - Angebote,
  - offene animierte Menschen,
  - An-Stöße,
  - Raum,
  - Zeit zum Miteinander-Leben-Lernen im wechselseitigen Bezogensein vielfältig auf allen Ebenen (Siehe dazu erstens den Film der Deutschen Welle ‚Integrations-Gipfel in Europa und in der Welt' und zweitens den Film des Landesbildungszentrums für Blinde sowie drittens den Zusammenschnitt auf DVD).

  Im Folgenden wie auch in der Filmdokumentation werden die Integrations-/Partizipations-An-Stöße operationalisiert dargestellt:
  - Gemeinsame Busfahrt,

- Diskussion über die Präsentation der Vorbereitungsfilme während der Anreise,
- Pausenstopp,
- Spaziergang zum Pergamon-Museum,
- Empfangsfanfare und Trompetenmusik vor dem Pergamon-Museum auf der Museumsinsel des UNESCO-Weltkulturerbes,
- Begrüßungsrede des Präsidenten der Stiftung Preußischer Kulturbesitz vor den Stufen des Pergamon-Altars,
- ungeplante Dankeszeremonie der Sprecher und Sprecherinnen des Landesbildungszentrums für Blinde und des Niedersächsischen Taubblindenzentrums für alle Initiatoren der Meta- und Makro-Ebene, also des Bundestags-Stabes sowie der Museen, der Gastronomie, der Sonderdienste,
- Besichtigungs-Touren durch das Pergamon-Museum, durch das Kommunikations-Museum (altes Post-Museum), durch das Technik-Verkehrs-Museum, durch das Alliierten-Museum, durch den Plenarbereich des Bundestages, durch die Reichstagskuppel,
- Diskussions-Pannel im Fraktionssaal des Berliner Reichstags mit Repräsentanten des Deutschen Bundestages,
- Besucher-Tour durch das Bundeskanzleramt und die Gartenanlage an der Spree entlang,
- Abendempfang im Roten Rathaus.

- Der dritte Schritt *Partizipation*
  entwickelte sich zukunftsorientiert nach Maßgabe des wechselseitigen Angestoßen-Seins wie des ausgelösten Engagements. Demzufolge verlief der komplementäre Drei-Schritte-Prozess bei -noch nicht- betroffenen Teilnehmern gemäß dem Krisen-Management-Interaktionsmodell zum Lernprozess Krisenverarbeitung. Die -noch nicht- betroffenen Bürgerinnen und Bürger waren durch ihren Wunsch zur Teilnahme am Integrations-Gipfel im Berliner Reichstag mehr oder weniger freiwillig aus der normgeordneten, von Krisen relativ ‚unberührten' Alltagsgesellschaft aus ihrer perfekt funktionierenden Partizipation (siehe 3. Schritt) herausgerissen. So entdeckten sie sich plötzlich und mehr oder weniger doch unerwartet im Bus, in den Museen, im Reichstag, im Aufstieg auf dem Spiral-Weg in die Reichstagskuppel, mitten in der Diskussion im Fraktionssaal sowie später im Plenarsaal, im Herzen des Deutschen Bundestages, nicht zuletzt beim Empfang des Roten Rathauses und in der Warteschlange zum Abendbuffet – wieder ‚neben', ‚mit', ‚an der Seite von' einem -schon- betroffenen Menschen. So erlebten sie zunächst Schritt zwei ‚Integration' haut-

nah, waren herausgefordert zu interagieren, zu handeln, bemerkenswerterweise sogar sich zu bedanken; waren es doch anfangs allein die -schon- betroffenen Teilnehmer des Integrations-Gipfels, die das Danken nicht vergessen hatten: Eine Delegation -schon- betroffener Teilnehmer stieg mit je einer einzelnen Rose in der Hand von den Stufen des Pergamon-Altars herunter, um sich nach der Begrüßungsansprache des Museumsdirektors und meiner Rede als Initiatorin bei allen Veranstaltungsträgern mit dem sichtbaren Zeichen der Übergabe einer Rose – stellvertretend für alle tausend Teilnehmer – auch einmal öffentlich zu bedanken. Der weitere dritte Schritt, aus der Verunsicherung in der Integration (2. Schritt) wieder zur neu zu entdeckenden Stabilisierung (1. Schritt) zu finden, um verändert durch Integrationserfahrungen gewandelt in die Gesellschaft zurückzukehren, bleibt zukunftsoffen dem Engagement jedes Einzelnen der tausend Teilnehmer aufgetragen.

- Die Evaluation der Wirkung des Integrationsgipfels im Berliner Reichstag erfolgt im *Spiegel ausgewählter Stimmen* aus den drei anvisierten Lernebenen:

- *Stimmen der Meta-Ebene aus dem System Bundestag* im Verwaltungs-, Sicherheits-, Dienstleistungs-Bereich: Konfrontiert mit der nicht enden wollenden Riesenschlange von Hunderten von Besuchern, entstiegen aus der Kette von 20 Bussen, die im Minutentakt jeweils im Eineinhalb-Stunden-Intervall mit 200 Personen vor dem Reichstag vorfuhren, animiert durch das Wort der Abgeordneten des Deutschen Bundestages an die Garde der Sicherheitsbeamten: „Ich bitte Sie um die angemessene Wahrnehmung Ihrer Dienstpflicht, es besteht der ‚Sach'-Zwang zur Kontrolle, aber der ‚System'-Zwang, wie das zu geschehen hat, besteht nicht: Ich appelliere darum an Ihre Entscheidungsfreiheit, den Bodycheck möglicherweise exemplarisch nach von Ihnen festzulegenden variablen Schlüsseln vorzunehmen; ich darf darauf aufmerksam machen, mir sind alle Multiplikatoren der beteiligten Zielgruppen, die jeweils die Verantwortung für die 25 Gruppen tragen, nicht nur persönlich bekannt, ich habe sie sogar weitgehend persönlich auf ihrem Berufsweg begleitet und examiniert." (Lehrstuhl Bildungsforschung/Erwachsenenbildung an der Universität Hannover – auch während meiner Abgeordnetentätigkeit auf eigenen Wunsch unbezahlt, aber kontinuierlich im Rahmen der gesetzlichen Vorschriften weitergeführt).

Das *Ergebnis*: zuvorkommend, rücksichtsvoll begleitet, fast ohne jede Intervention, passierten in knapp 15 Minuten jeweils vier Gruppen à 50 Teilnehmer die Sicherheitsschranken, standen die Sicherheitsbeamten fast fassungslos vor dem, was sie erlebt – ja unwissend selbst durch ihr verändertes Verhalten – ausgelöst hatten:

> „Welch eine Leistung: blind, taub, taubblind, körperbehindert und blind – das ist doch einfach unfassbar! – Diese Ausstrahlung, diese Freundlichkeit, diese persönlichen Worte für uns! – Der Dank allein schon dafür, nicht als blinder Teilnehmer alle einzelnen Dinge auf den Tisch packen zu müssen! – Die Anerkennung, uns gegenüber – einfach unfassbar: so viel Menschlichkeit! – Das war für uns wie Sonne satt! – Ein Lichtblick! – Können Sie das nicht noch öfter machen und öfter kommen? – Das brauchen wir! – Gerade hier im Deutschen Bundestag!"

Nicht anders entwickelte sich die Interaktion mit den *Saaldienern* beim Betreten der Besuchertribünen des Plenarsaals im Deutschen Bundestag: Unkonventionell hatten sie in Anbetracht der Situation, mit Taubheit, Taubblindheit, körperlicher Beeinträchtigung in Folge langfristiger Erkrankung -schon- betroffenen Besuchern konfrontiert zu sein, variabel – abweichend vom ‚System', aber der ‚Sache' angemessen – Zeitfenster geschaffen und damit jedem individuell den Zugang und die Teilnahme an einer Debatte im Deutschen Bundestag ermöglicht.

Hören wir auf der einen Seite die *Stimme einer -schon- betroffenen blinden Teilnehmerin* am Integrations-Gipfel:

> „Das wird mir keiner glauben. Ich war im Plenarsaal des Deutschen Bundestages, an dem Ort, wo über uns entschieden wird. Ich kann zwar die Tagesschau nicht sehen, nur hören oder sie per Blindenpunktschrift übermittelt bekommen, aber jetzt hab' ich etwas von der Weite, der Macht, der Größe ‚gesehen': Diese langen Wege, der tiefe Klang des Echos im Plenarsaal, die Politik zum Anfassen, mir haben sie (die Politiker) die Hand persönlich gegeben – jetzt ‚sehe' ich den Nachrichten ganz anders zu ... und dann haben sie mir auch noch im Fraktionssaal eine Einladung übergeben und mit uns diskutiert. Da bleib ich dran!"

Erscheint diese Stimme eher noch kaum vorstellbar, ist die *Diskussion im Fraktionssaal* überraschend lebendig, lebensnah, fundiert, engagiert, jedem erkennbar, der die tausend Teilnehmer diszipliniert wie engagiert kämpfen hörte, um ihren Anliegen Gehör zu verschaffen, solidarisch zu handeln. Überdies visualisiert in den Sendungen des ZDF, der Deutschen Welle (DW), des NDR, auf DVD konserviert nacherlebbar.

Auf der anderen Seite die *Stimmen der Saaldiener, der Besucherdienste*:

> „Ganz neuartig – eigentlich wollten wir das nicht, zu viel Arbeit, zu viel Stress, zu viel Ungewohntes ... aber jetzt: Einfach überwältigend, diese Disziplin, dieses Interesse, diese Begeisterung und überhaupt gar keine Organisationsprobleme, die halten sich ja an Absprachen –

und wissen Sie, das Schönste: Die ansteckende Freude, das hat uns alle angesteckt – kommen Sie wieder, je öfter, je besser!"

Stimmen der *Makro-Ebene*:
Evaluation bei Professionals, Museumsführern, Multiplikatoren und anderen: Wen ich auch fragte, keiner hatte mit dieser wechselseitig ausgelösten Resonanz gerechnet, sie überstieg alle erwarteten Vorstellungen. War schon das Sonder-Aufgebot der Mitarbeiter zugunsten der -schon- betroffenen Bürger und Bürgerinnen durch ehrenamtliches Engagement noch verbessert worden, so war die Art und Weise des Kontaktes zu den übrigen Museums-Führern und -Besuchern äußerst eindrucksvoll. Offensichtlich hatten die -schon- betroffenen Teilnehmer am Integrations-Gipfel durch ihre Aktion ‚Mitsingen im Museum' als ‚Mitbringsel und Dankeschön' alle anderen Museums-Besucher und -Führer angelockt und sie geradezu zur Interaktion spontan herausgefordert, nahezu eingeladen. Die Filme auf der DVD geben eine Ahnung dessen wieder, was sich auf der Makro-Ebene an Interaktionen gestaltete.

Im Echo des *Museums-Direktors Dr. Schauerte*, der mich schon alljährlich bei etlichen von mir durchgeführten Schuchardts Culture-Parades und -Gipfeln empfangen, begleitet und seit Jahren die ‚Invasion' der jeweils 1.000 Niedersachsen und Bundesbürger erlebt hatte – ich verglich es einmal mit dem Einzug der Hugenotten im Berlin des 18. Jahrhunderts – tauchte die Frage auf, ob die Städte Braunschweig und Hannover zur Zeit entleert ohne Bürger seien und ob es anderswo auf der Welt so viele Menschen guten Willens gebe – denn das, was er gerade erlebt habe, z. B. der Rosen-Regen von Museums-Besuchern als Dankeschön für ein Willkommen, sei ihm in all den Jahren noch nicht begegnet. Und schließlich hätten wir es ja alle miterlebt, wie heute unsere Gipfel-Teilnehmer mit ihrem verlockenden Gesang im Pergamon-Museum magnetisch alle Besucher aus dem gesamten Museum zu den schon von uns Integrations-Gipfel-Teilnehmern vollbesetzten Altarstufen zu Füßen des Pergamon-Altars gelockt hätte und noch wichtiger, sie alle hätten miteinander gesprochen, gesungen und gelacht. Kann es etwas besseres auf der Welt geben als 1.000 Menschen, die miteinander Spaß und aneinander Freude haben, und das mitten in einem Museum?! – Das sei für alle Mitarbeiter ein großartiges Erlebnis und sie müssten fortan in der Tat über ein ‚neues' PR-Konzept nachdenken, und damit käme er zu seiner Frage:

Ob wir – die Schuchardt Culture-Parade-Garde des Integrations-Gipfels im Berliner Reichstag – auch für ihn, das Pergamon-Museum, z. B. zur Langen Nacht der Museum oder zur neuen PR-Konzeption der UNESCO-Weltkulturerbe-Museumsinsel zur Verfügung stünden?!

Zusätzlich war von den *Museums-Mitarbeiter/innen* wieder das Angebot zu hören, – wenn Sie das nächste Mal kommen, dann bieten wir zusätzliche Extras an:

- im Kommunikations-Museum eine Einführung in die Welt der Spionage-Sprache,
- im Technik-Verkehrs-Museum die Sonderfahrt im Kaiser-Wagen,
- im Alliierten-Museum den Sondereinstieg in den Rosinen-Bomber,
- im Pergamon-Museum die Museums-Insel des UNESCO-Weltkulturerbes u. a.

Stimmen der *Mikro-Ebene*:
Evaluation der Interaktionen zwischen den -schon- und -noch nicht- betroffen Teilnehmern. Evaluationen sind fester Bestandteil des Krisen-Management-Interaktions-Modells (KMI) zum Lernprozess Krisenverarbeitung (LPK). Es gab nach allen Aussagen anscheinend keinen Teilnehmer am Integrations-Gipfel im Berliner Reichstag, der lieber daheim geblieben wäre. Unterschiedlich sind die Grade der Wahrnehmung und der Reflexion in Abhängigkeit von der Betroffenheit jedes Einzelnen.

Exemplarisch – neben der ausführlichen Filmdokumentation auf DVD – hier zwei Aussagen:

„Klasse war das, da schiebt einer vom Bundestag meinen Rollstuhl auf die Reichstags-Kuppel, und das fasst Du nicht, das schnallst Du nicht, da sagt er doch zu mir: ‚Wissen Sie, dass unsere Reichstags-Kuppel nur auf einem Spiral-Weg nach oben geht?!' Und ohne meine Antwort abzuwarten, sagt er weiter: ‚Naja, die hat der Architekt sicher für unsere Professorin Schuchardt geplant, damit sich nicht nur jeder Behinderte, sondern auch jeder Bundestagsabgeordnete mal auf die Reise zu sich selbst, zu seiner Seele macht?!' – Dann haben wir über das ganze Programm gesprochen – großartig, wie er Bescheid wusste! – Am besten behalten hat er aus der Spirale, dass Aggression Liebesbeweis ist. – Ihm habe das Spaß gemacht, ich solle wieder kommen. Dann wolle er mir seine Tochter mitbringen, die schwierig und aggressiv sei, ich – so meint er – könne ihr aus meinem Rollstuhl-Leben etwas ‚Echtes' sagen. ‚Mach' ich!', hab' ich zugesagt und tu' es auch. Wir haben die Handy-Nummern getauscht."

„Für mich war das Beste die Essenswarteschlange im Roten Rathaus – super die Käfer-Köche mit den Riesen-Kochhauben; aber noch viel besser: wir alle waren gleich! Alle standen da in Reih und Glied, 1.000 Leute und alle warteten gleich lange friedlich auf das ‚Käfer-Reichstags-Süppchen' – wie hieß es doch: ‚mit viel Liebe', also mit ‚Kräutern satt'. Und dann stehe ich da und neben mir ‚ne Schwester, ich glaube ‚ne Ordensfrau, ich höre plötzlich ‚Frau Oberin', ich fasse mal so eben einen ganz klein bisschen die Kutte an, da lacht sie und plötzlich reden wir zusammen. Und was ist das Ende: Sie, die Oberin, ich glaube sogar Generaloberin, vom großen Franziskus-Hospital, die so mit mir lacht, spricht, den Schlag Suppe neben mir löffelt, die findet mich und meine Gedanken in Ordnung und ich soll das mal den Leuten auf der Raucherstation alles selbst erzählen, das ist doch was! Ich komme wieder! Zum Abschied sagt sie: ‚Denk dran, Du hast noch ‚nen Koffer in Berlin!'"

6.14 Strategien zur Ermöglichung von Krisen-Management: Öffnung des Reichstags DEM DEUTSCHEN VOLKE zum Integrations-Gipfel

Was ist leichter?: Ein Kamel durchs Nadelöhr zu bringen (Matth. 19,24)? Oder als Parlamentarierin 1.000 Bürgern auf einen Streich – davon 500 von Krisen -schon- betroffen und 500 von Krisen -noch nicht- betroffen – alljährlich das Parlament im Berliner Reichstag zu öffnen, sie über die Stufen des Westportals unter der auffordernden Inschrift *,Dem Deutschen Volk'* tatsächlich als *,Volk'* Einzug halten zu lassen?

Die Ausgangs-Idee und das Ziel, als Parlamentarierin mit 1.000 Bürgern ins Parlament im Berliner Reichstag einzuziehen, war die Vision vom harmonischen Dreiklang aus Parlamentariern, Mitarbeiterstäben und Bürgern:

1. **Die Türen des Parlaments im Deutschen Bundestag** – der *Werkstatt der Demokratie* – weit aufzutun für die politische **Integration/Partizipation** von Krisen -schon- betroffener und -noch nicht- betroffener Menschen.

2. **Die Mitarbeiter in allen Stäben des Deutschen Bundestages,** Verwaltung, Dienstleistung, Sicherheit, Besucherdienst, für Dienstleistungen zugunsten der von Krisen -schon- betroffenen Mitbürger zu interessieren.

3. **Die zwischenmenschlichen Türen der Bürger untereinander** – weg vom *Drehtür*-Effekt oder der *Ein*-Bahnstraße hin zur *Zwei*-Bahnstraße, also zur two-way-communication – zwischen von Krisen -schon- betroffenen und -noch nicht- betroffenen Bürgerinnen und Bürgern anhand einer Einführung in die große Politik als gemeinsamem Erlebnis zu öffnen.

6.14.1 Der Amtsschimmel wiehert das erste Mal: (K)ein Tag der Offenen Tür im Berliner Reichstag

Schuchardts Culture-Parade bzw. -Gipfel in Berlin war zeitgleich mit der langen Nacht der Museen anvisiert wegen der allzu günstig erscheinenden Ausgangslage: Die Museen waren zu diesem Zeitpunkt fast zum Nulltarif rund um die Uhr besuchbar – der Berliner Reichstag präsentierte sich als Haus der Offenen Tür, die Parlamentarier standen allgegenwärtig zum Politik-Talk rund um den Reichstag bereit, der kulturelle Reichtum der Bundeshauptstadt bot sich als Superprogramm an. Schnell waren die Organe der humanitären Hilfe für die

zu 6.14: Öffnung des Reichstages DEM DEUTSCHEN VOLKE

© Erika Schuchardt

Speisung der 1.000 Bürger angeworben, die Museumsdirektoren mit der Verlockung einer hohen Besucherquote dazu bewogen, das Programm der *Langen Nacht* der Museen nicht erst ab 18 Uhr, sondern ausgeweitet auf ein *Vor-Nacht-*Programm ab 11 Uhr zu starten.

Der Deutsche Bundestag konfrontierte mich dann mit der Tatsache, es sei mir wohl bei meinem Engagement entgangen, dass jährlich jeder Bundestagsabgeordnete lediglich viermal 50 Besucher zu Gast in den Bundestag einladen dürfe. An dieses Kontingent hätten sich alle Abgeordneten zu halten. Abweichungen von der Regel seien unzulässig, weil ja keine Präzedenzfälle geschaffen werden dürften.

Ich aber wollte um jeden Preis gemeinsam ‚*mit*' dem Amtsschimmel gewinnen, um des großen Zieles willen, und es gelang mir, unter souveränem Übersehen von Demütigungen, mit entwaffnender Herzlichkeit, nicht zuletzt mit dem Appell an die jeweilige eigene Befindlichkeit meiner Verhandlungspartner, die noch auf der Sonnenseite des Lebens zu den von Krisen -noch nicht- Betroffenen zählten, Stück für Stück die Verantwortlichen für mein Vorhaben zu gewinnen. Das geschah für vier Bereiche:

Anstelle eines offiziellen *Gruppen-*Besuches erlaubte man uns lediglich, ‚*wie jedem anderen auch*', als individuelle *Einzelpersonen,* den Reichstag zu betreten.

Das hieß, dass sich meine 1.000 Teilnehmer der Culture Parade mit Wartezeiten bis zu vier Stunden in die große Schlange der übrigen Einzel-Besucher hätten einreihen müssen.

Nachdem mir jedoch alle Museen grünes Licht für einen Besuch *außerhalb* der offiziellen Zeiten der *Langen Nacht der Museen* gegeben hatten, ging ich mit diesem Triumph erneut zur Stabsstelle, und siehe da, der Verantwortungsträger signalisierte die Kompromiss-Lösung, uns ausnahmsweise um 22.01 Uhr – also eine Minute nach der offiziellen Schließung am ‚Tag der Offenen Tür' einzulassen, um dann mit allen anderen gemeinsam das *open end im Hohen Haus* zu feiern. Er war selbst so glücklich über diese Lösung, dass er und sein Stab am Abend uns alle höchstpersönlich von der Suppenküche abholten und uns sogar über den Roten Teppich der Stufen des West-Portals in den Plenar-Bereich des Deutschen Bundestages einziehen ließen. Er ergriff dann in der Presse-Lobby, wo wir *über* uns den freien *Aus-*Blick in die gläserne Kuppel des Reichstages und *unter* uns den *Ein-*Blick in den Plenarsaal des Deutschen Bundestages hatten, selbst das Wort zu einer Begrüßungsrede und forderte auch mich dazu auf. Dieser Versuchung konnte ich nicht widerstehen und verwies auf den über uns sichtbaren **Spiral-Aufgang in der Kuppel** und auf die Weisheit des Architek-

zu 6.14: Öffnung des Kanzleramts DEM DEUTSCHEN VOLKE und Brandenburger Tor

© Erika Schuchardt

ten *John Forster,* der die *Spirale,* wie es mir schien, zum *Symbol der Seelenreise* von Politikern und Bürger-Besuchern hatte werden lassen. Anschließend konnten alle 1.000 Besucher das außergewöhnliche Erlebnis des Ausblicks von der Reichstags-Kuppel auf das nächtliche Berlin genießen.

6.14.2 Der Amtsschimmel wiehert das zweite Mal

Auf den Plan eines weiteren Reichstags-Besuches von über 1.000 Integrations-Gipfel-Teilnehmern anlässlich der langen Nacht der Museen im Winter reagierte der Amtsschimmel mit offiziellem ausdrücklichen Kuppel-Verbot.

Den rettenden Ausweg bot mein Büroleiter, selbst erzürnt über das Verbot. Als während unseres Berlin-Besuchs in den Museen bezüglich des Reichstages schon alles verloren schien, meldete er sich plötzlich bei mir mit der Mitteilung, dass an jenem Tage keine angemeldeten Gruppen vorgemerkt seien, so dass es – wie üblicherweise geregelt – doch noch möglich gemacht werden könne, die ‚Gruppe' – offiziell – ‚gesondert', also pro Stunde 4 mal 50 einzulassen. Ungeheuer erleichtert schleusten wir dann mittels Programm-Flexibilität in fünf Etappen alle 1.000 Teilnehmer durch die Spiral-Aufgänge der Reichtstags-Kuppel, nicht ohne uns anschließend mit roten Rosen bei den Bundestags-Mitarbeitern zu bedanken.

6.14.3 Der Amtsschimmel: Alle guten Dinge sind Drei

(K)ein Kuppelaufstieg auf dem Spiral-Weg im Berliner Reichtag diesmal ‚wegen unabwendbarer Reinigungsarbeiten'

Vier Wochen vor dem jeweils ein halbes Jahr vorher geplanten nächsten Termin zu *Schuchardts Culture-Parade und -Gipfel* wurde per Rundschreiben mitgeteilt: In der dafür vorgesehenen Woche sei die Reichstagskuppel wegen unaufschiebbarer Reinigungsarbeiten geschlossen.

Doch auch diese Nachricht hinderte mich nicht, nein, ich hörte nicht auf, gegen den Amtsschimmel anzukämpfen. Diesmal wandte ich mich an den Chef des *Reichstags-Kuppel-Restaurants Käfer,* der sofort erklärte:

> „Aber Frau Prof. Dr. Schuchardt, das ist doch Ehrensache: Wir kennen Sie, wir schätzen Ihr Engagement, wir schließen für diesen einen Tag unser Restaurant für Ihre Culture-Parade und Sie können es – ohne Restauration – alles allein für Ihren Gipfel mit der dazugehörigen Aussichtsplattform nutzen!" Und er fügte noch hinzu: „Wissen Sie, Frau Prof. Dr. Schuchardt, wenn die Schuchardt-Culture-Parade fehlt, dann haben meine Mitarbeiter Entzugserscheinung. Alle freuen sich schon lange vorher darauf, weil die Herzlichkeit, Spontaneität, Dankbarkeit für unser bescheidenes Käfer-Reichstagssüppchen (für das Sie ja sogar einen Beitrag zahlen) so überwältigend ansteckend und motivierend ist. Das gibt den Mitarbeitern Mut zum Dienst mit toller Langzeitwirkung."

Von diesem Kompliment beflügelt, eroberten wir trotz ‚unabwendbarer' Reinigungsarbeiten an der Kuppel über die Brücke der Aussichtsterrasse des

Restaurants Käfer die Kuppel des Berliner Reichstags und stellten fest, dass wir mutterseelenallein in der frisch gereinigten Kuppel waren, deren Reinigungsarbeiten bereits am Vortage, pünktlich Freitag 12 Uhr, plan- und tarifgerecht beendet worden waren.

6.14.4 Amtsschimmel: Die Halbierung der Zeit und Verdoppelung der Plätze –(K)ein Besuch des Plenar-Saals im Berliner Reichstag

Was tun, wenn man doppelt so viele Gäste wie Plätze hat: Ganz einfach – die Zeit halbieren. So hatte ich ordnungsgemäß und zeitgerecht für 500 von Krisen -schon- betroffene Menschen (blind, taub, taubblind, körperbehindert u. a.) das mir zustehende Plenarsaal-Kontingent von 4 mal 50 Plätzen à 60 Minuten bestellt, jedoch die Zeit zugunsten aller von Krisen -schon- betroffenen halbiert auf 30 Minuten, so dass die Chance für 8 mal 50 (plusminus 11!) Plätze zur Verfügung stünde, um jedem wenigstens einmal im Leben dem von ihm individuell nur unter größten Schwierigkeiten zu erringenden Zugang zu den Besuchertribünen im Plenarsaal des Deutschen Bundestages zu ermöglichen. Während ich andererseits gegenüber den von Krisen -noch nicht- betroffenen Bürgern und Bürgerinnen klar gestellt hatte, dass sie jederzeit ohne großen Aufwand diesen Plenarsaal-Besuch allein durchführen könnten. Der Amtsschimmel hatte rechtzeitig seine Reiterlegionen wohl präpariert bereitgestellt, denn:

1. sollten alle Begleitpersonen – der Schlüssel Teilnehmer – Begleiter war 1:7, also insgesamt 70 Begleitpersonen – schon vorab zur Information individuell per Bahn anreisen, um sich einen Tag lang vorinformieren und einweisen zu lassen, allerdings ohne Fahrkosten-Erstattung und natürlich ohne Arbeits-Beurlaubung;
2. sollte weiterhin an der feststehenden Regel von grundsätzlich einer vollen Stunde Präsenz-Zeit auf der Besuchertribüne des Deutschen Bundestages ohne Ansicht der Behinderung/Beeinträchtigung/Schädigung festgehalten werden;
3. war eine Abweichung von der regulären Führung zugunsten des Besuches der Bundestags-Kapelle inklusive Dank-Gottesdienst administrativ nicht durchführbar;
4. 5.,6.,7. ... könnte die Kette der vorgetragenen Bedenken seitens der Bedenkenträger nahtlos fortgesetzt werden.

Mein Verhandlungspartner war diesmal der *Beauftragte für Behindertenfragen*, der aber zunächst mit seinen Unterstützungsbemühungen wenig Erfolg hatte. Als drei Tage vor dem sog. Berliner Integrationsgipfel die Dinge noch immer nicht geklärt waren, die Verbote wie ein Damokles-Schwert über mir schwebten, teilte ich ihm telefonisch mit, dass ich bis zuletzt alles tun würde, unseren von Krisen -schon- betroffenen Mitmenschen alle Türen unseres Hauses zu öffnen, und bat ihn, doch für Augenblicke nur den Gedanken zuzulassen, er stünde auf der anderen Seite, habe aber die Macht in Händen, Weichen zu stellen. Und ich hatte Erfolg.

Drei Tage später konnte ich ihm im Fraktionssaal nach eineinhalbstündiger lebhafter Diskussion, die ihn offensichtlich nicht unbeeindruckt gelassen hatte, meinen Dank für die Freiheit des Geistes in einer solchen Position aussprechen, die in der Lage gewesen sei, ‚*Sach*'- und ‚*System*'-Zwang zu unterscheiden, was er seinerseits mit bewegenden Dankworten über das, was er an diesem Tag erlebt und gelernt hatte, wiedergab.

Fazit:
Dank allen Mitwirkenden ‚*im*' und ‚*rund um*' den Deutschen Bundestag, die *Miteinander-Leben-Lernen* gerade nicht im Widerstand gegen, sondern im gemeinsamen Sieg, nicht zuletzt über sich selbst, einen vollen Erfolg errungen und eine großartige Leistung vollbracht haben.

- *Quellen:*
  - www.prof-schuchardt.de

6.15 Olympiade der Hoffnung Paralympics: Mitmachen gemäß der Ursprungsidee: ‚Gleichklang von Körper, Geist und Seele': Sydney • 2000 – Salt Lake City • 2002 – Athen • 2004

6.15.1 „Es ist okay, dass Du mich ansiehst: Ich bin ...!"

Paralympische Spiele Sydney 2000. Eine Mega-Sportveranstaltung. Die Topathleten von über 120 Nationen treffen sich, um miteinander Wettkämpfe auszutragen, aber auch um ein Fest des Spitzensports zu feiern. An einer dieser abendlichen Veranstaltungen, in einem Mannschaftshotel. Automatisch fixieren die Augen der Gäste ein Plakat. Die Schwarz-Weiß-Photographie eines männlichen Torsos – wohlgeformt, muskulös. Dem Betrachter gerade in die Augen schaut ein junger Mann, einen ernsthaften, bestimmten Ausdruck auf dem Gesicht, die Augen klar auf ein Ziel gerichtet. Kein Lächeln, sondern volle Konzentration. Von seinen Augen, seinem Gesicht gleitet nun der Blick nach unten. Man erschrickt, als die den muskulösen Arm des Modells umzeichnende Linie plötzlich abbricht. Ein Arm ab dem Ellenbogen, der andere ganz amputiert. Es steht zu lesen: es ist okay, dass Du mich anstarrst. Ich bin mehrfacher Weltrekordhalter.

zu 6.15: Olympiade der Hoffnung – Paralympics

© Erika Schuchardt

Dieses Plakat drückt sehr deutlich aus, für was das Internationale Paralympische Komitee (IPC) steht. Sport steht im Vordergrund, Behinderungen sind nur sekundäre Faktoren. Behinderungen zu haben ist ein Teil des Menschen, Teil des Ganzen. Es ist aber nicht das Haben – das eine Behinderung-Haben –, was den Menschen definiert, sondern im Vordergrund steht das Sein – das mehrfacher-Weltrekordhalter-Sein, das Sportler-Sein. Dies ist es, was den Menschen im Kern ausmacht.

Die Ziele und die erbrachten Leistungen, die Grenzannäherungen und deren Überschreitungen sind das, was für den paralympischen Athleten von größter Wichtigkeit ist. Die Behinderung wird keineswegs als Hindernis gesehen.

Alison Pearl, Skirennfahrerin aus den USA, formuliert dies so:

> „Ich bin Athletin. Ich schwimme, fahre Rennrad und Ski, mache Krafttraining – nenn mir eine Sportart, ich werde sie ausprobieren. Oh, übrigens, ich benutze Krücken und Schienen zum Laufen."

6.15.2 Erster Wettkampf 1948: von der Reha zur Lebensfreude

Die enorme integrative Kraft und die allgemein förderliche Wirkung des Sportes für Menschen mit einer Behinderung wurde schon früh erkannt. In der Folge des Zweiten Weltkriegs waren die Methoden der Rehabilitation allein nicht mehr ausreichend für die physischen und psychischen Bedürfnisse der großen Anzahl schon von Krisen betroffener Soldaten und Zivilisten. Auf Anfrage der Britischen Regierung baute daher *Dr. Ludwig Guttmann*, ein gerade aus Deutschland emigrierter Neurologe und Neurochirurg, 1944 ein Zentrum für Rückenmarksverletzungen in *Stoke Mandeville in Großbritannien* auf. Sport wurde hier nicht nur zur medizinischen Behandlung und Rehabilitation eingesetzt, sondern erlangte auch im Bereich der Erholung und Freizeitgestaltung einen neuen Status. Spaß am gemeinsam betriebenen Sport und die damit verbundene aufkommende Lebensfreude waren ebenso wichtig, wie der positive Einfluss der Bewegung auf Körper und Muskulatur.

Dr. Guttmanns Arbeit und seinem Fleiß ist es zu verdanken, dass der Sport für Menschen mit einer Rückenmarksverletzung immer mehr an Bedeutung gewann. *Im Jahre 1948* veranstaltete er die *ersten Wettkämpfe in Stoke Mandeville*. Diese waren allerdings noch auf nur eine Behinderungsart und auf wenige Nationen beschränkt. Doch sein Vorbild, seine Idee und seine Demonstration der positiven Wirkung des Breitensports für Menschen mit Rückenmarksverletzungen wurden schnell auch auf andere Gruppen mit Behinderungen übertragen und angewendet. So entwickelten sich aus den Wettkämpfen für Rückenmarksverletzte in *Stoke Mandeville* langsam aber sicher Wettkämpfe, an denen viele verschiedene Behinderungsgruppen in den verschiedensten Sportarten teilnahmen. Diese sollten später *Paralympische Spiele* heißen.

Paralympischen Sport betreiben nun nicht mehr nur Rückenmarksverletzte, sondern es sind insgesamt *sechs Behinderungsgruppen* vertreten:

- Amputierte,
- Gelähmte,
- Sehbehinderte,
- Cerebralparetiker',
- Geistig Behinderte und
- „Les Autres" (alle übrigen Behinderungsarten).

6.15.3 Vom Breiten- zum Leistungssport in 18 Sportarten

Über die Jahre zeigte sich nicht nur eine Ausweitung der Behinderungsgruppen, die Sport praktizieren, sondern auch eine deutliche Zunahme der Sportarten, die bei den Paralympischen Spielen auf dem Programm stehen. Die anfangs *acht Sportarten*, die ja ausschließlich auf Rollstuhlathleten ausgelegt waren, wuchsen auf dann schon 18 Sportarten bei den *Paralympischen Spielen in Sydney 2000* an. Um Teil des Paralympischen Programms zu werden und zu bleiben, müssen die Sportarten alle zwei Jahre strenge Kriterien erfüllen, die vor allem auf einer weltweiten Verbreitung basieren. Die Sportarten *Bogenschießen, Leichtathletik, Basketball, Fechten, Schwimmen* und *Tischtennis* stehen bereits *seit 1960* ununterbrochen auf dem Programm. Von den 18 in Sydney vertreten Sportarten waren die meisten auch auf dem Olympischen Programm zu finden, z. B. Schwimmen, Leichtathletik. Es gibt jedoch auch Sportarten, die nur bei den Paralympics vertreten sind wie etwa *Boccia*, vornehmlich von stark von Krisen betroffenen Athleten betrieben, *Goalball*, ein Ballspiel ausschließlich von Sehbehinderten gespielt, *Powerlifting* und *Rollstuhl-Rugby*. Die *Hauptwintersportarten* im Behindertensport sind derzeit: *Ski Alpin* und *Ski Nordisch, Eishockey*, das auf Schlitten ausgeübt wird, und *Curling*.

Eine weitere Ebene des Wachstums ist in der Funktion, die dem Sport zugedacht wird, zu erkennen. So ist zu der anfänglichen Ausrichtung des *Sports auf reine Rehabilitationszwecke* nun, wie auch in der Bewegung der -noch nicht- von Behinderung betroffenen Sportler, *Breitensport* und *Leistungssport* hinzugekommen. Die Leistungen paralympischer Athleten sind enorm: der Weltrekord der Männer mit einseitiger Unterschenkelamputation über 100 m liegt derzeit bei 11,06 sec., was doch den 9,78 sec. des *Tim Montgomery* recht nahe kommt, der als -noch nicht- betroffener Sportler beide Beine und alle Muskelgruppen voll belasten und benutzen kann. Ein anderes Beispiel ist der Weltrekord in Powerlifting, was der Disziplin des Bankdrückens beim Gewichtheben entspricht, der nur 12 kg unter dem der -noch nicht- von Behinderung betroffenen Sportler liegt.

Ein Paralympic-Teilnehmer im Alpin Ski Sport beschreibt die Funktion, die Sport in seinem Leben hat:

> „Teilnahme am Sport für Menschen mit einer Behinderung erneuert Leben. Wenn Dein Leben durch eine Behinderung auf den Kopf gestellt wurde, brauchst Du Erfolge und Leistung. Und das sofort. Behindertensport ist Erneuerung und Wiederaufbau – es ist beides, Rehabilitation und Lebensstil, für alle."

Sport zur Rehabilitation des Körpers, des Muskelapparates, der Bewegungsmechanismen ist die eine Seite. Sport kann aber auch eine Konstante, ein fester Anker sein, der es möglich macht, nach einem Schicksalsschlag das eigene Leben wieder zu ordnen. Sport bietet die Möglichkeit, die neuen Gegebenheiten anzunehmen, um sich selbst daran aufzurichten.

6.15.4 Aggression als Schlüssel zur Wende: Donna Ritchie

Oft ist dies ein sehr schmerzhafter und langwieriger Prozess. Die Australierin *Donna Ritchie* etwa war *Aerobic-Trainerin* und ständig unterwegs. Bei einem Unfall brach sie sich das Rückgrat. Vorher sportbesessen, war sie nun völlig bewegungsunfähig und fühlte sich nutzlos. Zu den eigenen Selbstzweifeln und dem Hadern mit dem Schicksal kam auch noch, dass nicht schnell, aber dennoch konstant und merklich die Besuche ihrer Freunde abnahmen. Sie konnten vermutlich mit der neuen Situation, der Angst vor dem Unbekannten, nicht oder nur schwer umgehen. Zur Rehabilitation, um ihre Rumpfmuskulatur aufzubauen und zu stärken, sollte *Donna* dann einen Basketball fangen und dem gegenüberstehenden Therapeuten wieder zuwerfen. Die ersten Male warf der Therapeut, aber *Donna* bewegte sich nicht, und der Ball prallte von ihrer Brust ab. Wieder und wieder. Schließlich packte *Donna* die Wut und sie schleuderte den Ball von sich. Diese Reaktion war der Anfang ihres langen Weges zurück zu ihrer alten Lebensfreude, ihrer Energie, ihrer Kraft, das Leben anzupacken. So begann aber auch ein erfolgreicher Weg zurück zum Sport, zum Leistungssport. Die Aerobic-Trainerin hatte nun eine andere Form des Sports für sich entdeckt und wurde *Kapitän der Frauen-Rollstuhl-Basketballmannschaft Australiens*.

Wenngleich solche persönlichen Entwicklungen für das Individuum sehr wichtig sind, so ist für die Paralympische Bewegung eine weitere Dimension hervorzuheben. Wenn Sport einen Lebensstil bezeichnet, so beinhaltet dies eine weitere Bezugsebene: die Fokussierung auf das Individuum wird aufgehoben, und der Bezug zum Umfeld, zur Gesellschaft wird hergestellt. Sport ist also auch eine an die Umwelt gerichtete *Demonstration der eigenen Werte, des eigenen Ichs*. Sport ist damit als ein weiteres Mittel zu sehen, die Integration in die Gesellschaft herzustellen.

Ein blinder Fallschirmspringer und Bergsteiger ‚sieht' das so:

> „Ich glaube, dass Menschen verunsichert sind durch Dinge, die sie nicht kennen, von denen sie nicht wissen, wie sie damit umgehen sollen. Sport konfrontiert diese Angst vor dem Unbekannten, indem er Menschen zusammenbringt."

6.15.5 New York Marathon – integrierter Olympia-Paralympic-Stützpunkt

Sport ist ein Bindeglied zwischen Menschen -schon- und -noch nicht- betroffen von Behinderung. Die integrierende Kraft des Sports zeigt sich schon in vielen Bereichen. So trainieren Breitensportler wie auch Leistungssportler oft gemeinsam. Auch existieren schon gemeinsame Sportzentren, Leistungszentren und *Olympia-Paralympic-Stützpunkte*. Bei kleinen wie auch großen Sportveranstaltungen sind beide Formen des Sports vertreten. So kämpfen etwa beim *New York Marathon* auch Rollstuhl-Athleten darum, die Strecke möglichst schnell zu bezwingen. Auch bei den *Commonwealth Games* sind Athleten mit einer Behinderung Bestandteil der Sportveranstaltung. Der gemeinsame Kampf gegen die Uhr, gegen das Limit vereint und baut gleichzeitig Vorbehalte, Vorurteile und Ängste ab.

Auch auf *politischer Ebene* wird dieser integrative Aspekt des Sportes für die Gesellschaft immer mehr hervorgehoben. So empfängt seit einigen Jahren etwa der deutsche Bundespräsident die Medaillengewinner nach den Olympischen und Paralympischen Spielen *gemeinsam* und zeichnet sie mit dem gleichen Orden aus: dem *Silbernen Lorbeerblatt*. Die Vorbildfunktion, die die Athleten, ihr Sport und ihr gemeinsames Ziel für die Gesellschaft allgemein haben, ist beispielgebend.

- Quellen:
    - Gespräche und Interviews während der Paralympic-Sommerspiele in Atlanta
    - Gespräche mit Olympia-Preisträgern und -trägerinnen anlässlich der Ehrung durch den Bundespräsidenten in Bonn und in Berlin
    - Gespräche im International Paralympic Committee (IPC), Bonn
    - Manuskript *Gesa Hauser*, International Paralympic Committee

6.16 Aktionsjahre – national, europäisch, weltweit
United Nations Decade: Miteinander leben lernen • seit 1981

Aktionsjahre wollen gesellschaftliche An-Stöße geben, Menschen kurzfristig aktivieren und langfristig motivieren. In der Bundesrepublik Deutschland startete 1981 das erste „Nationale Jahr Behinderter" als Auftakt für die UN-Dekade 1982-1992 der Vereinten Nationen – ein breites Spektrum von Publikationen gibt noch heute Einblick in die thematischen Schwerpunkte der dreizehn von der Bundesregierung berufenen Arbeitsgruppen und internationalen Komitees.

Schließlich folgte 2003 nach zehnjähriger Pause das Europäische Jahr. Der Beauftragte der Bundesregierung der Nationalen Koordinierungsstelle für das Europäische Jahr der Menschen mit Behinderungen, *Horst Frehe,* berichtet über:

Chancen und Möglichkeiten des Europäischen Jahres der Menschen mit Behinderungen 2003

Mit dem Slogan *„Nichts über uns ohne uns"* hat das europäische Behindertenforum dieses Jahr überschrieben. Diesen Grundsatz haben wir uns in Deutschland zu Eigen gemacht. Wir wollen im EJMB als behinderte Menschen erreichen, dass weder die Bundesregierung noch die Länder, Kommunen und Verwaltungen, noch wohlmeinende Rehabilitations- oder Einrichtungsträger über unsere Köpfe hinweg reden, planen und entscheiden, sondern unmittelbar mit uns selbst die Fragen diskutieren, uns in allen Angelegenheiten, die uns betreffen, beteiligen und uns durch ihre Entscheidungen nicht einengen oder entmündigen.

Aus der damaligen Kritik am UNO-Jahr 1981 haben sich Orientierungen ergeben, die die heutige Behindertenpolitik prägen. Behindertenpolitik ist nicht mehr Sozialpolitik mit Fürsorgecharakter, sondern Bürger- und Menschenrechtspolitik mit dem Ziel, die Selbstbestimmung behinderter Menschen zu ermöglichen. Dabei wirken die drei Bereiche Teilhabe, Gleichstellung und Selbstbestimmung wesentlich zusammen:

- *Nur wer das Recht und die Möglichkeit hat, in gleicher Weise und uneingeschränkt am gesellschaftlichen Leben teilzuhaben, kann sein Leben wirklich selbst bestimmen.*

Um ein eigenständiges Leben führen und die Persönlichkeit entfalten zu können, benötigt man Rechte, die einerseits den Anspruch auf die Teilhabe an der Gesellschaft ganz praktisch ermöglichen, die andererseits aber auch Be-

zu 6.16: Aktionsjahre – national, europäisch, weltweit –
United Nations Decade: Miteinander Leben Lernen

© Erika Schuchardt

nachteiligungen, Barrieren, Herabsetzungen und Ausgrenzungen abbauen helfen. Erst mit diesen Rechten werden auch die realen Möglichkeiten im Alltag wachsen. Soziale Teilhabe, rechtliche Gleichstellung und tatsächliche Selbstbestimmung, sind die verschiedenen (drei) Seiten einer Medaille.

Wir haben daher in Deutschland diese drei Elemente des Perspektivenwechsels in der Behindertenpolitik zu den Slogans für dieses Europäische Jahr verarbeitet:
- Teilhabe verwirklichen
- Gleichstellung durchsetzen
- Selbstbestimmung ermöglichen

Europäische Perspektiven

Mit der Kampagne „Unsichtbare Bürger" haben die Behindertenorganisationen auf europäischer Ebene auf die Ausgrenzung und Benachteiligung behinderter Bürger in der EU hingewiesen. Der Forderung nach einer Verankerung eines allgemeinen Diskriminierungsverbotes im EG-Vertrag (EG-V) in der Fassung von Maastricht wurde im „Amsterdamer Vertrag" von 1997 in Form der Ermächtigung des Rates Rechnung getragen, Bestimmungen zur Bekämpfung von Diskriminierungen – u. a. wegen einer Behinderung – erlassen zu können.

Nach Artikel 13 EG-V wurden
- die Richtlinie gegen die Diskriminierung aus ethnischen und rassischen Gründen vom 29. Juni 2000,
- die Richtlinie gegen Diskriminierung in Beschäftigung und Beruf vom 27. November 2000 und
- das Aktionsprogramm zur Bekämpfung von Diskriminierungen für den Zeitraum von 2001–2006

erlassen. Die Richtlinie gegen die Diskriminierung aus rassischen und ethnischen Gründen soll in Deutschland durch ein **zivilrechtliches Gleichstellungsgesetz** unter Einbeziehung der Diskriminierungen gegenüber behinderten Menschen umgesetzt werden – auf das wir ja noch warten. Die Richtlinie gegen Diskriminierungen in Beschäftigung und Beruf bezieht Menschen mit Behinderungen ein und wurde weitgehend durch den **§ 81 Abs. 2 SGB IX** umgesetzt. Im Rahmen des **Aktionsprogramms** wird auch das **„Europäische Jahr der Menschen mit Behinderungen"** durchgeführt. Dazu müssen auf europäischer Ebene noch einige Veränderungen der Politik der Europäischen Einrichtungen und der Gemeinschaftspolitik erfolgen. Eine **allgemeine Richtlinie**, die die spezifischen Formen der Benachteiligungen Behinderter aufgreift, sollte ein nächster Schritt sein und folgende wesentliche Inhalte umfassen:

zu 6.17: ‚USable' – Transatlantischer Ideenwettbewerb der Körber-Stiftung
‚Adopt an idea' – Zusammen leben – Integration in Vielfalt

© Erika Schuchardt

- Verbot von Benachteiligungen behinderter Menschen durch Verweigerung von Verträgen, benachteiligende Sonder- oder Ausschlussklauseln, erhöhte Tarife usw. im Dienstleistungs- und Warenverkehr sowie bei den Informationsangeboten,
- Herstellung der Barrierefreiheit im Dienstleistungs- und Warenverkehr sowie bei den Informationsangeboten,
- Verpflichtung der Einrichtungen der EU zur Barrierefreiheit bei den Gebäuden, den elektronischen Informationsangeboten und bei der Nutzung von Dienstleistungen der EU,
- Berücksichtigung der Barrierefreiheit für behinderte Menschen bei Standardisierungen und Normungen,
- Beseitigung von Einschränkungen der Niederlassungsfreiheit wegen der fehlenden Möglichkeit des Exports sozialer Ansprüche zum Ausgleich behinderungsspezifischer Nachteile,
- Herstellung einer umfassenden Barrierefreiheit bei allen Einrichtungen der EU und
- Verbesserung der Beteiligung behinderter Menschen in den Entscheidungsgremien und stärkere Berücksichtigung bei der Beschäftigung in den Verwaltungen der EU.

Dieses sind nur einige Themen, die in einer solchen allgemeinen Richtlinie zu behandeln wären. Wie bedeutsam eine solche Richtlinie ist, wird z. B. an dem **Richtlinienvorschlag** zu besonderen Stabilitätsanforderungen für „Ro-Ro-Fahrgastschiffe" sowie bei der geplanten Änderung der Richtlinie über Sicherheitsvorschriften und -normen für **Fahrgastschiffe** deutlich. Hier sollen u. a. spezielle Vorschriften die Bedürfnisse von Personen mit eingeschränkter Mobilität berücksichtigen, wie das An-Bord-gehen, die Wege zum und auf dem Schiff, ferner die Gestaltung der Kabinen, Sanitärräume und Sicherheitsinformationen. Dieser im Behindertengleichstellungsgesetz ausgesparte Bereich könnte im Rahmen einer Gleichstellungsrichtlinie für behinderte Menschen z. B. durch eine umfassende Definition der Barrierefreiheit eine Orientierung für die Neuregelung erhalten.

Besondere Bedeutung kommt auch der Diskussion um einen **Verfassungsvertrag der EU** zu. Der von *Giscard d'Estaing* vorbereitete Verfassungstext muss zwingend im Grundrechtekatalog ein Diskriminierungsverbot behinderter Menschen enthalten. Zu überlegen ist daher, ob die „Charta der Grundrechte der Europäischen Union" von 2000 nicht vollständig übernommen werden sollte. Dort ist in Artikel 3 bei dem Recht auf Unversehrtheit auch das Verbot eugenischer Praktiken, der Einwilligungsvorbehalt bei medizinischen Eingriffen, das Verbot wirtschaftlicher Verwertung des menschlichen Körpers oder von Körperteilen sowie das Verbot reproduktiven Klonens enthalten, das nach den neuesten Erfahrungen als Verbot jeglichen Klonens menschlicher Stammzellen ausgestaltet werden sollte. Der Artikel 21 sieht ein Diskriminierungsverbot auch wegen der Behinderung vor. Artikel 26 begründet einen Integrations- und Teilhabeanspruch behinderter Menschen.

Die von internationalen Behindertenverbänden erhobene Forderung nach einer verbindlichen **Konvention**, die behinderte Menschen vor Benachteiligungen schützt und alle Formen von Diskriminierungen beseitigt, wurde von Mexiko aufgegriffen und in die Vollversammlung der Vereinten Nationen eingebracht. Bereits auf der Konferenz am 26. Februar 2002 in Dublin war eine solche verbindliche Konvention gefordert worden. Ziel einer solchen Konvention sollte es sein, die bereits verabschiedeten Konventionen zu den Menschenrechten zusammenzuführen und mit einem modernen Kontrollmechanismus auszustatten. Sie muss eine Antwort auf die spezifischen Menschenrechtsverletzungen geben, denen sich behinderte Menschen ausgesetzt sehen, ohne die allgemeinen Menschenrechtsbestimmungen zu verdoppeln. Dieses wird im nächsten Jahr eine wichtige Aufgabe sein.

6.17 ‚USable' – Transatlantischer Ideenwettbewerb der Körber-Stiftung
- ‚Adopt an Idea' – Bürger-Engagement in der Neuen Welt
- 2001/02
- ‚Adopt an Idea' – Zusammen-Leben – Integration in Vielfalt
- 2003/04

Als Hanseatin, beheimatet am Geburts- und Standort *Körbers* und seiner Stiftung, Hamburg-Bergedorf, ist es für mich unverzichtbar, dem *‚Körber-Sozial-Forum für Impulse'* auch den vorliegenden Doppel-Band zu öffnen. Der Gedanke *‚Forum für Impulse'* zielt auf Erweiterung des Blicks über den Atlantik, auf Dialog, Interaktion, wechselseitiges Lernen unter dem Vorzeichen unserer **Komplementär-These:** *Krisen – ein verborgener Reichtum* auch für den -noch nicht- betroffenen Menschen. Die Präambel liefert die Begründung für diese Aktivität der Stiftung:

> „Demokratie lebt von gesellschaftlichem Dialog und gemeinsamer Suche nach Lösungen. Die Körber-Stiftung als Forum für Impulse will mit ihrem Projekt die Bürgerinnen und Bürger aktiv an der gesellschaftlichen Diskussion beteiligen.
>
> Die private und gemeinnützige Stiftung leitet ein Forum zur Mitwirkung in Politik, Bildung, Wissenschaft und internationaler Verständigung. Wer sich als Bürger in Wettbewerben und Gesprächskreisen der Stiftung engagiert, gewinnt auf vielfältige Weise: Er kann Wissen weitergeben, Probleme identifizieren und Aktivitäten anregen.
>
> Die Körber-Stiftung leistet mit diesen Impulsen einen Beitrag zur Alltagskultur der Demokratie."

Der 3. ‚USable' Transatlantische Ideenwettbewerb unter dem Thema ‚*Bürger-Engagement in der Neuen Welt*', ausgerufen im Zusammenhang mit dem ‚*Internationalen Jahr der Freiwilligen 2001*, zielte auf konkretes karitatives, soziales und politisches Handeln engagierter Bürgerinnen und Bürger, die über Ideen – ‚adopt an idea' – eigene Impulse aus ihren deutsch-amerkanischen Austausch-Programmen für eine lebendige Bürgergesellschaft auch in ihrer Heimat, der Bundesrepublik Deutschland *ein*bringen, ja *heim*bringen und umsetzen möchten.

Der ‚USable' Ideenwettbewerb wählte aus 262 Beiträgen, davon 169 für den ‚USable'-Ideen-Wettbewerb, 93 für den ‚USable' Text-Wettbewerb, insgesamt 57 ‚USable' Preise, davon 41 Ideen-Preise und 16 Text-Preise, aus, auf die ein Gesamtpreisgeld von 150.000 Euro entfiel.

Aus der an Ideenreichtum sprühenden Palette sollen lediglich jene acht Projekte genannt werden, die für unsere Thematik ‚Krisen-Management und Integration' außerordentliche An-Stöße geben und die These verlebendigen: ‚Krisen – auch ein verborgener Reichtum'. Dies ist aufgrund des wechselseitigen Lernens komplementär auch ein Reichtum für -noch nicht- betroffene, sich freiwillig engagierende junge Menschen.

Da alle Projekte unter *www.USable.de* leicht zugänglich sind, hier nur skizzenartig die nicht selten entscheidenden ersten An-Stöße:

- **‚Service Learning':** Projekt Nr. 1 und thematischer Spitzenreiter wurde unter dem Titel: HELP-ZEIT-SPENDE **junger Leute:** Vom Service Learning Center an Hoch-/ Berufs-/Schulen zur Krisen-Management-Pädagogik im vorliegenden Doppel-Band dokumentiert (s. Kap. 6.8).

- **Gemeinsam säen, ernten, wässern – Die bunten Gärten Leipzigs**
  Integration von Flüchtlingen, Asylbewerbern, Spätaussiedlern als Beitrag zur Völkerverständigung

- **Die Macht der Beziehungen – Kraftwerk Mitte**
  Bürgerkompetenz, Community Organizing in Hamburg St.Georg, dem sog. Kinderstrich, zum Bewirken neuer Strukturen für ein besseres Miteinander-Leben-Lernen

- **Vom ‚Center of Social Concern' zur ‚Actio Christiana'**
  Service Learning mit -schon- betroffenen, durch Menschenrechtsverletzungen traumatisierten Menschen durch 80 % der Universtätsstudierenden und ihren Lehrkörper

- **Ein ‚letzter' Traum – ein ‚letzter' Kinderwunsch wird wahr**
  Von schwerer Krankheit betroffene Kinder erleben ihren ‚vorletzten' Traum durch ideenreiches Krisen-Management, ermöglicht durch Sponsoring gepaart mit gesellschaftlichem Engagement

- **‚Create a Smile' – von USable lernen**
  Innovative Therapieformen aufgreifen – heilende Wirkung durch Begegnungen mit Tieren wagen

- **‚Von Behinderten lernen' – Reichtum in der Vielfalt entdecken**
  Von Behinderung betroffene Sportler gehen in Schulklassen, Jugendorganisationen, öffentliche Veranstaltungen.

- **Unternehmen tun Gutes – Komplementäre Win-Win-Situation für alle**
  Soziales Engagement ‚von' und ‚mit' Firmen und ihren Mitarbeitern. Corporate Volunteering von der Körber-Stiftung publiziert *Wenn alle gewinnen. Bürgerliches Engagement von Unternehmen,* Studie der Praxisbeispiele und Handlungsempfehlung

Der 4. ‚USable'-Ideenwettbewerb 2002/03 steht in Zusammenhang mit dem *‚Europäischen Jahr der Menschen mit Behinderungen'* unter dem Schwerpunkt **‚Zusammen leben – Integration und Vielfalt'**.

- *Quellen:*
    - Gespräche anlässlich der USable-Preisverleihung Berlin 2002 mit Vorstand *Wolf Schmidt*, mit Kuratoriumsmitgliedern und Preisträgern
    - Körber-Stiftung Hamburg: *Adopt an Idea: Gute Ideen aus USA*. Hrsg.: *Brinck, Christine*, Hamburg 2001
    - Körber-Stiftung Hamburg: *Ideenarchiv*, Hamburg 3/2002
    - www.Usable.de

7. Krisen-Management kollektiv: Exemplarisch im Parlament des Deutschen Bundestages

Neben der Suche nach Wegen aus der Krise, z. B. im Zusammenhang *mit* einem ‚Kritischen Lebensereignis', *mit* einer Langfristigen Krankheit, *mit* einer Beeinträchtigung/Behinderung leben zu lernen, wie wir das exemplarisch in den Film-Dokumentationen anhand von 17 Beispielen gesehen haben – u. a.

- Ausstellung und BMBW-Kongress Stolper-Steine zum Umdenken Erster Weiterbildungs-Kongress Soziale Integration: Wechselseitiges Lernen
- Weltweite Ausstellung DIALOG IM DUNKELN
- An-Stoß und Appell Begegnungszentrum HEPHATA
- Vom Laienspiel zum CRÜPPEL-CABARET
- SCHUCHARDTS CULTURE PARADE – Integrations-Gipfel im Reichstag
- Olympiade der Hoffnung – PARALYMPICS

werden regelmäßig auch Wege aus anderen Krisen gesucht, deren Bewältigung vorrangig im politischen Entscheidungsprozess zu finden ist.

Ich nenne fünf Beispiele des ‚Krisen-Managements' kollektiv im Deutschen Bundestag:

7.1 Tschernobyl – 10 Jahre danach

Im Deutschen Bundestag wurde anlässlich des 10. Jahrestags nachdrücklich um den Aspekt Krisen-Management gerungen, nämlich *neben* der medizinischen und humanitären Hilfe gleichgewichtig die psychosoziale Begleitung sicherzustellen. Dies, damit die von der Reaktorkatastrophe -schon- betroffenen Menschen überhaupt in die Lage versetzt werden, ‚*mit*' ihren Strahlenschäden, ‚*mit*' der Geburt des durch Strahlen -schon- betroffenen Kindes, ‚*mit*' der Angst vor der möglichen Beeinträchtigung des noch ungeborenen Lebens leben zu lernen.

- *Redeausschnitt Deutscher Bundestag DVD*
  Tagesordnungspunkt 3: a) Erklärung der Bundesregierung: 10 Jahre Tschernobyl –
  (Drucksachen zu b) – f): 13/1321, 13/4405, 13/4447, 13/1197, 13/1195, 13/4406, 13/2287, 13/2790 Nr.1, 13/4410, 13/4442)
  Deutscher Bundestag, Plenarprotokoll 13/101, 101. Sitzung, am 25.4.1996

zu 7: Tschernobyl – 10 Jahre danach
Krisen-Management kollektiv:
Exemplarisch im Parlament des Deuschen Bundestages

© Erika Schuchardt

7.2 Organ-Transplantations-Gesetz (TPG)

Die facettenreiche Palette der Grenzgänge zwischen Medizin und Ethik betrifft in der 14. Legislaturperiode des Deutschen Bundestages primär die Bereiche Bioethik, Präimplantations-Diagnostik, In-vitro-Fertilisation und die Stammzellenforschung. In der 13. Legislatur-Periode stand die Gesetzgebung zur Organ-Transplantation zur Debatte und konnte abgeschlossen werden. So gelang es, Wege aus der Krise lebenslanger Krankheit mit tödlichem Ausgang durch die gesetzliche Regelung der ‚*erweiterten*' anstelle der ‚*engen*' Zustimmung zur Organtransplantation *auch* durch Eltern, Partner, Angehörige zu ermöglichen.

- *Redeausschnitt Deutscher Bundestag DVD*
  Tagesordnungspunkt 1: zweite und dritte Beratung des von den Fraktionen der CDU/CSU, SPD und FDP eingebrachten Entwurfs eines Gesetzes über die Spende, Entnahme und Übertragung von Organen (Transplantationsgesetz) –
  (Drucksachen zu a) – b): 13/4355, 13/2926, 13/4114, 13/4368, 13/6591, 13/8017
  Deutscher Bundestag Plenarprotokoll 13/183, 183. Sitzung, am 25.6.1997

7.3 Frauenbeschneidung – Menschenrechtsverletzung

Menschenrechtsverletzungen durch die in einigen Ländern praktizierten Rituale der Frauenbeschneidung – vielen bekannt durch den Roman von *Waris Dirie: Wüstenblume* – war Querschnittsthema in mehreren Ausschüssen. Im Deutschen Bundestag wurde darum gerungen, dieser Verstümmelung des weiblichen Körpers, der mehrheitlich mit einer Vernichtung der gottgewollten geschöpflichen Freude an der Sexualität einhergeht, entgegen zu wirken. (Tatbestand: neben den Hochzeitshotels stehen die Kliniken zum ‚Aufschneiden' der Frauen nach den Folgen der sog. ‚Pharaonischen Beschneidung')

Der Deutsche Bundestag sollte beschließen, einerseits die Entwicklungshilfe-Gelder an Bildungs- und Aufklärungsarbeit zu koppeln sowie andererseits die strafrechtliche Verfolgung in der Bundesrepublik zu veranlassen.

- *Redeausschnitt Deutscher Bundestag DVD*
  Tagesordnungspunkt 19: Große Anfrage ...: Beschneidung von Mädchen und Frauen – Menschenrechtsverletzungen in Entwicklungs- und in Industrieländern –
  (Drucksachen zu a) – b): 13/6937, 13/8281, 13/9335, 13/9384)
  Deutscher Bundestag, Plenarprotokoll 13/211, 211. Sitzung am 12.12.1997.

UNESCO heute
Zeitschrift der Deutschen UNESCO-Kommission
42. Jahrgang, Ausgabe IV, Winter 1995

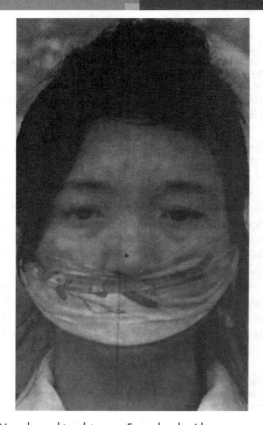

zu 7: Menschenrechtsverletzung – Frauenbeschneidung
Krisen-Management kollektiv:
Exemplarisch im Parlament des Deuschen Bundestages

© Erika Schuchardt

Blicke hinter die Chinesische Mauer

Bericht über die »verbotene« UN-Weltfrauenkonferenz, Peking 1995

von Erika Schuchardt

(UH) Anläßlich der 4. Weltfrauenkonferenz der Vereinten Nationen vom 4. bis 14. September 1995 in Peking traten 26 000 Frauen aus aller Welt auf dem Forum der Nichtregierungsorganisationen in Huairou für Gleichstellung, Entwicklung, Frieden und Menschenrechte ein. 5000 Delegierte aus 185 UN-Mitgliedstaaten verhandelten auf der Regierungskonferenz über die *Magna-Charta von Peking* zur Überwindung der Haupthindernisse für die Verbesserung der Lage der Frauen. Prof. Dr. Erika Schuchardt, Mitglied des Deutschen Bundestages und Vizepräsidentin der Deutschen UNESCO-Kommission, berichtet über ihre Eindrücke vor Ort und faßt die wichtigsten Ergebnisse der Mammutkonferenz zusammen.

Die Vereinten Nationen hatten nach schwierigen Verhandlungen der Frauenrechtskommission 1991 (damals noch in Wien, seit 1994 in New York) dem Wunsch der Asiaten entsprochen, nach den vorangegangenen Weltfrauenkonferenzen 1975 in Mexiko, 1980 in Kopenhagen (Halbzeit der Frauendekade), 1985 in Nairobi (Ende der Dekade), nun endlich für 1995 (gemäß dem UN-Beschluß über ein 10-Jahres-Intervall) Asien den Zuschlag zu geben und China mit der Ausstattung der Konferenz zu beauftragen. Daß das nach den gültigen Spielregeln der UN zu erfolgen hatte, war stillschweigende Übereinkunft. Dementsprechend sollten nach vierjähriger Vorbereitung auf allen nationalen und regionalen Ebenen nun auf der internationalen Ebene der 4. Weltfrauenkonferenz in Peking die Nichtregierungsorganisationen (NGO) und die Regierungsdelegationen sowohl zeitgleich wie raumnah *gemeinsam* miteinander tagen.

Chinesische Realität überraschte wenige Monate vor Konferenzbeginn mit einer erschwerenden *Zweiteilung*: Das *NGO-Forum* wurde vom 30. August bis 14. September wegen angeblicher baulicher Einsturzgefahr der ursprünglich geplanten zentral gelegenen Organisationsorte nach Huairou, 53 Kilometer vom Zentrum entfernt, verlegt. *Die Regierungskonferenz* tagte 4. bis 14. September im abgeschotteten Pekinger Konferenzzentrum.

Im Dialog: Dalai Lama und Prof. Dr. Erika Schuchardt, Vizepräsidentin der Deutschen UNESCO-Kommission.

zu 7: Menschenrechtsverletzung – Frauenbeschneidung
Krisen-Management kollektiv:
Exemplarisch im Parlament des Deuschen Bundestages

© Erika Schuchardt

Prof. Dr. Erika Schuchardt
Mitglied des Deutschen Bundestages

Prof. Dr. Erika Schuchardt, MdB · Platz der Republik · 11011 Berlin

D - 11011 Berlin
Rosmarin-Karree, Zi. 5.1.17
Friedrichstraße 83
☎ +49 (030) 227 - 94 599 / - 94 598
📠 +49 (030) 227 - 96 599
✉ erika.schuchardt@bundestag.de

D - 38100 Braunschweig
Bundestagsbüro Gieselerwall 2
☎ +49 (05 31) 2 44 42 42 oder 2 95-21 44
📠 +49 (05 31) 13 077   oder 2 95-22 00
✉ erika.schuchardt@wk.bundestag.de

D - 30173 Hannover
Universität Bismarckstr. 2
☎ +49 (05 11) 7 62 - 83 12 / - 85 12
📠 +49 (05 11) 7 62 - 85 55 / - 84 86

ERIKA SCHUCHARDT

beauftragte Berichterstatterin für Bioethik
im Ausschuß für Bildung, Forschung
und Technikfolgenabschätzung

Der Mensch hat Vorrang

Stellungnahme
zum „Übereinkommen zum Schutz der Menschenrechte
und der Menschenwürde im Hinblick auf die Anwendung
von Biologie und Medizin"
des Europarates

in diesem Text verwendete Kurzform:

Menschenrechts-Übereinkommen zur Biomedizin

E. SCHUCHARDT, MdB: Stellungnahme zum Menschenrechts-Übereinkommen zur Biomedizin, Berlin 2000,
mit Entwurf für einen Antrag zu Artikel 17 (vom 13.8.1999) und mit einem
fraktionsübergreifenden Ergänzungs-Antrag zu Artikel 17 (vom 13.12.1999)

- 1 -

zu 7: Enquête-Kommission „Recht und Ethik der modernen Medizin"
Krisen-Management kollektiv:
Exemplarisch im Parlament des Deuschen Bundestages

© Erika Schuchardt

7.4 Bericht der Enquete-Kommission ‚Recht und Ethik der modernen Medizin'

Im Deutschen Bundestag führte die Einbringung des Gesetzentwurfes zur Stammzellenforschung zu einer außergewöhnlichen Debatte anlässlich der Einbringung des Gesetzes zur Stammzellenforschung. Als Mitglied der Enquete-Kommission ‚Recht und Ethik der modernen Medizin' hat sich die Autorin unter dem Aspekt Krisenverarbeitung durch kinderlose Eltern u. a. mit den Folgen im Falle von überzähligen, ‚verwaisten' embryonalen Stammzellen bei einer In-vitro-Fertilisation auseinandergesetzt und den Vorschlag zur gesetzlichen Regelung einer ‚*Eltern-Patienten-Verfügung*' entwickelt, die als Kompromissvorschlag in die Pro-und-contra-Debatte Eingang fand.

- *Redebeitragserklärung Deutscher Bundestag (dt. und engl.) DVD*
  Tagesordnungspunkt 1: Zweiter Zwischenbericht der Enquete-Kommission ‚Recht und Ethik der modernen Medizin', Teilbericht Stammzellenforschung – (Drucksache 14/7546, Zusatzpunkte 1-3, Drucksachen: 14/8101, 14/8102, 14/8103)
  Deutscher Bundestag, Plenar-Protokoll 14/214, 214. Sitzung am 31.1.2002.

  Des Weiteren dazu: Beitrag der Autorin zur Beratung über die Europäische Bioethikkonvention: ‚*Europäisches Menschenrechtsübereinkommen zur Biomedizin*'

Zur Problematik der Situation sog. nichteinwilligungsfähiger Personen wurde unter dem Aspekt der Gleichstellung -schon- betroffener Menschen von der Autorin die Stellungnahme zum europäischen Menschenrechtsübereinkommen zur Biomedizin und der Ergänzungs-Antrag: Fraktionsübergreifender Vorschlag für eine völkerrechtliche Interpretationserklärung zum umstrittenen Artikel 17 Absatz 2 der Biomedizin-Konvention der Europäischen Kommission in die parlamentarische Diskussion eingebracht unter dem Titel *Der Mensch hat Vorrang* – Stellungnahme zum ‚Übereinkommen zum Schutz der Menschenrechte und der Menschenwürde im Hinblick auf die Anwendung von Biologie und Medizin' des Europarates.

Mit Entwurf eines fraktionsübergreifenden Ergänzungs-Antrags zu einer ‚Völkerrechtlichen Interpretationserklärung zu Artikel 17 Absatz 2 der Biomedizin-Konvention des Europarates' und einer Synopse der Veränderungen in den drei Fassungen 1994, 1995 und 1996 dieses Übereinkommens sowie Hinweisen auf Datenbänke und Ethik-Kommissionen. Berlin 2001, 131 S.

(Stellungnahme und fraktionsübergreifender Antrag Deutscher Bundestag, siehe DVD)

7.5 Kosovo-Flüchtlingslager

Des Weiteren wurde unter dem Aspekt ‚Lernen als Krisenverarbeitung' der Versuch unternommen, in Zusammenarbeit mit Weiterbildungsträgern national und international ‚Lernprogramme als Lebenshilfe' zum Krisen-Management in Flüchtlingslagern anzustoßen.

(Intervention in der Fragestunde des Deutschen Bundestags, siehe DVD)

8. Rückblick und Ausblick: Krisen-Prävention, Krisen-Intervention und Krisen-Management: Konzeptionen zur Aus-, Fort- und Weiterbildung – auch in der Politik

Krisenmanagement und Integration sind im bildungspolitischen Bereich **seit 1945** durch **drei Phasen** geprägt, mit jeweils eigenen Akzenten und angepasst an den politischen Hintergrund.

Die erste Phase war bestimmt durch eine bewusste Gegenreaktion gegen die Abwertung behinderter Menschen im nationalsozialistischen Staat, gekennzeichnet durch das Unwort des ‚lebensunwerten Lebens'. Jetzt wurde Wert gelegt auf eine fürsorgliche Sonderförderung von Betroffenen, es entwickelte sich verstärkt das Sonderschulwesen, ausdifferenziert in zehn eigenständige Schultypen. Die Folge war – gemäß Angebot und Nachfrage – die sog. ‚Produktion' von Schülern mit der Zuschreibung ‚Behinderung', die sonst möglicherweise zusammen mit -noch nicht- betroffenen Schülern in Regelschulen verblieben wären, und es entstand der Ausbau des Berufsstandes Sonderschullehrer. Das Vorzeichen für diese **bis 1970** reichende Phase lautete **Behinderungs-Bewältigung**, allerdings in Gestalt ansteigender Separation mit Verlust des durch die Struktur der Schulklasse vorgegebenen sozialen Lernens, ein Verlust, der auch nicht durch nachfolgende Spezial-Curricula wettgemacht werden konnte.

Ein Wendepunkt, eine **bildungspolitische Zäsur** trat **1970** als Folge des *Strukturplans für das Bildungswesen* des *Deutschen Bildungsrates* mit der Konzeption der fortdauernden Bildung, des Lebenslangen Lernens ein. Zwar waren vom Strukturplan Bildungsangebote speziell für Lernende mit Behinderungen zunächst regelrecht vergessen worden; doch folgten dem Strukturplan weitere Empfehlungen und darunter insbesondere die bahnbrechende, von mir als sog. 'Integrations-Empfehlung' bezeichnete *„Empfehlung der Bildungskommission zur pädagogischen Förderung behinderter und von Behinderung bedrohter Kinder und Jugendlicher"* aus dem Jahr 1973. Gemäß der **Kern-These:** *„So viel Integration wie möglich, so wenig Separation wie nötig"* wandelte sich die Separations-Pädagogik zu einer **Integrations-Pädagogik**, zunächst nur im Schulbereich, später dann auch in der Erwachsenenbildung/Weiterbildung. Gleichzeitig erweiterte sich zunehmend das öffentliche Bewusstsein für die Erkenntnis der Autorin – dargelegt in den beiden Komplementär-Thesen individuell und kollektiv: Leben lernen in Krisen ist auch ein *verborgener Reichtum,* und es entstand der Eindruck, **Krisen-Verarbeitung** und Integration führten zu einem Höhepunkt wechselseitigen Lernens und Miteinander-Lebens – es war die von mir so bezeichnete 'Hoch-Zeit' der Integrationsbewegung. Die Aktivitäten gipfelten in der *Ausrufung eines Internationalen Jahres der Behinderten 1981* und daran anschließend in der *UN-Dekade der Behinderten 1983 bis 1993.*

Eine **dritte Phase** entwickelte sich seit Ende der 80er Jahre über die Jahrtausendwende in die Gegenwart durch die – vor allem auch über die Medien – vermittelten Natur- und Umweltkatastrophen, Massen-Unglücke/Unfälle, Anschläge wie Angriffe aus politischen, religiösen und kriminellen Motiven, Menschenrechtsverletzungen und anderen kritischen Lebensereignissen. Hierbei geht es nicht mehr nur um *individuelle* Integration der Betroffenen, sondern auch um *kollektives* **Krisen-Management** im großen Stil. Erst allmählich wurden Massenerscheinungen wie Gewalt gegen Frauen und Missbrauch von Kindern bekannt.

Daneben Unterdrückung oder gar Ausgrenzung ganzer Völkerschaften, ein völlig neues Szenario, dem mit neuen Methoden begegnet werden muss, gerade auch, wenn die Völker der Welt weiter zusammenwachsen und den Ländern der Zweidrittelwelt Hilfen vermitteln sollen. Alles auch Voraussetzungen für den rund um den Erdball herbeigesehnten Weltfrieden. Wie aktuell diese Phase, in deren Anfangsstadium wir uns befinden, ist, zeigt eine von der Autorin als Mitglied des Auswärtigen Ausschusses in Zusammenarbeit mit dem Wissenschaftlichen Dienst des Deutschen Bundestages erstellte Studie ‚Ausbildung und Qualifizierung für Krisen-Prävention und –Intervention – Strukturen und Konzepte' (Reg.-Nr.: WF II G – 95/02), die im Anhang auf DVD wiedergegeben ist und eine auf Vorarbeiten von *von Winter* und von *Coin* fußende Zusammenfassung der weltweiten Bemühungen um die Aus-, Fort- und Weiterbildung zur Krisen-Begleitung und Krisen-Verhinderung – sog. Krisen-Präventions- und Krisen-Interventions-Management darstellt; dort heißt es in der Zusammenfassung:

> „Neue Formen von kriegerischen Konflikten – von kollektiven Ereignissen an Lebensbrüchen – haben zu einer Akzentverschiebung in der internationalen Politik in Richtung auf zivile Konflikt-Bearbeitung und Krisen-Prävention geführt. Moderne Friedenseinsätze sind jedoch mit vielfältigen Schwierigkeiten und Gefahren verbunden, die hohe Anforderungen an die Kompetenz der Einsatzkräfte stellen. Es wird daher zunehmend die Notwendigkeit gesehen, zivile Einsatzkräfte gezielt auf ihre Aufgabe in den Krisengebieten vorzubereiten und Pools von Experten für zivile Konfliktbearbeitung zu bilden.
>
> In Deutschland gibt es neben dem seit längerem bestehenden Ausbildungsangebot von Nicht-Regierungs-Organisationen (NGOs) erstmalig seit 1999 einen vom *Bundesministerium für wirtschaftliche Zusammenarbeit und Entwicklung* (BMZ) geförderten Zivilen Friedensdienst (ZFD) sowie die Vorbereitungskurse des *Auswärtigen Amtes* (AA), die seit April 2002 von dem neu gegründeten *Zentrum für internationale Friedenseinsätze* (ZIF) organisiert werden.

Im internationalen Bereich verfolgt die OSZE seit Ende der neunziger Jahre das Ziel, Ausbildungskapazitäten in ihren Mitgliedsländern zu aktivieren und zu einer standardisierten Form der Planung, Budgetierung und Weiterentwicklung von Ausbildungskonzepten zu gelangen. Bei den *Vereinten Nationen* ist der *Training and Evaluation Service* (TES) für die Ausbildung von Militär- und Zivilpolizei für friedenserhaltende Maßnahmen verantwortlich. Daneben besteht das *United Nation Institute for Training and Research* (UNITAR), dessen Ausbildungsangebote sich in erster Linie an ziviles Personal richten.

Die Aus-, Fort- und Weiterbildungskonzepte außeruniversitärer Einrichtungen für zivile Friedenskräfte sind in der Regel nach einem *dreigliedrigen Modulkonzept* aufgebaut. An einen Grundkurs mit einführendem und überblicksartigem Charakter schließen sich funktionsspezifische und missionsspezifische Kurse an. Die Ausbildung kombiniert die Vermittlung von theoretischem Wissen mit anwendungsbezogenen Übungen wie Simulationen und Rollenspiele. Einen *Schwerpunkt der Ausbildung* bildet die Vermittlung von Methoden der *Konflikt-Bearbeitung* und *Konflikt-Prävention*.

Institutionalisierte Studiengänge im Bereich *Friedens- und Konfliktforschung* gibt es derzeit an sechs deutschen Universitäten. Einschlägige Studieninhalte werden in der Regel im Rahmen bestehender Studiengänge bzw. als Weiterbildungsprogramme angeboten. Ein Teil der Studiengänge konzentriert sich auf Methoden der Konfliktregulierung. Die Kurse sind meist interdisziplinär angelegt und bilden für verschiedene, nicht auf den internationalen Bereich begrenzte Anwendungsfelder aus. Dem stehen die sozialwissenschaftlich ausgerichteten Studiengänge gegenüber, deren Curricula vor allem die Themen Kriegs- und Friedensursachen, Konfliktverläufe und Friedensprozesse, sozialwissenschaftliche Konflikttheorien sowie internationale Institutionen und Organisationen beinhalten."

Die Autorin hofft, mit ihren Arbeiten die Phase 2, primär **individuelle Krisen-Verarbeitung**, und die Phase 3, primär **kollektives Krisen-Management,** bereichert zu haben. Sie tat dies auf *vier Ebenen*, im Rahmen der *Lehre*, der *Forschung*, der *Bildung* und der *Politik*: vorrangig mit ihrer Bildungsarbeit und Beratung im Rahmen der Lehre, zugleich mit ihren wissenschaftlichen Studien sowohl in Auswertung von Biographien und Autobiographien der von Krisen -schon- betroffenen Menschen und ihren Bezugspersonen als auch in Gestalt umfangreicher Literaturrecherchen und -analysen zur Krisenverarbeitung, abgerundet durch eine empirische Erhebung der Krisen-Management-Interaktionsmodelle zur Krisenverarbeitung im In- und Ausland (vgl. audiovisuelle Praxis-Modelle, dokumentiert auf der beigefügten DVD); alles zur Förderung des Integrationsgedankens, wozu nicht zuletzt ihre Studie über die Befindlichkeit der Kinder von Tschernobyl beitrug (vgl. *Die Stimmen der Kinder von Tschernobyl – Geschichte einer stillen Revolution*, gemeinsam mit Lew Kopelew), die sodann in die Gründung der *Bundesarbeitsgemeinschaft Den Kindern von Tschernobyl* mündete.

Erwähnt werden dürfen schließlich die politischen Anstöße der Autorin als Bundestagsabgeordnete im Rahmen ihrer Mitarbeit in den Ausschüssen für *'Auswärtiges'*, für *'Menschenrechte'*, für *'Forschung und Bildung'* sowie in der *'Enquetekommission Recht und Ethik der modernen Medizin'*.

Die Autorin hofft, mit der überarbeiteten und erweiterten 8. Neuauflage dieses Doppel-Bandes einen weiteren Beitrag zur Bewältigung von persönlichen Krisen -schon- und -noch nicht- betroffener Mitmenschen, als auch im kollektiven Bereich zur Verarbeitung von überindividuellen Krisen – sog. Katastrophen/Großkrisen – geleistet zu haben.

Anhang

Spirale – Symbol der Seelenreise
Spiral-Schlange – als bezwungener feuerspeiender Uräus. Das dritte Auge auf dem Chepresan der ägyptischen Pharaonen als Ausdruck strömender Energie, Einsicht –; dieses Strömen auszulösen, ist die wahre Aufgabe auf Ganzheit gerichteter Heilung bzw. Heiligung

© Erika Schuchardt

A. Anmerkungen

232 Vgl. dazu: VULPIUS, A.: Weiterbildung statt Erwachsenenbildung. – Ein Beitrag zu den Gründen für die Begriffswahl. In: Hess. Blätter für Volksbildung, 29. Jg., H. 1, 1979, S. 63 ff.
233 SIEBERT, H., JAGENLAUF, M.: Die Volkshochschule im Urteil ihrer Mitarbeiter. Braunschweig 1970.
234 DEUTSCHER BILDUNGSRAT: Strukturplan für das Bildungswesen. Stuttgart 1970.
235 BUNDESMINISTER für BILDUNG und WISSENSCHAFT: Bildungsbericht '70. Bonn 1970.
236 BUND-LÄNDER-KOMMISSION: Bildungsgesamtplan für Bildungsplanung bis 1985. Bonn 1973.
237 DEUTSCHER AUSSCHUSS für das ERZIEHUNGS- und BILDUNGSWESEN: Zur Situation und Aufgabe zur deutschen Erwachsenenbildung. Stuttgart 1960.
238 DEUTSCHER VOLKSHOCHSCHUL-VERBAND, DVV (Hrsg.): Stellung und Aufgabe der Volkshochschule. Frankfurt 1966.
239 Vgl. dazu die Untersuchung: SCHULENBERG, W.: Ansatz und Wirksamkeit der Erwachsenenbildung 1957.
GÖTTE, U.: Volkshochschule in einer Industriegroßstadt. 1959. PRAGER, H.: Die Erwachsenenbildung in der westfälischen Industriestadt Marl. 1960.
STRZELEWICZ, W., RAAPKE, H., SCHULENBERG, W.: Bildung und gesellschaftliches Bewusstsein. 1966.
SCHRÖDER, E.: Außerschulische Jugendbildung. 1977.
240 Vgl. dazu insbesondere die Literaturexpertise, die wichtige Untersuchungen vorstellt und diskutiert, so dass auf Nennungen verzichtet werden kann:
HOLZAPFEL, G., NUISSL, E., SUTTER, H.: Soziale Defizite in der Weiterbildung. Heidelberg 1977.
241 PICHT, G., EDDING, F. u. a.: Leitlinien der Erwachsenenbildung. Braunschweig 1972.
SPIESS, W., BRUNS, H., SCHICK, K.: Verschulung oder Befreiung? Braunschweig 1973.
STRZELEWICZ, W.: Demokratisierung und Erwachsenenbildung. Braunschweig 1973.
DIECKMANN, A., u. a.: Gesellschaftsanalyse und Weiterbildungsziele. Braunschweig 1973.
CUBE, F. v., u. a.: Kompensation oder Emanzipation. Braunschweig 1974.
242 SIEBERT, H.: Positionen zum Aufgabenverständnis der Erwachsenenbildung. Sonderdruck des Landesverbandes der Volkshochschulen Niedersachsens. Hannover 1975.
243 SIEBERT, H.: Erwachsenenbildung. In: HIERDEIS, H. (Hrsg.): Taschenbuch der Pädagogik. Baltmannsweiler 1978, S. 218.
244 DAUBER, H., VERNE, E. (Hrsg.): Freiheit zum Lernen. Reinbek 1976.
245 AXMACHER, D.: Erwachsenenbildung im Kapitalismus. Frankfurt 1974.
246 ÖKUMENISCHER RAT der KIRCHEN, ÖKR, Genf und LUTHERISCHER WELTBUND, IWB, Genf. Modellentwicklungen. 1979.
247 DER BUNDESMINISTER für BILDUNG und WISSENSCHAFT: Bildungspolitische Zwischenbilanz. Bonn 1976, S. 77.
248 DEUTSCHER VOLKSHOCHSCHUL-VERBAND: Stellung und Aufgabe der Volkshochschule. Weinheim 1978, S. 10.
249 GERHARD, R., KRÜGER, W., SANDBRINK, D.: Analyse der Weiterbildungsforschung in der BRD 1973 – 1977. In: SIEBERT, H.: Taschenbuch der Weiterbildungsforschung. Baltmannsweiler 1979, S. 35/36,
250 Dass gerade den Randgruppen auch eine politische Lobby fehlt, wird im Zusammenhang der Praxiskonzeptionen diskutiert werden, vgl. Teil 111, Kapitel 2: Konzeptionen von ZGA an VHSn, S. 340 ff.

251 Vgl. dazu MADER, W., WEYMANN, A.: Zielgruppenentwicklung, Teilnehmerorientierung und Adressatenforschung. In: SIEBERT, H.: Taschenbuch der Weiterbildungsforschung. Baltmannsweiler 1979, S. 347

252 TIETGENS, H.: Adressatenorientierung der Erwachsenenbildung. In: Hess. Blätter für Volksbildung. 27. Jg., H. 4, 1977, S. 283 ff.

253 TIETGENS, a. a. O., S. 284/285.

254 MADER, W., WEYMANN, A.: Zielgruppenentwicklung, Teilnehmerorientierung und Adressatenforschung. In: SIEBERT, H.: Taschenbuch der Weiterbildungsforschung. Baltmannsweiler 1979, S. 348/349.

255 Ebda, S.350.

256 DEGEN-ZELAZNY, B.: Zielgruppenarbeit als Mittel zur Demokratisierung der Volkshochschule. In: Hess. Blätter für Volksbildung. 24. Jg., H. 3, 1974, S. 200.

257 TIETGENS, H.: a. a. O., S. 287.
Vgl. dazu auch Programme für Minderheiten, für nichtberufsreife Jugendliche, für arbeitslose Mädchen, für Behinderte, für Jugendliche im Strafvollzug. In: Volkshochschule im Westen. 29. Jg., H. 4, 1977.
Des Weiteren: MADER, W.: Großeltern als Erzieher. In: Materialien zur politischen Bildung. H. 1, 1977, S. 79.

258 SENZKY, K.: Management der Erwachsenenbildung. In: PÖGGELER (Hrsg.): Handbuch der Erwachsenenbildung. Bd. 2, Stuttgart 1974.

259 MADER, W., WEYMANN, A.: a. a. O., S. 352 ff.

260 SCHUCHARDT, E.: Zielgruppenarbeit. In: Wörterbuch der Pädagogik. Freiburg 1977, S. 338 ff.

261 NEGT, 0.: Soziologische Phantasie und exemplarisches Lernen. Frankfurt 1974.
GIESECKE, H.: Politische Aktion und politisches Lernen. München 1970.

262 TIETGENS, H.: a. a. O., S. 285.
Vgl. dazu auch PÄDAGOGISCHE ARBEITSSTELLE des DVV: Handbuch für die Praxis, Loseblatt-Sammlung, Nr. 53.100 Zielgruppenarbeit. Bonn 1972.

263 TIETGENS, H.: a. a. O., S. 285.

264 MADER, W. a. a. O., S. 359.

265 SCHUCHARDT, E.: a. a. O., S. 339.

266 SCHUCHARDT, E.: 5. Kongreß der Deutschen Gesellschaft für Erziehungswissenschaft (DGfE). Interaktion und Organisation in pädagogischen Feldern, vom 29.-31. März 1976. Arbeitsgruppe, MADER, W.: Adressatenbezug in der Erwachsenenbildung. In: Z. f. Päd., 23. Jg., 13. Beiheft, 1977, S. 262 ff.

267 PÖGGELER, F.: Kongreßbericht. In: Z. f. Päd., 23. Jg., 13. Beiheft, 1977, S. 266 ff.
derselbe: Erwachsenenbildung – Einführung in die Andragogik. Stuttgart 1974.

268 Ebda, S. 266 ff.

269 TIETGENS, H.: Minderheitenprogramme, a. a. O., S. 157.

270 Interviewergebnisse mit skandinavischen Lehrern im SS 1978 in der Volkshochschule Bethel bei Bielefeld anlässlich eines Modellseminars mit Geistigbehinderten aus Skandinavien und aus Bethel.
Vgl. dazu auch DIAKONISCHE AKADEMIE STUTTGART:
Protokoll der Studienreise nach Dänemark und Schweden vom 5.-13.5.1977, Nr. B 17/1977, S. 75 ff.

271 SENZKY, K.: Kongreßbericht, a. a. O., S. 267.
derselbe: Systemorientierung der Erwachsenenbildung. Stuttgart 1977.

272 TIETGENS, H.: Minderheitenprogramme, a. a. O., S. 156/157.

273 TIETGENS, H.: Adressatenorientierung, a. a. O., S. 285.

274 Vgl. dazu MADER, W.: Er fordert den Ausbildungsschwerpunkt ‚Beratung' für den zukünftigen Andragogen. In: Erwachsenenbildung, a. a. O., S. 121.

275 Wir entscheiden uns für den Begriff, metakommunikative Kompetenz', weil wir Beratung – in Übereinstimmung mit der Arbeitsgruppe für empirische Bildungsforschung (AfeB) – „auf einem Kontinuum zwischen Information und Psychotherapie" lokalisieren, demzufolge uns Tietgens Vorschlag therapeutischer Kompetenz zu einseitig festgelegt erscheint. Vgl. AfeB (Heidelberger): Aufgaben und Aufbau von Weiterbildungsberatungsstellen. Bonn 1974.

276 Vgl. Teil 1, Kap. 1: Integration oder Separation in der Bildungspolitik. S. 4 – 13.

277 Vgl. in dieser Arbeit S. 334.

278 Die Auswahl der Modelle folgt der von der DGfE für den Kongreß 1975 ausgewählten Praxisbeispiele. Vgl. dazu Z.fPäd., 23. Jg., H. 13, 1977.

279 Vgl. oben S. 80, HAMBITZER, M.. Schicksalsbewältigung – Daseinsermöglichung Körperbehinderter. Bonn 1962.

280 Vgl. oben S. 89, THOMAE, H.: Persönlichkeit. Eine dynamische Interpretation. Bonn 1951.

281 Vgl. S. 337 dieser Arbeit.

282 Vgl. dazu Gespräche mit dem Leiter Dr. Schwaiger, Bethel 04.0, 2 78 und Pressemitteilungen: Westfälisches Volksblatt, Paderborn, 27.04.78.

283 Diese Problematik von Konkurrenz und Kooperation zwischen unterschiedlichen Trägereinrichtungen ergibt sich u. a. aus dem Vorleistungsprinzip im Niedersächsischen Erwachsenenbildungsgesetz (EBG) vom 29.01.1970, nach dem die Finanzierung neuer Mitarbeiter durch das Land vom geleisteten Stundendeputat der Einrichtung abhängig ist.

284 Vgl. dazu Frankfurter Bund für Volksbildung (Hrsg.): Dokumentation. Kurse und Veranstaltungen der VHS Frankfurt. Bewältigung der Umwelt. Zur Integration der Körperbehinderten. Frankfurt 1975, S. 17/18.

285 KLEE, E.: Behinderten-Report. Frankfurt 1974.
ders.: Behinderten-Report 11. Frankfurt 1976.

286 Vgl. dazu GIESECKE, H., u. a.: Politische Aktion und politisches Lernen. München 1973.

287 „Die Volkshochschule kann als Bildungseinrichtung die Teilnehmer nur zu bestimmten Verhaltensweisen anleiten. Sie kann als Bildungsinstitution aber nicht an sich sinnvolle demonstrative Aktionen durchführen." In: Frankfurter Bund für Volksbildung, a. a. O., S. 5.

288 Vgl. dazu KLEE als Initiator und Journalist: a. a. O., 1974 und 1976.

289 SIEBERT, H.: Positionen zum Aufgabenverständnis ..., a. a. O., s. is.

290 Vgl. Anhang, Auszug aus dem Arbeitsplan der VHS Hannover 1975,S.446.

291 Dass trotz aller Schwierigkeiten solche Ansätze ein Faktum in der WB werden und den regionalen Rahmen zu sprengen vermögen, beweist der folgende Tatbestand: Für das Internationale Jahr des Kindes 1979 wurde zur bundesweiten Vorbereitung und Eröffnung der Woche des behinderten Kindes vom 5. bis 12. Juni 1979 Hannover als die vorbildlichste Stadt für die Entwicklung und Realisierung von Integrations-Modellen von der Nationalen Kommission ausgewählt.

292 Der Darstellung der nachfolgenden Lernsituation liegen Unterrichtsaufzeichnungen zugrunde, die z. T. als Video- oder Tonbandaufzeichnungen im Einverständnis der Teilnehmer erstellt und als Unterrichtsvor- und -nachbereitungen protokolliert wurden.

293 Vgl. Teil 1, Kapitel 3: Symbolischer Interaktionismus als Erklärungsansatz für Integrationsprozesse. S. 25 ff.

294 Das Beratungsgespräch wurde als Gedächtnis-Protokoll aufgezeichnet. Diese Protokolle von Gesprächen sind Bestandteil der gesprächstherapeutischen Ausbildung, ihre Anzahl wuchs zwischenzeitlich auf ca. 300 Gesprächsprotokolle an.

295 Vgl. Teil 11, Kapitel 3: Faktoren zur Krisenintervention und -prävention im Lernprozess Krisenverarbeitung, S. 235 ff.

296 Vgl. Teil 11, Kap. 1: Soziale Integration als Lernprozess Krisenverarbeitung. Kap. 1.3.3: Aggression S. 102 und Kap. 2: Darstellung des Lernprozesses Krisenverarbeitung. Kap. 2.2.1: Aggression S. 129 ff.

297 Es soll an dieser Stelle angemerkt werden, wohin der Lernprozess führte: Frau K. und ihr Mann besuchten gemeinsam einen Integrationskursus der VHS und hatten nach zwei Jahren Mut für ein zweites Kind, besuchten eine genetische Beratungsstelle, erlebten die Geburt eines nichtbehinderten Kindes und leben heute zu viert integriert.

298 Vgl. dazu SCHUCHARDT, E.: Erziehungsberatung. In: Wörterbuch der Pädagogik. Freiburg 1977, S. 251.

299 MADER, W.: Erwachsenenbildung, a. a. O., S. 123.

300 Vgl. dazu BUNDESMINISTER für JUGEND, FAMILIE und GESUNDHEIT (Hrsg.): Modellseminare Eltern mit Kindern. Band 61, Stuttgart 1978.
THIMM: Modellseminar Behinderte unter uns; In: Erwachsenenbildung, H. 4, Münster 1977.
WÖRMANN u. a.: Zum Beispiel: Eltern von behinderten und nichtbehinderten Kindern („Bildungsurlaub"). In: Mitteilungen des Sozialamtes der Ev. Kirche von Westfalen, Nr. 26, Schwerte 1979, S. 21-50.

301 Vgl. Teil II, Kap. 2: Darstellung des Lernprozesses Krisenverarbeitung anhand ausgewählter Biographie-Analysen, CARLSON, S. 153 ff., KILLILEA, S. 160 ff., BROWN, S. 267 ff.

302 MADER, a. a. O., Kap. 4: Möglichkeiten der Überlagerung von Handlungen: Interferenzhypothesen, S. 49.
Nach Mader besagt das Paradigma der Interferenzhypothesen, dass mehrere verschiedene Wellen sich auf einem Träger ausbreiten, sich durchdringen und zu bestimmten Erscheinungen führen ..., die erklärt werden können, wenn man die zugrunde liegende Wirklichkeit als Welle definiert.

303 Vgl. dazu MADER, a. a. O., Kap. 7: Interferenzhypothesen zur Lernsituation Familie und Freizeit, S. 111 ff., denen in der folgenden Hypothesenaufstellung wegen der Präzision der Formulierungen Maders weitgehend gefolgt wird.

304 Ebda, S. 48.

305 Ebda, S. 34.

306 Ebda, S. 112.

307 CLAESSENS/MILHOFFER: Familiensoziologie. Frankfurt 1973.
HORKHEIMER: Autorität und Familie in der Gegenwart. In:
CLAESSENS (Hrsg.): Familiensoziologie, S. 79-94. HORKHEIMER erklärt diesen Widerspruch der Familie mit der Autoritätsentleerung der Familie im Zuge der Privatisierung: „wie die Familie weitgehend aufgehört hat, die ihr eigene Form der Autorität über ihre Mitglieder auszuüben, so ist sie zum Übungsplatz für Autorität schlechthin geworden," a. a. O.,S. 85.

308 RICHTER, H.: Patient Familie. Hamburg 1970.
RICHTER, H., STROTZKA, H., WILLI, J. (Hrsg.): Familie und seelische Krankheit. Hamburg 1976.

309 Vgl. Teil I, Kap. 3.3.2: Metakommunikative Kompetenz. S. 35 ff.

310 MADER: a. a. O., S. 114.

311 Ebda, S. 114.

312 JUNGBLUTH, U.: Bildungsurlaub für Hausfrauen. Bonn 1973, S. 68 ff: „Schwieriger als die Beteiligung an der inhaltlichen Gestaltung ist die Mitsprache der Teilnehmer bei der Wahl der Methoden. Sie können nur wünschen, was sie kennen, was sie schon positiv erfahren haben. Entsprechend ihrem Bildungsverständnis möchten die meisten zunächst mit Hilfe der Fachleute ihren Wissensstand verbessern. Sie glauben an die Möglichkeit, richtige Antworten von ihnen zu bekommen und damit ihre Probleme lösen und es richtig machen zu können.

Vgl. auch KERN, R., SCHUCHARDT, E. u. a.: Bildungssoziologische Materialien und ihre Relevanz für den Bildungsurlaub. In: SIEBERT, H. (Hrsg.): Bildungsurlaub. Düsseldorf 1972, S. 93 ff.

313 SEYWALD, A.: Körperliche Behinderung. Frankfurt.1977, S. 43 ff.
Die Grundannahme der Seywald-Studie lautet: „Die Existenz einer Irrelevanzregel bezüglich physischer Abweichungen zeigt, dass die betreffenden Eigenschaften in dieser Gesellschaft affektiv abgelehnt und negativ bewertet werden, ohne dass ideologische Rechtfertigungen hierfür zur Verfügung stünden. Nicht jeder, der die Irrelevanzregel befolgt, muss selbst die Ablehnung teilen, aber sein gewolltes Nichtbeachten beweist zumindest, dass ihm peinlich bewusst ist, wie negativ andere die physische Abweichung bewerten."

314 Vgl. Teil 1, Kap. 4.2: Didaktische Merkmale der Lernsituation; 4.2.2: Verhältnis von Identitätskrise und Lernmotivation beim WB-Lernenden, S. 56 ff.

315 Vgl. Teil 1, Kap. 3: Symbolischer Interaktionismus als Erklärungsansatz, S. 25 ff.

316 MADER: a. a. O., S. 115.

317 Ebda, S. 39.

318 Vgl. Teil 1, Kap. 4.2: Didaktische Merkmale der Lernsituation. 4.2.5: Verhältnis von Alltagswissen und Handlungsperspektiven im WB-Prozess, S. 63 ff.

319 Vgl. Teil 1, Kap. 4.2: Didaktische Merkmale der Lernsituation. 4.2.4: Verhältnis von metakommunikativ-therapeutischer und fachwissenschaftlich-pädagogischer Kompetenz beim WB-Lehrenden, S. 61 ff.

320 MADER: a. a. O., S. 39.

321 WATZLAWICK u. a.: a. a. O., S. 68.

322 Ebda, S. 56.

323 PAROW, E.: Die Dialektik des symbolischen Austausches. Frankfurt 1973, S. 15, bei MADER: a. a. O., S. 39.

324 Ebda, S. 39.

325 Ebda, S. 115.

326 Vgl. Teil I, Kap. 4.2: Merkmale der Lernsituation.
4.2.3: Verhältnis von Konstitutions- und Strukturanalyse in der WB-Situation, S. 57 ff.

327 MADER. a. a. O., S. 116.

328 Ebda, S. 116.

329 Vgl. Teil 1, Kap. 3.2.: Metakommunikative Kompetenz, S. 35 ff.

330 RICHTER, H., STROTZKA, H., WILLI, J. (Hrsg.): Familie und seelische Krankheit. Hamburg 1977, S. 131.

331 LAING, R.D.: Die Politik der Familie. Köln 1974, S. 14 ff.: „Es geht ... um die Beziehung zwischen den wahrnehmbaren Strukturen der Familie und den Strukturen, die als ein Set von Beziehungen und Operationen zwischen ihnen fortbestehen (verinnerlichte Familie)" S. 25 ff: „Die Familie (verinnerlichte Familie) wird auf das Geschäft übertragen.

332 MADER: a. a. O., S. 118.
Vgl. auch Teil I, Kap. 4.2: Didaktische Merkmale der Lernsituation.
4.2.1: Verhältnis von Lern- und Lebenssituationen im WB-Angebot. S. 54 ff.

333 MADER: a. a. O., S. 118.

334 Ebda, S. 118.

335 Vgl. Teil 1, Kap. 3.2.: Metakommunikative Kompetenz, S. 35 ff.

336 MADER: a. a. O., S. 46 und vgl. Teil III, Kap. 1.2. Zielgruppenarbeit in ihrem Prozesscharakter, S. 333 ff.

337 MADER: a. a. O., S. 118.

338 Vgl. Teil 1, Kap. 4.2: Merkmale der Lernsituation.
4.2.5: Verhältnis von Identitätskrise und Lernmotivation beim WB-Lernenden, S. 56 ff.

339 Vgl. dazu in Teil III, Kap. 2: Konzeptionen von ZGA an VHSn. Kap. 2.5: Interaktion mit Behinderten und Nichtbehinderten. Hannover, S. 345 ff.
Wie bereits erwähnt, repräsentiert die Ankündigung im VHS-Arbeitsplan ‚Behindert – wie kann man damit leben?' das Ergebnis einer fortschreitenden Zielgruppenarbeit, die zunächst nur als ZGA für Eltern behinderter Kinder im WS 72 begann (vgl. Kap. 3.1: ZGA im ersten Schritt: Stabilisierung).
Erst nachdem die Eltern Stabilisierung und Problematisierung ihrer Situation gemeinsam geleistet hatten, forderten sie für das WS 1973 gemeinsame Seminare mit Eltern nichtbehinderter Kinder. Die Folgeseminare entwickelten sich alsbald zu einem Lernfeld sowohl für das Erziehungsverhalten als auch für die Interaktionsfähigkeit, so dass die Betroffenen für das SS 1974 den vierzehntägigen Wechsel zwischen Eltern-Kinder-Seminar und Elternseminar forderten. Schließlich beantragten die Teilnehmer für das SS 1975 die Organisationsform eines Wochenend-Seminars, um so auch die Väter intensiver beteiligen zu können. Aus diesem zwölf Einheiten umfassenden Eltern-Kinder-Blockseminar werden hier die vierte und fünfte Einheit analysiert.

340 Diese Aussage hatte Frau B. bereits spontan in der Fernsehsendung BILDUNGSZENTRUM am 5.6.1975 im III. Fernsehprogramm des NRD/RB/SFB über das VHS-Integrations-Modell gebracht, als sie befragt wurde, warum sie teilnehme: dennoch zögerte sie hier erneut.

341 Vgl. Teil II, Kap. 1: Soziale Integration als Lernprozess Krisenverarbeitung, 1.3.5: Depression, S. 105 ff. und Kap. 2: Darstellung des Lernprozesses, 2.2.3: Depression, S. 152 ff.

342 LAING: a. a. O., S. 38.

343 BUNDESAUSSTELLUNG des DEUTSCHEN HAUSFRAUENBUNDES DHB (Hrsg.): infa-Information '76, Hannover 1976, s. 7.

344 Ebda, S. 12.

345 HECKMANN-AUSSTELLUNGEN (Hrsg.): *Messe infa '75*. Hannover 1975.
Besonders anzuerkennen sind hier das ausgezeichnete Einfühlungsvermögen und die außerordentliche Einsatzbereitschaft sowie die Unterstützung der Messeleitung, Frau LIESLOTT ZIEG und Herrn Sepp HECKMANN.

346 Vgl. dazu Teil I, Kap. 1: Integration oder Separation Behinderter in der Bildungspolitik. S. 1 – 13.

347 Vgl. dazu Anlagen: Messe-Aktionen: „Wagen Sie Experimente auf der infa", S. 447 – 452.

348 Vgl. dazu Anlagen: Zeitungsaufruf „infa für alle – auch für Behinderte", S. 447.

349 Vgl. Anlagen: „Messe – Brücke zwischen Behinderten und Nichtbehinderten", S. 448 – 450.

350 Vgl. Anlagen: Fragebogen Messe infa 75, S. 451/452.

351 Zielsetzung der infa war die Steigerung konsumbewusster Verbraucherhaltung, der eine passive Erwartungshaltung korrespondierte. Demgegenüber reflektierte Bildungswerbung unterrepräsentierter Zielgruppen auf eine Konfrontation mittels Interaktion, um Vorurteile aus wechselseitigen Deutungen ansatzweise abzubauen und neue Lernerwartungen zu wecken.

352 Die Auswertung der 2.167 Fragebogen erfolgte durch Kreuztabellierungen mittels EDV im Rechenzentrum der Universität Hannover.

353 Durchschnittlich 4 Animateure waren bei 20 Aktionen in jeweils 3 Schichten von 9.00 – 12.00, 12.00 – 15.00, 15.00 – 18.00 Uhr tätig.

354 Anlagen: Fragebogen zur *Messe infa '75*, S. 451/452.

355 Vgl. Fragebogen, a. a. O., Frage 17.

356 Die Strukturierung nach Beruf veranschaulicht ein Histogramm der infa-Informationen: 41 %

Arbeiter und Angestellte, 25 % Hausfrauen, 18 % Schüler und Studenten, 9 % Selbständige, 7 % Beamte.
In: BUNDESAUSSTELLUNG des DEUTSCHEN HAUSFRAUEN-BUNDES (Hrsg.): infa-Informationen '76, Hannover 1976, S. 12.
Auch unser Versuch einer differenzierteren Einteilung nach MOORE/KLEINING würde diese Übergewichtung der Mittelschicht bei den Befragten ergeben:
40,1 % untere Mittelschicht, 11,4 % mittlere Mittelschicht und 1,2 % obere Mittelschicht, gegenüber 23 % Schülern und 19 % Studierenden.
Vgl. dazu MOORE, H., KLEINING, G.: Das soziale Selbstbild der Gesellschaftsschichten in Deutschland.
In: Kölner Zeitschrift für Soziologie und Sozialpsychologie. Köln 12. Jg., 1960, S. 86 ff.

357 Fragebogen, a. a. O., Frage 2.

358 Fragebogen, a. a. O., Frage 8.

359 Fragebogen, a. a. O., Frage 2.

360 Fragebogen, a. a. O., Frage 8, Frage 1.

361 Fragebogen, a. a. O., Frage 10, Frage 8, Frage 1.

362 Forschungsgemeinschaft das körperbehinderte Kind, 1971,
vgl. auch JANSEN, W., ESSER, 0.: Empirische Korrelate zwischen Einstellungen der Umwelt und dem Verhalten körperbehinderter Kinder. Köln 1968.

363 Marburger Untersuchung. BRACKEN, H. v.: Vorurteile gegen behinderte Kinder, ihre Familien und Schulen. Berlin 1976, S. 230.

364 Fragebogen, a.a. O., Frage 9, Frage 10, Frage 2.

365 Fragebogen, a. a. O., Frage 1, Frage 15, Frage 16.

366 Marburger Untersuchung. BRACKEN, H. v., a. a. O., S. 303.

367 UNTERRICHTUNG durch die BUNDESREGIERUNG: Anhang zum Bericht über die Lage der Psychiatrie in der Bundesrepublik Deutschland.
Zur psychiatrischen und psychotherapeutischen Versorgung der Bevölkerung. – Deutscher Bundestag, 7. Wahlperiode, Drucksache 7/4201, Bonn 1974.

368 BAUER, U.: a. a. O., S. 1126 ff.

369 FINZEN, A.: a. a. O., S. 113 7 ff.

370 SCHERER, K.-R.: a. a. O., S. 1159 ff.

371 Vgl. dazu SCHUCHARD, D. H.: Schriftenreihe zur Öffentlichkeitsarbeit seit 1914. Geschichten und Bilder aus HEPHATA. Hrsg. vom Begründer der Anstalt HEPHATA: Pfarrer Dr. D Schuchardt.

372 INSTITUT für KOMMUNIKATIONSFORSCHUNG: Grundlagen für methodische Öffentlichkeitsarbeit, Wuppertal 1975, unveröffentlichtes Manuskript. Forschungsteam Kaluschke/Fenner.
FENNER, P., WOHLHÜTER, H.: Akademiekurs Öffentlichkeitsarbeit in der Behindertenhilfe. In: Diakonie, Jahrbuch des Diakonischen Werkes, Stuttgart 1975, S. 162 ff.

373 INSTITUT für KOMMUNIKATIONSFORSCHUNG: Grundlagen für methodische Öffentlichkeitsarbeit. Wuppertal 1975.

374 Ebda, S. 29.

375 Ebda, S. 42.

376 Ebda, S. 42.

377 INSTITUT für KOMMUNIKATIONSFORSCHUNG: a. a. O., S. 59/60. Dort werden zur Realisierung einer Kommunikationsstrategie hypothetisch fünf Schritte unter Berufung auf Hofstätter entwickelt.

    1   Steigerung des gegenseitigen Verständnisses mit zunehmender Ähnlichkeit der Selbstbilder.

2   Verringerung der Differenz zwischen Hetero- und Autostereotypen.

3   Verringerung der Differenz zwischen den wechselseitigen Heterostereotypen und Autostereotypen.

4   Verringerung der Differenz zwischen vermutetem Fremdbild und eigenem Selbstbild.

5   Verringerung der Differenz zwischen vermutetem Fremdbild und dem tatsächlichen Fremdbild.

Da aber die Schwierigkeit darin besteht, dass Nicht-Behinderte Informationen über Behinderte normalisieren, d. h. den gewohnten Ordnungsformen des Erlebens und Handelns anpassen, und dadurch die Kommunikation zwischen beiden Gruppen über den ersten dieser fünf Schritte nicht hinauszukommen droht, bedarf es methodischer Steuerungen in diesem Kommunikationsprozess zwischen Behinderten und Nicht-Behinderten. Ziel dieser Kommunikationsstrategie muss es sein, dass Nicht-Behinderte außerhalb des Bezugsfeldes ‚Behindertenhilfe' die alternativen Ordnungsformen des Erlebens und Handelns in der Interaktion mit Behinderten schrittweise erproben und erfahren können."

378 Vgl. dazu Kap. 22: Zur Strategie des Kampfes gegen Behinderten-Vorurteile, S. 313 – 351. In: BRACKEN, H. v.: Vorurteile gegen behinderte Kinder, ihre Familien und Schulen. Berlin 1976.

379 BIER, P.: Funkbilder aus Niedersachsen, NDR 1, 20.09.1975, 11.00 Uhr.

380 VOGEL, G.: Bildungszentrum, 111. Fernsehprogramm des WDR, RB, SFB, 05.10.1975, 20.00 Uhr.

381 GEBHARD, P.: Pop und Politik, NDR 2, 20.09.1975, 17.00 Uhr.

382 Dokumentationen, Manuskripte der Sendungen sowie Tonband oder Videoaufzeichnungen bei der Autorin.

383 Vgl. Anlage S. 453/454.

384 Aussagen aus MEDIEN-INTERVIEWS im Rahmen einer Lernsituation bei der Messe-Öffentlichkeitsaktion des WB-Interaktions-Modells.
Vgl. Teil III, Kap. 3: Zielgruppenarbeit im dritten Schritt: Partizipation S. 404 ff. Außerdem dokumentiert in einer Fernsehaufzeichnung des NDR/WDR vom 13.12.1975.

385 S. Doppel-Band 1, Schuchardt, E.: Biographische Erfahrung, Teil II, Erschließung des Lernprozesses Krisenverarbeitung aus Lebensgeschichten eines Jahrhunderts und s. Schuchardt, E.: Warum gerade ich? Leben lernen in Krisen, Kap. 3.3 Jacques Lusseyran

386 Gemäß Wappen und Stammfolge sind Schuchard/Schuchardt ein Stamm; der gemeinsame Stammbaum lässt sich bis 1394 nachweisen.

B. Literatur

C. Krisen-Management und Integration – kategorisiert nach acht Kolumnen-Titeln der Jahrhundert-Bibliographien ‹KTJB 1 – KTJB 8›

- über 2000 Lebensgeschichten
- Krisenverarbeitung
- Integration – alphabetisch, inhaltlich, zeitlich gegliedert und annotiert

Teil B und C sind hier nicht abgedruckt. Die vollständigen Dokumente finden Sie unter **http://www.die-bonn.de/esprid/dokumente/doc-2003/ schuchardt03-01.pdf** und auf der Band 1 beiliegenden DVD.

Spirale – Symbol der Seelenreise
Komplementär-Spiralen: Botschaft und Appell
in Stein, in Glas, in Molekülen des Lebens

© Erika Schuchardt

Vielen habe ich zu danken,
für engagiertes Mit-Denken, für kritisches Korrektiv, für
selbstlosen Einsatz:

meiner ersten Kollegin, der Schulleiterin
- Annelie Petersen, Beerenbostel

meinen Universitäts-Kollegen und –Kolleginnen
- Hans Eberwein, Berlin
- Klaus-Peter Edinger, Port Elizabeth/ Rep. Südafrika
- Udo Eilert, Braunschweig
- Wiltrud Gieseke, Berlin
- David und Franz Stachoviak, Leipzig/Giessen
- Regina Keil, Essavira/ Marokko
- Hartwig Oelschläger, Hannover
- Helmut Sagawe, Heidelberg
- Narendra K. Saxena, Agra/Indien; Hawaii/USA
- sowie allen im anhaltenden Diskurs ausdauernden Studierenden.

dem Kommunikations-Graphik-Designer
- Adrean Teske, Hannover
für seine beeindruckende Kreativität

meinem Mitarbeiter-Team im Deutschen Bundestag
- Heinz Jacobs • Dirk Heuer, Bonn/Berlin
- Siegfried und Ilse Nickel, Braunschweig

meinen Beratern in der Deutschen Bibliothek Frankfurt:
- Elisabeth Niggemann • Martin Kunz • Renate Weber

den Fernseh- und Rundfunkanstalten
- ARD •BR • DW • MDR • NDR • SWR • ZDF
für die Abtretung ihrer Rechte

den Leitern des Deutschen Institutes für Erwachsenenbildung Bonn
- Ekkehard Nuissl von Rein • Klaus Meisel
für die Herausgabe dieser 8. überarbeiteten und erweiterten Auflage

und den Kindern meiner jung verstorbenen Schwester Annelie Stegemann

- Thorsten Stegemann, Klinik Bad Kissingen,
- Tanja Stegemann, stud. cand. med., Erlangen
- Christian Stegemann, stud. dent., Kiel

für allzeit kreative wie tatkräftige Begleitung

Erika Schuchardt